FANTI YITI YONGFA ZIDIAN

繁体异体用法字典

魏励 编著

西泠印社出版社

目　录

编写说明 …………………………………… 1

字头音节索引 ……………………………… 6

字头笔画索引 ……………………………… 10

字典正文 …………………………………… 1

附录

简化偏旁 ………………………………… 281

新旧字形对照表 ………………………… 283

简化字类型简表 ………………………… 285

异体字类型简表 ………………………… 286

编写说明

一 出版主旨

2000年10月颁布的《中华人民共和国国家通用语言文字法》中明确规定："国家推广普通话，推行规范汉字。"2013年6月国务院批准发布了教育部、国家语言文字工作委员会组织制定的《通用规范汉字表》（以下简称《规范字表》），这是最新的汉字规范化方面的基础标准。为了贯彻和宣传国家有关语言文字的方针政策，促进汉字使用的规范化，满足语文教学、出版印刷、古籍整理、汉字信息处理等方面的需要，加强海峡两岸暨港澳地区的文化交流，推广海外汉语教育，我们编写和出版了这本《繁体异体用法字典》。

目前我国内地以简化字或正体字为规范字，与简化字、正体字相对应的是繁体字和异体字。繁体字和异体字在古籍、书法等特殊领域依然保留或使用，在港澳台地区及海外华语地区和华文教学中更是广泛使用。港澳台地区及海外华文用字一般以台湾用字标准为代表。简化字与繁体字，正体字与异体字之间的对应关系较复杂，有的是一对一的关系，如"处（處）、画（畫）、门（門）、鱼（魚）、减（減）"；有的是一对多的关系，如"后（后、後）、系（系、係、繫）、升（升、昇、陞）、并（并、並、竝、併）、干（干、乾、幹、乾、亁、榦）"。了解和掌握简化字与繁体字，正体字与异体字的对应关系，才能在文字运用中正确转换。否则，难免会出现把"干预、征战、兼并、皇太后、社会制度"转换成"乾預、徵戰、兼竝、皇太後、社會製度"之类的错误（正确的转换是"干預、征戰、兼併、皇太后、社會制度"）。

另外，有些规范字形与传统旧字形和台湾字形存在差异，如"吕（呂）、并（幷）、吴（吳）、争（爭）"。

《规范字表》附件1为《规范字与繁体字、异体字对照表》，对部分繁体字、异体字的用法简要地做了加注说明。为了帮助读者学习与掌握《规范字表》，本书进一步阐述或分析了简化字、繁体字、异体字的造字方法，字形的演变过程，繁体字的简化方法，规范字与异体字的对应关系，新旧字形的差异；梳理了历次汉字规范文件的有关调整变化；指出了简化字、繁体字、异体字在具体使用中容易出现的问题，并列举了大量的实际词语用例。

关于汉字的造字方法，传统文字学有"六书"说，《说文解字》概括为象形、指事、会意、形声、转注、假借。唐兰《古文字学导论》（1935年）提出"三书"说，即象形、象意、形声。"三书"说的分类比"六书"说通俗易懂，便于一般读者学习和理解。本书继承"三书"说把造字方法主要概括为三种：①象形，即象实物之形，把客观事物的形体描摹出来，如"山、木、日、羊、人、子、手"；②表意，即用抽象的符号或形象的图形来表示某种概念，或者用两个以上的字组合在一起表示新的含义，如"五、刃、本、走、休、明、降"；③形声，即由意符（又称"形旁"）和音符（又称"声旁"）两部分构成一个字，其中意符表示词义范畴，音符表示读音，如"河、财、抱、哨、镜、病、递"。有些字可以分析为表意兼形声，或者形声兼表意，如"胞、腑、婚、均、贫、浅、娶、揉、姓"。对于这种兼类的字，本书根据表意为主或表音为主而分别归入表意或形声。

现代汉语书面语中存在不少并存并用、类似于异体字的异形词。异形词指同音同义而书写形式不同的词语。2001年12月中华人民共和国教育部、国家语言文字工作委员会联合发布了《第一批异形词整理表》（以下简称《异形词表》），对一些异形词进行整理，给出了每组异形词的推荐使用词形，如规定用"本分、笔画、标志"，不用"本份、笔划、标识"等。对于异形词整理的情况和用法，也应该掌握。

需要说明的是，本书旨在贯彻和宣传语言文字规范，同时具有学术研究和探讨的性质。编者不仅指出了繁体字、异体字使用方面应注意的问题，而且对《规范字表》中的个别内容做了一些订正和补充，如："濛"为"蒙"的繁体字，建议也作规范字；"兒"为"儿"的繁体字，建议也作规范字；"餘"简作"余"，建议增加类推简化字"馀"；"哗"的异体字"哗"，建议改为"哗"；"望"的异体字"朢"，建议改为"朢"；"券"误作"券"的异体字，"諂"误作"谄（諂）"的异体字，建议删去。这些新见解可供语言文字规范化工作参考。

我国汉字规范字形过去基本是统一的，自 20 世纪 50 年代开始分化。大陆与台湾差异显著。大陆方面，内地与香港、澳门不同。台湾与香港、澳门地区尽管都用繁体字，但也存在个别细微差异，本书未详加辨析。期盼不久的将来，海峡两岸暨港澳地区实现"书同文"，在汉字规范字形方面再次统一。

本书内容符合规范，查检方便，是语言文字工作者必备的工具书，适合中等以上文化程度的各界读者，尤其是中小学生和语文教师，也可以作为推广海外汉语教育的参考教材。

二　基本内容及体例

（一）收字范围

1. 本书的主体是对繁体字、异体字、传统旧字形、与大陆规范字形有差异的台湾字形及用法进行辨析。字条以《规范字表》为选收范围，凡有简繁、正异关系的，需要辨析规范字形及用法等的字均予以收列。

2. 属于类推简化的简化字和繁体字一般不收，以节省篇幅。

3. 有的字条仅对新旧字形的差异进行对比，或者单纯收列《异形词表》中的异形词，则不详加分析其字形构造等。

（二）体例

1. 字条和字头

（1）以规范字为首字，共收字条 1537 个。

（2）字条首字后附：

①《规范字表》规定的繁体字 746 个，外加符号"（）"。

②《规范字表》规定的异体字 1023 个，外加符号"[ ]"。

③旧字形、台湾字形等 164 个，外加符号"{ }"。

（3）字条首字后既有繁体字，又有异体字时，一般先列繁体字，后列异体字。

（4）本书所收旧字形均为较典型的通用字。为了节省篇幅，不求完备，如：收"今"，未收"仐"；收"差"，未收"羌"。

2. 解说

（1）对大部分字头（包括简化字、繁体字、异体字等）的造字方法，字形演变过程，繁体字的简化方法，正体字与异体字的关系等予以解说。

（2）仅仅涉及新旧字形差异、字际关系调整、异形词整理的字，一般不详加解说。

（3）解说部分为本书的主体内容。为了节省篇幅，省略"解说"字样。

3. 提示

（1）对简化字与繁体字音义不完全相等的，说明用法。

（2）对一个简化字对应两个以上繁体字的，说明用法。

（3）对可作简化偏旁用的简化字和简化偏旁，说明用法。

（4）对正体字与异体字音义不完全相等的，说明用法。

（5）对原处理为繁体字或异体字，现改为规范字的，说明用法。

（6）说明新旧字形（包括规范字形与台湾字形）的主要差异。

（7）说明异形词整理的情况和用法。

（8）说明编者对《规范字表》订正或补充的意见。

（9）辨析某些容易混淆的字词的用法。

（10）这部分内容之前加"提示"字样。

4. 构词

（1）为了帮助读者掌握规范字的用法，了解现行用字与繁体文本和台湾用字之间的差异，正确进行简繁体转换，配合辨析内容列举一些常见易错的用例。

（2）用例的前边为现行规范写法，后边括号中为繁体文本和台湾的通常写法。繁体文本和台湾写法有不同的，适当举出。用例根据需要或多或少，不求一致。

（3）同一字的不同用例，中间用"｜"隔开。同一用例的不同的写法，中间用"／"隔开。不同字形的用例，另起一行排列。

（4）用例次序。先排本字在前的，再排本字在第二位、第三位的，最后排本字在末尾的。当本字位置相同时，先排两字词，再排三字词、四字词等。当字数相同时，按读音依次排列。

（5）这部分内容之前加"构词"字样。

（三）正文排序及检索

1. 正文字头按读音次序排列，其中多音字一般排列在常用音的位置。
2. 正文前列有《字头音节索引》和《字头笔画索引》。

三　本书主要依据

1.《国音常用字汇》，国语统一筹备委员会编，中华民国政府教育部1932年颁布

2.《手头字第一期字汇》，上海手头字推行会1935年制定（简称《手头字》）

3.《第一批简体字表》，中华民国政府教育部1935年颁布（简称《简体字表》）

4.《第一批异体字整理表》，中华人民共和国文化部、中国文字改革委员会1955年联合发布（简称《异体字表》）

5.《简化字总表》，中国文字改革委员会1964年编印，国家语言文字工作委员会1986年修订发布

6.《第一批异形词整理表》，中华人民共和国教育部、国家语言文字工作委员会2001年联合发布（简称《异形词表》）

7.《通用规范汉字表》，中华人民共和国教育部、国家语言文字工作委员会组织制定，国务院2013年发布（简称《规范字表》）

8.《国字标准字体宋体母稿》，台湾教育主管部门1994年编印

字头音节索引

【说明】①本索引收列书中全部音节，每个音节选一个常用字头作代表。②字头右侧数字是本书页码。

A

ai	爱	1
an	鞍	1
ang	肮	2
ao	奥	3

B

ba	罢	4
bai	柏	4
ban	板	5
bang	邦	6
bao	宝	6
bei	杯	7
ben	奔	8
beng	绷	8
bi	逼	9
bian	边	10
biao	标	10
bie	别	11
bin	宾	12
bing	冰	12
bo	博	13
bu	补	14

C

cai	才	15
can	参	16
cang	仓	17
cao	操	17
ce	册	17
ceng	层	18
cha	查	18
chan	掺	19
chang	尝	20
che	车	21
chen	尘	22
cheng	称	23
chi	吃	24
chong	冲	25
chou	仇	26
chu	出	27
chuan	船	29
chuang	窗	29
chui	垂	30
chun	春	30
ci	词	31
cong	匆	32
cou	凑	33
cu	粗	33
cuan	窜	33
cui	脆	33
cun	村	34
cuo	挫	34

D

da	达	35
dai	呆	35
dan	担	35
dang	当	37
dao	导	38
de	德	39
deng	灯	39
di	敌	39
dian	点	40
diao	吊	41
die	迭	42
ding	订	43
diu	丢	43
dong	东	43
dou	斗	44
du	独	45
duan	断	45
dui	队	45
dun	吨	46
duo	夺	46

E

e	鹅	48
en	恩	49
er	儿	49

字头音节索引 /7

F							
	geng		heng		jiao		kei		lang
	耕 65		恒 76		角 98		剋 111		琅 119
fa	gong		hong		jie		ken		lao
发 51	躬 65		轰 76		节 99		肯 111		劳 119
fan	gou		hou		jin		keng		le
帆 52	沟 65		后 77		斤 100		坑 112		乐 119
fang	gu		hu		jing		kou		lei
仿 53	古 66		乎 77		惊 102		扣 112		类 120
fei	gua		hua		jiong		ku		leng
飞 54	刮 68		花 79		炯 103		裤 112		棱 120
fen	guai		huai		jiu		kua		li
分 54	拐 68		怀 81		纠 104		夸 113		离 121
feng	guan		huan		ju		kuai		lian
丰 55	关 69		欢 81		局 104		块 113		连 125
fo	guang		huang		juan		kuan		liang
佛 56	广 69		黄 82		卷 106		宽 113		粮 127
fu	gui		hui		jue		kuang		liao
肤 57	归 70		辉 83		决 108		况 114		辽 127
G	gun		hun		jun		kui		lie
ga	衮 71		昏 85		俊 108		亏 114		猎 128
嘎 60	guo		huo				kun		lin
gai	果 71		伙 86		**K**		坤 115		邻 128
盖 60					kai		kuo		ling
gan	**H**		**J**		开 109		阔 116		灵 129
干 60	ha		ji		kan				liu
gang	蛤 73		几 88		刊 109		**L**		留 130
冈 62	han		jia		kang		la		long
gao	含 73		夹 91		糠 110		腊 117		龙 131
糕 63	hao		jian		kao		lai		lou
ge	号 74		艰 93		考 110		来 117		娄 131
歌 63	he		jiang		ke		lan		lu
gen	合 75		将 96		克 111		兰 118		卢 131
跟 64									lü
									吕 134
									luan
									乱 134

lüe 略 135	ming 命 145	nü 衄 153	**Q**	rang 让 172	shai 晒 178
lun 仑 135	mo 模 146	nuan 暖 153	qi 期 160	rao 扰 172	shan 删 178
luo 罗 135	mu 亩 146	nue 疟 154	qia 袷 162	re 热 172	shang 伤 179
M	**N**	nuo 糯 154	qian 千 162	ren 认 172	shao 筲 179
ma 麻 137	na 拿 148	**P**	qiang 枪 164	rong 融 174	she 舌 179
mai 买 138	nai 乃 148	pan 盘 155	qiao 乔 165	ru 蠕 174	shen 申 181
man 漫 138	nan 难 148	pang 彷 155	qie 窃 166	ruan 软 174	sheng 升 182
mao 猫 138	nao 恼 149	pao 抛 155	qin 亲 166	rui 蕊 174	shi 尸 183
me 么 139	nen 嫩 149	pei 胚 156	qing 庆 167	ruo 箬 175	shou 寿 186
mei 没 139	ni 你 150	peng 碰 156	qiong 穷 167	**S**	shu 书 186
men 门 140	nian 年 150	pi 匹 156	qiu 丘 168	sa 洒 176	shuai 帅 188
meng 蒙 140	niang 娘 151	piao 漂 157	qu 区 169	sai 腮 176	shuang 双 188
mi 秘 142	niao 鸟 151	pin 蘋 157	quan 权 170	san 伞 176	si 丝 189
mian 面 143	nie 捏 152	ping 凭 157	que 却 170	sang 桑 177	song 松 189
miao 妙 144	ning 宁 152	po 迫 158	qun 群 171	sao 扫 177	sou 搜 190
mie 灭 145	niu 纽 153	pu 扑 158	**R**	se 涩 177	su 苏 190
min 泯 145	nong 农 153		ran 冉 172	sha 杀 177	sui 虽 192

sun	tu	**X**	**Y**	**Z**	zhong
孙 192	秃 200	xi	ya	za	中 269
suo	tuan	牺 211	丫 230	杂 254	zhou
锁 193	团 201	xia	yan	zai	周 271
	tui	虾 213	烟 231	灾 254	zhu
T	腿 202	xian	yang	zan	朱 272
ta	tun	仙 214	扬 234	咱 255	zhuan
它 194	臀 202	xiang	yao	zang	专 274
tai	tuo	乡 218	夭 236	脏 255	zhuang
台 194	托 202	xiao	ye	zao	妆 275
tan		宵 221	爷 237	糟 256	zhui
坛 195	**W**	xie	yi	zha	赘 276
tang	wa	蝎 221	医 239	扎 257	zhun
糖 197	洼 204	xin	yin	zhai	准 276
tao	wan	欣 223	因 241	斋 259	zhuo
掏 197	玩 204	xing	ying	zhan	桌 276
teng	wang	兴 224	应 243	沾 259	zi
誊 197	亡 205	xiong	yong	zhang	资 277
ti	wei	凶 224	佣 244	账 261	zong
体 198	微 206	xiu	you	zhao	踪 278
tiao	wen	修 225	优 245	招 261	zu
条 198	稳 208	xu	yu	zhe	卒 279
tie	weng	须 226	于 246	折 261	zuan
铁 198	瓮 208	xuan	yuan	zhen	钻 279
ting	wo	喧 227	冤 251	针 263	zui
厅 199	卧 208	xue	yue	zheng	最 279
tong	wu	靴 228	岳 252	争 264	zun
同 199	乌 208	xun	yun	zhi	樽 280
tou		勋 228	云 252	只 265	zuo
偷 200					座 280

字头笔画索引

【说明】①本索引收入书中正文全部字头、附录《简化偏旁》字头，包括规范字（简化字）、繁体字、异体字、旧字形等。其中《规范字表》规定的繁体字外加符号"()"，《规范字表》规定的异体字外加符号"[]"，旧字形、台湾字形及编者增补的字形等外加符号"{}"。②字头按笔画数由少至多排列，笔画数相同的按起笔笔形一丨丿、乛依次排列。③字头右侧数字是本书页码。

二画

二 50
厂 21
卜 14
儿 49
几 88
讠 281
了 127
乃 148

三画

【一】
干 60
于 246
亏 114
才 15
与 248
万 205

【丿】
千 162
亿 239
[几] 52
个 64
[亽] 205

么 139
凡 52
及 89
彳 281

【、】
广 69
亡 205
门 140
丫 230
义 239

【乛】
尸 183
卫 207
乡 281
飞 54
习 212
马 137
乡 281
幺 235

四画

无 209
韦 206
云 252
专 274
丏 60
扎 257
艺 240
[帀] 254
厅 199
区 169
历 123
{反} 53
厄 48
匹 156
车 21
巨 105
牙 230
瓦 204

【丨】
收 281
{肀} 172
中 269
贝 7
冈 62
见 95

【丿】
午 209
{丰} 55
气 162
升 182
夭 236
长 20
什 184
仃 42
仆 158
仇 26
币 9
仅 101
斤 100
{戶} 79
反 53
{今} 101
从 32
仑 135
今 101
凶 224
分 54
仓 17
风 56
乌 208
{及} 89

凤 56
为 207
斗 44
忆 240
订 43
户 79
认 172
讥 174

【乛】
[弔] 41
丑 27
{丑} 27
队 45
办 5
以 239
予 248
邓 39
劝 170
双 188
书 186
毋 209

五画

【一】
刊 109
击 88
戋 93
扑 158
{瓦} 204
艾 1
芋 281
古 66
节 99
术 187
{朮} 187
札 258
[冄] 254
[冉] 254
匝 254
厉 124
布 14
{犮} 4
龙 131
戊 4
灭 145
东 43
{克} 25

【丨】
占 260
卢 131
眇 281

字头笔画索引 /11

字	页	字	页	字	页	字	页	字	页	字	页	字	页
业	237	册	17	羊	282	协	222	回	83	【丶】			
旧	104	卯	139	圣	282	[互]	64	邑	161	壮	276		
帅	188	[勾]	60	圣	182	压	230	网	206	亦	282		
归	70	处	28	对	46	厌	232	【丿】		冲	25		
叶	238	冬	43	台	194	页	238	年	150	妆	275		
申	181	鸟	151	纠	104	夸	113	朱	272	冰	12		
叮	42	[卯]	139	驭	249	夺	46	{耒}	119	庄	275		
电	40	务	209	丝	189	达	35	{邦}	6	庆	167		
号	74	刍	28	[巡]	229	[匠]	110	丢	43	刘	130		
[叭]	239	饥	88			夹	91	舌	179	齐	161		
只	265	【丶】		**六画**		邪	222	迁	163	次	32		
[目]	239	[氷]	12			邢	34	乔	165	{次}	32		
叫	98	兰	118	【一】		[邨]	34	{印}	243	产	19		
叩	112	汇	84	耒	119	[敂]	110	优	245	决	108		
叹	196	头	200	邦	6	尧	236	伤	179	充	25		
冉	172	汉	73	{丢}	43	划	79	价	92	并	12		
[册]	17	氾	52	{舌}	179	毕	9	份	55	关	69		
[囘]	241	[氾]	53	动	43			华	80	灯	39		
【丿】		宀	282	扞	73	【丨】		仿	53	[汙]	209		
钅	281	宁	152	[扜]	73	师	183	伙	86	污	209		
丘	168	它	194	扛	110	尘	22	亻	273	[汚]	209		
仙	214	{宂}	174	扣	112	当	37	向	219	[汛]	53		
仔	277	[宄]	174	考	110	呼	248	似	189	忙	20		
厄	266	讧	76	托	202	吓	214	后	77	兴	224		
仝	199	[屄]	48	巩	65	虫	26	会	84	讲	97		
[仚]	199	写	222	执	266	曲	169	杀	177	[冃]	111		
[仐]	50	让	172	扫	177	团	201	合	75	讪	48		
乎	77	礼	122	场	234	吕	134	众	271	诉	223		
丛	33	【一】		扬	230	同	199	爷	237	{讦}	223		
印	243	弘	76	亚	266	吊	41	伞	176	农	153		
{氐}	39	[弔]	156	芝	266	吒	258	[兠]	224	迃	273		
氏	39	出	27	朴	158	[吒]	258	创	29	【一】			
尔	50	辽	127	机	88	吃	24	朵	47	寻	229		
乐	119	奶	148	权	170	因	241	杂	254	尽	101		
匆	32	边	10	过	72	岁	192	凫	57	导	38		
[勾]	60	发	51	亘	64	帆	52	争	264	异	240		
				再	254								

阠	102	【一丨】		苏	190	虬	168	[阜]	257	饮	242
孙	192	坛	195	杆	61	邮	245	皂	257	系	213
[阤]	48	坏	81	杠	63	[毗]	146	[廹]	158	【丶一】	
[阯]	267	扰	172	村	34	{呂}	134	[兎]	201	(言)	281
阳	235	扼	48	极	89	困	115	佛	56	状	276
阪	5	址	267	(車)	21	呙	71	【丿丨】		亩	146
[阪]	5	扯	21	豆	44	{呈}	23	[卮]	266	{冲}	25
阶	99	坝	4	两	127	听	199	彻	21	况	114
阴	241	折	261	丽	124	吟	242	彷	155	床	29
[艸]	17	坂	5	【一丿】		吩	54	【丿丶】		疗	127
[阮]	112	坎	109	医	239	{别}	11	余	247	疖	99
奸	93	坞	210	还	81	吻	208	佥	145	吝	129
[朶]	47	抛	155	[矴]	43	叫	98	金	163	应	243
妇	57	坟	55	夾	125	[呷]	239	{兑}	46	这	263
戏	212	坑	112	(夾)	91	{吴}	209	谷	66	庐	131
观	69	护	79	歼	93	别	11	含	73	序	226
欢	81	壳	166	【一丶】		{删}	178	邻	128	[沕]	145
买	138	志	267	来	117	[岈]	5	【丿一】		弃	162
驮	203	块	113	【一乁】		【丿一】		肛	62	【丶丨】	
纤	214	声	182	连	125	针	263	[肛]	63	闲	215
纪)	90	报	7	轫	173	[牠]	194	肠	20	【丶丿】	
(系)	281	[刦]	99	(巠)	282	乱	134	[旵]	267	羌	164
(糸)	281	拟	150	【丨一】		{秃}	200	龟	70	兑	46
巡	229	却	170	卤	132	秃	200	夋	82	灶	257
		[刧]	99	【丨丿】		【丿丨】		免	143	灿	17
七画		劫	99	邱	168	犹	245	【丶丶】		
【一一】		[刟]	3	{邱}	168	飑	235	汹	225
寿	186	[抝]	3	时	184	体	198	{飑}	234	泛	53
弄	153	芸	253	(貝)	7	佐	280	角	98	[次]	216
麦	138	花	79	吴	209	[佈]	14	{角}	98	没	139
进	102	[苍]	79	(見)	95	[佔]	260	删	178	{没}	139
远	251	严	231	县	217	[伹]	189	条	198	沟	65
韧	173	苎	273	里	123	伶	129	彤	200	沪	79
划	20	芦	131	呆	35	佣	244	岛	38	沈	181
{划}	19	劳	119	园	251	你	150	刨	7	{沈}	22
运	253	克	111	吨	46	[伫]	273	钍	173	{沉}	22

字头笔画索引 /13

沉	22	【ㄱ、】		拦	118	矾	52	[哶]	75	【丿丨】	
[決]	108	鸡	89	幸	224	矿	114	咐	58	侍	185
怀	81	【ㄱㄱ】		[挖]	202	码	137	呼	77	岳	252
忧	245	驱	170	招	261	厕	17	咏	244	佬	119
忏	209	驳	13	[刧]	99	奔	8	[岈]	1	兒	149
松	189	纸	267	(亞)	230	奋	55	岸	1	(兒)	49
宏	76	纼	273	坳	3	态	195	岩	232	侥	98
穷	167	驴	134	拗	3	[歾]	236	罗	135	侄	267
灾	254	纽	153	苹	157	殁	146	帙	268	侦	263
【、ㄱ】		[紅]	104	范	53	{殁}	146	岭	130	侃	109
证	265	[災]	254	(苧)	273	【一ㄱ】		[廻]	83	凭	157
词	74			杯	7	轰	76	迥	103	[併]	12
启	161	**八画**		柜	71	软	174	杳	194	迫	158
补	14			[枬]	230	[剳]	30	账	261	[岬]	227
祀	189	【一一】		[枏]	149	(戔)	93	购	66	邮	227
诉	191	玩	204	板	5	【丨一】		贮	273	【丿丿】	
词	31	环	81	(來)	117	非	54	图	129	质	268
【ㄱ一】		表	11	松	189	肯	111	图	200	欣	223
灵	129	{毒}	45	枪	164	齿	24	(岡)	62	征	264
层	18	规	70	[枴]	185	{虍}	79	[囷]	206	[徃]	206
迟	24	【一丨】		构	65	虎	79	囵	206	往	206
局	104	(長)	20	杰	99	虏	132	(咼)	71	[彿]	56
[卵]	139	拓	194	丧	177	【丨ㄱ】				径	103
【ㄱ丨】		{抛}	155	(東)	43	果	71	【丿一】		【丿、】	
际	90	拣	94	画	80	昆	115	{非}	54	舍	180
陆	133	拈	150	卧	208	国	71	{并}	12	(金)	281
(壯)	276	担	35	{臥}	208	[胃]	139	制	268	剎	19
孜	277	坤	115	(臥)	281	(門)	140	迭	42	(侖)	135
(妝)	275	押	230	(兩)	127	呵	74	氛	54	命	145
附	57	拐	68	枣	256	昇	182	垂	30	肴	236
【ㄱ丿】		拖	202	[廼]	148	[昇]	182	牦	139	[郤]	170
[姉]	278	{坵}	168	[迺]	148	欧	146	刮	68	采	15
妙	144	[埘]	57	(協)	222	虮	168	秆	62	籴	39
妊	173	拥	244	卖	138			和	75	觅	142
姊	278	抵	40	【一丿】		[呪]	271	[籼]	215	{爭}	264
妒	45	势	185	郁	249	咒	271	[季]	150	(飠)	281

念	151	【、丨】		{诓}	114	艰	93	草	17	厘	121
瓮	208	闸	258	衬	22	[垒]	259	茧	94	斫	277
【丿一】		闹	149	视	185	【一一】		荞	165	面	143
肤	57	【、丿】		衹	161	{彔}	133	荡	38	[奔]	8
肢	266	[羌]	164	衹	265	线	217	[軋]	60	[盇]	75
[胚]	156	郑	265	话	80	继	223	胡	78	[奊]	181
肿	270	券	170	【一一】		练	126	剋	111	牵	163
股	67	[券]	170	肃	191	绌	26	(剋)	111	【一一】	
肮	2	卷	106	录	133	{绌}	26	[砍]	165	鸦	230
服	57	[並]	12	隶	124	驼	203	荫	241	{致}	269
胁	222	单	36	帚	271	(糾)	104	[荔]	124	【丨一】	
周	271	炕	110	[屆]	100			荔	124	韭	104
昏	85	炉	131	届	100	**九画**		药	237	背	8
鱼	247	【、、】		弥	142			标	10	战	260
兔	201	法	51	弦	215	【一一】		相	220	点	40
{免}	143	泄	223	【一丨】		春	30	查	18	【丨丨】	
狐	78	河	75	[牀]	29	帮	6	[查]	18	临	128
备	7	[泫]	51	(狀)	276	珐	52	[枴]	68	竖	188
枭	221	沽	259	孢	6	[珊]	178	[栅]	149	【丨丿】	
饲	189	泪	120	陕	179	玳	35	[柵]	258	省	224
【、一】		[況]	114	[屘]	184	珍	263	柏	4	【丨、】	
变	10	[沠]	191	函	73	珎	263	栀	266	尝	20
享	218	{沿}	232	【一丿】		珊	178	栅	258	【丨一】	
夜	238	沿	232	[妢]	45	毒	45	柳	130	[昰]	185
庙	144	注	273	[姗]	178	【一丨】		[柳]	130	是	185
底	40	泯	145	[妖]	267	挂	68	柿	185	眇	144
[疘]	62	[悦]	82	[妳]	148	赵	261	栏	118	(易)	281
疟	154	怜	125	[妳]	150	[棗]	177	树	188	[毗]	27
卒	279	怪	68	姗	178	挡	37	[勅]	25	{毗}	144
[効]	221	宝	6	姆	147	括	116	迺	148	哄	76
[卆]	279	宕	38	[虱]	184	垛	47	迺	148	显	217
废	54	审	181	[兔]	201	按	2	【一丿】		冒	139
净	103	帘	125	【一、】		挪	174	咸	216	映	243
於	247	实	184	迳	103	[垛]	47	盃	7	昵	150
{於}	246	诓	114	{迳}	103	荐	95	(頁)	238	[眀]	185
				参	16	带	35	砖	274	[毗]	65

字头笔画索引 /15

毗	156	钩	65	【丿、】		亲	166	恒	76	姻	241
[毘]	156	卸	223	叙	227	彦	233	[恆]	76	姮	173
胄	272	[乘]	23	{剎}	19	飒	176	恠	68	姦	93
{冑}	272	矩	105	剑	95	[紗]	144	恍	82	[拏]	148
虾	213	毡	259	[剄]	34	【、丨】		恤	227	(飛)	54
虹	140	{垂}	30	郤	170	阁	64	恺	129	盈	243
[虵]	179	[牴]	40	食	185	【、丿】		恼	149	【一、】	
{咼}	71	选	227	【丿一】		差	18	举	105	蚤	256
虽	192	适	185	胚	156	养	235	宪	217	[畠]	130
咽	232	秕	9	胆	36	[羗]	164	窀	102	垒	119
骂	137	种	270	胜	183	姜	96	窃	166	【一一】	
勋	228	[秖]	265	脉	138	[羿]	29	【、一】		绒	173
哗	80	[秔]	102	胫	103	类	120	扁	10	绕	172
咱	255	秋	168	敏	112	籼	215	衽	173	络	136
咿	239	复	58	{奐}	82	娄	131	衹	3	(紀)	90
响	219	【丿丨】		狭	214	兹	277	(祇)	265		
咬	236	叟	190	独	45	总	278	祕	142	**十画**	
咳	110	修	225	(風)	56	炼	126	祕	142		
咩	144	(俛)	57	忽	32	炯	103	[冥]	145	【一一】	
[咲]	221	(係)	213	狗	229	烁	168	班	114	耕	65
咤	258	(皋)	57	㧃	100	炮	155	鸩	263	艳	233
峾	45	鬼	71	逄	239	烂	118	【丿一】		勋	91
[峉]	274	侵	166	䰾	205	炤	261	垦	111	{勛}	91
炭	196	(侵)	166	饷	219	剃	198	叚	214	敖	2
{炭}	196	(偏)	104	【、一】		{為}	207	[叚]	92	[栞]	109
罚	51	(帥)	188	(訂)	43	【、、】		[屍]	183	蚕	16
峒	44	岘	153	将	96	洼	204	昼	272	盏	260
[峝]	44	迥	103	奖	97	洁	99	[昏]	85	【一丨】	
(迴)	83	俟	189	[卻]	146	洪	76	【一丨】		[挵]	153
[恩]	49	俊	108	[虒]	146	洒	176	(韋)	206	[捄]	104
骨	67			畜	218	{流}	130	(陝)	179	(馬)	137
【丿一】		【丿丿】		亮	127	[洩]	223	陗	166	赶	62
钜	105	徇	229	亮	127	浊	277	陛	182	盐	232
{鉅}	105	(後)	77	疽	238	涎	216	[陛]	182	捍	73
钟	269	须	226	迹	90	{淘}	225	【一丿】		捏	152
钥	237	{扁}	10	[彥]	233	浑	85	[姪]	267	(埧)	4

捆	115	[栢]	4	桌	276	赃	255	(隻)	265	胶	97
埙	228	档	38	虑	134	【丿一】		俯	57	脑	149
{兹}	277	[栽]	51	【丨丨】		钵	13	[倣]	53	[胁]	222
哲	262	[剌]	25	监	93	钻	279	倦	107	(狭)	214
挫	34	桩	275	紧	101	铲	132	射	180	[狲]	73
{挫}	34	核	75	【丨、】		{铲}	131	皋	63	狸	121
{授}	174	样	235	党	37	铁	198	躬	65	狷	107
[捂]	116	桉	1	【丨㇇】		铅	163	息	211	[狊]	225
挽	205	{桉}	2	[际]	185	毯	173	(岛)	38	留	130
热	172	(连)	125	(时)	184	(氩)	162	(乌)	208	袅	151
捣	38	(轫)	173	[毕]	9	牺	211	{鬼}	71	[盎]	205
[栽]	254	(轭)	173	晒	178	(邮)	245	(师)	183	(刍)	28
[抄]	193	逗	44	[眠]	185	乘	23	屻	153	馀	248
壶	78	栗	124	晃	82	敌	39	【丿丿】		{馀}	247
盉	75	翅	24	晔	238	积	89	(径)	103	【、一】	
[紮]	257	【一丿】		{晔}	238	称	23	殷	241	(訌)	76
耻	24	唇	30	晖	82	秘	142	舰	96	[託]	202
[聍]	144	砧	263	[哗]	144	笔	9	[舩]	29	(這)	263
耿	65	[砲]	155	[哗]	144	笑	221	【丿、】		凄	160
耽	36	础	29	{趴}	197	笋	192	(针)	263	[衰]	222
[恥]	24	[啓]	161	[蚘]	84	【丿丨】		(殺)	177	桨	97
聂	152	原	251	蚝	74	{叟}	190	[訏]	148	浆	96
(華)	80	盍	13	蚊	208	[倖]	224	拿	148	(畝)	146
[莖]	44	顾	67	{骨}	67	借	100	爱	1	衷	270
莅	124	【一㇇】		[啍]	257	(條)	198	(仓)	17	席	212
获	86	(剗)	20	唣	257	倏	187	[飲]	189	准	276
晋	102	{剗}	19	恩	49	脩	225	(飢)	88	座	280
恶	49	毙	9	(岂)	161	{脩}	225	【丿一】		症	264
莺	243	致	269	[迴]	83	倐	187	胭	231	疴	110
[剋]	111	[晉]	102	罢	4	俱	105	[脈]	138	斋	259
[尅]	111	(逕)	103	峭	166	(個)	64	脍	113	痈	244
(莊)	275	(逞)	103	峨	48	{併}	12	脆	33	疱	155
莼	30	【丨一】		[羗]	48	(保)	16	胸	225	[痺]	54
桠	230	(門)	44	峰	56	俏	255	胳	63	效	221
{桠}	230	赀	277	[峯]	56	俭	7	[脃]	33	离	121
栖	160	{赀}	277	[望]	68	隽	107	脏	255	衮	71

字头笔画索引 /17

凋	41	悍	73	[皰]	155	{悊}	262	梅	140	悬	227
{凋}	41	宽	113	(脅)	222	[捨]	180	[梔]	266	野	237
瓷	31	家	91	【㇀、】		[採]	15	(麥)	138	勖	227
资	277	宵	221	[報]	24	掏	197	{紮}	257	{勗}	227
凉	126	宴	233	[函]	73	[堉]	109	救	104	(婁)	131
竞	103	宾	12	难	148	{敖}	2	啬	177	{晧}	74
[立]	12	{寃}	251	{蚤}	256	(執)	266	(軟)	174	[唼]	42
[竚]	273	窈	166	预	249	(捲)	106	(專)	274	(異)	240
[旂]	161	案	2	(務)	209	掂	156	敕	25	跃	252
[欨]	110	【、㇀】		桑	177	(殼)	166	(區)	169	啮	152
【、丨】		[冠]	112	【㇀㇀】		悫	170	酞	253	略	135
阉	104	{寇}	279	绣	226	(掃)	177	[酖]	263	[畧]	135
【、丿】		{冣}	279	验	233	据	106	【一丿】		蛇	179
{差}	18	冢	270	绦	197	[捸]	17	[脣]	30	累	120
瓶	158	袜	204	继	91	掺	19	厢	218	(國)	71
[刴]	29	袒	196	(紙)	267	{著}	277	戚	160	[畱]	130
[勑]	107	[袟]	268	(紐)	153	菱	129	(帶)	35	啰	135
[粃]	9	冥	145			黄	82	[竟]	142	[啥]	242
[粇]	102	诿	207	十一画		[菴]	1	戛	92	[唸]	151
[粫]	110	冤	251	【一一】		[菓]	71	(厠)	17	[啗]	36
烛	272	谄	19	彗	85	[剮]	258	(硃)	272	[啰]	255
烟	231	【㇀一】		{彗}	85	[菸]	231	(逩)	8	啖	36
烨	238	(書)	186	乾	164	(乾)	60	厩	104	崭	260
(烝)	281	[帬]	171	球	169	菉	133	【一㇀】		{罜}	68
递	40	恳	112	琐	193	菉	134	辄	262	[眾]	271
【、、】		剧	105	[珶]	122	菰	66	【丨一】		崐	115
浙	263	【㇀丨】		麸	57	{菰}	66	[砑]	259	崑	115
涅	152	(陸)	133	琉	130	菇	66	皆	278	帽	139
[泣]	124	[娶]	48	琅	119	菑	254	(鹵)	132	崘	135
涂	200	(孫)	192	(規)	70	虚	226	崙	135
流	130	(陰)	241	【一丨】		埜	237	[庨]	77	(過)	72
浣	82	【㇀丿】		[挂]	68	梦	141	(處)	28	【丿一】
涩	177	[挈]	148	掭	148	梵	118	【丨㇀】		铤	199
涌	244	娴	216	捷	100	[桺]	130	眦	278	铲	19
浚	108	娘	151	掻	30	栖	7	眺	198	[悟]	209
悖	8	婀	48	{掻}	174	[桿]	61	睐	142	[鉢]	13

[毬]	169	【丿、】		麻	137	渔	248	逸	19	(鄉)	218
[觕]	33	[敘]	227	庵	1	[涼]	126	【一一】		(継)	223
秸	99	[敘]	227	[痕]	84	淳	31	(晝)	272	[紬]	26
梨	122	[釩]	73	痒	235	淡	36	敢	62	[紬]	26
犁	122	[釦]	112	{衰}	71	淀	41	[強]	164	[絃]	215
移	239	{殺}	177	(産)	19	淚	120	【一丨】		(絝)	273
(動)	43	敛	126	旋	228	深	181	[陲]	214		
笺	94	欲	249	埜	115	梁	127	[陣]	242	十二画	
【丿丨】		彩	16	埜	115	惬	166	堕	47	【一一】	
做	280	(覓)	142	望	206	[惏]	118	随	192	絜	100
[偪]	9	【丿一】		(牽)	163	[悽]	160	(將)	96	[絜]	99
(偵)	263	脚	98	【、丨】		惭	17	(階)	99	[琹]	167
悠	245	脖	13	阅	213	惧	106	[隄]	39	琴	167
偿	21	(脛)	103	【、丿】		惊	102	(陽)	235	[瑔]	260
[俱]	109	[脬]	208	着	277	悖	46	隅	248	琥	79
偷	200	[彫]	41	盖	60	悴	34	巢	198	[琱]	41
偬	278	週	271	眷	107	寇	112	[陰]	241	琼	168
[偺]	255	(魚)	247	[粘]	78	寇	112	隐	243	斑	5
(進)	102	象	220	粘	259	寃	279	(隊)	45	琺	52
[兪]	36	够	66	粗	33	{寃}	279	【一丿】		[瑯]	119
(梟)	221	逸	240	断	45	寅	145	{媒}	48	【一丨】	
(鳥)	151	[欷]	113	剪	94	{宿}	191	[婬]	242	{插}	18
兜	44	猪	272	兽	186	宿	191	(婦)	57	款	113
[皐]	63	猎	128	敝	9	窑	236	【一、】		(堯)	236
假	92	猫	138	焊	73	[寀]	15	(習)	212	[幇]	6
衅	223	[夠]	66	[焗]	103	窓	29	惠	244	塔	194
[衄]	138	馆	69	【、、】		寇	251	[絑]	16	埵	242
(恩)	32	【、一】		淋	128	【、一】		(參)	16	(揀)	94
【丿丨】		凑	33	淒	160	(啟)	161	【一一】		(馭)	249
(術)	187	(訛)	48	掣	193	(啓)	161	绩	91	(城)	95
衔	216	(訢)	223	混	86	袴	112	维	207	(堦)	99
(從)	32	(訤)	223	(淛)	263	袘	173	绵	143	[揹]	8
盘	155	减	94	淯	221	袷	162	绷	8	趁	23
{船}	29	[袤]	268	渊	251	袷	91	绸	26	趂	23
船	29	庪	188	淫	242	(視)	185	绿	134	[揑]	100
		庶	188	(淨)	103	祸	87				

字头笔画索引 /19

字	页	字	页	字	页	字	页	字	页	字	页	字	页
{敢}	62	[蓳]	256	惠	85	喋	42	鹅	48	[衕]	153		
堤	39	葬	256	甦	191	(開)	109	剩	183	[衚]	199		
(場)	21	[葵]	256	[甦]	190	(閑)	215	硬	102	御	250		
(揚)	234	[酉]	130	逼	9	(閒)	215	程	62	(復)	58		
喆	262	[韮]	104	(棗)	256	跖	267	稀	211	(徧)	10		
[喆]	262	(萬)	205	【一丿】		[腊]	146	犂	122	(須)	226		
博	13	葶	49	厨	28	蛙	204	犁	122	【丿、】			
揪	167	蒐	190	厦	178	[蛒]	84	(喬)	165	(鉅)	105		
插	18	蒐	190	[戞]	92	蛔	84	筑	274	[鉅]	105		
[挿]	18	[蓡]	16	确	170	蛤	73	策	18	[鈆]	163		
揪	104	[葠]	227	[厤]	123	(勛)	228	筒	200	{鈅}	237		
[捏]	152	葱	32	雁	233	喂	207	筏	51	(鈎)	65		
搜	190	蒂	40	奢	262	(單)	36	[筍]	192	逾	248		
(塊)	113	萱	227	{奢}	180	[喦]	232	[筆]	9	[殽]	221		
[煮]	273	[乾]	60	【一、】		啣	216	【丿丨】		颓	57		
煮	273	[惠]	39	(雲)	252	喏	255	[傌]	137	{颓}	57		
[揸]	30	{惪}	39	[雰]	54	喑	242	(備)	7	(爺)	237		
搀	19	(喪)	177	【一→】		啼	197	[㥎]	244	伞	176		
(達)	35	辜	66	暂	255	喧	227	[賤]	94	(傘)	176		
(報)	7	{葯}	237	【丨一】		(喅)	109	[條]	197	(爲)	207		
[堪]	23	棱	120	[遉]	263	(買)	138	傓	108	(創)	29		
{殻}	166	(椏)	230	{虛}	226	帽	139	傑	99	(飪)	173		
(壺)	78	[椏]	230	【丨丨】		淼	144	雋	107	(飲)	242		
[堵]	227	棋	161	凿	256	淼	144	[傚]	221	【丿→】			
(惡)	49	(棲)	160	【丨、】		[䟽]	87	躰	180	腊	117		
[某]	161	棹	261	辉	83	【丿一】		皇	63	腌	231		
[暮]	160	椊	30	【丨→】		铺	158	[眺]	44	(勝)	183		
期	160	[椊]	211	[喫]	24	锁	193	皓	74	鲁	132		
联	125	赍	89	最	279	锄	28	(衆)	271	猢	207		
{黃}	82	椁	72	晬	243	锈	226	[岷]	138	猾	80		
(葉)	238	棕	278	晰	211	锉	34	粤	252	(猨)	251		
[靭]	173	[椗]	43	(睏)	115	(無)	209	奥	3	飓	106		
[靫]	173	椀	205	晻	2	犇	8	【丿丿】		(猶)	245		
[散]	176	[椀]	205	(貯)	273	[犇]	8	遁	46	[舭]	40		
散	176	楠	203	戢	90	[餅]	158	惩	23	飧	192		
[斵]	277	(極)	89							馈	114		

馋	19	焰	234	（補）	14	飨	219	［揞］	48	概	60
【、一】		（勞）	119	［袂］	91	（絨）	173	［搾］	258	赖	117
｛証｝	265	【、、】		［裡］	123	（綑）	223	［塚］	270	［熙］	211
（訶）	74	［湊］	33	裤	112	（絡）	136	毂	67	（豎）	188
｛詞｝	74	［減］	94	裙	171	（絲）	189	［搥］	171	酬	26
（訴）	191	渺	144	（禍）	87	（幾）	88	（聖）	182	酹	26
［註］	273	湿	184	幂	143			［碁］	161	【一丿】	
（詡）	273	溃	85	谥	186	**十三画**		［剷］	215	｛歴｝	123
［詠］	244	［涅］	152	【⺆一】		【一一】		（蓋）	60	碍	1
（詞）	31	（淵）	251	（尋）	229	［勣］	28	勤	167	碰	156
襄	223	（湣）	31	（畫）	80	［惷］	31	靴	228	碇	43
溧	125	游	245	［尋］	229	［瑅］	35	蓝	118	碗	205
｛溧｝	124	（渾）	85	［冒］	31	（勛）	91	幕	147	碌	133
装	275	［湧］	244	属	187	（勳）	91	（夢）	141	［殨］	192
敦	46	（愜）	166	强	164	瑰	70	蓑	193	【一、】	
［厢］	218	愤	55	【⺆丨】		［愿］	166	［蓆］	212	（匯）	84
［廁］	17	愣	121	［疎］	187	寛	85	蒜	124	（電）	40
（厲）	250	｛愣｝	120	疏	187	魂	85	漫	16	雾	210
痫	217	愧	115	（靭）	173	【一丨】		蒙	140	【一⺄】	
［痾］	110	［愔］	46	（靱）	173	［搆］	65	（幹）	60	（盞）	260
廒	104	慨	109	［隕］	210	损	110	（蔭）	241	【丨一】	
［殿］	104	（惱）	149	【⺆丿】		（馱）	203	献	218	（歲）	192
［楽］	23	［寧］	152	［媧］	241	搅	82	蒇	30	（賁）	277
｛戠｝	265	寔	184	［媿］	115	塌	194	［椹］	140	（貲）	277
［嗟］	189	寓	250	［媮］	200	［搨］	194	楠	149	（虜）	132
遊	245	［寢］	167	媐	57	（堽）	228	械	94	（虜）	132
［棄］	162	窜	33	婿	227	（遠）	251	楫	90	【丨丨】	
【、丨】		［窓］	29	【⺆、】		鼓	67	楞	120	鉴	96
鹃	217	窗	29	（發）	51	摆	4	暂	211	（業）	237
阔	116	窜	153	｛糸｝	16	携	222	｛暫｝	211	【丨、】	
【、丿】		［甯］	152	【⺆⺄】		［搗］	38	啬	177	［甞］	20
［羢］	173	【、⺄】		缄	94	［塢］	210	［剷］	212	（當）	37
羡	218	谟	146	綫	218	（勢）	185	楼	228	【丨⺄】	
粪	55	（運）	253	｛線｝	217	摇	197	楼	278	睹	45
［粦］	129	遍	10	缘	251	［搯］	167	榆	94	睦	45
［粧］	275	雇	67			［搶］	215	楦	228	［尟］	215

[暵] 153	(骯) 2	(裊) 151	[詧] 18	(煉) 126	群 171
[賕] 227	【丿一】	{梟} 57	馍 146	(煬) 153	羣 171
睬 16	锤 30	{粵} 252	【丶一】	(煖) 153	[槃] 60
[歃] 234	[槊] 105	(奧) 3	(誆) 114	(煇) 83	辟 156
[睦] 107	辞 31	【丿丨】	{誆} 114	【丶丶】	【乛丨】
{戠} 90	[稜] 120	(遞) 40	(誇) 113	(溝) 65	(裝) 275
(嘩) 80	稚 269	{微} 206	(話) 80	(渺) 144	(際) 90
嗯 49	稗 5	微 206	[詶] 26	(滅) 145	【乛丿】
嗔 22	颓 202	街 216	酱 97	(滙) 84	[媹] 151
(閘) 258	[擎] 104	衙 163	(裏) 123	(涅) 184	【乛丶】
(閘) 149	[筴] 18	艄 179	[敫] 46	溜 86	[劉] 133
(電) 145	筲 179	【丿丶】	禀 12	{涸} 86	勠 133
暖 153	[節] 274	(鉢) 13	{稟} 12	(準) 276	{勠} 133
暗 2	签 163	[鉏] 28	(廈) 178	(塗) 200	(預) 249
(暉) 82	简 95	(鉛) 163	麻 128	溪 211	叠 42
{暉} 83	筧 69	(鉤) 65	痱 54	[滔] 242	【乛乛】
(號) 74	[筧] 69	(鉋) 7	痹 9	{滔} 242	缠 19
照 261	[筴] 18	愈 250	痴 24	溜 130	(彙) 84
[晒] 16	(節) 99	(僉) 163	痼 9	滴 122	[緔] 115
跷 165	[篳] 200	會 84	廉 126	溯 191	(綉) 226
踩 47	{鯀} 52	(覡) 198	(廎) 241	(滨) 181	剿 98
[跡] 90	【丿丨】	(愛) 1	(資) 277	慑 180	[勦] 98
跤 97	(與) 248	(亂) 134	韵 253	慎 181	[勤] 98
跟 64	(輿) 282	(飼) 189	意 240	(愽) 13	
[踩] 47	(僅) 101	【丿乛】	[劏] 19	[慄] 124	**十四画**
(園) 251	毁 84	(腸) 20	廉 126	誉 251	【一一】
(蜎) 84	{毀} 84	腮 176	雍 244	寞 146	[幫] 6
蜂 56	[搢] 258	腭 49	【丶丿】	(賓) 269	(瑱) 193
(螂) 119	[愩] 29	(腫) 270	(義) 239	窥 114	[瑠] 130
(農) 153	(傷) 179	脚 98	(羨) 218	寝 167	璃 122
嗥 74	(働) 43	朘 23	誊 197	【丶乛】	赘 276
[嘓] 197	(傯) 278	腿 202	粳 102	裸 136	[瑣] 193
(幌) 147	像 220	(腦) 149	[粰] 57	谪 262	[匯] 125
(罨) 282	(傭) 244	猿 251	粮 127	【乛一】	【一丨】
置 269	(躱) 65	颖 243	遡 191	(肅) 191	[髯] 172
罪 279	[皋] 279	触 29	(煙) 231	(褎) 171	

[髣]	53	槁	63	【丨、】		【丿一】		(鋌)	199	(齊)	161
墙	165	[槲]	72	(嘗)	20	锹	165	[貍]	121	旗	161
[塼]	274	榜	6	【丨一】		锺	270	[飿]	173	【、丿】	
[駄]	203	榨	258	[暱]	150	{锺}	269	(飼)	219	(養)	235
(駁)	13	榷	171	(嘩)	238	(製)	268	【丿一】		[粺]	5
[搶]	21	(輒)	262	{嘩}	238	(稧)	154	[遞]	46	(鄰)	128
(趙)	261	[鞁]	205	夥	86	(稭)	99	膀	6	粽	278
(趕)	62	歌	63	(夥)	86	(種)	270	(鳳)	56	(鄭)	265
[摭]	106	[辢]	117	瞅	27	(稱)	23	鲙	113	[慤]	191
嘉	92	(監)	93	[瞇]	142	稳	208	{鲙}	113	鹚	32
[皷]	67	[臨]	281	(嘆)	196	[熙]	211	鲜	215	弊	10
(臺)	194	[朢]	206	閧	76	熏	228	[颱]	176	[獘]	10
[塲]	21	{朢}	206	閣	75	箸	274	(颱)	194	(幣)	9
截	100	(緊)	101	閣	64	箐	175	獐	261	弊	11
[墇]	194	酿	151	閣	64	(箋)	94	【、一】		(爗)	238
{慤}	170	【一丿】		[嗽]	190	箇	64	[誌]	267	熔	173
(壽)	186	[廚]	28	嗽	190	箠	30	(詩)	8	{熔}	173
(摺)	261	厮	189	嘎	60	劄	258	(語)	80	【、、】	
[搽]	17	(厲)	124	[暠]	74	劄	258	(誆)	114	(漢)	73
(摻)	19	[歷]	123	[踁]	103	管	69	(認)	172	潇	221
[蕫]	30	碪	263	[跼]	104	箒	271	[凘]	157	[漱]	188
[蔕]	40	碴	18	踊	245	鉶	52	稟	63	漱	188
摹	146	(厭)	232	蜡	117	【丿丨】		(廣)	69	漂	157
蔑	145	碱	95	[蜨]	42	(僥)	98	麼	146	滷	132
[蔥]	32	愿	252	[蜺]	149	僦	103	(麽)	139	漫	138
(葡)	14	(奩)	125	螂	119	(僞)	214	{麼}	139	(漁)	248
[蔴]	137	(爾)	50	嘩	77	(膀)	6	{麽}	146	漉	133
[蓤]	129	(奪)	46	(團)	201	(僕)	158	(廠)	104	(滬)	79
[榦]	60	【一→】		[槑]	140	(儁)	108	瘩	35	[漺]	244
熙	211	辗	260	嗷	36	(催)	67	(瘧)	154	(慚)	17
(構)	65	【丨一】		[嶄]	260	裊	38	(瘡)	250	(慽)	160
[槙]	63	[閜]	44	嶄	260	【丿丿】		(瘧)	242	[憎]	180
模	146	睿	174	[獃]	35	(徹)	83	塵	22	寨	259
[椶]	276	【丨丨】		(罰)	51	(銜)	216	辣	117	(寬)	113
槛	109	(對)	46	(圖)	200	(慇)	241	(颯)	176	(賓)	12
(槍)	164			嘼	243	【丿、】		(適)	185	(窪)	204

十五画

察 18	撰 275	[醋] 260	[暴] 219	[皜] 74
(寧) 152	聰 32	醇 31	[踹] 196	(樂) 119
(寢) 167	【一一】	【一丿】	踏 194	【丿丿】
(實) 184	[歎] 196	[感] 160	踩 16	[質] 268
	慧 85	(碼) 137	[踮] 156	[衝] 78
【丶一】	麹 170	(憂) 245	踪 278	德 39
(複) 58	{麹} 169	(確) 170	蝶 42	徵 265
褲 7	璇 227	(歷) 123	蝴 78	(徵) 264
	[荽] 174	(履) 233	[蝢] 174	(衝) 25
【宀一】	[蕚] 49	(區) 125	蠍 221	(徹) 21
(劃) 79	[赘] 255	(遼) 127	[蝟] 207	衛 207
(盡) 101	[藜] 122	(豬) 272	[媛] 251	磐 155
	[蕎] 165		(蝦) 213	(盤) 155
【宀丨】	(蕩) 38	【一丶】	[嘽] 74	
(墮) 47	蕊 174	霉 140	[罵] 137	【丿丶】
(隨) 192	(椿) 275		[罸] 51	[鋪] 158
(獎) 97	[儂] 153	【一⻌】	(罷) 4	[鋪] 158
[鄰] 128	楂 165	(鴉) 230	骷 64	[銲] 73
	(標) 10	【丨一】	(骼) 63	(鋤) 28
【宀丿】	(樞) 132	(鬧) 149	【丿一】	(銹) 226
嫩 149	(斁) 57	(齒) 24	鎂 106	
[嫩] 149	[麪] 143	(劇) 105	鎔 173	(銼) 34
	{麵} 143	(戲) 212	[鹺] 18	(劍) 95
【宀丶】	撅 107	(膚) 57	[慧] 162	(頰) 57
(態) 195	趟 197	(慮) 134	(辟) 31	(類) 57
凳 39	{趟} 196		稿 63	(慾) 249
(鄧) 39	(撲) 158	【丨丶】	稴 269	
	[撐] 23	(輝) 83	(貓) 138	
【宀宀】	撐 23		(範) 53	(餘) 247
驃 135	(賣) 138	【丨⻌】		(餘) 248
[骕] 277	(攜) 222	瞋 22	【丿丨】	(歟) 242
[綫] 217	(靚) 45	{瞋} 22	僵 96	(膝) 212
(網) 206	(撅) 167	(賬) 261	(價) 92	[膘] 10
(維) 207	(熱) 172	嘻 211	(慫) 29	[隸] 124
(綿) 143	鞏 65	(噁) 49	(譽) 163	(傲) 98
(綵) 16	{撚} 150	(噁) 49	(億) 239	(腸) 20
(繃) 8	墩 46	嘎 60	[踝] 136	(膠) 97
(綢) 26	縠 67	嚥 107	(緜) 143	鯁 65
(綠) 134	{縠} 66	[遷] 163		
	{穀} 170	[醮] 231		

(魯)	132	潛	164	【㇐丿】		薙	198	叡	174	(儘)	101
(颶)	68	[潛]	164	(嫺)	216	薦	95	(盧)	131	【丿丿】	
[獋]	74	[澁]	177	(嫻)	216	薐	227	【丨㇐】		徼	98
[頜]	48	鲨	178	【㇐、】		繁	101	(縣)	217	{徼}	98
(劉)	130	(潰)	85	[翫]	204	(樹)	188	瞰	109	【丿、】	
馔	275	澂	23	叡	133	橺	28	(嗊)	46	[舘]	69
【、㇐】		[澂]	24	【㇐㇐】		橛	108	[踊]	248	(錶)	11
(諉)	207	澈	22	繚	127	(樸)	158	蹄	197	(錘)	30
(諂)	19	澄	24	(練)	126	(橛)	90	(踴)	245	(錄)	133
[稟]	63	(憒)	55	(緘)	94	櫓	132	螟	137	{錄}	133
墊	46	憔	166	[縥]	7	樽	280	蝟	174	[劍]	95
[廚]	28	(憐)	125	(線)	218	{墼}	237	嘴	37	[墾]	111
廡	189	寫	222	線	217	(機)	88	罵	137	(餒)	207
(廟)	144	(審)	181	(緣)	251	(頇)	13	(戰)	261	(餚)	236
摩	146	(窮)	167			(頓)	174	噪	257	(館)	69
褒	6	{窖}	236	十六画		(賴)	117	(還)	81	【丿㇐】	
(廠)	21	[窖]	236			(賴)	117	(骾)	65	[騰]	117
瘥	11	窰	236	【㇐㇐】		融	174	(骸)	202	[穎]	243
瘤	130	额	48	[璠]	130	(頭)	200	【丿㇐】		膳	179
[廉]	126	[窯]	1	【㇐丨】		醒	253	赞	255	雕	41
(慶)	167	【、㇐】		[隸]	124	醜	27	憩	162	{龜}	70
(瘠)	32	[冪]	143	(墻)	165	醋	31	(積)	89	(獲)	86
(廢)	54	褴	118	[駮]	13	【㇐丿】		(頰)	202	(穎)	243
(敵)	39	(褲)	112	(據)	106	[醫]	240	(穌)	110	[錟]	234
[鹵]	140	[裸]	189	(擋)	37	(磚)	274	(勳)	228	(颮)	106
【、丿】		(鳩)	263	操	17	磣	133	篘	179	(獪)	107
糊	78	【㇐㇐】		(攜)	222	(歷)	123	(築)	274	(獨)	45
糇	77	[蝨]	184	(擔)	35	(曆)	123	篡	33	蝥	56
[糌]	278	(遲)	24	(壇)	195	赝	234	簑	193	【、㇐】	
糍	32	(層)	18	(擁)	244	(糜)	108	篦	122	[諡]	186
翦	95	(選)	227	(蕫)	96	(奮)	55	[籈]	175	(誼)	227
{翦}	94	【㇐丨】		燕	234	【㇐、】		【丿丨】		[裹]	151
(導)	38	(槳)	97	蕻	157	霓	149	(舉)	105	(憑)	157
(獎)	9	(奬)	97	{蕻}	157	霖	259	(興)	224	磨	146
【、、】		(漿)	96	蟲	137	【丨㇐】		(儗)	150	(螽)	208
(潔)	99			薯	187	[閻]	76	翱	3	(褻)	6

（親）	166	［縚］	197	（擊）	88	［篡］	279	（颶）	106	【丶一】	
（辦）	5			（臨）	128	繁	52	［斲］	277	［襆］	254
（龍）	131	**十七画**		［鍳］	96	【丿丨】		【丶一】		（襖）	3
【丶丿】		【一一】		【一丿】		（舉）	105	（講）	97	禧	165
糖	197	（環）	81	翳	240	（優）	245	（謹）	80	（禮）	122
糕	63	（贅）	276	（壓）	230	（償）	21	（謨）	146	【𠃌一】	
［燐］	129	【一丨】		磷	129	（龜）	70	（謌）	63	臀	202
（燈）	39	［搗］	38	［殭］	96	【丿丿】		（謠）	19	（彌）	142
【丶丶】		［髽］	198	徽	83	（禦）	250	（謚）	186	［鼂］	208
濛	141	［幫］	6	（戲）	212	【丿丶】		燮	223	【𠃌丨】	
濠	140	［搏］	38	（虧）	114	［鍊］	126	（襄）	223	［牆］	165
［澣］	82	［駥］	35	【丨一】		［鍼］	263	（甔）	259	【𠃌丿】	
［澮］	177	［壎］	228	瞭	128	（鍬）	165	（應）	243	（嬭）	148
（濁）	277	（擬）	150	（瞵）	127	（鍾）	269	（癌）	130	【𠃌一】	
澹	36	（轂）	67	（購）	66	（鍾）	270	（療）	127	嚮	219
｛澹｝	36	（聲）	182	（嚇）	214	（鎚）	30	（癇）	217	（嚮）	219
（濈）	41	藉	90	（闊）	5	（斂）	126	（瘴）	35	（績）	91
（懞）	140	（藉）	100	（闇）	2	（歛）	126	（癚）	166	［繃］	8
懶	118	（聰）	32	（闊）	116	（懇）	112	（癈）	54	（總）	278
（憶）	240	（聯）	125	蹣	155	豀	212	（顉）	34	（縡）	214
（憲）	217	（懃）	167	（嚃）	20	谿	211	（齋）	259		
（窺）	114	（艱）	93	（雖）	192	（餬）	78	（甕）	208	**十八画**	
［窻］	29	（藍）	118	嚎	74	（餵）	207	【丶丿】		【一一】	
【丶𠃌】		（薈）	146	羁	89	（餼）	114	糟	256	［璿］	227
［濚］	174	薫	229	（嶺）	130	（餱）	77	（糞）	55	（瓊）	168
【𠃌一】		｛薰｝	228	（獄）	252	【丿𠃌】		糠	110	鳌	3
［彊］	164	（舊）	104	（點）	40	（膾）	113	（斃）	9	螯	212
【𠃌丨】		（賷）	89	【丿一】		（膽）	36	（燦）	17	鳌	121
（隱）	243	（隸）	124	［亶］	259	膻	178	（燭）	272	【一丨】	
【𠃌丿】		（檣）	165	黏	150	［臌］	183	（燬）	84	（鬆）	189
（孀）	151	（櫓）	132	｛黏｝	259	（膿）	197	【丶丶】		鬃	278
【𠃌𠃌】		（檔）	38	（磬）	165	鳄	49	（濟）	108	（騐）	233
缰	97	（麯）	169	（穝）	269	鳅	168	（盪）	38	（騌）	278
（緻）	269	檐	232	簌	82	｛鰌｝	168	（濶）	116	（擾）	172
（縿）	197	（輾）	260	［簍］	33	（鮮）	215	（澀）	177	｛嚞｝	262

(鼙)	43	[蹟]	90	[鎖]	193	[禮]	196	[藥]	174	(簽)	163
(攞)	4	蹜	28	翻	52	【一丨】		(麴)	170	[簹]	232
[攜]	222	(蹣)	155	[雞]	89	(醬)	97	麯	169	[簾]	125
(矗)	152	(蹧)	256	(饃)	146	【一ㄧ】		{麴}	169	(懲)	23
(藝)	240	蹚	196	[餳]	197	(繞)	172	(櫓)	132	[艫]	165
(鞦)	168	[蹤]	278	[餼]	63	[繖]	176	[櫥]	28	(艣)	132
(繭)	94	(嚙)	152	【丿一】		(繚)	127	(繫)	213	(鏟)	19
藜	122	[蹠]	267	(鯉)	65	[繙]	52	(霸)	4	(鏇)	228
(藥)	237	(壘)	119	(颺)	235	(繩)	165	(覈)	75	(辭)	31
藤	197	(蟲)	26	[颸]	234	[斷]	45	(麗)	124	[臚]	10
[藷]	187	[顋]	176	(獵)	128	[雛]	244	(礙)	1	(臘)	117
(檯)	194	【丿一】		【丶一】				(礦)	114	[鵬]	41
(櫃)	71	镰	126	[諤]	77	十九画		(贗)	234	蟹	223
(檻)	109	[鐔]	195	(謫)	262			(願)	252	【丶】	
(櫸)	57	[鐯]	280	(癔)	99	【一】		【丨】		[譆]	211
(權)	261	(鵝)	48	(癒)	250	[璿]	122	(嚥)	232	[譄]	48
(檳)	39	鶩	48	(雜)	254	(鬍)	78	[闕]	114	[爍]	223
(槧)	255	(穫)	86	離	121	[髮]	278	(疊)	42	[譔]	275
覆	58	[簪]	254	[廳]	129	[電]	204	(關)	69	(證)	265
{覆}	58	簪	254	【丶丿】		(驗)	278	(蹺)	165	(楚)	33
【一丿】		(簡)	95	[弊]	178	(驅)	52	躅	28	靡	142
(醫)	239	【丿丨】		(糧)	127	[壩]	195	(蹻)	165	(廬)	131
(礎)	29	[儵]	187	[爆]	238	(壞)	81	蹴	33	(瘰)	11
【一丶】		(雙)	188	[燻]	228	[鶊]	230	(蠍)	221	(癡)	24
(霧)	210	雛	27	[燿]	237	(難)	148	(蟹)	223	(癢)	235
【丨一】		[魷]	153	【丶丶】		[韃]	228	{艷}	233	[韻]	253
(豐)	55	翱	3	(鯊)	178	(鞿)	222	(嚴)	231	(甕)	208
(閱)	213	(邊)	10	(瀋)	181	(蘋)	157	(獸)	186	(癉)	178
【丨丨】		[魨]	48	(竄)	33	(蘋)	157	(羅)	135	(類)	120
(叢)	33	(歸)	70	(竅)	166	(蘆)	131	[髒]	6	鳖	11
【丨一】		【丿丶】		(額)	48	(勸)	170	髋	113	(瀟)	221
(曚)	140	(鎖)	193	【丶一】		[蘀]	190	【丿】		(懶)	118
[矇]	27	(鎇)	106	譁	234	孽	152	(贊)	255	(懷)	81
[矍]	243	(鎗)	164	{譁}	233	(蘇)	190	[穤]	154	(寶)	6
[壘]	42	(鎔)	173	襟	101	[蘐]	227	(穩)	208	(襪)	204
						(蕙)	227	[積]	202	(襧)	118

【一】	纂 279	(饗) 219	[鐮] 126	[躅] 28	【丿】
[鷇] 202	(譽) 251	(響) 219	[鏽] 226	疊 42	罐 69
[孽] 152	(巉) 145	(繼) 91	[飜] 52	(囉) 135	{籤} 125
[孅] 118	(艦) 96	(鷄) 89	(巗) 232	籤 125
(繮) 97	{鐫} 106	(臟) 255	(巖) 232	(籤) 163
(繼) 282	(鐘) 269	**二十一画**	(體) 198	鼴 232
[繡] 226	(饋) 114	【一】	【丶】	[轡] 26
	[饍] 179	[囍] 152	[讁] 262	【丿】	[囎] 27
二十画	(饌) 275	蠢 31	癲 40	(鑵) 195	[雛] 27
	(饑) 88	螯 3	[贑] 62	(穲) 168	[雛] 26
【一】	[臕] 231	[驅] 170	贛 62	(鼺) 232	(徽) 140
[瓚] 70	鱔 179	[驃] 135	齋 89	鑑 96	[鑽] 279
(攔) 118	(鰐) 49	[攜] 222	贏 136	[鑛] 114	[鏤] 7
(攘) 19	(鰍) 168	(歡) 81	[爛] 118	鯀 76	[鰹] 179
(蘭) 118	(鰌) 168	(權) 170	(鶯) 243	鯀 75	(鱔) 179
[藹] 79	獾 81	(欄) 118	(灘) 122	(羅) 39
(礬) 52	[颼] 157	轟 76	(濃) 51	鼇 56	【丶】
(麵) 143	(觸) 29	(醻) 26	(懼) 180	【丶】	(讌) 234
(飄) 157	【丶】	(礉) 155	(懽) 106	[麈] 261	[讌] 233
(蠒) 94	(護) 79	(殲) 93	(竈) 257	(鼇) 11	(變) 10
【丨】	(譟) 257	霸 4	(顧) 67	(灑) 176	(癱) 244
[鬪] 44	(譭) 84	【丨】	(襯) 22	(竊) 166	麟 129
(齣) 27	(癥) 264	[齩] 236	【一】		(讋) 262
(鹹) 216	(競) 103	[齦] 95	(屬) 187	**二十三画**	{讋} 180
(獻) 218	糯 154	(闢) 156	(纏) 19		[贏] 135
耀 237	(糰) 201	(躍) 252	**二十二画**	【一】	【一】
(黨) 37	(鵝) 32	(纍) 120		[黿] 3	[韃] 204
(懸) 227	(鶩) 32	(蠟) 117	【一】	(驗) 233	(纖) 214
(罌) 243	(爐) 131	(髒) 255	(鬚) 226	(攥) 37	(纜) 15
{疊} 42	(瀰) 142	【丿】	(聽) 199	(韃) 204	
蠕 174	(懺) 81	[竇] 275	(韁) 97	(驚) 234	**二十四画**
(蠔) 74	(懺) 20	[籔] 197	(驚) 102	(醻) 233	【一】
【丿】	寶 6	[顢] 166	(鑒) 96	【丨】	(壩) 4
(犧) 211	(襤) 4	(艫) 132	(贕) 234	(囉) 178	(韀) 162
鼇 122	【一】	【一】	【丨】	(鷳) 217	(觀) 69
籍 90	[孃] 151	(鐮) 126	(嘛) 190	(顯) 217	(鹽) 232
				(髖) 113	

（釀）	151	（羈）	89	（讒）	19	【丨】		［鱺］	49	
［獾］	81	【丿】		（讓）	172	［罵］	243	二十六画以上		［癰］	11
（靈）	129	（籮）	122	（癲）	40	【丿】		［灤］	62	
（蠶）	16	（鑪）	132	（贛）	62	［鑵］	69	（驢）	134	［豔］	233
【丨】		（鑢）	131	（鼉）	11	（鑰）	237	（爨）	223	（鑿）	256
（艷）	233	（貛）	81			（饞）	19	［讚］	255	（鬱）	249
［鬪］	44	（饍）	146	二十五画		（饟）	219	（驦）	81	（籬）	248
［齶］	49	（鱠）	113	【一】		【丶】		（鬱）	249	（鱻）	215
［鹼］	95	{鱠}	113	［欝］	249	（廎）	199	（豔）	233	（麤）	33
［囓］	152	【丶】		［覊］	89	【㇇】		（闖）	104		
［矖］	109	［謹］	81			（糶）	198	（鑽）	279		
（臟）	255									

A

ai

艾 ài

【提示】"艾滋病"也作"爱滋病",《异形词表》推荐的写法是前者。

爱(愛) ài

"愛"是形声字,小篆作𢞂,从夊(suī,行走缓慢的样子),㤅(ài)声,本义为行走的样子,假借为喜爱、喜好、爱惜等。元代俗字(见元抄本《京本通俗小说》)和《手头字》《规范字表》简作"爱",据草书楷化。

【提示】"爱(愛)"可作类推简化偏旁使用,如:嗳(噯)、媛(嬡)、暧(曖)。

碍(礙) ài

"礙"是形声字,从石,疑声,本义为阻止,引申为障碍、妨碍。唐代俗字(见齐己《船窗》诗)和《国音常用字汇》《手头字》《简体字表》《规范字表》简作"碍",新造表意字,从石从导(dé),石指阻挡物,导为得的本字,表示阻止得到。

an

桉 ān

桉树,一种常绿乔木。"桉"在《异体字表》中是"案"的异体字,《规范字表》改作规范字。见2页"案"字条。

【提示】"桉树"的"桉",繁体文本和台湾不作"案"。

庵[菴] ān

"庵"是形声字,从广(yǎn),奄声,本义为圆顶的小草屋,引申为小庙宇、学斋名等。"菴"是形声字,从艸,奄声,本义为植物名,假借为小草屋、小寺庙。《规范字表》以"菴"为异体字。

【提示】"菴"又读 yǎn,用于"菴蔼",义为树木茂盛,与"庵"不是等义异体字。

【构词】庵东(庵東)|庵寺(庵寺)|庵堂(庵堂)|尼姑庵(尼姑庵)

菴蔼(菴藹)|菴庐(菴廬)|菴罗(菴羅)|菴舍(菴舍)|菴罗园(菴羅園)|菴摩罗(菴摩羅)

鞍[鞌] ān

"鞌"是形声字,从革,安声,本义为马鞍。又作"鞍",由上下结构改为左右结构。《规范字表》以"鞌"为异体字。

【提示】"鞍"与"鞌"的用法在习惯上稍有差别。用于古地名(春秋时齐国地名,在今山东济南附近),一般作"鞌"。如《左传·成公二年》:"战于鞌,齐师败绩。"

岸[岍] àn

"岸"是形声字,从山,厈(àn)声,

本义为水边高起之地，引申为高大雄伟、高傲。又作"岇"，由上下结构改为左右结构。《规范字表》以"岇"为异体字。

按 àn

【提示】"按语""编者按"也作"案语""编者案"，《异形词表》推荐的写法是前者。

案{桉} àn

"案"是形声字，从木，安声，本义为几案一类的木制器物，引申为记事的案卷、文件、事件等。"桉"是形声字，从木，安声，本读àn，义与"案"同；又读ān，义为桉树，一种常绿乔木。"桉"在《异体字表》中是"案"的异体字，《规范字表》改作规范字。

暗[晻闇] àn

"暗"是形声字，从日，音声，读àn，本义为光线不足、不明亮，引申为不公开的、愚昧、糊涂等。"晻"是形声字，从日，奄声，本读àn，义为不明，与"暗"同；又读ǎn，用于"晻蔼"，本义为阴暗的样子，引申为繁盛的样子；又读yǎn，用于"晻晻"，本义为日无光的样子，引申为抑郁。"闇"是形声字，从門，音声，本读àn，义为闭门，引申为蒙蔽、遮盖、愚昧、糊涂、日无光等；又读ān，义为熟悉，与"谙"同。《规范字表》以"晻""闇"为异体字。

【提示】"晻""闇"与"暗"不是等义异体字。"扬云霓之晻蔼兮""晻晻日欲暝""意晻晻而自颓"中的"晻"，"闇练""闇达"以及人名"杨闇公""于非闇"中的"闇"，都不能改为"暗"。

ang

肮（骯）āng

"骯"是形声字，从骨，亢声，本读kǎng，义为盘曲。用于"骯髒（zǎng）"，义为刚直倔强的样子。又读āng，用于"骯髒（zāng）"，义为龌龊、不清洁，引申为卑鄙丑恶。"肮"是形声字，从月（肉），亢声，本读háng，义为大脉；又读gāng，义为颈项、咽喉。《规范字表》采用俗字，把"骯"简作"肮"，用笔画较少的近音字代替。

【提示】"肮"与"骯"不是等义简繁字。

ao

敖{敖} áo

"敖"是表意字。甲骨文作 𣀕，金文作 𣀕，象头上有装饰的人形。金文又作 𣀕，加装饰性符号攴。小篆作 𣀕，讹变为从出从放。本义为某一族人的专名（后作"隞"），引申为姓，假借为外出游玩（后作"遨"）。

【提示】规范字形10画。旧字形和台湾字形11画，左侧上是士，下是方。用于合体字部件同此，如"傲、熬、遨"。

翺[翶] áo

"翺"是形声字，从羽，皋声，本义为鸟在空中回旋地飞，引申为悠闲徘徊的样子。又作"翶"，音符字形稍有变化。《规范字表》以"翶"为异体字。

鳌（鰲）[鼇] áo

"鼇"是形声字，从黾，敖声，义为传说中的海里的大龟。俗字作"鰲"，意符改为鱼。《规范字表》把"鰲"类推简作"鳌"，又以"鼇"为异体字。

袄（襖）ǎo

"襖"是形声字，从衣，奥声，本义为御寒的皮衣，引申为有衬里的上衣。《国音常用字汇》《手头字》《规范字表》把"襖"简作"袄"，音符改为夭。

坳[垇] ào

"坳"是形声字，从土，幼声，本义为低洼的地方，引申为山间的平地。又作"垇"，音符改为幻。《规范字表》以"垇"为异体字。

拗[抝] ào

"拗"是形声字，从手，幼声，本读 ǎo，义为折、折断；又读 ào，义为不顺、不顺从；又读 niù，义为固执、倔强。变体作"抝"。《规范字表》以"抝"为异体字。

奥｛奧｝ào

"奥"是形声字，小篆作𡪢，从宀，𢍏（juàn）声，宀为房屋，本义为室内西南角，古代祭祀时陈设神主（祖先或神灵的牌位）的地方。引申为尊长居坐之处、内室、室内的深处、幽深的地方、含义精深。俗字作"奥"，中间的釆改为米。

【提示】规范字形12画。旧字形和台湾字形13画，上部中间是釆，不是米。用于合体字部件同此，如"澳"。

【构词】奥秘（奧祕）| 奥运会（奧運會）| 深奥（深奧）

B

ba

犮{犮} bá

"犮"是表意字,小篆作𤿟,从犬,在犬足上加一斜画,表示狗跑时足部有所羁绊,本义为狗奔跑而不顺的样子。

【提示】旧字形和台湾字形,右下角是乂,不是又。用于合体字部件同此,如"拔""茇"。

坝(壩埧) bà

"壩"是形声字,从土,霸声,本义为拦水的建筑。假借为坝子,平地或平原,多用于地名。又作"埧",音符改为贝。《国音常用字汇》把"壩"简作"埧",《规范字表》进一步类推简作"坝"。

【构词】堤坝(堤壩)|河坝(河壩)|水坝(水壩)|上官坝(上官壩,古地名,在今广西)
沙坪坝(沙坪埧,地名,在重庆)

罢(罷) bà

"罷"是表意字,小篆作𦋊,从罒(网)从能(即熊),表示熊类动物被网罩住后无法挣脱而疲惫。本读 pí,义为疲倦、疲劳,与"疲"同。引申为一种熊类动物,后作"羆(罴)"。又读 bà,义为释放罪人,引申为免去官职、停止、完毕。清代俗字(见清刊本《金瓶梅词话》)和《国音常用字汇》《手头字》《简体字表》《规范字表》简作"罢",据草书楷化。

【提示】"罢(罷)"可作类推简化偏旁使用,如:摆(擺)、罴(羆)。

霸[覇] bà

"霸"是形声字,从月,䨣(pò)声,本读 pò,义为月相名,农历每月月初第一次出现的月亮。引申为月光,也作"魄"。又读 bà,假借为古代诸侯联盟的首领,由此引申为称霸、依仗权势占领、仗势欺人或蛮横不讲理的人。俗字作"覇",上部的雨改为覀(yà)。《规范字表》以"覇"为异体字。

bai

柏[栢] bǎi

"柏"是形声字,从木,白声,本读 bǎi,义为柏树,一种常绿乔木或灌木。假借为姓。又读 bó(旧读),假借为译音用字,如"柏林"(德国首都)、"柏拉图"(古希腊哲学家)。又作"栢",音符改为百。《规范字表》以"栢"为异体字。

【提示】"柏"与"栢"不是等义异体字,用于译音一般不作"栢"。

摆(擺襬) bǎi

"擺"是形声字,从手,罷声,本义为拨开、排除,引申为来回摇动、陈列、安放等。《规范字表》类推简作"摆"。"襬"是形声字,从衣,罷声,义为衣服、裙子的下幅。《规范字表》也简作"摆",用笔画较少的同音字代替。

【提示】"摆"与"襬"不是等义简繁字。

【构词】摆动（擺動）｜摆放（擺放）｜摆开（擺開）｜摆阔（擺闊）｜摆手（擺手）｜摆事实（擺事實）｜摆威风（擺威風）｜摇摆（搖擺）｜钟摆（鐘擺）

裙摆（裙襬）｜后摆（後襬）｜下摆（下襬）｜衣摆（衣襬）

稗[粺] bài

"稗"是形声字,从禾,卑声,本义为稗子,一种像稻子的草本植物。"粺"是形声字,从米,卑声,本义为精米,假借为稗子。《规范字表》以"粺"为异体字。

【提示】"稗"与"粺"不是等义异体字。

ban

斑 bān

【提示】"斑白"也作"班白""颁白","斑驳"也作"班驳",《异形词表》推荐的写法是前者。

阪 bǎn

[大阪] 地名,在日本。

【提示】"阪"又为"坂"的异体字,见5页"坂"字条。

坂[阪岅] bǎn

"坂"是形声字,从土,反声,本义为山坡,引申为斜坡。又作"阪",意符改为阜。又作"岅",意符改为山。《规范字表》以"阪""岅"为异体字,又规定"阪"用于地名如日本"大阪"时是规范字。

【提示】"阪"与"坂"不是等义异体字,另见5页"阪"字条。

板（闆）bǎn

"板"是形声字,从木,反声,本义为木板,片状的木头,引申为板状物体、不灵活等。"闆"是形声字,从门,品声,本读pǎn,从门中往外看；又读bǎn,用于"老闆",指店铺的掌柜,引申为工商业的业主,民间也作"老板"。《规范字表》采用俗字,把"闆"简作"板",用笔画较少的同音字代替。

【提示】"板"与"闆"不是等义简繁字。

【构词】板报（板報）｜板块（板塊）｜板书（板書）｜板条（板條）｜板正（板正）｜呆板（呆板）｜钢板（鋼板）｜夹板（夾板）｜快板（快板）｜木板（木板）｜死板（死板）｜走板（走板）

老板（老闆）

办（辦）bàn

"辦"是形声字,从力,辡（biàn）声,本义为治理、办理,引申为惩治、置备、创设等。明代俗字（见明徐渭《行草诗卷》）和《国音常用字汇》《手头字》《简体字表》《规范字表》简作"办",用符号两点代替了左右两边的音符。

bang

邦{邦} bāng

【提示】字的起笔,规范字形是横,旧字形和台湾字形是撇。用于合体字部件同此,如"绑""帮"。

帮(幫)[幚幇] bāng

"幫"是形声字,从帛,封声,本义为鞋帮,引申为物体两旁或周围的部分、辅助、集团等。后作"幚",音符改为邦。又作"幇",意符省为巾。《规范字表》以"幚""幇"为异体字。清代俗字(见太平天国文书)和《国音常用字汇》《简体字表》《规范字表》把"幫"简作"帮",意符省略为巾,音符据异体字改为邦。

榜[牓] bǎng

"榜"是形声字,从木,旁声,本义为木片,引申为匾额、公开张贴的文书、告示、各种名单等。又作"牓",意符改为片。《规范字表》以"牓"为异体字。

【提示】"榜"又读 fáng,义为妨碍,与"妨"同;又读 pāng,义为纳鞋底的模具。与"榜"不是等义异体字。

膀[髈] bǎng

"膀"是形声字,从月(肉),旁声,本读 bǎng,义为肩膀,胳膊的上部靠肩的部分,引申为鸟类和昆虫的羽翼。又读 páng,用于"膀胱",义为人或高等动物体内存尿的器官。又读 pāng,假借为浮肿。又读 bàng,用于"吊膀子",义为调情(用于方言)。又作"髈",意符改为骨。《规范字表》以"髈"为异体字。

【提示】"膀"与"髈"不是等义异体字。"髈"又读 pǎng,义为大腿(用于方言)。用于"蹄髈",义为猪腿。

bao

孢 bāo

【提示】"孢子"也作"胞子",《异形词表》推荐的写法是前者。

褒[襃] bāo

"襃"是形声字,小篆作襃,从衣,采(bǎo)声,本义为衣襟宽大,假借为赞扬、夸奖等。俗字作"褒",音符改为保。《规范字表》以"襃"为异体字。

宝(寶)[寳] bǎo

甲骨文是表意字,作 ⚬⚬⚬⚬,从宀、贝、玉,宀为房屋,表示屋子里藏有贝、玉等宝物。金文作 ⚬,小篆作 ⚬,加音符缶,变为形声字,隶定为"寶"。本义为玉石、玉器等珍宝,引申为珍贵的。变体作"寳"。汉代俗字把"寶"的贝、缶省略。唐代俗字(见敦煌变文写本)和《国音常用字汇》《手头字》《简体字表》《规范字表》简作"宝",新造表意字。《规范字表》以"寶"为异体字。

【提示】"寳"在《异体字表》中是"寶"的异体字,《规范字表》改作繁体字。

褓[緥] bǎo

"褓"是形声字,从衣,保声,用于"襁褓",义为背负婴儿用的宽背带和布兜。又作"緥",意符改为糸。《规范字表》以"緥"为异体字。

报(報) bào

"報"是表意字,甲骨文作䖝,金文作𡧛,小篆作報,从幸(幸)从𠬝,幸(幸)指刑具,𠬝指制服,本义为按法律给人定罪。假借为报答,由此引申为回答、传达、告知、传达消息和言论的文件、报纸。宋代俗字已有跟今简化字接近的字形(见宋刊本《古列女传》)。《手头字》《简体字表》《规范字表》简作"报",据草书楷化。

刨[鉋鑤] bào

"刨"是形声字,从刀,包声,本读 bào,义为削,引申为刨子(木工削平木材的工具)或刨床(用来削平金属的机床)、用刨子或刨床把木料或钢材等削平。又读 páo,引申为挖、掘、减去等。"鉋"是形声字,从金,包声,读 bào,与"刨"同。又作"鑤",音符改为暴。《规范字表》以"鉋""鑤"为异体字。

【提示】①"刨"与"鉋""鑤"不是等义异体字。②台湾用于"刨平、刨冰、刨根问底"作"刨",用于"刨

子(木工工具)、刨花、刨凳"作"鉋"。

bei

杯[桮盃] bēi

"桮"是形声字,从木,否声,本义为古代盛羹、注酒等的器皿。又作"杯",音符省为不。引申为杯形的奖品。俗字作"盃",意符改为从皿。《规范字表》以"桮""盃"为异体字。

贝(貝) bèi

"貝"是象形字,甲骨文作𠔅,金文作𠔅𠔅,象海贝或贝壳形。后期金文作貝,小篆作貝,字形稍变。本义为蛤、螺等有壳软体动物的统称,引申为古代用贝壳做的货币。西汉史游《急就章》作贝,字形与今简化字接近。宋代俗字(见宋刊本《大唐三藏取经诗话》)、《规范字表》把独立的"貝"简作"贝",据草书楷化。

【提示】"贝(貝)"可作类推简化偏旁使用,如:则(則)、贡(貢)、贰(貳)。

备(備)[俻] bèi

"備"是形声字,金文作𤰈,小篆作𤰈,从人,葡(bèi)声,本义为箭函。假借为具备,由此引申为预备、准备、防备、完备、设备等。南北朝时期俗字作"俻",音符改为备。《规范字表》以"俻"为异体字。《规范字表》据"俻"省略意符,把"備"简作"备"。

【提示】"备(備)"可作类推简

化偏旁使用，如：惫（憊）。

背[揹] ㊀ bèi ㊁ bēi

"背"是形声字，从月（肉），北声，本读 bèi，义为脊背，引申为某些物体的反面或后面、用脊背或背部对着、离开、违反、凭记忆读出等；又读 bēi，引申为负荷，用脊背驮。"揹"是形声字，从手，背声，义为负荷。《规范字表》以"揹"为异体字。

【提示】"背"与"揹"不是等义异体字。

【构词】背后（背後）｜背景（背景）｜背叛（背叛）｜背心（背心）｜背影（背影）｜后背（後背）｜违背（違背）｜汗流浃背（汗流浹背）｜人心向背（人心嚮背）

背包（背包／揹包）｜背带（背帶／揹帶）｜背负（背負／揹負）｜背债（背債／揹債）｜背黑锅（背黑鍋／揹黑鍋）｜背书包（背書包／揹書包）｜背小孩（背小孩／揹小孩）｜身上背着枪（身上背著槍／身上揹著槍）

悖[誖] bèi

"悖"是形声字，从心，孛声，本义为惑乱，引申为违反、错误、糊涂等。又作"誖"，意符改为言。《规范字表》以"誖"为异体字。

ben

奔[奔逩犇] bēn

"奔"本作"奔"，是表意字，金文作🀄，上象前后摆臂飞跑的人形，下从三止，止即脚趾，以众多脚趾表示快速跑动。小篆作𠦮，字形稍变。本读 bēn，义为快跑。（一说本义为奔走如飞。）引申为打了败仗而逃跑、女子私自与男子结合。又读 bèn，引申为直接前往、接近、为某种目的而尽力去做。奔跑义后来又作"逩"，是形声字，从辶（辵），奔声。"犇"是表意字，从三牛，本读 bēn，义为牛群受惊狂奔。引申为奔跑，与"奔"同。《规范字表》以"奔、逩、犇"为异体字，又规定"犇"用于姓氏人名时是规范字。

【提示】"奔"与"逩""犇"不是等义异体字。"犇"另见 8 页"犇"字条。

犇 bēn

①用于人名。②"奔"的异体字，见 8 页"奔"字条。

beng

绷（綳）[繃] bēng

"繃"是形声字，从糸，崩声，本读 bēng，义为缠束、捆绑，引申为张紧、拉紧等；又读 běng，引申为板着（脸）、强忍住（笑）等。又作"绷"，音符改为朋。《规范字表》把"绷"类推简作"绷"，以"繃"为异体字。

【构词】绷紧（綳緊）｜绷带（綳帶）｜绷着脸（綳著臉）

bi

逼[偪] bī

"逼"是形声字，从辶（辵），畐（bī）声，本义为迫近，引申为接近、强迫、威胁等。"偪"是形声字，从人，畐声，本义为腹满，假借为逼迫，与"逼"同。《规范字表》以"偪"为异体字。

【提示】"逼"与"偪"不是等义异体字。

秕[粃] bǐ

"秕"是形声字，从禾，比声，本义为子实不饱满的谷粒，引申为子实不饱满、不好等。又作"粃"，意符改为米。《规范字表》以"粃"为异体字。

笔（筆）bǐ

"筆"是表意字，从聿从竹，聿象手持笔，表示以竹管做的书写用具，本义为写字、画图的用具，引申为书写、笔画、笔法、量词（用于款项、债务）等。南北朝时期俗字（见北齐《隽敬碑》）和《国音常用字汇》《手头字》《规范字表》简作"笔"，新造表意字，从竹从毛，表示笔主要是用竹子和动物的毛制成的。

【提示】"笔（筆）"可作类推简化偏旁使用，如：滗（潷）。

币（幣）bì

"幣"是形声字，从巾，敝声，本义为古代用于祭祀或作为礼物赠送的帛类丝织品，引申为钱币。《规范字表》采用俗字简作"币"，以符号丿代替音符敝。

毕（畢）bì

甲骨文是象形字，作，象带有长柄的网状捕猎工具形。异体作，加又，又即手。金文作，小篆作畢，变成表意字，从田，田指田猎，隶定为"畢"。本义为打猎用的一种长柄网。假借为完结、副词（相当于"全、都、完全"）等。《规范字表》采用俗字简作"毕"，新造形声字，从十，比声。

【提示】①"毕（畢）"可作类推简化偏旁使用，如：哔（嗶）、筚（篳）、跸（蹕）。②"毕恭毕敬"也作"必恭必敬"，《异形词表》推荐的写法是前者。

毙（斃）[獘] bì

"獘"是形声字，从犬，敝声，本义为仆倒，倒下去，引申为死亡、灭亡等。又作"斃"，意符改为死。《规范字表》采用俗字，把"斃"简作"毙"，音符改为比，以"獘"为异体字。

敝 bì

【提示】"凋敝"也作"雕敝"或"雕弊"，《异形词表》推荐的写法是前者。

痹[痺] bì

"痹"是形声字，从疒，畀（bì）声，本义为由风、寒、湿等引起的肢体疼痛或麻木的病，引申为麻木。又作"痺"，音符改为卑。《规范字表》以"痺"为异体字。

【提示】"痹"与"痺"不是等义异体字。"痺"又读bēi，低下，与"卑"同；又读pí，用于鸟名，雌鹑。

【构词】风痹（風痺）｜麻痹（麻痺）｜湿痹（溼痺）

弊[獘] bì

"獘"是"斃（獘）"的异体字，"獘"是"斃"的讹字，意符犬讹为大。引申为破败、坏等。俗字作"弊"，意符改为廾（gǒng），引申为弊病（即坏处、害处）、欺诈蒙骗的行为等。《规范字表》以"獘"为异体字。

bian

边（邊）biān

"邊"是形声字，从辶（辵），臱（mián）声，本义为边缘，引申为旁边、边界、尽头等，假借为词的后缀。元代俗字（见元抄本《京本通俗小说》）和《国音常用字汇》《手头字》《简体字表》《规范字表》简作"边"，据草书楷化。

【提示】"边（邊）"可作类推简化偏旁使用，如：笾（籩）。

扁{扁} biǎn

【提示】字的起笔，规范字形是点，旧字形和台湾字形是撇。用于合体字部件同此，如"偏、篇、匾"。

变（變）biàn

"變"是形声字，金文作𤰞，小篆作𤰞，从攵或攴，䜌（luán）声，本义为改变，引申为变化、变通、突然发生的非常事件等。宋代俗字把音符简作亦（见宋刊本《古列女传》）。《规范字表》参考俗字简作"变"，上部的䜌类推简化，下部的攵改为又。

遍[徧] biàn

"徧"是形声字，从彳，扁声，本义为环绕一周，引申为走遍、到处、普遍、全面、量词（相当于"次""回"）等。俗字作"遍"，意符改为辶（辵）。《规范字表》以"徧"为异体字。

biao

标（標）biāo

"標"是形声字，从木，票声，本义为树梢，引申为事物的枝节或表面之处、次要的、记号、准则、注明等。《规范字表》采用俗字简作"标"，省略了音符的上部分。

膘[臕] biāo

"臕"是形声字，从月（肉），麃声，读biāo，本义为牛小腹两边的肉，引申为皮下脂肪肥厚、肥肉等。"膘"是形声字，从月（肉），票声，本读piāo，牛胸腹间的肥肉；又读biāo，肥肉，与"臕"同。《规范字表》以"臕"为异体字。

【提示】"膘"与"臕"不是等义

异体字。

表（錶）biǎo

"表"是表意字，小篆作𧘇，从衣从毛，本义为穿在外边的毛皮衣服，引申为外表、显示、奏章、年表、标志、榜样、古代测日影的标竿、记时器、测量用的仪器等。用于较小的记时器，俗字作"錶"，变成形声字。《规范字表》把"錶"简作"表"，采用本字。

【提示】"表"与"錶"不是等义简繁字。

【构词】表白（表白）｜表册（表冊）｜表达（表達）｜表哥（表哥）｜表格（表格）｜表决（表決）｜表里（表裏）｜表面（表面）｜表示（表示）｜表叔（表叔）｜表述（表述）｜表率（表率）｜表现（表現）｜表演（表演）｜报表（報表）｜电表（電表）｜发表（發表）｜课表（課表）｜年表（年表）｜师表（師表）｜水表（水表）｜填表（填表）｜外表（外表）｜仪表（儀表，人的外表）｜报名表（報名表）｜对照表（對照表）｜进度表（進度表）｜课程表（課程表）｜履历表（履歷表）｜煤气表（煤氣表）｜体温表（體溫表）｜一览表（一覽表）

表带（錶帶）｜表壳（錶殼）｜表盘（錶盤）｜怀表（懷錶）｜电压表（電壓錶）｜手表（手錶）｜仪表（儀錶，测量仪器）｜钟表（鐘錶）

bie

鳖（鱉）[鼈] biē

"鼈"是形声字，从黽，敝声，义为一种爬行动物，也叫甲鱼。俗字作"鳖"，意符改为鱼。《规范字表》把"鳖"类推简作"鳖"，以"鼈"为异体字。

瘪（癟）[癉] biě

"癟"是表意字，从疒、自、俞，疒指病，自指鼻子，俞指正常次序，表示鼻子患病而出现异常，本读biě，义为鼻子有毛病，出气不通畅，引申为谷物等不饱满、物体表面凹下去等；又读biē，用于"癟三（瘪三）"，义为乞丐或其他无业游民。俗字作"瘪"，把俞改为俞。《规范字表》把"瘪"类推简作"瘪"，以"癉"为异体字。

别{別}（彆）biè

"别"又作"別"，是表意字，甲骨文作𦨻，小篆作𦢌，从冎（guǎ）从刀，冎为割肉离骨，表示用刀剔骨，本读bié，义为分剖，引申为分离、区分、差别、类别等，假借为副词，表示禁止、劝阻、提醒等；又读biè，与"彆"同。"彆"是形声字，从弓，敝声，读biè，本义为弓两端的弯曲处，引申为执拗、别扭，不顺心、意见不投合、不顺畅等。明代俗字（见《水浒全传》）、《规范字表》把"彆"简作"别"，采用笔画较少的通假字。

【提示】①"别"与"彆"不是等义简繁字。②字的左下角，规范字形是力；旧字形和台湾字形，力的横折左边不出头。用于合体字部件同此，如"捌"。

【构词】别称（別稱）｜别离（別

離）｜别人（别人）｜别针（别針）｜别上门（别上門）｜别着急（别著急）｜别走了（别走了）｜辨别（辨別）｜差别（差別）｜分别（分別）｜告别(告別)｜类别（類別）｜区别（區別）｜性别（性別）｜职别（職別）｜天渊之别（天淵之別）

别扭（彆扭）｜别不过（彆不過）｜别别扭扭（彆彆扭扭）｜别气（彆氣）｜闹别扭（鬧彆扭）｜拗别（拗彆）

bin

宾（賓）bīn

甲骨文是表意字，作🔾，从宀、人、止，宀为房屋，止为脚趾，表示人来到屋下，即有宾客到来。金文作🔾，小篆作🔾，隶定为"賓"，变成形声字，从贝（貝），宂（bīn）声，贝代表客人所持的礼物，本义为迎接宾客，后作"儐（儐）"，引申为宾客。清代俗字（见清刊本《岭南逸史》）和《国音常用字汇》《手头字》《简体字表》《规范字表》简作"宾"，新造形声字，从宀，兵声。

【提示】"宾（賓）"可作类推简化偏旁使用，如：滨（濱）、缤（繽）、鬓（鬢）。

bing

冰[氷]bīng

"冰"是表意字，金文作🔾，从水，右边两点象冰块形。小篆作🔾，从水，左边的仌象冰面裂纹形。本义为水冻结而坚硬，后作"凝"。引申为水冻结而成的固体、接触凉的东西而感到寒冷、用冰或凉水使东西变凉。又省略作"冰"。《规范字表》以"氷"为异体字。

禀[稟]bǐng

"稟"是表意字，从亩（lǐn）从禾，亩象仓廩之形，禾指庄稼，本义表示藏有禾谷的粮仓，引申为承受，假借为卑贱者或下级向尊贵者或上级报告。俗字作"禀"，意符改为示。《规范字表》以"稟"为异体字。

并[並竝併]{幷併}

bìng "并"又作"幷"，是表意字，甲骨文作🔾，金文作🔾，小篆作幷，象二人并排而立之形，人的腿部用一条或两条横线连结，本读bìng，义为并列、并连，引申为合并、兼并、副词（表示不同的事物同时存在或进行）等；又读 bīng，用于地名，山西太原的别称，得名于古地名并州。"並"又作"竝"，是表意字，甲骨文作🔾，金文作🔾，小篆作竝，象二人并排而立之形，读 bìng，本义为并列、并排挨着，引申为合并等。"併"又作"併"，是形声字，从人，并声，读 bìng，本义为并列、并行，引申为合并、兼并等。这几个字基本意义很接近，《规范字表》以"並、竝、併"为"并"的异体字。

【提示】"并"与"並（竝）""併"不是等义异体字。在古汉语中，"并""併"与"並（竝）"同义不同音。习惯用法也稍有差异：一般说来，用于动词，表示合并、兼并义，多写"并"或"併"；用于形容词，表示并列、并连义，多写"並"；用于副词，表示同时、一齐，多写"並"；用于连词，相当于"并且"，多写"並"；用于地名，只能用"并"。它们古代读音不尽相同："并""併"是清声母，"並（竝）"是浊声母，音韵学声纽代表字"帮滂並明"不作"并"。

【构词】并州（并州，古地名）｜并盐（并鹽）｜并日而食（并日而食）｜并不（並不）｜并称（並稱）｜并存（并存/並存）｜并非（並非）｜并举（並舉）｜并立（並立）｜并联（并聯/並聯）｜并列（并列/並列）｜并拢（並攏）｜并排（並排）｜并且（並且）｜并序（並序）｜并头莲（並頭蓮）｜并驾齐驱（并駕齊驅/並駕齊驅）｜并肩作战（並肩作戰）｜并行不悖（並行不悖）｜兼收并蓄（兼收並蓄）｜图文并茂（圖文並茂）｜相提并论（相提並論）｜建成并投产（建成並投產）｜讨论并通过（討論並通過）

并轨（併軌）｜并肩（併肩）｜并拢（併攏）｜并发症（併發症）｜裁并（裁併）｜归并（歸併）｜合并（合併）｜火并（火併）｜兼并（兼併）｜吞并（吞併）｜一并（一併）

bo

钵（鉢）[缽盋] bō

"盋"是形声字，从皿，犮（bá）声，本义为一种盛东西的器具，引申为僧人用的饭碗。又作"鉢"，是形声字，从金，本声。俗字作"钵"，意符改为缶。《规范字表》把"钵"类推简作"钵"。以"盋""缽"为异体字。

【提示】台湾以"缽"为常用字。

驳（駁）[駮] bó

"駮"是表意字，从馬从爻（yáo），爻指马的毛色混杂，本义为马毛色不纯，引申为颜色不纯、辩论是非等。"駁"是形声字，从馬，交声，本义为传说中的兽名，形状像马，食虎豹；假借为"駮"，用于"駮雜""駮正"等。《规范字表》把"駮"类推简作"驳"，以"駮"为异体字。

【提示】"驳"与"駮"不是等义异体字。

【构词】驳斥（駁斥）｜驳船（駁船）｜驳回（駁回）｜驳运（駁運）｜驳杂（駁雜）｜反驳（反駁）｜批驳（批駁）

脖[頸] bó

"脖"是形声字，从月（肉），孛声，本义为脖子，头和躯干相连接的部分，引申为器物上像脖子一样的部分。又作"頸"，意符改为頁。《规范字表》以"頸"为异体字。

博[愽] bó

"博"是表意字，从十从尃，十为最大的个位数字，尃指分布，本义表示大，引申为多、广泛、通晓、得到等。俗字作"愽"，十改为忄。《规范字表》以"愽"为异体字。

卜（蔔）bo

"卜"是表意字，甲骨文作ᚋ卜，金文作ᚌ，小篆作卜，象龟甲用火灼后呈现的纵横裂纹之形，表示用火灼龟甲、兽骨取兆以占吉凶，本读 bǔ，义为占卜，预测吉凶，引申为预料、选择等，假借为姓。"蔔"是形声字，从艸，匐声，读 bo，用于"蘿蔔（萝卜）"，义为一种草本植物，也指这种植物的主根。《规范字表》把"蔔"简作"卜"，用笔画较少的近音字代替。

【提示】"卜"与"蔔"不是等义简繁字。

【构词】卜卦（卜卦）｜卜邻（卜鄰）｜卜问（卜問）｜卜宅（卜宅）｜卜算子（卜算子）｜预卜（預卜）｜占卜（占卜）｜求签问卜（求籤問卜）｜生死未卜（生死未卜）｜萝卜（蘿蔔）

bu

补（補）bǔ

"補"是形声字，从衣，甫声，本义为把破了的衣服补好，引申为修理破损的东西、补充、用饮食或药物滋养身体等。《规范字表》采用俗字简作"补"，音符改为卜。

布［佈］bù

"布"是形声字，金文作ᚍ，小篆作ᚎ，从巾，父声，本义为麻织品，引申为棉、麻织物的通称，假借为宣告、铺开、扩散、陈设等。"佈"是形声字，从人，布声，本义为扩散，引申为铺开、宣告、安置等。《规范字表》以"佈"为异体字。

【提示】"布"与"佈"不是等义异体字。

【构词】布鞋（布鞋）｜布置（布置/佈置）｜布告（布告/佈告）｜布施（布施/佈施）｜公布（公布/公佈）｜麻布（麻布）｜纱布（紗布）｜遮羞布（遮羞布）｜斗粟尺布（斗粟尺布）

C

cai

才（纔）cái

"才"是表意字，甲骨文作††，金文作♦♦，小篆作ヰ，象草木嫩芽刚刚萌出地面之形，读 cái，本义表示草木初生，假借为才能、副词（相当于"刚刚""仅仅"）等。"纔"是形声字，从糸，毚（chán）声，本读 shān，义为黑里带红的颜色；又读 cái，假借为副词，刚刚、仅仅等。《手头字》《简体字表》《规范字表》把"纔"简作"才"，用笔画较少的同音字代替。

【提示】①"才"与"纔"不是等义简繁字。②才／材 两字同源，木有用为"材"，人有用为"才"，在资质、才能意义上相通。现代汉语中的"才能"不宜写"材能"。③"人才"也作"人材"，《异形词表》推荐的写法是前者。

【构词】才能（才能）｜才智（才智）｜才貌双全（才貌雙全）｜才疏学浅（才疏學淺）｜干才（幹才）｜刚才（剛才）｜奴才（奴才）｜奇才（奇才）｜人才（人才）｜天才（天才）｜多才多艺（多才多藝）｜志大才疏（志大才疏）

才回来（纔回來）｜才开始（纔開始）｜才来就要走（纔來就要走）｜才有几个人（纔有幾個人）｜结婚才三年（結婚纔三年）｜现在才明白（現在纔明白）

采[採寀] ㊀ cǎi ㊁ cài

"采"是表意字，甲骨文作🖐，金文作🖐，小篆作🖐，从爪从木，象手在树木上摘取果实之形，本读 cǎi，义为摘取，引申为开采、搜集、选取等，假借为神色；又读 cài，卿大夫受封的土地，与"寀"同。"採"是形声字，从手，采声，读 cǎi，义为摘取。"寀"是形声字，从宀，采声，读 cài，义为卿大夫受封的土地。《规范字表》以"採""寀"为异体字。

【提示】①"采""採""寀"不是等义异体字。②"神采"也作"神彩"，《异形词表》推荐用前者。③采／彩 "采"用于描写神色、精神状态，"彩"用于跟颜色有关的事物。"精彩""丰富多彩"既指姿态，也指颜色，通常不用"采"。"文采"既指华丽的色彩，也指文艺方面的才华，一般不作"文彩"。

【构词】采服（采服）｜采章（采章）｜采桑子（采桑子，词牌名）｜风采（風采）｜神采（神采）｜文采（文采）｜神采飞扬（神采飛揚）｜兴高采烈（興高采烈）｜无精打采（無精打采）

采访（採訪）｜采购（採購）｜采光（採光）｜采集（採集）｜采纳（採納）｜采取（採取）｜采用（採用）｜采摘（採摘）｜开采（開採）

采地（寀地）｜采邑（寀邑）

彩[綵] cǎi

"彩"是形声字，从彡，采声，本义为文采，华美的颜色，引申为各种颜色、彩色的丝织品、花样繁多等。"綵"是形声字，从糸，采声，义为彩色的丝织品。《规范字表》以"綵"为异体字。

【提示】①"彩"与"綵"不是等义异体字。②彩/采 见15页"采"字条。

【构词】彩带（彩帶）｜彩蛋（彩蛋）｜彩凤（彩鳳）｜彩虹（彩虹）｜彩排（彩排）｜彩票（彩票）｜彩色（彩色）｜彩霞（彩霞）｜挂彩（掛彩）｜光彩（光彩）｜喝彩（喝彩）｜精彩（精彩）｜色彩（色彩）｜中彩（中彩）｜五彩缤纷（五彩繽紛）｜唐三彩（唐三彩）

彩船（綵船）｜彩楼（綵樓）｜彩球（彩球/綵球）｜彩舟（彩舟/綵舟）｜彩牌楼（綵牌樓）｜剪彩（剪彩/剪綵）｜张灯结彩（張燈結彩/張燈結綵）

睬[倸] cǎi

"睬"是形声字，从目，采声，本义为注视，引申为搭理、理会等。又作"倸"，意符改为人。《规范字表》以"倸"为异体字。

踩[跴] cǎi

"踩"是形声字，从足，采声，践踏，脚向下接触地面或物体。又作"跴"，音符改为西。《规范字表》以"跴"为异体字。

can

参（參）[叄葠蓡]
{枀} ㊀ cān ㊁ shēn

"參"的甲骨文作 ，金文作 ，是象形字，象三颗星在人头上光芒四射之形。小篆作 或 ，字形有讹变。本读 shēn，义为星名，假借为人参，草本植物名，根和叶可作药材；又读 cān，假借为加入、参考、拜见等；又读 cēn，用于"参差（cī）"，不整齐，不一致；又读 sān，假借为数目，与"三"同。俗字作"叄"或"枀"。"葠"是形声字，从艹，侵声，读 shēn，义为人参。又作"蓡"，音符改为浸。明代俗字把偏旁"參"写作"参"（见明刊本《娇红记》），据草书楷化；《国音常用字汇》《手头字》《规范字表》进一步把独立的"參"也简作"参"。《规范字表》以"枀、葠、蓡"为异体字。

【提示】①"参（參）""枀"与"葠""蓡"不是等义异体字。②"参（參）"可作类推简化偏旁使用，如：渗（滲）、惨（慘）、瘆（瘮）。

【构词】参加（參加）｜参谋（參謀）｜参见（參見）｜参宿（參宿）｜参茸（參茸/葠茸）｜参汤（參湯/葠湯）｜人参（人參/人葠）

蚕（蠶）cán

"蠶"是形声字，从䖵（kūn），朁（cǎn）声，义为一种昆虫。唐代俗字（见敦煌变文写本）和《国音常用字汇》《手头字》《简体字表》《规范字表》简作"蚕"，新造形声字，从虫，天声。

【提示】"蚕"又读 tiǎn，用于"竖蚕"，即蚯蚓，与"蠶"不是等义简繁字。

惭（慚）[慙] cán

"慙"是形声字，从心，斬声，义为羞愧。后作"慚"，由上下结构改为左右结构。《规范字表》把"慚"类推简作"惭"，以"慙"为异体字。

灿（燦）càn

"燦"是形声字，从火，粲（càn）声，义为光彩鲜明耀眼。《规范字表》采用俗字简作"灿"，音符改为山。

cang

仓（倉）cāng

"倉"是象形字，甲骨文作𠋓，金文作𠋓，小篆作倉，象粮仓形，中有仓门，本义为粮仓，收藏谷物的处所。引申为仓库，储藏各种物资的建筑物或处所。《说文》奇字作仺，清代俗字（见《目连记弹词》）与今简化字字形接近，《规范字表》据此简作"仓"。

【提示】"仓（倉）"可作类推简化偏旁使用，如：创（創）、枪（槍）、疮（瘡）。

cao

操 [捛捄] cāo

"操"是形声字，从手，喿（zào）声，本义为握持，拿在手里，引申为掌握、做、费神耗力、练习、品行、体育项目名等。俗字作"捛"或"捄"。《规范字表》以"捛""捄"为异体字。

草 [艸] cǎo

"艸"是象形字，古陶文作艸，小篆作艸，从二屮，象两棵并排而生的小草形，读 cǎo，义为草本植物的总称。"草"是形声字，从艸，早声，本读 zào，义为栎树的果实，引申为黑色，后作"皁（皂）"；又读 cǎo，与"艸"同，引申为栽培植物以外的高等草本植物的统称、粗劣、不认真等。《规范字表》以"艸"为异体字。

【提示】"艸"与"草"不是等义异体字。

ce

册 [冊] cè

"冊"是象形字，甲骨文作冊，金文作冊，小篆作冊，象数片竹简、木札编连在一起之形，本义为简册，用以记事的书简，引申为装订好的本子、量词（用于书本）等。俗字作"册"。《规范字表》以"冊"为异体字。

厕（廁）[廁] cè

"廁"是形声字，从广（yǎn），则声，本义为厕所，极污秽的地方，引申为猪圈、参与（混杂其间）等。明代俗字作"厠"（见《洪武正韵》），意符改为厂（hǎn）。《规范字表》把"厠"类推简作"厕"，以"廁"为异体字。

策[筞筴] cè

"策"是形声字,从竹,朿(cì)声,读 cè,本义为竹制的马鞭,引申为用马鞭赶马、拐杖、古代计算或占卜时用的形状像筹的工具、古代写字用的竹木片、古代考试的一种文体、计谋等,假借为简册(与"册"同)。俗字作"筞"。"筴"是形声字,从竹,夹声,本读 jiā,义为夹物的器具,引申为筷子;又读 cè,与"策"同。《规范字表》以"策""筴"为异体字。

【提示】"策(筞)"与"筴"不是等义异体字。

ceng

层(層) céng

"層"是形声字,从尸,曾声,本义为多层的房屋,引申为重叠、重叠的事物或部分、量词(用于可重叠的东西)等。《规范字表》采用俗字简作"层",以云作符号代替了声符。

cha

差{差} chā

"差"是形声字,金文作 𦎫,小篆作 𦎧,从左,巫声,本读 zuǒ,义为佐助、辅佐,引申为副职。又读 chā,引申为差错、失当。又读 chà,引申为不相合、错误、欠缺、不好。

【提示】规范字形9画,中间是一长撇;旧字形和台湾字形10画,

撇与上边的竖画断开。用于合体字部件同此,如"搓"。

插{挿}[揷] chā

"插"又作"挿",是形声字,从手,臿(chā)声,本义为刺入,引申为加入中间去、栽植等。俗字作"挿",音符字形稍变。《规范字表》以"揷"为异体字。

【提示】字的右侧起笔,大陆字形是撇,旧字形和台湾字形是横。

查[査] chá

"查"是形声字,从木,且声,本读 zhā,义为山楂,一种落叶乔木(是"楂"的本字);又读 chá,假借为检查,由此引申为调查、查阅等;假借为姓。后作"查",音符且讹为旦。《规范字表》以"査"为异体字。

碴[䃜] chá

"碴"是形声字,从石,查声,本义为物体的碎屑,引申为嫌隙、中断的话头或事情等。又作"䃜",意符改为缶。《规范字表》以"䃜"为异体字。

察[詧] chá

"察"是形声字,从宀,祭声,本义为详审、仔细看,引申为看得清楚、考察等。又作"詧",意符改为言,音符从察省。《规范字表》以"詧"为异体字。

刹 {剎} chà

【提示】字的左下角，规范字形是木（"木"的变体），旧字形和台湾字形是术（朮）。

chan

掺（摻）chān

【提示】"掺和、掺假、掺杂"也作"搀和、搀假、搀杂"，《异形词表》推荐的写法是前者。

搀（攙）chān

"攙"是形声字，从手，毚（chán）声，本义为刺入、插入，引申为搀扶、混杂等。原字音符上下两个部件形义相近，故元代俗字（见元抄本《京本通俗小说》）、《规范字表》简作"搀"，用符号两点代替了下边的部件。

谗（讒）chán

"讒"是形声字，从言，毚（chán）声，本义为在别人面前说某人的坏话，引申为说坏话的人。原字音符上下两个部件形义相近，故宋代俗字用符号两点代替了下边的部件（见宋刊本《古列女传》）。《规范字表》进一步把意符类推简作"谗"。

馋（饞）chán

"饞"是形声字，从食，毚（chán）声，本义为贪吃，引申为贪图利禄、特别想得到某些东西等。原字音符上

下两个部件形义相近，故元代俗字用符号两点代替了下边的部件（见元刊本《朝野新声太平乐府》）。《规范字表》进一步把意符类推简作"馋"。

缠（纏）chán

"纏"是形声字，从糸，廛（chán）声，本义为盘绕、扎束，引申为纠缠、搅扰不止、应付等。隋代俗字把音符简省为厘，《规范字表》在厘上加一点，并把意符类推简作"缠"。

产（產）chǎn

"產"是形声字，从生，彦省声，本义为生育，引申为出产、产品、财产等。《规范字表》采用俗字把"產"简作"产"，保留了音符的一部分。

【提示】"产（產）"可作类推简化偏旁使用，如：铲（鏟）、浐（滻）、萨（薩）。

谄（諂）[諮] chǎn

献媚；奉承：～谀｜～佞｜不～不骄。

【提示】《规范字表》沿袭《异体字表》误收异体字"諮"。"諮"读tāo，义为疑惑，与"谄（諂）"音义不同，不是异体关系，编者建议删去。

铲（鏟）[剗]{划剗}

chǎn "鏟"是形声字，从金，產声，读 chǎn，本义为铲子（一种长柄铁制工具），引申为用铲子撮取或清除东西。又作"剗"，意符改为

刀。"刬"是形声字，从刀，戋（jiān）声，本读 chǎn，义为削，与"铲"同；又读 chàn，用于"一刬"，义为副词，一概、一味地。《异体字表》以"剗""刬"为"鏟（铲）"的异体字。《规范字表》把"鏟"类推简作"铲"；以"剗"为异体字；把"刬"类推简作"划"，改作规范字。

【提示】①"铲除"也作"划除"，《异形词表》推荐的写法是前者。② 繁体文本和台湾用于"铲子""铁铲"多作"鏟"，用于"铲除""铲平"多作"剗"。

忏（懺）chàn

"懺"是形声字，从心，韱（xiān）声，义为悔过。《规范字表》采用俗字简作"忏"，音符改为千。

划（剗）㊀ chàn ㊁ chǎn

㊀ [一划] 副词。1. 一概；一律：～新｜～都是平川。2. 一味；总是：～地忍让。

㊁ 同"铲（鏟）"：～地除草。

"剗"在《异体字表》中是"鏟(铲)"的异体字，《规范字表》类推简作"划"，改作规范字。见19页"铲"字条。

chang

长（長）cháng

"長"是表意字，甲骨文作 ，金文作 ，《说文》古文作 ，象生有一头长发的人形，有的拄着手杖。本读 cháng，义为头发长，引申为长度大、时间久、长度、长处等；又读 zhǎng，引申为年纪大、辈分高、年纪大的人、辈分高的人、首领或负责人、生长、增加等。汉代俗字（见史游《急就章》和《居延汉简》），《规范字表》简作"长"，据草书楷化。

【提示】"长（長）"可作类推简化偏旁使用，如：张（張）、胀（脹）、涨（漲）。

肠（腸）[腸] cháng

"腸"是形声字，从月（肉），昜（yáng）声，本义为管状内脏，是消化器官的一部分，引申为在肠衣（用火碱脱去脂肪晒干的肠子）里塞进肉和淀粉等制成的食品、心地、感情等。俗字作"腸"。《规范字表》把"腸"类推简作"肠"，以"膓"为异体字。

尝（嘗）[甞嚐] cháng

"嘗"是形声字，从旨，尚声，本义为辨别滋味，引申为体验。辨别滋味义又作"甞"，意符改为甘；又作"嚐"，从口，尝声。元代俗字（见元抄本《京本通俗小说》）和《手头字》《简体字表》《规范字表》把"嘗"简作"尝"，据草书楷化。以"甞""嚐"为异体字。

【提示】①"嘗"与"甞""嚐"不是等义异体字。②"尝（嘗）"可作类推简化偏旁使用，如：鳝（鱨）。

【构词】尝试（嘗試）｜饱尝（飽嘗）｜备尝（備嘗）｜何尝（何嘗）｜未尝（未嘗）｜浅尝辄止（淺嘗輒止）｜卧薪尝胆（臥薪嘗膽）

尝鲜（嘗鲜／嚐鲜）｜尝百草（嘗百草／嚐百草）｜尝咸淡（嘗鹹淡／嚐鹹淡）｜尝一尝（嘗一嘗／嚐一嚐）｜尝一口（嘗一口／嚐一口）｜品尝（品嘗／品嚐）

偿（償）cháng

"償"是形声字，从人，賞声，本义为归还，引申为满足、报酬等。《规范字表》采用俗字简作"偿"，音符改为尝。

厂（廠）chǎng

"廠"是形声字，从广（yǎn），敞声，读 chǎng，本义为没有墙壁或只有一面墙壁的简易房屋，引申为有较大的房屋可供人们从事生产或加工的场所、工厂。"厂"是象形字，甲骨文作 厂，金文作 厂，小篆作 厂，象山崖上岩石向外突出而形成的石穴之形，可以居住，本读 hǎn，义为山崖下的石穴，也指山崖，引申为房屋。又读 ān，与"庵"同，多用于人名字号，如现代文字学家唐兰字立厂，书法家有王福厂。近代俗字把"廠"写作"厰"（见《中华大字典》），意符改为厂；《规范字表》进一步简作"厂"，把音符省略。

【提示】"厂"与"廠"不是等义简繁字。

场（場）[塲] chǎng

"場"是形声字，从土，昜（yáng）声，本读 chǎng，义为祭神用的平坦场地，引申为处所、某种范围或领域、舞台等；又读 cháng，引申为晾晒、碾轧谷物的平坦空地。《规范字表》把"塲"类推简作"场"，以"塲"为异体字。

chē

车（車）chē

"車"是象形字，甲骨文作 車，金文作 車，象车的两轮及舆（车厢）、辕、轭、衡等形，轮为车的主要特征，有的省作两轮或一轮形，小篆作 車，象车一轮之形。本读 chē，义为车子，交通工具，引申为利用轮轴旋转来工作的器械、机器等；又读 jū，引申为中国象棋的一种棋子，如"车马炮"。汉代《居延汉简》已有跟今简化字接近的字形。《规范字表》简作"车"，据草书楷化。

【提示】"车（車）"可作类推简化偏旁使用，如：轨（軌）、阵（陣）、军（軍）。

扯 [撦] chě

"撦"是形声字，从手，奢声，撕裂、撕开。俗字作"扯"，音符改为止，引申为牵拉、随意闲谈等。《规范字表》以"撦"为异体字。

【提示】"扯"的后起义较多，与"撦"不是等义异体字。

彻（徹）chè

"徹"是表意字，甲骨文作 徹，金文作 徹，从鬲从又，又为手，象吃完了食物后以手撤去食具之形，《说文》古文作 徹，小篆作 徹，字形增彳本义为撤去、撤除（与"撤"同）。（一说"徹"为是形声字，从彳，其余部分为音符，本义为道路畅通无阻。）引申为拆除、撤退、通透等。《规范字表》采用俗字简作"彻"，新造形声字，从彳，切声。

【提示】"彻底""透彻"也作"澈底""透澈"，《异形词表》推荐的写法是前者。

澈 chè

【提示】"澄澈""清澈"也作"澄彻""清彻"，《异形词表》推荐的写法是前者。

chen

嗔｛瞋｝chēn

"嗔"是形声字，从口，真声，本读 tián，义为众多、盛大；又读 chēn，义为生气，引申为责怪、对人不满。"瞋"是形声字，从目，真声，读 chēn，本义为睁大眼睛，引申为发怒、生气。《异体字表》以"瞋"为异体字。《规范字表》把"瞋"改作规范字。

瞋 chēn

睁大眼睛，多指发怒时瞪大眼睛：～目｜～视。

"瞋"在《异体字表》中是"嗔"的异体字，《规范字表》改作规范字。见 22 页"嗔"字条。

尘（塵）chén

"塵"是表意字，小篆作麤，从三鹿，从土，表示鹿群奔跑而尘土飞扬，后来三个鹿省略为一个鹿。本义为尘土，引申为灰尘、踪迹、尘世（人间现实世界）等。唐代敦煌变文写本、《规范字表》简作"尘"，新造表意字，从小从土，指颗粒小的尘土。

沉｛沉沈｝chén

"沉"又作"沉"，是"沈"的变体，见 181 页"沈"字条。本义为没入水中，引申为在液体中向下落、降落、程度深、分量重、情绪低落等。

【提示】①字的右下部，规范字形是几，旧字形和台湾字形是儿。②"沉思"也作"沈思"，《异形词表》推荐的写法是前者。③繁体文本和台湾多作"沈"。

【构词】沉淀（沈澱）｜沉寂（沈寂）｜沉没（沈沒）｜沉默（沈默）｜沉思（沈思）｜沉痛（沈痛）｜沉醉（沈醉）｜低沉（低沈）｜浮沉（浮沈）｜深沉（深沈）｜下沉（下沈）｜消沉（消沈）

衬（襯）chèn

"襯"是形声字，从衣，親声，本义为内衣，引申为贴身穿的、附在衣物等某一部分的里面材料、在里面或下面托上一层、陪衬等。《规范字表》采用俗字简作"衬"，音符改为寸。

趁[趂] chèn

"趁"是形声字，从走，㐱（zhěn）声，本读 zhēn，义为欲行又止、走路困难的样子；又读 chèn，义为追逐，由此引申为跟随、去往、介词（表示利用某种条件、时间或机会进行某种事情）等。俗字作"趂"。《规范字表》以"趂"为异体字。

cheng

称（稱）chēng

"稱"是形声字，从禾，爯（chēng）声，本读 chēng，义为衡量物的轻重，引申为举荐、赞扬、说、叫作、名称等；又读 chèng，引申为衡量轻重的器物（后作"秤"），又引申为适合、相当。宋代俗字（见宋刊本《古列女传》）和《国音常用字汇》《手头字》《简体字表》《规范字表》简作"称"，据草书楷化。

【提示】"称心"也作"趁心"，《异形词表》推荐的写法是前者。

撑[撐] chēng

"撐"是形声字，从手，掌（chèng）声，本义为支撑、抵住，引申为支持、张开、充满等。俗字作"撑"，音符改为掌。《规范字表》以"撐"为异体字。

呈{呈} chéng

甲骨文作 𠂤，金文作 𠂤，造字本意未详。古玺文作 𠂤，小篆作 𠂤，是形声字，从口，壬声，隶定为"呈"。异体作"呈"，音符讹为王。本义为显现。引申为恭敬地送上去、下级给上级的公文。

【提示】字的下部，规范字形是王，旧字形和台湾字形是壬，起笔为撇。用于合体字部件同此，如"程""逞"。

乘[乘椉] chéng

"乘"是表意字，甲骨文作 𠂤，金文作 𠂤，象人两脚登在树木之上之形。小篆作 𠂤，字形稍变。本读 chéng，义为登、升，引申为搭乘交通工具、驾驭、利用（机会等）、进行乘法运算等。又读 shèng，引申为量词，古代称一辆四匹马拉的车为一乘。异体作"椉"。俗字作"乘"。《规范字表》以"乘""椉"为异体字。

惩（懲）chéng

"懲"是形声字，从心，徵（zhēng）声，本义为警戒、鉴戒，引申为处罚、责罚。清代俗字（见太平天国文书）和《国音常用字汇》《简体字表》《规范字表》简作"惩"，音符改为征。

塍[堘] chéng

"塍"是形声字，从土，朕声，义为田间的土埂子。俗字作"堘"。《规范字表》以"堘"为异体字。

澂 chéng

①用于人名：吴大～（清代人）。②"澄"的异体字，见 24 页"澄"字条。

澄[澂] chéng

"澂"是形声字,从水,徵(zhēng)省声,本读 chéng,义为水清澈,引申为澄清(弄清楚认识、问题等)。"澄"是形声字,从水,登声,本读 chéng,与"澂"同;又读 dèng,引申为使浊水清澈纯净、使液体里的杂质沉淀下去。《规范字表》以"澂"为异体字,又规定"澂"用于姓氏人名时是规范字。

【提示】"澂"与"澄"不是等义异体字,另见23页"澂"字条。

【构词】澄净(澂净/澄净) | 澄清(澂清/澄清) | 澄澈(澂澈/澄澈)

澄清(澄清) | 澄泥浆(澄泥浆)

chi

吃[喫] chī

"喫"是形声字,从口,契声,本义为吃食物,引申为依靠某种事物来生活、消灭、耗费、吸入、承受、领会等。"吃"是形声字,从口,乞声,旧读 jí,今读 chī,本义为口吃,说话结巴、不流利,假借为吃食物等。《规范字表》以"喫"为异体字。

【提示】"吃"与"喫"不是等义异体字。

【构词】口吃(口吃) | 笑声吃吃(笑聲吃吃)

吃饭(吃飯/喫飯) | 吃惊(吃驚/喫驚)

痴[癡] chī

"癡"是形声字,从疒,疑声,本义为呆傻,引申为极度迷恋(某人或某种事物)。俗字作"痴",音符改为知。《规范字表》以"癡"为异体字。

迟(遲) chí

"遲"是形声字,从辶(辵),犀(xī)声,本义为缓慢地行走,引申为缓慢、迟钝等。《规范字表》采用俗字简作"迟",音符改为尺。

齿(齒) chǐ

甲骨文作 ,楚系简帛文作 ,《说文》古文作 ,是象形字,象口内有牙齿之形(牙齿或多或少)。金文作 ,小篆作 ,加音符止,变成形声字。隶定作"齒"。本义为门牙,引申为牙齿、年龄、物体上像牙齿一样排列的部分等。《规范字表》参考草书和元代俗字简作"齿",意符保留了原字特征。

【提示】"齿(齒)"可作类推简化偏旁使用,如:龄(齡)、龈(齦)、龌(齷)。

耻[恥] chǐ

"恥"是形声字,从心,耳声,本义为耻辱、羞耻,引申为羞辱、侮辱等。俗字作"耻",从耳,止声。《规范字表》以"恥"为异体字。

翅[翄] chì

"翄"是形声字,从羽,支声,

本义为翅膀,鸟类或昆虫的飞行器官。后作"翅",意符和音符左右互换位置。引申为鱼类的鳍、物体上形状像翅膀的东西等。《规范字表》以"翄"为异体字。

【提示】"翅"的后起义较多,与"翄"不是等义异体字。

敕[勅勑] chì

"敕"是形声字,从攵或攴(pū),束声,本义为告诫。引申为皇帝的命令和诏书。又作"勅",意符改为力。"勑"是形声字,从力,来声,本读lài,义为慰劳、勉励来者;又读chì,与"敕"同。《规范字表》以"勅""勑"为异体字。

【提示】"敕(勅)"与"勑"不是等义异体字。

chong

冲(衝){沖} chōng

"冲"是形声字,从水,中声,读 chōng,本义为水波摇动的样子,引申为水流冲击、冲刷等。宋代俗字作"冲",意符改为氵。"衝"是形声字,从行,重声,本读 chōng,义为大路,引申为交叉路口、向前猛闯、猛烈碰撞、水流撞击、用水流冲洗等;又读 chòng,引申为劲头大、气味浓烈、介词(相当于"向""朝")等。《规范字表》把"衝"简作"冲",用笔画较少的同音通用字代替。

【提示】"冲"与"衝"不是等义简繁字。

【构词】冲茶(沖茶)|冲淡(沖淡)|冲服(沖服)|冲毁(沖毀)|冲积(沖積)|冲剂(沖劑)|冲凉(沖涼)|冲刷(沖刷)|冲塌(沖塌)|冲坍(沖坍)|冲田(沖田)|冲天(沖天)|冲洗(沖洗)|冲喜(沖喜)|冲销(沖銷)|冲账(沖賬)|冲冷水(沖冷水)|冲奶粉(沖奶粉)|冲虚至德真经(沖虛至德真經,书名)|脉冲(脈沖)|太冲(太沖)|幼冲(幼沖)|气冲斗牛(氣沖斗牛)|气冲霄汉(氣沖霄漢)|韶山冲(韶山沖)|气冲冲(氣沖沖)|兴冲冲(興沖沖)|怒气冲冲(怒氣沖沖)|怒气冲天(怒氣沖天)|一飞冲天(一飛沖天)|子午相冲(子午相沖)

冲床(衝牀)|冲刺(衝刺)|冲动(衝動)|冲犯(衝犯)|冲锋(衝鋒)|冲击(衝擊)|冲劲(衝勁)|冲浪(衝浪)|冲脉(衝脈)|冲模(衝模)|冲杀(衝殺)|冲突(衝突)|冲撞(衝撞)|冲南走(衝南走)|冲他微笑(衝他微笑)|冲任不调证(衝任不調證)|缓冲(緩衝)|要冲(要衝)|折冲(折衝)|横冲直撞(橫衝直撞)|怒发冲冠(怒髮衝冠)|首当其冲(首當其衝)|酒味儿很冲(酒味兒很衝)|水流很冲(水流很衝)|这小伙子干活儿真冲(這小夥子幹活兒真衝)

充{㐬} chōng

【提示】规范字形6画,字的上部是亠;旧字形和台湾字形5画,起笔为横。用于合体字部件同此,如"统""菀"。

虫（蟲）chóng

"虫"是象形字，甲骨文作 ㇏，金文作 ㇏ ㇏，象突出头部的蛇形。小篆作 ㇏，字形稍变。本读 huǐ，义为一种较小的毒蛇。又读 chóng，义为一切动物的通称，与"蟲"同。"蟲"是表意字，郭店楚简作 ㇏，三体石经作 ㇏，小篆作 ㇏，从三虫，三有多义，读 chóng，本义为一切动物的通称，引申为昆虫的总称。《国音常用字汇》《手头字》《简体字表》《规范字表》把"蟲"简作"虫"，采用笔画较少的古字。

【提示】①"虫"与"蟲"不是等义简繁字。②"虫（蟲）"可作类推简化偏旁使用，如：蛊（蠱）。③繁体文本和台湾用于"昆虫、害虫、虫害"作"蟲"。

chou

䌷（紬）㊀ chóu ㊁ chōu

㊀ 同"绸（綢）"，粗绸：红～软帘。
㊁ ①抽引；引出：～绎。②缀集：～奇册府，总百代之遗编。

《规范字表》把"䌷"作为"绸（綢）"的异体字，见26页"绸"字条。

仇［讎讐］chóu

"仇"是形声字，从人，九声，本读 qiú，义为伴侣，相伴的人。假借为姓。伴侣有友爱、仇怨之分，故引申偏指仇敌，改读 chóu。由此引申为仇恨。"讎"是形声字，从言，雔（chóu）声，本义为以言辞对答应答，引申为匹配、匹敌、仇恨等，与"仇"同；又引申为校勘（文字）。"讐"与"讎"同，由左右结构改为上下结构。《规范字表》以"雠""讐"为"仇"的异体字。又规定"雠"类推简作"雠"，是规范字，用于"校雠""仇雠"等，其他意义用"仇"。

【提示】①"雠""讐"与"仇"不是等义异体字，另见27页"雠"字条。②"仇"用于姓时不读 chóu。

【构词】仇雠（仇讎）｜仇敌（仇敵）｜仇恨（仇恨）｜仇视（仇視）｜仇怨（仇怨）｜报仇（報仇）｜冤仇（冤仇）｜疾恶如仇（疾惡如仇）

绸（綢）［䌷］{紬} chóu

"綢"是形声字，从糸，周声，本义为缠绕、捆束，假借为绸子，一种薄而软的丝织品。"紬"是形声字，从糸，由声，本读 chóu，一种较粗的绸子，引申为一般的绸子；又读 chōu，假借为抽引、缀辑等。《异体字表》以"紬"为"綢（绸）"的异体字。《简化字总表》把"綢"类推简作"绸"；又把"紬"类推简作"䌷"，改作规范字。《规范字表》把"紬"改作异体字。

【提示】①"䌷"与"绸"不是等义异体字。②"䌷"读 chōu 时用于抽引、缀集义，编者建议依据《简化字总表》类推简作"䌷"，作规范字。

酬［醻酧詶］chóu

"醻"是形声字，从酉，壽声，读 chóu，本义为当客人给主人敬酒后，主人再次向客人敬酒的酒宴礼节，引申为敬酒、回报、报答、报酬、实现、交际往来等。又作"酧"，音符改为州。俗字作"酹"，音符改为守。"詶"是形声字，从言，州声，本读 zhòu，义为诅咒，与"咒"同；又读 chóu，与"酬"同。《规范字表》以"醻、酧、詶"为异体字。

【提示】"詶"与"酬、醻、酧"不是等义异体字。

雠（讎）[讐] chóu

①对答：无言不～｜前者未～。②[仇雠] 仇敌：世为～。③[雠定] 校对并加以考证：～群书。④[校雠] 校勘：聚书数千卷，皆自～。

【提示】《规范字表》以"讎""讐"为"仇"的异体字，又把"雠"类推简作"雠"，作规范字。见26页"仇"字条。

【构词】雠定（讎定）｜雠对（讎對）｜雠问（讎問）｜仇雠（仇讎）｜校雠（校讎）

丑｛丑｝（醜）chǒu

"丑"又作"丑"，是象形字，甲骨文作 ，金文作 ，小篆作 ，象手指而突出指甲之形，本义为指甲，假借为地支的第二位、传统戏曲角色。"醜"是形声字，从鬼，酉声，古人认为鬼的相貌最难看，本义为可恶，面容可憎，引申为难看、丑陋等。明代俗字（见徐渭《南词叙录》）、《规范字表》把"醜"简作"丑"，用笔画较少的同音字代替。

【提示】①"丑"与"醜"不是等义简繁字。②"丑"的中间一横，规范字形左侧出头，旧字形和台湾字形左右都出头。用于合体字部件同此，如"扭"。

【构词】丑角（丑角）｜丑时（丑時）｜子丑寅卯（子丑寅卯）｜文丑（文丑）｜武丑（武丑）｜小丑（小丑/小醜）

丑恶（醜惡）｜丑化（醜化）｜丑话（醜話）｜丑类（醜類）｜丑陋（醜陋）｜丑事（醜事）｜丑态（醜態）｜丑闻（醜聞）｜丑行（醜行）｜丑八怪（醜八怪）｜丑媳妇（醜媳婦）｜出丑（出醜）｜丢丑（丟醜）｜家丑（家醜）｜现丑（現醜）｜献丑（獻醜）｜遮丑（遮醜）｜跳梁小丑（跳梁小醜）

瞅[瞫䀏] chǒu

"瞅"是形声字，从目，秋声，义为看。又作"瞫"或"䀏"，音符改为愁或丑。《规范字表》以"瞫""䀏"为异体字。

chu

出（齣）chū

象人自半地穴式的原始居处中走出之形。后来字形稍变，隶定为"出"。

"出"是表意字，甲骨文作 ，金文作 ，从止（趾），象人自半地穴式的原始居处中走出之形。小篆作 ，字形稍变。本义为外出，从里面来到外面，引申为产生、发生、出现、拿出等。"齣"是形声字，从齒，句声，本义为一本传奇（唐代兴起的短篇小说）中的一个大段落，引申为戏曲的一个独立段落或剧目。《规范字表》把"齣"简作"出"，用笔画较少的同音字代替。

【提示】"出"与"齣"不是等义简繁字。

【构词】出产（出產）｜出场（出場）｜出动（出動）｜出轨（出軌）｜出汗（出汗）｜出界（出界）｜出来（出來）｜出煤（出煤）｜出面（出面）｜出名（出名）｜出纳（出納）｜出去（出去）｜出入（出入）｜出席（出席）｜出布告（出佈告）｜出活儿（出活兒）｜出题目（出題目）｜出问题（出問題）｜出芽儿（出芽兒）｜发出（發出）｜进出（進出）｜推出（推出）｜看得出（看得出）｜量入为出（量入為出／量入爲出）

三出戏（三齣戲）

刍（芻）chú

"芻"是表意字，甲骨文作 <sub>，金文作 <sub>，从象以手拔艸（草）或将艸折断之形。小篆作 <sub>，字形稍有变化。本义为拔草、割草。引申为喂牲口的草、割草的人、谦辞（称自己的言论、见解）。元代俗字（见元抄本《京本通俗小说》"皱"字偏旁）、《规范字表》简作"刍"，据草书楷化。

【提示】"刍（芻）"可用作类推简化偏旁：皱（皺）、绉（縐）、趋（趨）。

厨［厨廚］chú

"廚"是形声字，从广（yǎn），尌（shù）声，本义为厨房，引申为烹饪、厨师等。俗字作"厨"或"厨"，意符改为厂（hǎn）。《规范字表》以"厨""廚"为异体字。

锄（鋤）［耡鉏］chú

"鉏"是形声字，从金，且声，本义为除草的农具。后作"鋤"，音符改为助。引申为用锄除草、铲除。又作"耡"，意符改为耒。《规范字表》把"鋤"类推简作"锄"。以"耡""鉏"为异体字。

橱［櫥］chú

"櫥"是形声字，从木，廚声，本义为放置衣物、食品等的家具。俗字作"橱"，音符改为厨。《规范字表》以"櫥"为异体字。

踌 chú

【提示】"踌躇"也作"踌躕"，《异形词表》推荐的写法是前者。

躇［躕］chú

"躕"是形声字，从足，廚声，用于"踟躕（躇）"，徘徊不前，引申为犹豫不决。俗字作"躇"，音符改为厨。《规范字表》以"躕"为异体字。

处（處）chǔ

金文是表意字，作 <sub>，象人头戴着皮帽子坐在几上之形。石鼓文作 <sub>，小篆作 <sub>，变成形声字，从几、夂，虍(hū)声，隶定为"處"。本读 chǔ，义为止息、暂时停止下来，引申为居住、生活在一起、交往、处理、处罚等；又读 chù，引申为处所、机关或机关里的一个部门。小篆省体作処，隶定为"処"。明代俗字（见《兵科抄出》）和《手头字》《规范字表》参照小篆省体把"處"简作"处"，字形稍变。

础（礎）chǔ

"礎"是形声字，从石，楚声，本义为垫在柱下的基石，引申为事物的根基。《规范字表》简作"础"，音符改为出。

触（觸）chù

"觸"是形声字，从角，蜀声，本义为牛羊类用角相互顶撞，引申为抵或撞、接触、触犯、触动等。清代俗字（见清刊本《金瓶梅奇书》）和《规范字表》简作"触"，省略音符的一部分。

chuan

船[舩舩]chuán

"船"又作"舩"，是形声字，从舟，铅省声，读 chuán，本义为水上主要交通工具，引申为性质或作用像船的空间交通工具等。俗字作"舩"，音符讹为公。《规范字表》以"舩"为异体字。

【提示】①"舩"又读 fán，义为船舷。与"船"不是等义异体字。②旧字形和台湾字形，右上部是八，不是几。

chuang

窗[窻窓窗牕牎]chuāng

"窗"是形声字，从穴，囱(chuāng)声，本义为天窗，开在房顶上的通光透气的洞口，引申为开在墙壁上的窗户。又作"窻"，音符改为悤(cōng)。俗字作"窓"或"窗"。又作"牕"，是形声字，从片，悤声。俗字作"牎"，音符改为忽。《规范字表》以"窻、窓、窗、牕、牎"为异体字。

床[牀]chuáng

"牀"是表意字，从木从爿(qiáng)，爿是床的本字，本义为供人坐和躺卧的家具。（一说是形声字，从木，爿声。）引申为供人躺在上面睡觉和休息的家具、像床一样起承托作用的东西、水道的底部等。俗字作"床"，意符改为广(yǎn)。《规范字表》以"牀"为异体字。

创（創）[剏剙]chuàng

"創"是形声字，从刀，倉声，本读 chuāng，义为创伤，引申为打击，使受伤害；又读 chuàng，引申为开始做、前所未有的、通过经营等活动获取（收入）等。俗字作"剏"或"剙"。《规范字表》把"創"类推简作"创"，以"剏""剙"为异体字。

chui

垂 {垂} chuí

【提示】字形中间的两个十字，规范字形相连，旧字形和台湾字形断开。用于合体字部件同此，如"捶、筆、郵"。

捶 [搥] chuí

"捶"是形声字，从手，垂声，读 chuí，义为用棍棒、拳头等敲打。"搥"是形声字，从手，追声，本读 duī，义为投掷；又读 chuí，义为敲击敲打，与"捶"同。《规范字表》以"搥"为异体字。

【提示】"捶"与"搥"不是等义异体字。

棰 [箠] chuí

"箠"是形声字，从竹，垂声，本义为马鞭，引申为鞭打、刑杖等。"棰"是形声字，从木，垂声，本义为短木棍，引申为用棍子打，假借为马鞭。《规范字表》以"箠"为异体字。

【提示】"棰"与"箠"不是等义异体字。

锤（錘）[鎚] chuí

"錘"是形声字，从金，垂声，本义为铁锤，金属制的工具，有柄，引申为古代的一种兵器、用锤子敲击、形状像锤的东西等。又作"鎚"，音符改为追。《规范字表》把"錘"类推简作"锤"，以"鎚"为异体字。

【提示】①繁体文本和台湾用于"秤锤"，一般不作"鎚"。②"一锤定音"也作"一槌定音"，《异形词表》推荐的写法是前者。

chun

春 [旾] chūn

甲骨文作[字]，战国文字作[字]，隶定为"旾"，是形声字，从日，屯声。甲骨文异体作[字]，加木，金文改作[字]，战国文字异体作[字]，小篆作[字]，隶定为"萅"，是形声字，从艸、日，屯声，后作"春"。本义为春季，引申为生机、喜色、男女情欲等。《规范字表》以"旾"为异体字。

莼（蒓）[蓴] chún

"蓴"是形声字，从艸，專声，本读 tuán，义为蒲丛，也指蒲穗；又读 chún，用于"蓴菜"，也作"蒓菜"，一种水生草本植物，是常见的蔬菜。"蒓"是形声字，从艸，純声，读 chún，义为莼菜。《规范字表》把"蒓"类推简作"莼"，以"蓴"为异体字。

【提示】"莼"与"蓴"不是等义异体字。现代人名杨东莼，原用"蓴"。

唇 [脣] chún

"脣"是形声字，从月（肉），辰声，读 chún，本义为嘴唇，引申为物体的边缘。"唇"是形声字，从口，辰声，本读 zhēn，义为震惊；又读

chún，与"脣"同。《规范字表》以"脣"为异体字。

【提示】"脣"与"唇"不是等义异体字。

【构词】唇齿相依（脣齒相依）｜唇膏（脣膏）｜嘴唇（嘴脣）

淳[湻] chún

"淳"是形声字，小篆作𣽎，从水，𦎫（chún）声，本读 zhūn，义为浇灌；又读 chún，假借为味道浓厚纯正，由此引申为敦厚、质朴等。变体作"湻"。《规范字表》以"湻"为异体字。

醇[醕] chún

"醇"是形声字，小篆作𨡉，从酉，𦎫（chún）声，本义为酒味浓厚，引申为纯一不杂、纯粹、质朴等，假借为有机化合物中的一大类。变体作"醕"。《规范字表》以"醕"为异体字。

【提示】"香醇"也作"香纯"，《异形词表》推荐的写法是前者。

蠢[惷] chǔn

"蠢"是形声字，从䖵（kūn），春声，本义为虫类慢慢爬动，引申为骚动、愚笨、不灵活等。"惷"是形声字，从心，春声，本义为骚动，假借为愚笨。《规范字表》以"惷"为异体字。

【提示】"蠢"与"惷"不是等义异体字。

ci

词（詞）[䛐] cí

"詞"是表意字，从司从言，司即主，表示意主于内而言发于外，本义为言辞、词句，引申为古代一种诗歌体裁、有独立意义可自由运用的最小语言单位。变体作"䛐"，由左右结构改为上下结构。《规范字表》把"詞"类推简作"词"，以"䛐"为异体字。

【提示】词/辞 两字都用于言词或文词义。先秦时多作"辞"，如"修辞、楚辞"；汉代以后渐以"词"代"辞"，如"文词、诗词"。现代汉语中多用"词"，如"词语、词条、词义"；有的习惯用"辞"，如"辞赋、辞书、《辞海》"。

瓷 cí

【提示】"瓷器"也作"磁器"，《异形词表》推荐的写法是前者。

辞（辭）[辤] cí

小篆作𦥝，隶定为"辭"，是表意字，从𤔔（luàn）从辛，𤔔为治理，辛有罪义，本义表示争讼申辩的供词，引申为言语、告别、推托、解除职务、古代一种诗歌体裁等。小篆异体作𤔲，隶定为"辤"，部件𤔔改为受。唐代俗字（见唐宋儋《道安禅师碑》）和《国音常用字汇》《手头字》《简体字表》《规范字表》把"辭"简作"辞"，以舌作符号代替部件𤔔。《规范字表》

又以"辝"为异体字。

【提示】辞/词　见31页"词"字条。

鹚（鹚）[鷀] cí

"鹚"是形声字，从鸟，兹声，用于"鸬鹚"，义为水鸟名，即鱼鹰。变体作"鷀"，由左右结构改为上下结构。《规范字表》把"鹚"类推简作"鹚"，以"鷀"为异体字。

糍[餈] cí

"餈"是形声字，从食，次声，本义为稻饼，即糍粑，一种把糯米蒸熟捣碎后做成的食品。"糍"是形声字，从米，兹声，与"餈"同义。《规范字表》以"餈"为异体字。

次{佽} cì

"次"又作"佽"，是表意字，金文作𣢓，战国文字作𣢓，小篆作𣢓，从欠从二，欠指不足，二指稍差，本义为次等，居于第二位的。引申为质量差的、次第、顺序、量词（用于反复出现的事情）。

【提示】字的左偏旁，规范字形是一点一提，旧字形和台湾字形是两横。用于合体字部件同此，如"茨""瓷"。

cong

匆[悤忽] cōng

金文作𢗓，是表意字，从心中画一点。小篆作𢗓，改成形声字，从心，囱（cōng）声。本义为心里着急，引申为急促、急速。又作"忽"。俗字作"匆"，由"忽"减省而成。《规范字表》以"悤""忽"为异体字。

葱[蔥] cōng

"蔥"是形声字，从艸，悤声，本义为一种草本植物，引申为青绿色、（草木）茂密青翠等。俗字作"葱"，音符改为匆。《规范字表》以"蔥"为异体字。

聪（聰） cōng

"聰"是形声字，从耳，悤（cōng）声，本义为听觉，引申为听觉灵敏、智力发达等。清代俗字（见清刊本《岭南逸史》）和《手头字》《规范字表》简作"聪"，据草书楷化。

从（從） cóng

"从"是表意字，甲骨文作𠓛，金文作𠓛，小篆作𠓛，象一个人跟随着另一个人之形。后繁化为"從"，是形声字，从辶（辵），从声。本义表示二人相随而行，引申为跟随、追逐、听从、从事、采取某种态度或方式、跟随的人、附属的、介词（引进动作、行为在时间或地点的起点）等。《国音常用字汇》《手头字》《简体字表》《规范字表》把"從"简作"从"，采用笔画较少的本字。

【提示】①"從"的后起义较多，与"从"不是等义繁简字。②"从（從）"可作类推简化偏旁使用，如：

纵（縱）、耸（聳）、苁（蓯）。

丛（叢）cóng

"叢"是形声字，小篆作叢，从丵（zhuó），取声，丵为丛生的草，本义为聚集，引申为杂草丛生、密集生长在一起的草木、聚集在一起的人或物等。《手头字》作"从"，用同音字代替。《规范字表》为与"从"相区别，采用俗字，下加符号一横作"丛"，变成新造形声字，从一，从声。

cou

凑［湊］còu

"湊"是形声字，从水，奏声，本义为在水上相聚，引申为聚集、拼合、挨近等。俗字作"凑"，意符改为冫。《规范字表》以"湊"为异体字。

cu

粗［觕麤］cū

"粗"是形声字，从米，且声，本义为糙米、粗粮，引申为颗粒较大、（条状物）横剖面较大、（长条形的东西）两边的距离较宽、声音低而大、不精细、不仔细、没礼貌等。"觕"是表意字，从牛从角，本义为牛角长而直的样子，假借为粗大、粗疏等。"麤"是表意字，从三鹿，表示群鹿受惊后奔跑跳跃，本义为远遁，假借为粗糙、粗疏。《规范字表》以"觕""麤"

为异体字。

【提示】"粗、觕、麤"不是等义异体字。

蹴［蹵］cù

"蹴"是形声字，从足，就声，本义为踩、踏，引申为用脚踢。变体作"蹵"，由左右结构改为上下结构。《规范字表》以"蹵"为异体字。

cuan

窜（竄）cuàn

"竄"是表意字，从鼠在穴中，本义表示藏匿、隐藏，引申为乱跑、删改等。《规范字表》采用俗字简作"窜"，新造形声字，从穴，串声。

【提示】"窜（竄）"可作类推简化偏旁使用，如：撺（攛）、镩（鑹）、蹿（躥）。

篡［篹］cuàn

"篡"是形声字，小篆作篡，从厶，算声，厶是私的本字，有不公开、奸邪的意味，本义为夺取（多指非法的或用不正当手段），引申为以私意改动或曲解。俗字作"篹"，意符厶讹为么。《规范字表》以"篹"为异体字。

cui

脆［脃］cuì

"脆"是形声字，从月（肉），色声，

本义为容易折断或破碎，引申为软弱、（声音）清亮等。后作"脆"，音符改为危。《规范字表》以"脆"为异体字。

悴[顇] cuì

"顇"是形声字，从页，卒声，本义为憔悴、瘦弱，引申为困苦、忧愁等。"悴"是形声字，从心，卒声，本义为忧愁，引申为困苦、憔悴等，与"顇"同。《规范字表》以"顇"为异体字。

cun

邨 cūn

①用于古地名、人名。现代人名有孙晓邨、钱杏邨（阿英）等。②"村"的异体字，见34页"村"字条。

村[邨] cūn

"邨"是形声字，从邑，屯声，本义为村庄，人聚居的地方，引申为粗俗、不文雅、城市中的住宅小区等。又作"村"，是形声字，从木，寸声。《规范字表》以"邨"为"村"的异体字。又规定"邨"用于姓氏人名时是规范字。

【提示】"邨"与"村"不是等义异体字，另见34页"邨"字条。

cuo

挫 cuò

①不顺利；失败：～折｜～败｜受～。②打击；压下去：～敌锐气｜～伤积极性｜抑扬顿～。

【提示】"挫"在《异体字表》中作"锉（鋜）"的异体字，后改作规范字。

锉（鋜）[剉]{挫} cuò

"剉"是形声字，从刀，坐声，本义为摧折，引申为用锉刀（一种金属制成的手工切削工具）进行磨削加工等，后作"鋜"。"鋜"是形声字，从金，坐声，本义为一种小锅；假借为锉刀，由此引申为用锉刀进行磨削加工等。《规范字表》把"鋜"类推简作"锉"，以"剉"为异体字。

【提示】"挫"在《异体字表》中作"锉（鋜）"的异体字，后改作规范字。

D

da

达（達）dá

"达"是形声字，从辶（辵），大声，本义为畅通。后作"達"，音符改为奎（tà），引申为到达、明白、显贵、表达等。《规范字表》把"達"简作"达"，采用笔画较少的古字。

【提示】"达（達）"可作类推简化偏旁使用，如：挞（撻）、哒（噠）、闼（闥）。

瘩[瘩] da

"瘩"是形声字，从疒，荅声，本读 dá，用于"瘩背"，义为病名，一种生在背部的痈；又读 da，用于"疙瘩"，义为皮肤或肌肉上突起的小硬块，引申为小块状或小球状的东西等。变体作"瘩"，音符改为答。《规范字表》以"瘩"为异体字。

dai

呆[獃]{騃} dāi

"獃"是形声字，从犬，豈声，读 ái，又读 dāi，义为痴呆、不灵活。"呆"本读 bǎo，是"保"的省体；又读 dāi，义为痴、傻、不灵活，引申为面部表情死板、做事不灵活、停留（与"待"同）等。"騃"是形声字，从馬，矣声，本读 sì，义为马行勇壮的样子；又读 ái，义为愚蠢、痴呆。《异体字表》以"獃""騃"为异体字。因"騃"与"呆"读音不同，《规范字表》未收这个字。

【提示】"呆"与"獃"不是等义异体字。

玳[瑇] dài

"瑇"是形声字，从玉，毒声，用于"瑇瑁"，义为一种爬行动物，样子像龟，生活在海中。俗字作"玳"，音符改为代。《规范字表》以"瑇"为异体字。

带（帶）dài

战国文字作帶，小篆作帶，是象形字，从巾，上象大带打结之形，隶定为"帶"。本义为扎束衣服的腰带，引申为带子（用于绑扎衣物等的条状物）、像带子的长条物、地带、轮胎、佩挂、随身拿着、附带、带领等。元代俗字（见元刊本《古今杂剧三十种》）、《规范字表》简作"带"，据草书楷化。

【提示】"带（帶）"可作类推简化偏旁使用，如：滞（滯）。

dan

担（擔）dān

"擔"是形声字，从手，詹声，本读 dān，义为用肩膀挑，引申为担负；又读 dàn，引申为担子，扁担和挂在扁担两端的东西。也叫挑子。元代俗字（见元刊本《朝野新声太平乐府》）和《国音常用字汇》《手头字》《简体字表》《规范字表》简作"担"，音符改为旦。

【提示】①"担"又读 dǎn，同"掸"，与"擔"不是等义简繁字。②"担心""担忧"也作"耽心""耽忧"，《异形词表》推荐的写法是前者。

单（單）dān

"單"是象形字。甲骨文作 ᛉ，金文作 ᛉ，是象形字，象树枝上缚有石块的简单猎具或武器之形（一说字形由"干"分化而成），小篆作單，字形稍变。本读 dān，义为一种原始的猎具。假借为单独、单一，由此引申为孤独、微弱、简单、只有一层的、纸片或票证等。又读 shàn，假借为姓、地名用字。汉代俗字（见《居延汉简》）和《手头字》《规范字表》简作"单"，据草书楷化。

【提示】"单（單）"可作类推简化偏旁使用，如：弹（彈）、郸（鄲）、阐（闡）。

耽 [躭] dān

"耽"是形声字，从耳，冘(yín)声，本义为耳垂至肩，假借为沉溺，由此引申为迟延、拖延等。俗字作"躭"，意符改为身。《规范字表》以"躭"为异体字。

【提示】"耽搁"也作"担搁"，《异形词表》推荐的写法是前者。

胆（膽）dǎn

"膽"是形声字，从月（肉），詹声，本义为胆囊，引申为胆量、装在器物内部的可充气或盛水的东西等。元代俗字（见元抄本《京本通俗小说》）和《国音常用字汇》《手头字》《简体字表》《规范字表》简作"胆"，音符改为旦。

【提示】"胆"又读 tǎn，义为袒露等，与"膽"不是等义简繁字。

啖 [啗噉] dàn

"啖"是形声字，从口，炎声，本义为吃。又作"啗"或"噉"，音符改为臽(xiàn)或敢。《规范字表》以"啗""噉"为异体字。

【提示】"啖、啗、噉"不是等义异体字，其后起义不尽相同。

淡｛澹｝dàn

"淡"是形声字，从水，炎声，本义为味道不浓，引申为含盐分少而不咸、冷淡、安静、闲适等。"澹"是形声字，从水，詹声，本读 dàn，义为水波起伏的样子，引申为安静、味道不浓厚等，与"淡"同；又读 tán，用于"澹台"，复姓。《异体字表》以"澹"为"淡"的异体字，《规范字表》删去了这组异体字。

【提示】"淡泊、淡然、惨淡"也作"澹泊、澹然、惨澹"，《异形词表》推荐的写法是前者。

澹 ㊀ dàn ㊁ tán

㊀①水波起伏的样子：池色～

金波。②同"淡",味道、颜色、光线等不浓厚:～而不薄｜洗多红色～｜月已暗～。

㈡[澹台]复姓:～灭明(春秋时人)。

"澹"在《异体字表》中是"淡"的异体字,《规范字表》改作规范字。见36页"淡"字条。

dang

当(當噹) dāng

"當"是形声字,从田,尚声,本读 dāng,义为田与田相对着,引申为相称、阻挡、担任、主持、应该、介词(正在那时候、那地方)等,假借为拟声词,金玉等器物的撞击声;又读 dàng,引申为适宜、抵得上、作为、抵押、用于抵押的实物等。"噹"是形声字,从口,當声,拟声词,金玉等器物的撞击声。元代俗字(见元抄本《京本通俗小说》)和《国音常用字汇》《手头字》《简体字表》《规范字表》把"當"简作"当",据草书楷化。又把"噹"简作"当",用笔画较少的同音字代替。

【提示】①"当"与"噹"不是等义简繁字。②"当(當)"可作类推简化偏旁使用,如:挡(擋)、档(檔)、铛(鐺)。

【构词】当场(當場)｜当代(當代)｜当官(當官)｜当家(當家)｜当今(當今)｜当面(當面)｜当年(當年)｜当铺(當鋪)｜当权(當權)｜当时(當時)｜当天(當天)｜当真(當真)｜当政(當政)｜当作(當作)｜承当(承當)｜充当(充當)｜担当(擔當)｜得当(得當)｜典当(典當)｜恰当(恰當)｜上当(上當)｜适当(適當)｜赎当(贖當)｜妥当(妥當)｜瓦当(瓦當)｜相当(相當)｜应当(應當)｜正当(正當)｜螳臂当车(螳臂當車)｜旗鼓相当(旗鼓相當)｜锐不可当(銳不可當)｜一个人当两个人用(一個人當兩個人用)

叮当(叮當/叮噹)｜哐当(哐噹)｜当啷一声(噹啷一聲)｜钟声当当响(鐘聲噹噹響)

挡(擋)[攩] dǎng

"擋"是形声字,从手,當声,本义为阻挡,引申为遮蔽、用于遮挡的物件等。"攩"是形声字,从手,黨声,本义为朋党,引申为遮挡。《规范字表》把"擋"类推简作"挡",以"攩"为异体字。

【提示】"擋"与"攩"不是等义异体字。

党(黨) dǎng

"黨"是形声字,从黑,尚声,本义为不鲜明,引申为亲族、集团、政党等,假借为姓。"党"是形声字,从儿,尚声,用于"党项",为我国古代民族名,假借为姓。元代俗字(见元刊本《朝野新声太平乐府》)和《手头字》《简体字表》《规范字表》把"黨"简作"党",用笔画较少的同音字代替。

【提示】①"党"与"黨"不是等义简繁字。②用于姓,本来不同,现在已难以区分。如金代人党怀英用"党",明代人党还醇用"黨"。
③"党(黨)"可作类推简化偏旁使用,如:谠(讜)、傥(儻)、镋(钂)。

【构词】党项(黨項,民族名)| 党羌(党羌,民族名)

党派(黨派)| 党羽(黨羽)| 党校(黨校)| 党章(黨章)| 党同伐异(黨同伐異)| 父党(父黨)| 母党(母黨)| 死党(死黨)| 政党(政黨)| 朋党(朋黨)| 上党(上黨,古地名)| 结党营私(結黨營私)

宕 dàng

【提示】"跌宕"也作"跌荡",《异形词表》推荐的写法是前者。

荡(蕩)[盪] dàng

"蕩"是形声字,从水,募(tāng)声,本义为古水名,引申为浅水湖、闲逛、行为放纵、清除等。"盪"是形声字,从皿,湯声,本义为用于洗涤的器皿,引申为洗涤、摇动等。《规范字表》把"蕩"类推简作"荡",以"盪"为异体字。

【提示】"荡"与"盪"不是等义异体字。

【构词】荡妇(蕩婦)| 荡平(蕩平)| 荡漾(蕩漾)| 芦花荡(蘆花蕩)| 放荡(放蕩)| 浩荡(浩蕩)| 扫荡(掃蕩)| 淫荡(淫蕩)| 黄天荡(黃天蕩,水域名,在长江下游)| 闯荡江湖(闖蕩江湖)| 心荡神驰(心蕩神馳)| 倾家荡产(傾家蕩産)| 荡涤(蕩滌/盪滌)| 荡桨(盪槳)| 荡漾(盪漾)| 荡舟(盪舟)| 荡秋千(盪鞦韆)| 荡气回肠(盪氣回腸)| 动荡(動盪)| 回荡(回盪)| 激荡(激盪)| 飘荡(飄盪)| 坦荡(坦盪)| 摇荡(搖盪)| 游荡(游盪)| 振荡(振盪)| 震荡(震盪)| 回肠荡气(回腸盪氣)| 浩浩荡荡(浩浩盪盪)

档(檔) dàng

【提示】"搭档"也作"搭当""搭挡",《异形词表》推荐的写法是前者。

dao

导(導) dǎo

"導"是形声字,从寸,道声,本义为引路,引申为引导、传导、开导等。《规范字表》参考俗字简作"导",据草书楷化。

岛(島)[嶋] dǎo

"嶋"是形声字,从山,鳥声,义为江、湖、海中四面被水包围着的陆地。后作"島",省略了音符的四个点。《规范字表》把"島"类推简作"岛",以"嶋"为异体字。

捣(搗)[擣搗] dǎo

"擣"是形声字,从手,壽声,本读 dào,义为捶击,引申为搅扰。变体作"搗"。俗字作"捣",音符改为鸟。《规范字表》参照简化偏旁"鸟(鳥)",把"搗"类推简作"捣"。又以"擣""搗"为异体字。

【提示】"搊"又读 chóu，义为丛集、稠密，与"搊""捣"不是等义异体字。

de

德[悳]{惪} dé

"德"是形声字。甲骨文作㥁，从彳，直声。金文作㥁，小篆作德，加意符心。本义为升、登。假借为道德、品行，由此引申为节操。依照好的道德、品行做事而施于人就是恩德、恩惠，故又引申为恩惠。"悳"又作"惪"，是表意字。金文作㥁，小篆作惪，从心从直，直指直视、仔细看，表示修养而有得于心，与"德"同。《规范字表》以"悳"为异体字。

deng

灯（燈） dēng

"燈"是形声字，从火，登声，本义为油灯，照明的器具，引申为做其他用途的发光发热的装置、灯彩等。元代俗字（见元抄本《京本通俗小说》）和《国音常用字汇》《手头字》《简体字表》《规范字表》简作"灯"，音符改为丁。

【提示】"灯"又读 dīng，义为火，与"燈"不是等义简繁字。

邓（鄧） dèng

"鄧"是形声字，从邑，登声，本义为古国名，引申为姓。《规范字表》采用俗字简作"邓"，用又作符号代替音符登。

凳[櫈] dèng

"凳"是形声字，从几，登声，本义为供人上下床时脚踏的低矮的家具，引申为较高的有腿而没有靠背的坐具。又作"櫈"，是形声字，从木，凳声。《规范字表》以"櫈"为异体字。

di

氐{氐} dī

【提示】字的下部，规范字形是点，旧字形和台湾字形是短横。用于合体字部件同此，如"低、邸、底"。

堤[隄] dī

"隄"是形声字，从阜，是声，读 dī，义为挡水的建筑物。"堤"是形声字，从土，是声，本读 dǐ，义为阻滞；又读 dī，义为挡水的建筑物。《规范字表》以"隄"为异体字。

【提示】"堤"与"隄"不是等义异体字。

籴（糴） dí

"糴"是表意字，从入从糶（dí），糶为谷物名，本义表示买入粮米。唐代俗字（见《干禄字书》）、《规范字表》简作"籴"，新造表意字，从入从米。

敌（敵） dí

"敵"是形声字，从攵或攴，商（dí）声，本义为力量相当、相等，引申为对抗、抵挡、仇敌等。《规范字表》采用俗字简作"敌",以舌作符号代替音符商。

【提示】"敌"又读 huá,义为尽,与"敵"不是等义简繁字。

抵[牴觝] dǐ

"抵"是形声字,从手,氐声,本义为排挤,引申为触碰、支撑、抗拒、承当、抵消、到达等。"牴"是形声字,从牛,氐声,本义为用角顶撞、碰撞。又作"觝",意符改为角。《规范字表》以"牴""觝"为异体字。

【提示】"抵"与"牴""觝"不是等义异体字。

【构词】抵达(抵達)|抵抗(抵抗)|抵命(抵命)|抵押(抵押)|抵御(抵禦)|抵债(抵債)|抵制(抵制)|抵罪(抵罪)|大抵(大抵)

抵触(抵觸/牴觸)|抵牾(牴牾)

底 dǐ

【提示】"归根结底"也作"归根结柢",《异形词表》推荐的写法是前者。

递[遞] dì

"遞"是形声字,从辶(辵),虒(sī)声,本义为交替,引申为传送、副词(表示依次)等。南北朝时期俗字(见《玉篇》)和《国音常用字汇》《规范字表》简作"递",音符改为弟。

【提示】"遞"又读 shì,义为往(与"逝"同),与"递"不是等义繁简字。

蒂[蔕] dì

"蔕"是形声字,从艸,帶声,本义为花或瓜果与茎相连的部分,引申为末尾。后作"蒂",音符改为帝。《规范字表》以"蔕"为异体字。

dian

癫(癲) diān

【提示】"疯癫"也作"疯颠",《异形词表》推荐的写法是前者。

点(點) diǎn

"點"是形声字,从黑,占声,本读 diǎn,义为小黑斑,引申为小的痕迹、一定的地点或部分、某个事物的方面或部分、节拍、刚接触到物体后立即离开、使液体一滴滴向下落、逐个核对、提醒、引燃、点缀、计时单位、规定的时间等;又读 diɑn,用于"打点",义为收拾、准备(礼物、行装等),也指送人钱财,请求照顾。明代俗字(见明刊本《薛仁贵跨海东征白袍记》)和《国音常用字汇》《手头字》《简体字表》《规范字表》简作"点",意符省略上部分,结构也有改变。

电(電) diàn

"電"是表意字,金文作🄳,楚帛书作🄳,《说文》古文作𩂣,小篆作🄳,从雨从申,申为闪耀曲折的电光,本义表示闪电,引申为电能、触电、电报等。《规范字表》简作"电",

省略意符。

淀（澱）diàn

"澱"是形声字，从水，殿声，本义为淤泥，引申为淤积、沉淀等。"淀"是形声字，从水，定声，本义为浅水湖泊，引申为沉淀。《规范字表》把"澱"简作"淀"，用笔画较少的同音通用字代替。

【提示】"淀"与"澱"不是等义简繁字。

【构词】茶淀（茶澱，地名，在天津）｜海淀（海淀，地名，在北京）｜水淀（水澱）｜白洋淀（白洋澱，地名，在河北）｜鱼儿淀（魚兒澱）

淀粉（澱粉）｜淀积层（澱積層）｜淀山湖（澱山湖，湖名，在上海市青浦区境内）｜沉淀（沈澱）｜积淀（積澱）

diao

凋 diāo

①草木零落：～零｜～落｜～谢。②衰落；衰败：～残｜～敝。

【提示】①"凋"在《异体字表》中是"雕"的异体字，《规范字表》改作规范字。见41页"雕"字条。②"凋敝"也作"雕敝""雕弊"，"凋零、凋落、凋谢"也作"雕零、雕落、雕谢"，《异形词表》推荐的写法是前者。

【构词】凋零（凋零）｜凋落（凋落）｜凋谢（凋謝）

雕[鵰琱彫]{凋} diāo

"雕"是形声字，从隹（zhuī），周声，本义为鸟名，假借为雕刻、修饰等。鸟名义又作"鵰"，意符改为鸟。"彫"是形声字，从彡，周声，本义为刻镂、雕刻，引申为彩饰，假借为草木凋零、衰败。"琱"是形声字，从玉，周声，本义为治玉，引申为刻镂，假借为彩饰等。"凋"是形声字，从冫（冰），周声，本义为草木零落，引申为衰落、衰败。《异体字表》以"鵰、琱、彫、凋"为异体字。《规范字表》把"凋"改作规范字。

【提示】①"雕、鵰、琱、彫"不是等义异体字。②"凋"作为规范字，用于凋零、凋落义。

【构词】雕刻（雕刻）｜雕像（雕像）｜雕琢（雕琢/琱琢）｜雕梁画柱（雕梁畫柱）｜射雕（射雕）

吊[弔] diào

"弔"是表意字，甲骨文作𠦪，金文作𠦪，小篆作弔，象人背着弓、矢、缴之形，表示送葬者持弓箭守护尸体，以免禽兽啄食。本义为守护死者。引申为悼念死者、追怀往事、悬挂。俗字作"吊"。《规范字表》以"弔"为异体字。

【提示】①"吊"与"弔"不是等义异体字。②吊/弔 在异体字整理前，表示悬挂义多用"吊"，表示慰问、体恤义多用"弔"。

【构词】吊车（吊車）｜吊环（吊環）｜吊篮（吊籃）｜吊起（吊起）｜吊桥（吊橋）｜吊桶（吊桶）｜吊胃

口（吊胃口）｜吊销（吊銷）｜吊装（吊裝）｜上吊（上吊）｜悬吊（懸吊）｜提心吊胆（提心吊膽）

吊古（弔古）｜吊丧（弔喪）｜吊唁（弔唁）｜吊民伐罪（弔民伐罪）｜吊死问生（弔死問生）｜凭吊（憑弔）｜形影相吊（形影相弔）

die

迭 dié

"迭"是形声字，从辶（辵），失声，本义为更迭、轮流替换，引申为副词，相当于"屡次""多次"。

【提示】迭/叠 "迭"多表示事物发展变化的时间频次，如"迭出、迭见、迭有发现、更迭、忙不迭"；"叠"多表示事物在空间中的重复，如"叠罗汉、重叠、折叠、层峦叠嶂"。

喋[啑] dié

"喋"是形声字，从口，枼(yè)声，本义为话多烦琐，引申为流血满地的样子，如"喋血"。又作"啑"，音符改为疌。《规范字表》以"啑"为异体字。

【提示】①"喋"与"啑"不是等义异体字，其后起义不尽相同。②"喋血"也作"蹀血"，《异形词表》推荐的写法是前者。

叠[疊疉疊]｛疊｝ dié

①重复堆积；重复：～床架屋｜～罗汉｜重见～出。②折叠（衣被、纸张等）：～衣服｜铺床～被｜把信～好装入信封。

"叠"是表意字，小篆作 ，从晶从宜，晶为星的本字，宜有多的意思，表示星星重累而繁多，故本义为累积，引申为重叠、折叠。变体作"疊"。又作"疉"，改晶为畾。变体作"疊"。俗字作"叠"，改畾为孨。《规范字表》以"疊、疉、疊"为异体字。

【提示】①"叠"在原《简化字总表》中简作"迭"，并加注："在迭和叠意义可能混淆时，叠仍用叠。"修订版《简化字总表》和《规范字表》改作规范字。②叠/迭 见42页"迭"字条。

【构词】叠加（疊加）｜重叠（重疊）｜折叠（折疊/摺疊）

蝶[蜨] dié

"蜨"是形声字，从虫，疌(jié)声，蝴蝶，一种昆虫。俗字作"蝶"，音符改为枼(yè)。《规范字表》以"蜨"为异体字。

【提示】"蜨"又义为一种海蟹，与"蝶"不是等义异体字。

ding

仃 dīng

【提示】"伶仃""孤苦伶仃"也作"零丁""孤苦零丁"，《异形词表》推荐的写法是前者。

叮 dīng

【提示】"叮咛"也作"丁宁"，《异形词表》推荐的写法是前者。

订(訂) dìng

【提示】"订单、订户、订婚、订货、订阅"也作"定单、定户、定婚、定货、定阅",《异形词表》推荐的写法是前者。

碇[矴椗] dìng

"矴"是形声字,从石,丁声,船停泊时固定船体的大石头。又作"碇",音符改为定。又作"椗",意符改为木。《规范字表》以"矴""椗"为异体字。

diu

丢{丟} diū

【提示】字形起笔,规范字形是撇,旧字形和台湾字形是横。

dong

东(東) dōng

"東"是象形字,甲骨文作 🥚,金文作 🥚 🥚,小篆作 東,象中间盛有实物并用绳子扎束两端的大口袋形,本义为大口袋,假借为方位东方。古代主人居处一般在东面,故引申为主人。西汉史游《急就章》作 东,字形与今简化字接近。《简体字表》《规范字表》简作"东",据草书楷化。

【提示】"东(東)"可作类推简化偏旁使用,如:冻(凍)、陈(陳)、崬(崠)。

冬(鼕) dōng

"冬"是表意字,甲骨文作 ᴀ,金文作 ᴀ,象丝绳两端束结或不束结之形,本义为终端(后作"终")。一年四季的最末一季是冬季,故引申为冬天。小篆作 冬,加意符仌(bīng),仌即冰,表示寒冷的冬天。假借为拟声词,敲鼓或敲门等的声音。"鼕"是形声字,从鼓,冬声,本义为敲鼓声。《规范字表》简作"冬",采用笔画较少的本字。

【提示】"冬"与"鼕"不是等义简繁字。

【构词】冬季(冬季)|冬眠(冬眠)|冬天(冬天)|寒冬(寒冬)|隆冬(隆冬)

鼓声冬冬响(鼓聲鼕鼕響)|传来一阵冬冬敲门声(傳來一陣鼕鼕敲門聲)

动(動)[働] dòng

"動"是形声字,从力,重声,本义为行动,引申为改变原来的位置或状态、动作、使用、触动等。"働"是形声字,从人,動声,用于"勞働",也作"勞動"。《规范字表》以"働"为异体字。《规范字表》采用俗字把"動"简作"动",以云作符号代替音符重。

【提示】①"動"与"働"不是等义异体字。②"动(動)"可作类推简化偏旁使用,如:恸(慟)。

峒[峝] dòng

"峒"是形声字,从山,同声,读 tóng,用于"崆峒",义为山深邃的样子、山名、水流响声等;又读 dòng,义为山峰参差不齐,引申为山洞、地名等。变体作"峝",由左右结构改为上下结构。《规范字表》以"峝"为异体字。

dou

兜[兠] dōu

"兜"是象形字,小篆作兜,象人戴着大头盔之形,本义为兜鍪,古代作战时戴的头盔,引申为口袋、做成兜形把东西拢住等。俗字作"兠"。《规范字表》以"兠"为异体字。

斗(鬥)[鬭鬦鬪] dòu

"斗"是象形字,甲骨文作𣂗,金文作𣂑,象斗勺之形,有长柄。小篆作𣂑,字形有变化。本读 dǒu,义为古代一种量器,引申为计量单位、星名等。"鬥"是表意字,甲骨文作𨥏𨥏,象二人面对面徒手相搏斗之形。小篆作𨥏,字形有变化。读 dòu,本义为争斗,引申为战斗、比赛争胜。又作"鬭",是形声字,从鬥,斗声;又作"鬦",音符改为斲(zhuó);俗字作"鬪"。《规范字表》把"鬥"简作"斗",用近音字代替。以"鬭、鬦、鬪"为异体字。

【提示】①"斗"与"鬭、鬦、鬪"不是等义异体字。"斗"与"鬥"不是等义简繁字。②"斗拱"也作"枓拱""枓栱",《异形词表》推荐的写法是前者。

【构词】斗柄(斗柄) | 斗胆(斗膽) | 斗量(斗量) | 斗室(斗室) | 漏斗(漏斗) | 升斗(升斗) | 星斗(星斗) | 烟斗(煙斗) | 熨斗(熨斗) | 北斗星(北斗星) | 一斗米(一斗米) | 斗转星移(斗轉星移) | 车载斗量(車載斗量) | 才高八斗(才高八斗)

斗法(鬥法) | 斗鸡(鬥雞) | 斗殴(鬥毆) | 斗眼(鬥眼) | 斗争(鬥爭) | 斗智(鬥智) | 斗嘴(鬥嘴) | 斗蛐蛐儿(鬥蛐蛐兒) | 搏斗(搏鬥) | 奋斗(奮鬥) | 拳斗(拳鬥) | 械斗(械鬥) | 战斗(戰鬥) | 争斗(爭鬥)

豆[荳] dòu

"豆"是象形字,甲骨文作豆,金文作豆,小篆作豆,象有高圈足的食器形,上象盖,中象腹,下象足和底座,本义为古代一种食器,假借为豆类作物的统称。俗字作"荳",是形声字,从艸,豆声。《规范字表》以"荳"异体字。

【提示】"豆"与"荳"不是等义异体字。

逗 dòu

【提示】"逗趣儿"也作"斗趣儿",《异形词表》推荐的写法是前者。

du

毒{毒} dú

"毒"是表意字,小篆作𠹳,从中从毒(ǎi),屮为草,毒指男子品行不端正,表示草能害人,本义为毒草。引申为有毒的物质(进入有机体后能破坏机体内组织和生理机能的物质)、对人的思想意识有害的事物、有毒的、用毒物杀死、猛烈、厉害。

【提示】字的下部,规范字形是母,旧字形和台湾字形是毋。

独(獨) dú

"獨"是形声字,从犬,蜀声,本义为独自、单一,引申为年老没有儿子的人、副词(相当于"只""独自")等。宋代俗字(见宋刊本《古列女传》)和《国音常用字汇》《手头字》《简体字表》《规范字表》简作"独",音符省略一部分。

睹[覩] dǔ

"覩"是形声字,从见,者声,义为看见。又作"睹",意符改为目。《规范字表》以"覩"为异体字。

妒[妬] dù

"妒"是形声字,从女,户声,本义为妇女嫉妒丈夫,引申为因没有对方强而忌恨。又作"妬",音符改为石。《规范字表》以"妬"为异体字。

duan

耑 duān

①姓。②用于人名。③同"端"。④"专(專)"的异体字,见274页"专"字条。

断(斷) duàn

"斷"是表意字,小篆作𣃔,从斤从𢇍(jué),斤为刀斧类工具,𢇍是绝的本字,为断丝,表示用刀斧截断。本义为截开、分开,引申为隔绝、中止、戒掉、裁决等。晋代俗字(见《晋祀后土残碑》)和《国音常用字汇》《手头字》《简体字表》《规范字表》简作"断",据草书楷化。

【提示】"断(斷)"可作类推简化偏旁使用,如:籪(籪)。

dui

队(隊) duì

初为表意字,甲骨文作𨸏𠂤,从阜,从头朝下的子或人,阜象陡立的山崖形,表示从高处往下坠落。金文作𨸏,小篆作𨺅,变成形声字,从阜,㒸(suì)声,隶定为"隊"。本义为从高处坠落,后作"墜(坠)"。假借为行列,由此引申为集体编制单位、量词(用于成行列的人或物)等。《规范字表》采用俗字简作"队",是新造表意字,字形与甲骨文接近。

【提示】"队(隊)"可作类推简化偏旁使用,如:坠(墜)。

对（對）duì

"對"是表意字，甲骨文作🔯，金文作🔯，从又，象手扶树苗培植之形。小篆作🔯，字形稍变。人植树时面对着树苗，故本义为朝向、面对，引申为两者相向、对待、回答、投合、调整使合标准、相合、掺和、正确等。元代俗字（见元抄本《京本通俗小说》）和《国音常用字汇》《手头字》《简体字表》《规范字表》简作"对"，用又作符号代替左边部件。

【提示】"对（對）"可作类推简化偏旁使用，如：怼（懟）。

兑｛兌｝duì

【提示】字的上部，规范字形是丷，旧字形和台湾字形是八。用于合体字部件同此，如"说、悦、阅"。

dun

吨（噸）dūn

"噸"是形声字，从口，頓声，义为重量单位。《规范字表》简作"吨"，音符改为屯。

【提示】"吨"又读 tún，用于"吨吨"，说话不清楚。与"噸"不是等义简繁字。

惇［憞］dūn

"惇"是形声字，小篆作🔯，从心，𦎫（chún）声，敦厚、诚实。变体作"憞"。《规范字表》以"憞"为异体字。

敦［𢼛］dūn

"敦"是形声字，金文作🔯，小篆作🔯，从攴，𦎫（chún）声，本读 dūn，义为投掷，假借为质朴、厚道、诚恳等；又读 duì，假借为古代一种青铜器，用来盛黍稷。变体作"𢼛"。《规范字表》以"𢼛"为异体字。

墩［墪］dūn

"墩"是形声字，从土，敦声，本义为土堆、沙堆，引申为木或石的墩状的坐具等。变体作"墪"，由左右结构改为上下结构。《规范字表》以"墪"为异体字。

遁［遯］dùn

"遯"是形声字，从辶（辵），豚声，义为逃走。"遁"是形声字，从辶（辵），盾声，本义为迁移，引申为逃走、躲避、回避等。《规范字表》以"遯"为异体字。

【提示】"遁"与"遯"不是等义异体字。《周易·遯卦》用"遯"，不作"遁"。

duo

夺（奪）duó

"奪"是表意字，金文作🔯，从又、隹、衣，又即手，表示伸手把别人藏于衣怀中的鸟夺走，战国文字作🔯，小篆作🔯，字形稍变。本义为失去。引申为丧失、强取、争取得到、做决定等。明代俗字（见《兵科抄出》）、《规范字表》简作"夺",省略部件隹。

朵[朶] duǒ

"朵"是象形字,小篆作𣎻,从木,上象枝叶、花果等低垂之形(一说上象禾叶下垂形),本义为树木枝叶、花果下垂,引申为植物的花或花苞、量词(用于花)等。变体作"朶"。《规范字表》以"朶"为异体字。

垛[垛] duò

"垛"是形声字,从土,朵声,本读 duǒ,义为门堂东西两侧的房间,引申为垛子,墙头向上或墙面向外突出的部分;又读 duò,假借为把分散的东西整齐堆放、整齐地堆放成的东西等。变体作"垛"。《规范字表》以"垛"为异体字。

堕(墮) duò

"墮"是形声字,从土,隋声,本读 huī,义为崩毁;又读 duò,义为坠落,掉下来。汉代俗字(见《陈球后碑》)和《国音常用字汇》《规范字表》简作"堕",据草书楷化。

跺[跺] duò

"跺"是形声字,从足,朵声,本义为行走的样子,引申为顿足,提起脚来用力踏地。变体作"跺"。《规范字表》以"跺"为异体字。

E

e

娿[婀]{婐} ē

"娿"是形声字，从女，阿声，读 ē，用于"娿娜"，义为姿态柔软、美好。又作"婀"，由左右结构改为上下结构。"婐"是形声字，从女，果声，读 wǒ，本义为侍候。用于"婐妠(nuǒ)"，义为女子柔媚的样子，与"娿娜"音义接近。《规范字表》以"婀""婐"为异体字。因"婐"与"娿"音义均不同，《异体字表》未收这个字。

讹(訛)[譌] é

"譌"是形声字，从言，爲(為)声，本义为谣言，虚假的、没有事实根据的话。后作"訛"，音符改为化。引申为不真实、错误、敲诈等。《规范字表》把"訛"类推简作"讹"，以"譌"为异体字。

峨[峩] é

"峨"是形声字，从山，我声，本义为山势高峻，引申为高。又作"峩"，由左右结构改为上下结构。《规范字表》以"峩"为异体字。

鹅(鵝)[鵞鵞] é

"鵝"是形声字，从鳥，我声，鸟名。又作"鵝"，左右部件互换位置。又作"鵞"，由左右结构改为上下结构。《规范字表》把"鵝"类推简作"鹅"，以"鵝""鵞"为异体字。

额(額)[頟] é

"額"是形声字，从頁，各声，本义为额头，眉毛之上、头发之下的部位，引申为挂在门上的牌匾，假借为规定的数目。俗字作"額"，音符改为客。《规范字表》把"額"类推简作"额"，以"頟"为异体字。

厄[戹阨] è

"戹"的金文作𢀸，是象形字，象车轭形。小篆作𢀸，变成形声字，从户，乙声。本义为车轭，牛、马等牲畜拉车时驾在脖子上的木制器具。假借为险要之处、困苦、灾难等。"厄"是形声字，小篆作𠪚，从卩，厂(hǎn)声，本读 ě，用于"科厄"，义为树木的节；又读 è，假借为险要的地方，引申为灾难、困苦、受困等。"阨"是形声字，从阜，厄声，本义为险要的地方，与"厄"同。《规范字表》以"戹""阨"为异体字。

【提示】"厄、戹、阨"不是等义异体字。

扼[搤] è

"扼"是形声字，从手，厄声，本义为握住、抓住，引申为把守、控制。又作"搤",音符改为益。《规范字表》以"搤"为异体字。

【提示】"搤"又读 yì,义为拉,与"扼"不是等义异体字。

恶(惡噁) è

"惡"是形声字,从心,亞声,本读 è,义为罪过,引申为极坏的、不好、凶残等;又读 wù,引申为不喜欢、憎恨;又读 wū,假借为代词(表示疑问,相当于"哪里""怎么")、叹词(表示惊讶)等;又读 ě,用于"恶心",义为有想呕吐的感觉,引申为令人厌恶。噁,是形声字,从口,惡声,用于"噁心",与"惡心"同。《规范字表》把"惡"类推简作"恶";把"噁"简作"恶",用笔画较少的同音字代替。又把"噁"类推简作"嗯",作规范字,用于科技术语的译音词。

【提示】"噁"与"恶"与不是等义繁体字,另见 49 页"嗯"字条。

【构词】恶毒(惡毒)｜恶感(惡感)｜恶化(惡化)｜恶劣(惡劣)｜恶魔(惡魔)｜恶习(惡習)｜好恶(好惡)｜凶恶(兇惡)｜厌恶(厭惡)｜无恶不作(無惡不作)｜深恶痛绝(深惡痛絕)｜罪大恶极(罪大惡極)

恶心(惡心／噁心)

萼[蕚] è

"萼"是形声字,从艸,咢声,本义为花萼,花的组成部分,包在花瓣下面的绿色薄片。俗字作"蕚"。《规范字表》以"蕚"为异体字。

嗯(噁) è

[二嗯英]一类含氯有机化合物,能致畸致癌。

【提示】"噁"又作"恶"的繁体字。见 49 页"恶"字条。

腭[齶] è

"齶"是形声字,从齿,咢声,本义为口腔的上腭,是隔开口腔和鼻腔的组织,分为硬腭和软腭两部分。后作"腭",意符改为月(肉)。《规范字表》以"齶"为异体字。

鳄(鰐)[鱷] è

"鰐"是形声字,从魚,咢声,义为一种爬行动物。又作"鱷",音符改为噩。《规范字表》把"鰐"类推简作"鳄",以"鱷"为异体字。

【构词】鳄鱼(鱷魚)｜扬子鳄(揚子鱷)

en

恩[㤙] ēn

"恩"是形声字,从心,因声,本义为恩惠,引申为宠爱。变体作"㤙"。《规范字表》以"㤙"为异体字。

er

儿(兒) ér

"兒"是象形字,甲骨文作𝕏,金文作𝕏,小篆作𝕏,象小儿头顶骨未完全闭合之形，本读 ér，义为小儿（小孩子），引申为青年男子、儿子等；又读 ní，义为古国名，在今山东。《规范字表》简作"儿"，省略上边的部件。

【提示】①"儿"与"兒"不是等义简繁字。另有"儿"，是象形字，《说文》古文作儿，象人形，读 rén，与"人"同，现在一般用于部首。②"兒"读 ní 时不简作"儿"，见149页"兒"字条。

尔（爾）[尒] ěr

"爾"是象形字，甲骨文作爾，金文作爾，小篆作爾，象络子形，下为络丝架，上为系丝处。本义为古代的络丝工具（后作"檷"），假借为代词（相当于"你、如此、那"等）、语气助词等。"尒"是"爾"的省体。战国时期俗字（见《中山王鼎》）和《国音常用字汇》《手头字》《简体字表》《规范字表》把"爾"简作"尔"，是"尒"的变体。《规范字表》以"尒"为异体字。

【提示】"尔（爾）"可作类推简化偏旁使用，如：迩（邇）、弥（彌）、玺（璽）。

二 èr

【提示】"二心"也作"贰心"，《异形词表》推荐的写法是前者。

F

fa

发（發髮）fā

"發"是形声字，从弓，癹（bō）声，本读 fā，义为把箭射出去，引申为发射、扩展、散开、揭开、显现、流露、公布、送出、产生、引起等；又读 fà，与"髮"同。"髮"是形声字，从髟，犮（bá）声，读 fà，义为头发。汉代《居延汉简》、唐代敦煌变文写本等已有与今简化字接近的字形。《简体字表》《规范字表》把"發"简作"发"，据草书楷化。《规范字表》又把"髮"简作"发"，用笔画较少的近音字代替。

【提示】①"发（發）"与"髮"不是等义简繁字。②"发（發）"可作类推简化偏旁使用，如：拨（撥）、泼（潑）、废（廢）。③"发酵"也作"酦酵"，《异形词表》推荐的写法是前者。

【构词】发表（發表）｜发潮（發潮）｜发动（發動）｜发给（發給）｜发黄（發黃）｜发货（發貨）｜发家（發家）｜发酵（發酵）｜发麻（發麻）｜发怒（發怒）｜发炮（發炮）｜发起（發起）｜发生（發生）｜发散（發散）｜发射（發射）｜发现（發現）｜发笑（發笑）｜发言（發言）｜发扬（發揚）｜发痒（發癢）｜发育（發育）｜发展（發展）｜发人深省（發人深省）｜出发（出發）｜分发（分發）｜奋发（奮發）｜挥发（揮發）｜揭发（揭發）｜开发（開發）｜签发（簽發）｜收发（收發）｜暴发户（暴發戶）｜面发了（麵發了）｜一发子弹（一發子彈）｜李金发（李金發，现代诗人、雕塑家）

发菜（髮菜，藻类植物）｜发型（髮型）｜毫发（毫髮）｜护发（護髮）｜结发（結髮）｜理发（理髮）｜毛发（毛髮）｜头发（頭髮）｜脱发（脫髮）｜程十发（程十髮，现代画家）｜千钧一发（千鈞一髮）

罚（罰）[罸]fá

"罰"是表意字，金文作![]，小篆作![]，从刀从詈（lì），詈为骂，持刀骂人较杀人者罪轻，本义表示小的犯法（即轻微的罪行），引申为罪行、惩治等。变体作"罸"。《规范字表》把"罰"类推简作"罚"，以"罸"为异体字。

筏[栰]fá

"筏"是形声字，从竹，伐声，本义为用竹、木编扎的渡水工具，引申为用牛羊皮、橡胶等制成的水上交通工具。又作"栰"，意符改为木。《规范字表》以"栰"为异体字。

法[灋佱]fǎ

"灋"是表意字，金文作![]，小篆作![]，从水、廌（zhì）、去，水指平之如水，廌为传说中能判断案情的神兽，决诉讼公平如水，对违法者以角逐去之，故本义表示法律。后作"法"，把部件廌省略。引申为标准、做法、仿效等。小篆异体作㳒，隶定为"法"或"泫"，把部件廌省略。《规范字表》以"灋""泫"为异体字。

【提示】"法"的后起义较多，与"灋"不是等义异体字。

珐[琺]fà

"琺"是形声字，从玉，法声，用于"珐琅"，义为釉质材料，用来涂制景泰蓝、证章等。俗字作"珐"，省略音符的一部分。《规范字表》以"琺"为异体字。

fan

帆[帆飐]fān

"帆"是形声字，从巾，凡声，本义为船桅杆上的布篷，引申为帆船。又作"帆"。"飐"是形声字，从马，风声，本义为马奔驰，假借为船帆。《规范字表》以"帆""飐"为异体字。

【提示】"帆""帆"与"飐"不是等义异体字。

翻[飜繙]fān

"翻"是形声字，从羽，番声，本义为鸟飞。引申为翻卷、翻腾、反转、上下或内外换位置、为寻找而移动物体的位置、改变、越过、成倍增加、翻译等。"飜"是形声字，从飞，番声，本义为鸟飞，与"翻"同。"繙"是形声字，从糸，番声，本义为反覆，引申为翻动，假借为翻译，与"翻"同。《规范字表》以"飜""繙"为异体字。

【提示】"翻、飜、繙"不是等义异体字。

凡[凢]fán

"凡"是象形字，甲骨文作凡，金文作凡，象高圈足的盘形，上象盘，下象圈足。小篆作凡，字形有变化。本义为盛水的木盘，是"槃"或"盤（盘）"的本字。假借为平常的，由此引申为尘世的、人世间等。又假借为副词，表示概括。俗字作"凢"。《规范字表》以"凢"为异体字。

氾 fán

①古地名，在今河南。②姓。③用于人名。④"泛"的异体字，见53页"泛"字条。

矾（礬）fán

"礬"是形声字，从石，樊声，义为某些金属硫酸盐的含水结晶。《规范字表》采用俗字简作"矾"，音符改为凡。

繁[緐]{緐}fán

"緐"是形声字，金文作緐，小篆作緐，从糸，每声，本读fán，义为马鬃上的饰物，引申为多、复杂、兴盛、生育等；又读pó，假借为姓。异体作"緐"，意符改为系。俗字作"繁"。《规范字表》以"緐"为异体字。

【提示】①"繁"的后起义较多，与"緐"不是等义异体字。②"繁衍"

也作"蕃衍",《异形词表》推荐的写法是前者。

反{反} fǎn

"反"又作"反",是形声字。甲骨文作𠬠,金文作𠬡,小篆作𠬢,从又,厂(hǎn)声,本义为翻转。引申为颠倒的、回还、背叛、反对、过去的错误。

【提示】字的起笔,规范字形是撇,旧字形和台湾字形是横。用于合体字部件同此,如"板""返"。

泛[汎氾] fàn

"泛"是形声字,从水,乏声,本义为漂浮,引申为乘船在水面上前进、浮现、广泛、肤浅、大水泛滥等。"汎"是形声字,从水,凡声,本义为浮游不定的样子,引申为浮行、广泛等。"氾"是形声字,从水,㔾(xiān)声,本义为大水泛滥,引申为广泛、浮行、浮游不定等。《规范字表》以"汎""氾"为异体字。又规定"氾"读 fán 时用于姓氏人名,是规范字。

【提示】"泛、汎、氾"不是等义异体字,其后起义不尽相同。"氾"另见 52 页"氾"字条。

【构词】泛称(泛稱)|泛指(泛指)|广泛(廣泛)|空泛(空泛)|泛泛之交(泛泛之交)

氾拜(氾拜)|氾论(氾論,《淮南子》篇名)|泛滥(泛濫/氾濫)

范(範) fàn

"範"是形声字,从車,笵省声,本义为出行前祭路神的仪式,以求一路平安。假借为模型,由此引申为典范、法则、榜样、界限等。"范"是形声字,从艸,氾声,本义为一种草,假借为模型、法则。《规范字表》把"範"简作"范",用笔画较少的同音通用字代替。

【提示】①"范"与"範"不是等义简繁字。②在汉字简化前,"范""範"分别用于不同的姓,现已混淆。

【构词】范县(范縣,地名)|范阳(范陽,地名)|范雎(范雎,战国时人)|范成大(范成大,宋代人)|范仲淹(范仲淹,宋代人)

范本(範本)|范畴(範疇)|范例(範例)|范围(範圍)|范文(範文)|范依(範依,汉代人)|范昱(範昱,宋代人)|典范(典範)|防范(防範)|风范(風範)|规范(規範)|就范(就範)|模范(模範)|钱范(錢範)|师范(師範)|铁范(鐵範)

fang

仿[倣髣] fǎng

"仿"是形声字,从人,方声,本义为效法,照样做,引申为模仿、相似、类似、依照字帖写的字等。"倣"是形声字,从人,放声,义为效法,与"仿"同。"仿佛"义为像、类似,又作"髣髴"。"髣"是形声字,从髟(biāo),方声。"仿佛"又作"彷彿",《异体字表》以"倣、髣、彷"为异体字。"彷"是形声字,从彳,方声,通常读 páng,用于"彷徨",义为走来走去、犹豫不定,与"仿""倣"音义不全同,《规范字表》不再把"彷"作为异体字。

【构词】仿效(倣效)｜仿制(仿製)｜模仿(模倣)｜相仿(相倣)｜仿佛(仿佛/髣髴)

fei

飞(飛) fēi

"飛"是象形字,战国文字作𩙿,小篆作飛,象鸟张开两只翅膀飞翔之形,本义为鸟或昆虫振动翅膀在空中活动,引申为利用动力机械在空中移动、在空中漂浮、挥发、非常高、非常快的等。唐代俗字(见《杜君妻崔素墓志》)作"𞤼",省略左下边的部件;《规范字表》进一步简作"飞"。

非{非} fēi

【提示】字的中间,规范字形是两竖,旧字形和台湾字形是一撇一竖。用于合体字部件同此,如"排、蜚、扉、匪"。

废(廢)[癈] fèi

"廢"是形声字,从广(yǎn),發声,本义为房屋坍塌,引申为荒芜、衰败、不再使用或停止、无用的或失效的、久治不愈的残疾等。"癈"是形声字,从疒(nè),發声,本义为久治不愈的残疾,引申为废弃。《规范字表》把"廢"类推简作"废",以"癈"为异体字。

【提示】"廢"与"癈"不是等义异体字。

痱[疿] fèi

"痱"是形声字,从疒(nè),非声,本读 féi,义为中风病;又读 fèi,义为痱子,皮肤上起的红色或白色小疹。"疿"是形声字,从疒,弗声,义为痱子,与"痱"同。《规范字表》以"疿"为异体字。

fen

分 fēn

【提示】"辈分、本分、成分、过分、分量、分内、分外、分子"也作"辈份、本份、成份、过份、份量、份内、份外、份子",《异形词表》推荐的写法是前者。

吩 fēn

【提示】"吩咐"也作"分付",《异形词表》推荐的写法是前者。

氛[雰] fēn

"氛"是形声字,从气,分声,本义为预示吉凶的云气,引申为气象、情势、周围的情景等。又作"雰",意符改为雨。《规范字表》以"雰"为异体字。

【提示】"氛"与"雰"不是等义异体字。古书中习惯用法稍有区别:"雰"侧重指具体的天气状况,如"雨雪雰雰"(雪下得很大的样子);"氛"侧重指周围的情景,如"氛围"。

坟(墳) fén

"墳"是形声字,从土,賁声,本义为土堆,引申为坟墓。清代俗字(见太平天国文书)和《简体字表》《规范字表》简作"坟",音符改为文。

份 fèn

【提示】"股份"也作"股分",《异形词表》推荐的写法是前者。

奋(奮) fèn

"奮"是表意字,金文作圖,从隹、衣、田,表示隹(鸟)从衣服下边逃脱并飞往田野。《詛楚文》作圖,小篆作圖,把衣讹为大。本义为鸟用力振翅飞翔,引申为用力去做某事、振作、举起、扬起等。清代俗字(见清刊本《岭南逸史》)和《规范字表》简作"奋",省略部件隹。

【提示】奋/愤 两字都与"发"搭配,意思不同。"奋"指用力、振作、鼓劲,"发奋"指精神振作起来,情绪高涨地去做某事,如"发奋读书";"愤"指因郁积或不满而情绪激动,"发愤"指抒发胸中的愤懑,如"发愤以抒情"。

粪(糞) fèn

"糞"是表意字,甲骨文作圖,古玺文作圖,小篆作圖,象双手持簸箕弃除秽物和废物之形,本义为弃除污垢、尘土等,引申为屎。汉代俗字(见《敦煌汉简》)和《规范字表》简作"粪",省略中间的田。

愤(憤) fèn

【提示】①"愤愤""激愤"也作"忿忿""激忿",《异形词表》推荐的写法是前者。②愤/奋 见55页"奋"字条。

feng

丰{丯}(豐) fēng

"丰"又作"丯",是表意字,甲骨文作圖,金文作圖,象封土成堆,植树其上以为界限之形。侯马盟书作圖,省去土。小篆作丯,字形稍变。本义为疆域,是"封"的本字。(一说象植物长势茂盛之形,本义为丰茂。)假借为草木茂盛、容貌或体态丰满、美好动人的容貌和姿态等。"豐"是形声字,甲骨文作圖,从壴(gǔ),亡声。金文作圖,小篆作豐,字形稍变。本义为钟鼓之音宏大。(一说是表意字,象盛玉串等于豆中之形,表示用丰厚的礼品奉祀神灵和祖先,本义为丰盛、多而满。)引申为大、丰富、富饶、丰满。假借为姓。明代俗字(见《清平山堂话本》)和《手头字》《简体字表》《规范字表》把"豐"简作"丰",用笔画较少的同音字代替。

【提示】①"丰"字的起笔,规范字形是横,旧字形和台湾字形是撇。②"丰"与"豐"不是等义简繁字,在汉字简化前用法有别:前者一般用来形容容貌丰满、神态和仪容美好,后者可形容各种事物,侧重于表示事物的丰富、繁多。③"丰(豐)"可作类推简化偏旁使用,如:沣(澧)、艳（艷）、滟（灧）。

【构词】丰采(丰采)｜丰容(丰容)｜丰仪(丰儀)｜丰韵(丰韻)｜丰姿(丰姿)｜张三丰(張三丰，人名)

丰碑(豐碑)｜丰产(豐産)｜丰富(豐富)｜丰厚(豐厚)｜丰满(豐滿)｜丰盛(豐盛)｜丰收(豐收)｜丰硕(豐碩)｜丰功伟绩(豐功偉績)｜丰衣足食(豐衣足食)｜五谷丰登(五穀豐登)

风（風）fēng

"風"是形声字，楚帛书作𠘨，小篆作𩙿，从虫，凡声，古人认为风动而虫生，故以虫为意符。本义为空气流动现象，引申为借助风力吹干吹净、风俗、景色、人的举止或态度、消息、传说的、民歌、防风的等。元代俗字（见元抄本《京本通俗小说》）作"凨"，用云作符号代替中间的部件；《规范字表》采用俗字简作"风"，进一步把云改为乂。

【提示】①"风（風）"可作类推简化偏旁使用，如：枫（楓）、飘（飄）、疯（瘋）。②"风瘫"也作"疯瘫"，《异形词表》推荐的写法是前者。

峰[峯]fēng

"峯"是形声字，从山，夆声，本义为山顶，引申为形状突起像山峰的事物。又作"峰"，由上下结构改为左右结构，《规范字表》以"峯"为异体字。

蜂[䘃蠭]fēng

"蠭"是形声字，从蚰（kūn），逢声，本义为一种昆虫，常群居在一起，引申为成群地。省体作"䘃"。"蜂"是形声字，从虫，夆声，与"蠭"同。《规范字表》以"蠭""䘃"为异体字。

凤（鳳）fèng

甲骨文作𩾏，是象形字，象高冠、花翎、长尾的凤鸟形。甲骨文异体作𩾏，金文作𩾏，小篆作𩾏，加音符凡变成形声字。本义为古代传说中的神鸟，即凤凰。一说雄的叫凤，雌的叫凰。假借为"風（风）"。清代俗字（见清刊本《目连记弹词》）和《国音常用字汇》《手头字》《简体字表》《规范字表》简作"凤"，据草书楷化。

fo

佛[彿髴]fó

"佛"是形声字，从人，弗声，本读fó，义为译音用字，用于佛教创始人释迦牟尼、佛教、佛像、佛号或佛经等；又读fú，用于"仿佛"，义为像、类似。"仿佛"又作"彷彿""髣髴"。佛，意符改为亻。髴，意符改为彡。《规范字表》以"彿""髴"为异体字。

【提示】"佛、彿、髴"不是等义异体字。

【构词】佛教(佛教)｜佛门(佛門)｜拜佛(拜佛)｜如来佛(如來佛)｜仿佛（仿佛／彷彿／髣髴）

fu

肤（膚）fū

"膚"是形声字，从月（肉），虍（lú）声，本义为皮肤，引申为表面的、浅薄。南北朝时期俗字（见《玉篇》），《规范字表》简作"肤"，音符改为夫。

麸（麩）[䴸𪍰]fū

"麩"是形声字，从麥，夫声，读fū，义为小麦磨成面筛剩下的外皮和碎屑。俗字作"䴸"，音符改为孚。"𪍰"是形声字，从米，孚声，本读fú，义为古代一种食品名；又读fū，与"麩"同。《规范字表》把"麩"类推简作"麸"，以"䴸""𪍰"为异体字。

【提示】①"麩""𪍰"与"䴸"不是等义异体字。②麸，规范字形是左右结构，旧字形和台湾字形是半包围结构。

凫（鳧）{鳬}fú

"鳧"是形声字，甲骨文作𩿨，金文作𩿨，小篆作𩿨，从鳥（或隹），几（shū）声。后把意符鸟的四点省略，作"鳬"。本义为野鸭，引申为在水里游。《规范字表》参照"鸟（鳥）"类推简作"凫"。

服 fú

【提示】"服侍、服输、服罪、收服、压服"也作"伏侍、伏输、伏罪、收伏、压伏"，《异形词表》推荐的写法是前者。

俯[頫俛]{頫}fǔ

"頫"是表意字，从頁从逃省，逃有服输、服低义，本义为低头。又作"俛"，是表意字，从人从免。后作"俯"，是形声字，从人，府声。引申为向下。《异体字表》以"頫""俛"为"俯"的异体字。《规范字表》又把"頫"类推简作"𫖯"，作规范字，用于人名。

【提示】"俯"的后起义较多，与"俛""頫"不是等义异体字。"頫"另见57页"𫖯"字条。

𫖯（頫）fǔ

①用于人名：赵孟~（元代书画家）。②"頫"又作"俯"的异体字，见57页"俯"字条。

妇（婦）[媍]fù

"婦"是表意字，从女从帚，女子持帚洒扫，操持家务，本义表示已婚的妇女，引申为妻子、女性的通称等。"媍"是形声字，从女，负声，与"婦"同。清代俗字（见清刊本《目连记弹词》），《规范字表》把"婦"简作"妇"，省略右侧下边的部件。《规范字表》以"媍"为异体字。

附[坿]fù

"附"是形声字，从阜，付声，本义为小土山。假借为依傍，由此引申为附带、从属、接近、增益等。"坿"

是形声字，从土，付声，本义为增益、添补，引申为依附、附属。《规范字表》以"坿"为异体字。

【提示】①"附"与"坿"不是等义异体字。②"附会"也作"傅会"，《异形词表》推荐的写法是前者。

咐 fù

【提示】"吩咐"也作"分付"，《异形词表》推荐的写法是前者。

复（復複）{覆} fù

"复"是表意字，甲骨文作 ，从止，象人脚趾由穴居两侧通道出入之形，本义为往返出入。小篆作 ，字形稍有变化。"復"是形声字，从彳，复声，本义为返回来、回去，引申为恢复、报复、回答、重复、繁复等。"複"是形声字，从衣，复声，本义为有衬里的衣服，引申为两重或多重的、非单一的、繁复、重复等。《手头字》《规范字表》把"復"简作"复"，采用古字。《规范字表》又把"複"简作"复"，用笔画较少的同音字代替。《简化字总表》原将"覆"简作"复"，并加注："答覆、反覆的覆简化作复，覆盖、颠覆仍用覆。"《规范字表》改作规范字。

【提示】①"复"与"復""複"不是等义简繁字。②"复信""答复"也作"覆信""答覆"，《异形词表》推荐的写法是前者。

【构词】复辟（復辟）｜复查（復查）｜复仇（復仇）｜复发（復發）｜复工（復工）｜复古（復古）｜复婚（復婚）｜复活（復活）｜复还（復還）｜复

社（復社，社会团体名）｜复苏（復甦）｜复位（復位）｜复信（復信/覆信）｜复兴（復興）｜复议（復議）｜复原（復原）｜报复（報復）｜答复（答復/答覆）｜反复（反復）｜光复（光復）｜恢复（恢復）｜敬复（敬復）｜康复（康復）｜批复（批復）｜平复（平復）｜收复（收復）｜往复（往復）｜修复（修復）｜反复无常（反復無常）｜死灰复燃（死灰復燃）｜无以复加（無以復加）｜循环往复（循環往復）｜严复（嚴復，人名）｜经济复苏（經濟復甦）｜一去不复返（一去不復返）

复摆（複擺）｜复本（複本）｜复方（複方）｜复合（複合）｜复句（複句）｜复利（複利）｜复赛（複賽）｜复式（複式）｜复数（複數）｜复沓（複沓）｜复习（複習/復習）｜复写（複寫）｜复姓（複姓）｜复眼（複眼）｜复叶（複葉）｜复印（複印）｜复杂（複雜）｜复制（複製）｜复辅音（複輔音）｜重复（重複）｜繁复（繁複）｜山重水复（山重水複）

覆 fù

①翻转；倒过来：～舟｜天翻地～｜反～无常。②遮盖；盖住：～盖｜天～地载。

《简化字总表》原将"覆"简作"复"，并加注："答覆、反覆的覆简化作复，覆盖、颠覆仍用覆。"后改作规范字。见58页"复"字条。

【提示】①"覆辙"也作"复辙"，《异形词表》推荐的写法是前者。②覆/复 "覆"表示翻转过来、遮盖等义，如"覆辙、覆亡、覆灭、倾覆、颠覆、覆盖、覆车之鉴、覆水难收、天翻地覆、覆巢之下无完卵"等；"复"表示返回来、回答、还原等义，如"往复、反复、答复、复信、复学、官复原职"等。

《毛公鼎》局部

G

ga

嘎[嘎] gā

"嘎"是形声字,从口,戛(jiá)声,本读 gā,拟声词,短促而响亮的声音;又读 gǎ,假借为脾气坏。由此引申为东西质量不好、(孩子)调皮等。变体作"嗄"。《规范字表》以"嗄"为异体字。

gai

丐[匃匄] gài

"匃"为表意字,甲骨文作 ,金文作 ,小篆作 ,从亡从人,表示人有缺无,必求于他人,本义为乞求,引申为乞丐。又作"匄"。俗字作"丐"。《规范字表》以"匃""匄"为异体字。

盖(蓋) gài

"蓋"是形声字,从艸,盍声,本读 gài,义为盖房子用的毛苫类覆盖物,引申为建造(房屋)、由上而下地蒙上、掩饰、打上(印记)、器物上部起遮蔽作用的东西、物体背部的甲壳、古代马车上像伞一样的遮蔽物等,假借为姓;又读 gě,假借为姓。汉代俗字(见《北海相景君铭》)和《国音常用字汇》《手头字》《简体字表》《规范字表》简作"盖",据草书楷化。

【提示】用于姓时有两个读音,应按习惯读。

概[槩] gài

"槩"是形声字,从木,既声,本义为量谷物时刮平斗斛的器具。假借为气度,由此引申为大略、副词(相当于"一律")等。又作"概",由上下结构改为左右结构。《规范字表》以"槩"为异体字。

gan

干(乾幹)[乹乾榦] ㊀ gān ㊁ gàn

"干"是象形字,甲骨文作 ,金文作 ,象有羽毛装饰的盾牌形,后来字形有简省。(一说象有丫杈的木棒形,有的在丫杈的两端或中间绑上石头。)小篆作 ,字形稍变。本读 gān,义为上古先民的原始猎具,也用作武器。引申为盾牌(古代用来挡刀箭护卫身体的兵器)、触犯、干涉、牵连。假借为河岸、天干(甲、乙、丙、丁、戊、己、庚、辛、壬、癸的总称,古代用作表示次序的符号)。"乾"是形声字,《说文》籀文作 ,小篆作 ,从乙,倝(gàn)声。本读 gān,义为干燥,没有水分或水分很少。由此引申为枯竭、不使用水的、干制的食品。又读 qián,义为卦名,代表天。由此引申为男性，假借为地名、年号等。用于"乾乾"，义为自强不息。读 gān 的"乾"俗字作"乹"或"乾"，音符字形稍变。"榦"是形声字，金文作𢀉，战国文字作𣜩，小篆作𣜩，从木，倝（gàn）声。本读 gàn，义为筑土墙时用的立柱。引申为树干。俗字作"幹"，意符改为干，变成两个声符而无意符的特殊字形。引申为事物的主体或重要部分、干部、做（事情）、担任、能干的、有能力的。东汉刘熙《释名·释饮食》以"干饭"代替"乾飯"，汉代碑刻有以"干"代替"幹"的例子。《规范字表》把"乾（gān）"和"幹"合并简作"干"，用笔画较少的同音或近音字代替。又规定"乾"用于"乾坤""乾隆"时读 qián，是规范字，不简化。又以"乹""乾"为"干（乾）"的异体字，以"榦"为"干（幹）"的异体字。

【提示】①"干、乹、乾、榦"不是等义异体字，"干、乾、幹"不是等义简繁字。②"乾"用于人名（如现代作家萧乾）、某些地名及"乾乾"等，不简化。另见 164 页"乾"字条。③"幹"和"榦"又读 hán，用于"井幹（井榦）"，义为井上的栏圈，不简化。

【构词】干碍（干礙）｜干宝(干寶，晋代人）｜干犯（干犯）｜干戈（干戈）｜干将（干將，春秋时人）｜干连(干連)｜干禄（干禄）｜干扰（干擾）｜干涉（干涉）｜干系（干係）｜干预（干預）｜干云（干雲）｜干政（干政）｜干支（干支）｜江干（江干）｜若干（若干）｜天干（天干）｜相干（相干）｜不相干（不相干）｜长干里（長干里，古地名，在今南京）｜有干禁例（有干禁例）

干杯（乾杯）｜干柴（乾柴）｜干脆（乾脆）｜干枯（乾枯）｜干果（乾果）｜干旱（乾旱）｜干号（乾號）｜干净（乾淨）｜干粮（乾糧）｜干妈（乾媽）｜干亲（乾親）｜干洗（乾洗）｜干笑（乾笑）｜干燥（乾燥）｜干瞪眼（乾瞪眼）｜干着急（乾著急）｜干打雷不下雨（乾打雷不下雨）｜包干（包乾）｜饼干（餅乾）｜吹干（吹乾）｜桑干河（桑乾河，水名，在河北和山西）｜口干舌燥（口乾舌燥）｜葡萄干儿（葡萄乾兒）｜外强中干（外強中乾）

干部(幹部)｜干才(幹才／幹材)｜干道（幹道）｜干活（幹活）｜干劲(幹勁)｜干栏(幹欄)｜干练(幹練)｜干事（幹事）｜干线（幹線）｜干员（幹員）｜干活儿（幹活兒）｜干细胞（幹細胞）｜骨干（骨幹）｜精干(精幹)｜井干(井幹)｜蛮干(蠻幹)｜能干（能幹）｜躯干（軀幹）｜实干（實幹）｜树干（樹幹／樹榦）｜桢干（楨幹／楨榦）｜枝干（枝幹／枝榦）｜主干（主幹／主榦）｜精明强干（精明強幹）｜埋头苦干（埋頭苦幹）｜他干过队长（他幹過隊長）

杆[桿] gǎn

"杆"是形声字，从木，干声，本读 gàn，义为一种落叶灌木或小乔木；又读 gān，引申为杆子，细长的木棍；又读 gǎn，引申为器物上形状像杆子的细长部分、量词（用于有杆的物体）。用于细长木棍义等，又作

"桿",音符改为旱。《规范字表》以"桿"为异体字。

【提示】"杆"与"桿"不是等义异体字。

【构词】杆子（杆子）｜电线杆（電線杆）｜标杆（標杆）｜吊杆（吊杆）｜栏杆（欄杆）｜木杆（木杆）｜旗杆（旗杆）｜桅杆（桅杆）｜光杆司令（光杆司令）

笔杆（筆桿）｜秤杆（秤桿）｜杠杆（槓桿）｜枪杆（槍桿）｜杆菌（桿菌）｜杆锥（桿錐）｜两杆枪（兩桿槍）｜一杆秤（一桿秤）

秆[稈] gǎn

"稈"是形声字，从禾，旱声，义为禾类作物的茎。又作"秆"，音符改为干。《规范字表》以"稈"为异体字。

赶（趕）gǎn

"赶"是形声字，从走，干声，本义为兽类翘着尾巴跑，引申为追赶、驾驭、驱逐、遇到（某种情况）等。后作"趕"，音符改为旱。元代俗字（见元抄本《京本通俗小说》）和《国音常用字汇》《手头字》《简体字表》《规范字表》简作"赶"，采用笔画较少的本字。

敢{敢} gǎn

【提示】字的左下部是耳；左上部，规范字形是一折笔，旧字形和台湾字形是一横、一竖。用于合体字部件同此，如"橄""憨"。

赣（贛）[贑灨] gàn

"贛"是形声字，小篆从貝，竷（kǎn）省声，本读 gòng，义为赐给；又读 gàn，假借为水名，在江西。由此引申为江西的别称。俗字作"贑"。用于水名义，后作"灨"，是形声字，从水，贛声。《规范字表》把"贛"类推简作"赣"，以"贑""灨"为异体字。

【提示】"赣""贑"与"灨"不是等义异体字。

gang

冈（岡）gāng

"岡"是形声字，金文作🔲，战国文字作🔲，小篆作🔲，从山，网声，义为低而平的山脊。元刊本《朝野新声太平乐府》和《手头字》把"剛"简作"刚"，《规范字表》据此把"岡"简作"冈"，以乂作符号代替中间的部分。

【提示】"冈（岡）"可作类推简化偏旁使用，如：刚（剛）、钢（鋼）、岗（崗）。

肛[疘] gāng

"肛"是形声字，从月（肉），工声，本义为肿，假借为肛门，人和多数哺乳动物消化管的最末端。"疘"是形声字，从疒，工声，本义为病名。脱疘，即直肠脱垂，后作"脱肛"。《规范字表》以"疘"为异体字。

【提示】"肛"与"疘"不是等义

异体字。

杠[槓] gàng

"杠"是形声字,从木,工声,本读 gāng,义为床前的横木,引申为桥(架在河上的横木);又读 gàng,引申为粗大的棍子、一种体育器械、用笔划出的粗直线等。"槓"是形声字,从木,貢声,义为粗大的棍子、体育器械等。《规范字表》以"槓"为异体字。

【提示】"杠"与"槓"不是等义异体字。

gao

皋[皐皋] gāo

"皋"是形声字,小篆作皋,从白,夲(tāo)声,本义为水边的高地,引申为高地或田野。俗字作"皐"或"皋"。《规范字表》以"皐""皋"为异体字。

糕[餻] gāo

"餻"是形声字,从食,羔声,义为用米粉、面粉等做成的块状食品。又作"糕",意符改为米。《规范字表》以"餻"为异体字。

槁[槀] gǎo

"槁"是形声字,从木,高声,本义为枯木,引申为干枯。又作"槀",由左右结构改为上下结构。《规范字表》以"槀"为异体字。

稿[稾] gǎo

"稾"是形声字,从禾,高声,本义为禾秆。引申为诗文、图画等的草稿,将要刊行或已经刊行的诗文、图画等。俗字作"稿",由上下结构改为左右结构。《规范字表》以"稾"为异体字。

【提示】"稿"的后起义较多,与"稾"不是等义异体字。

ge

胳[肐]{骼} gē

"胳"是形声字,从月(肉),各声,本读 gē,义为胳膊,即人的上肢,肩膀以下、手腕以上的部分;又读 gā,用于"胳肢窝",指人的腋窝;又读 gé,义为牲畜的后胫骨;又用于"胳肢",义为在别人身上抓挠,使发痒。"肐"是形声字,从月(肉),乞声,本读 qì,义为身体振动;又读 gē,用于"肐膊",与"胳膊"同。"骼"是形声字,从骨,各声,本义为鸟兽的骨,引申为骨的通称。用于"骨骼",即骨头。又义为牲畜的后胫骨,与"胳"同。《异体字表》以"肐""骼"为"胳"的异体字。《规范字表》把"骼"改作规范字。

【提示】"胳"与"肐"不是等义异体字。

歌[謌] gē

"謌"是形声字,从言,哥声,义为歌唱。引申为歌曲、作诗、能唱的诗等。又作"歌",意符改为欠。《规范字表》以"謌"为异体字。

阁（閣）[閤] gé

"閣"是形声字,从门,各声,本义为用以固定门扇的长木桩,引申为摆放东西的架子、一种建筑物、旧时女子的卧室等。"閤"是形声字,从门,合声,本义为大门旁边的小门,假借为楼阁。《规范字表》把"閤"类推简作"阁",以"閤"为异体字。

【提示】"閤"与"閣"不是等义异体字,另见75页"合"字条。

【构词】出阁（出閣）｜楼阁（樓閣）｜内阁（內閣）｜书阁（書閣）｜组阁（組閣）｜阁下（閣下）｜阁员（閣員）｜空中楼阁（空中樓閣）

骼 gé

①骨骼,骨头。②牲畜的后胫骨,也作"胳"。"骼"在《异体字表》中是"胳"的异体字,《规范字表》改作规范字。见63页"胳"字条。

个（個）[箇] gè

"个"是象形字,象半竹形,本义为单棵竹,引申为计算竹子的量词,后作"箇"或"個"。"箇"是形声字,从竹,固声,本义为计算竹子或其他条状物的量词,引申为计算一般的数量的量词。后又作"個",意符改为亻（人）。宋代俗字（见宋刊本《大唐三藏取经诗话》）和《国音常用字汇》《手头字》《简体字表》《规范字表》把"個"简作"个",采用笔画较少的本字。《规范字表》以"箇"为异体字。

【提示】①一说"个"是象形字,中象箭靶,上象左右伸出之形,本义为箭靶左右伸出的部分。②"个"与"個""箇"不是等义简繁字或异体字。繁体文本和台湾的"个旧"（地名,在云南）一般用"箇",不用"個"。③"自个儿"也作"自各儿",《异形词表》推荐的写法是前者。

gen

跟 gēn

【提示】"脚跟"也作"脚根",《异形词表》推荐的写法是前者。

亘 [瓦] gèn

"亘"是表意字,甲骨文作⊙,金文作⊙,从二从月,二上象天,下象地,中有月,表示月在天地之间永恒运行,读gèn,本义为永恒（是"恒"的本字）,引申为连接、(在空间或时间上)连绵不断等。亘古,自古以来,从古到今。后与"瓦"混同。"瓦"是象形字,甲骨文作⊙,象水回旋之形。小篆作⊙,从二,二象河水的两岸,中象回旋的水流。读xuān,义为回旋。《规范字表》以"瓦"为异体字。

【提示】"亘"与"瓦"不是等义异体字。

【构词】亘古（瓦古）｜横亘（橫瓦）｜绵亘（綿瓦）

geng

耕[畊] gēng

"耕"是表意字,从耒从井,耒指掘土的农具,井指井田、土地,本义为用犁翻松田地,引申为以某种劳动谋生。又作"畊",意符改为田。《规范字表》以"畊"为异体字。

耿 gěng

【提示】"耿直"也作"梗直"或"鲠直",《异形词表》推荐的写法是前者。

鲠(鯁)[骾] gěng

"鯁"是形声字,从魚,更声,本义为鱼骨、鱼刺,引申为鱼刺或骨头卡在喉咙里。"骾"是形声字,从骨,更声,本义为骨头卡在喉咙中。《规范字表》把"鯁"类推简作"鲠",以"骾"为异体字。

【提示】"鲠"与"骾"不是等义异体字。

gong

躬[躳] gōng

"躳"是表意字,从身从吕,吕象人的脊柱形,本义为身体,引申为自身、弯下(身体)等。又作"躬",从身从弓,弓指弯曲,表示做事时身体常弯曲。《规范字表》以"躳"为异体字。

巩(鞏) gǒng

"巩"是形声字,金文作㧬,小篆作㧬,从丮(jǐ),工声,本义为抱。"鞏"是形声字,小篆作鞏,从革,巩声,本义为以皮革束物,引申为牢固。《规范字表》把"鞏"简作"巩",省略意符。

【提示】"巩"与"鞏"不是等义简繁字。

gou

沟(溝) gōu

"溝"是形声字,从水,冓声,本义为田间水道,引申为水道、土壕状的工事等。《规范字表》采用俗字简作"沟",音符改为勾。

钩(鈎)[鉤] gōu

"鉤"是形声字,从金,句(gōu)声,本义为钩子,一种形状弯曲的用具,引申为用钩子搭、挂或取、引致、探索等。俗字作"鈎",音符改为勾。《规范字表》把"鈎"类推简作"钩",以"鉤"为异体字。

构(構)[搆] gòu

"構"是形声字,从木,冓声,本义为把木材交互连接起来建造房屋,引申为构造、连缀、文艺作品等。又作"搆",意符改为手。明代俗字(见《正字通》)、《规范字表》简作"构",音符改为勾。《规范字表》以"搆"

为异体字。

购（購）gòu

"購"是形声字，从贝，冓声，本义为悬赏征求，重金收买，引申为买。明代俗字作"购"（见《篇海类编》），把音符改为勾。《规范字表》进一步把意符类推简作"购"。

够[夠]gòu

"夠"是形声字，从多，句（gōu）声，本义为多，引申为数量上得到满足、达到某种标准、超过一定限度（表示过量、厌烦）、尽量探出去接触或拿等。又作"够"，左右部件互换位置。《规范字表》以"夠"为异体字。

gu

菇 gū

多年生水生草本植物。"菰"是形声字，从艸，孤声，本义为一种植物名，嫩茎叫茭白，是常见蔬菜。又义为菌类。在《异体字表》中是"菇"的异体字，《规范字表》改作规范字。

菇{菰}gū

"菇"是形声字，从艸，姑声，用于"蘑菇"，植物名，又叫王瓜或土瓜。也指菌类，与"菰"同。《异体字表》以"菰"为"菇"的异体字，《规范字表》删去了这组异体字。

【提示】"香菇"也作"香菰"，《异形词表》推荐的写法是前者。

辜 gū

【提示】"辜负"也作"孤负"，《异形词表》推荐的写法是前者。

古 gǔ

【提示】"古董"也作"骨董"，《异形词表》推荐的写法是前者。

谷（穀）gǔ

"谷"是象形字，甲骨文作𠔌，金文作𠔌，小篆作𠔌，下象谷口（山谷出口），上象有水从谷口流出之形，本读 gǔ，义为两山之间的水流，引申为山谷（两山之间的流水道或夹道）、困境等，假借为庄稼和粮食作物的总称、生长、姓等；又读 yù，用于"吐（tǔ）谷浑"，我国古代少数民族名。"穀"是形声字，从禾，殻（què）声，本义为庄稼和粮食作物的总称，引申为谷子（一种草本植物，是主要作物）、生长、善、美等，假借为姓。《手头字》《规范字表》把"穀"简作"谷"，用笔画较少的同音常用字代替。

【提示】①"穀"与"谷"不是等义繁简字，另见67页"穀"字条。②"穀"在《规范字表》中仅作"谷"的繁体字，编者建议也作规范字。古籍中的"穀"，除了用于农作物义之外，都不能简作"谷"，如"不穀"（古代王侯表示谦逊的自称）、"穀梁"（复姓）、"《穀梁传》"（又称《春秋穀梁传》，儒家经典之一）。③"谷"和"穀"是不同的两个姓。

【构词】谷底（谷底）｜谷地（谷地）｜谷永（谷永，汉代人）｜硅谷（硅谷）｜山谷（山谷）｜深谷（深谷）｜溪谷（溪谷）｜幽谷（幽谷）｜鬼谷子（鬼谷子，古代人名、书名）｜吐谷浑（吐谷浑，古代少数民族名）｜进退维谷（進退維谷）｜万丈深谷（萬丈深谷）｜虚怀若谷（虛懷若谷）

谷草（穀草）｜谷物（穀物）｜谷雨（穀雨，节气名）｜谷穗儿（穀穗兒）｜布谷（布穀）｜稻谷（稻穀）｜馆谷（館穀）｜五谷丰登（五穀豐登）｜五谷杂粮（五穀雜糧）

穀旦（穀旦，吉利的日子）｜穀梁（穀梁，姓）｜穀梁传（穀梁傳，书名）｜不穀（不穀，古代君主谦逊的自称）

股 gǔ

【提示】"一股脑儿"也作"一古脑儿"，《异形词表》推荐的写法是前者。

骨｛骨｝gǔ

"骨"又作"骨"，是表意字。包山楚简作𩨨，小篆作𩩂，从冎（guǎ）从肉，冎象骨架形，本读 gǔ，义为骨头，引申为身体、物体内起支撑作用的架子、气质、内心深处。又读 gū，用于"骨朵"，义为没有开放的花朵，也叫花骨朵。

【提示】规范字形 9 画，上部中间是一右折笔；旧字形和台湾字形 10 画，上部中间是一短横、一短竖。用于合体字部件同此，如"骭、滑、骼"。

鼓［皷］gǔ

"鼓"是表意字，甲骨文作𪔗𭏁，金文作𪔘，小篆作𪔐，从攴从壴（zhù），壴即鼓，象手执鼓槌击鼓之形，本义为击鼓，引申为一种打击乐器、形状或作用等像鼓一样的东西、敲打发音、激发、凸起等。俗字作"皷"。《规范字表》以"皷"为异体字。

毂（轂）gǔ

"轂"是形声字，从車，殻（què）声，车轮中心的部分，有圆孔，可以插轴。《规范字表》简作"毂"，意符类推，音符省去一横。

穀 gǔ

①姓。②［不穀］古代诸侯表示谦逊的自称。③［穀梁］姓。④［穀梁传］书名，又称《春秋穀梁传》《穀梁春秋》，儒家经典之一。⑤"谷"的繁体字。见 66 页"谷"字条。

顾（顧）gù

"顧"是形声字，从頁，雇声，本义为回头看，引申为看望、顾客、照顾、眷念等。晋代俗字（见《张朗碑》）、《国音常用字汇》作"顾"，音符改为厄，据草书楷化。《规范字表》进一步把意符类推简作"顾"。

雇［僱］gù

"雇"是形声字，从隹，户声，本义为鸟名，假借为出钱请人给自己做事，或请别人用车、船等给自己服务。用于雇佣义，后也作"僱"，是形声字，从人，雇声。《规范字表》以"僱"为异体字。

【提示】①"雇"与"僱"不是等义异体字。②繁体文本和台湾用于"雇工、雇主、雇员"作"雇"；用于"僱车、僱主、僱佣"作"僱"，也作"雇"。

gua

刮（颳）guā

"刮"是形声字，小篆从刀，昏（guā）声，本义为用刀去掉或取下物体表面的某些东西，引申为（把财物）搜罗干净、揩拭、（风）吹等。"颳"是形声字，从風，刮省声，本义为恶风，引申为（风）吹。《规范字表》把"颳"简作"刮"，用笔画较少的同音通用字代替。

【提示】"刮"与"颳"不是等义简繁字。

【构词】刮板（刮板）｜刮除（刮除）｜刮痕（刮痕）｜刮脸（刮臉）｜刮痧（刮痧）｜刮伤（刮傷）｜刮地皮（刮地皮）｜刮胡子（刮鬍子）｜刮目相看（刮目相看）｜搜刮（搜刮）

刮风（颳風）｜树叶被风刮落了（樹葉被風颳落了）｜大树被风刮断了（大樹被風颳斷了）

挂［掛罣］｛罫｝guà

"挂"是形声字，从手，圭声，本义为区别。假借为悬挂，由此引申为（物体表面）蒙上或涂抹、登记、惦念、打电话或把耳机放回电话机上停止通话等。俗字作"掛"，音符改为卦。"罣"又作"罫"，是形声字，从网，圭声，本义为悬挂。《规范字表》以"掛""罣"为异体字。

【提示】"挂""掛"与"罣"不是等义异体字。

【构词】挂钩（掛鈎）｜挂冠（掛冠）｜挂号（掛號）｜挂历（掛曆）｜挂念（掛念）｜挂图（掛圖）｜挂钟（掛鐘）｜悬挂（懸掛）

guai

拐［枴］guǎi

"枴"是形声字，从木，另声，另为冎（guǎ）的变体，本义为木杖、拐杖，引申为转弯、把人或财物骗走等。俗字作"拐"，意符改为手。《规范字表》以"枴"为异体字。

【提示】①"拐"的右下角，规范字形是力，旧字形和台湾字形是刀。②繁体文本和台湾用于"拐角、拐杖、拐骗、诱拐、拐弯抹角、一瘸一拐"作"拐"；用于"拐杖、拐棒、双拐"作"枴"，也作"拐"。

怪［恠］guài

"怪"是形声字，从心，圣（kū）声，本义为奇异、不平常，引申为奇特的人或事物、妖怪、责备等。俗字作"恠"，音符改为在。《规范字表》以"恠"为异体字。

guan

关（關）guān

"關"初为表意字，金文作𨳜，战国文字作𨳡，从門，中象门闩形。小篆作關，改为形声字，从門，䜌（guān）声。本义为门闩，引申为闭合、放在里边使不能出来、（企业等）倒闭或停业、古代在交通要地或边境设置的守卫处所、货物往来收税的地方、重要的转折点或不易度过的时期等。南北朝时期俗字（见《玉篇》）、《国音常用字汇》作"関"，据草书楷化。《规范字表》进一步把外边的門省略，简作"关"。

观（觀）guān

"觀"是形声字，从見，雚声，本读 guān，义为仔细察看，引申为观看、景象、样子、对事物的看法或态度等；又读 guàn，引申为道教的庙宇、楼台类建筑等。明代俗字（见明刊本《薛仁贵跨海东征白袍记》）和《国音常用字汇》《手头字》《简体字表》用又作符号代替音符雚。《规范字表》进一步把意符类推简化，作"观"。

馆（館）[舘] guǎn

"館"是形声字，从食，官声。本义为接待宾客的房屋，引申为公共文化、娱乐、饮食的场所。俗字作"舘"，意符改为舍。《规范字表》把"館"类推简作"馆"，以"舘"为异体字。

筦 guǎn

①姓。②"管"的异体字，见69页"管"字条。

管[筦] guǎn

"管"是形声字，从竹，官声，本义为竹管或竹管做成的东西，引申为一种竹制乐器，笛、箫、号等吹奏乐器的统称，圆而细长、中空的东西的统称，管理，约束教导，过问，保证等。"筦"是形声字，从竹，完声，本义为络丝的竹管，引申为管乐器等，与"管"同。《规范字表》以"筦"为异体字，又规定"筦"用于姓氏人名时是规范字。

【提示】"筦"与"管"不是等义异体字，分别用于不同的姓，另见69页"筦"字条。

罐[鑵] guàn

"罐"是形声字，从缶，雚声，本义为盛东西或汲水用的圆形器皿，引申为各种圆桶形的盛物器、煤矿装煤用的斗车等。盛东西或汲水用的圆形器皿义，又作"鑵"，意符改为金。《规范字表》以"鑵"为异体字。

【提示】"罐"的后起义较多，与"鑵"不是等义异体字。

guang

广（廣）guǎng

"廣"是形声字，从广（yǎn），

黄声，读 guǎng，本义为四周无墙壁的大屋子，引申为大、多、扩大等，假借为广东（地名，在我国南部）的简称（广东和广西，又合称两广）。"广"是象形字，小篆作广，象倚山崖建造的居室之形，本读 yǎn，义为原始的房屋，引申为屋脊；又读 ān，引申为简陋的小草屋（与"庵"同）。《手头字》把"擴"简作"扩"，《简体字表》《规范字表》把"廣"简作"广"，省略了音符。

【提示】①"广"与"廣"不是等义简繁字。②"广（廣）"可作类推简化偏旁使用，如：扩（擴）、矿（礦）、邝（鄺）。

gui

归（歸）guī

"歸"是形声字，甲骨文作 ，金文作 ，从帚，𠂤（duī）声，帚为扫帚，代表妇女。金文异体作 ，战国文字作 ，小篆作 ，加意符辵，辵表示动作。本义为女子出嫁，引申为返回、返还（物品）、趋向、归并等。元代俗字已有跟今简化字接近的字形（见元抄本《京本通俗小说》）。《国音常用字汇》《手头字》《简体字表》《规范字表》简作"归"，据草书楷化。

【提示】"归（歸）"可作类推简化偏旁使用，如：岿（巋）。

龟（龜）{龜} guī

"龜"又作"龜"，是象形字。甲骨文作 ，金文作 ，《说文》古文作 ，小篆作 ，象龟的俯视或侧视形，本读 guī，义为一种爬行动物；又读 jūn，用于"龟裂"，也作"皲裂"，义为皮肤因寒冷或干燥而裂开；又读 qiū，用于"龟兹"，义为汉代西域国名，在今新疆库车一带。1923年钱玄同《汉字革命》《规范字表》把"龜"简作"龟"，据草书楷化。

【提示】①规范繁体字字形作"龜"，古旧籍和台湾字形作"龜"。②"龟（龜）"可作类推简化偏旁使用，如：阄（鬮）。

规（規）[槼] guī

"規"是表意字，从夫从见，夫为丈夫，古人认为丈夫的行为举止必合规矩法度，本义为规范人们言行的法度、准则。引申为规劝（以言语纠正别人的错误，使符合准则）、校正或描画圆形的用具。又作"槼"，是形声字，从木，规声。《规范字表》以"槼"为异体字，把"規"类推简作"规"。

【提示】"規"的后起义较多，与"槼"不是等义异体字。

瑰[瓌] guī

"瑰"是形声字，从玉，鬼声，本义为一种美玉，引申为美玉、美好、奇异、珍贵等。又作"瓌"，意符改为袁。《规范字表》以"瓌"为异体字。

鬼 {鬼} guǐ

【提示】规范字形9画,中间是一长撇;旧字形和台湾字形10画,中间的短竖与撇不连为一笔。用于合体字部件同此,如"愧""魁"。

柜(櫃) guì

"櫃"是形声字,从木,匱声,本读guì,义为盛东西的小匣子,引申为用来收藏衣服等物品的方形或长形的用具、商店售货的柜台等。清代俗字(见清刊本《金瓶梅奇书》)和《国音常用字汇》《手头字》《简体字表》《规范字表》简作"柜",音符改为巨。

【提示】"柜"与"櫃"不是等义简繁字。另有"柜",是形声字,从木,巨声,读jǔ,用于"柜柳",义为一种落叶乔木。

【构词】柜台(櫃檯)｜冰柜(冰櫃)｜书柜(書櫃)｜衣柜(衣櫃)｜掌柜(掌櫃)｜文件柜(文件櫃)

柜柳(柜柳)｜柜木(柜木)

gun

衮 {袞} gǔn

"衮"是形声字,金文作 ,小篆作 ,从衣,公声,本义为帝王祭祀时穿的礼服,上边绣有龙纹,引申为古代上公穿的礼服。变体作"衮"。

【提示】规范字形是"衮",旧字形和台湾字形是"袞"。用于合体字部件同此,如"滚""裹"。

guo

呙(咼){咼} guō

"咼"又作"咼",是形声字。小篆作 ,从口,冎(guǎ)声,本读wāi,义为嘴歪斜;又读guō,义为姓。俗字偏旁(见清刊本《目连记弹词》"剐"字和《手头字》"祸"字)、《规范字表》简作"呙",据草书楷化。

【提示】①"呙(咼)"可作类推简化偏旁使用,如:剐(剮)、窝(窩)、锅(鍋)。②繁体字,规范字形8画,上部中间是右折笔;旧字形和台湾字形9画,上部中间是一短横、一短竖。用于合体字部件同此。

国(國) guó

"國"是表意字,从囗从或,囗象征疆域,或指国家,本义为国家,引申为代表国家的、属于本国的、国内最突出的等。南北朝时期俗字(见东魏李祙造像)、《规范字表》简作"国",把囗中的或改为玉。

【提示】"国(國)"可作类推简化偏旁使用,如:掴(摑)、帼(幗)、蝈(蟈)。

果[菓] guǒ

"果"是象形字,金文作 ,战国时期楚系简帛作 ,小篆作 ,象木(树木)上结有果实之形,本义为植物所结的果实,引申为结果、实现、使饱足等,假借为不犹豫、态度坚决、副词(相当于"果然")等。用于果实义又作"菓",是形声字,从艸,果声。《规范字表》以"菓"为异体字。

【提示】"果"与"菓"不是等义异体字。

椁[槨] guǒ

"椁"是形声字,从木,享声,义为外棺,内棺的外层,泛指棺材。又作"槨",音符改为郭。《规范字表》以"槨"为异体字。

【提示】台湾用于"棺椁"多作"槨"。

过(過) guò

"過"是形声字,从辶(辵),咼(guō)声,本读 guò,义为走过、经过,引申为渡过、从一方转移到另一方、超过、过失等;又读 guō,假借为姓。元代俗字(见元抄本《京本通俗小说》)和《国音常用字汇》《手头字》《简体字表》《规范字表》简作"过",据草书楷化。

【提示】"过(過)"可作类推简化偏旁使用,如:挝(撾)。

H

ha

蛤 há

【提示】"蛤蟆"也作"虾蟆",《异形词表》推荐的写法是前者。

han

含 hán

【提示】"含蓄"也作"涵蓄",《异形词表》推荐的写法是前者。

函［圅］hán

"函"是象形字,甲骨文作 ,金文作 ,象盛有箭矢的箭囊或箭壶形。小篆作 ,字形有变化。本义为箭囊或箭壶,引申为包裹物件的匣子、封套、信件等。又作"圅"。《规范字表》以"圅"为异体字。

【提示】"函"的后起义较多,与"圅"不是等义异体字。

汉（漢）hàn

"漢"是形声字,从水,難省声,本义为水名,汉水,发源于陕西,流至湖北入长江,引申为银河、朝代名、民族名、男子、丈夫等。汉代俗字（见《章帝千字文断简》）和《手头字》《规范字表》简作"汉",用又作符号代替音符。

扞 hàn

① [扞格] 互相抵触：～不入。② "捍"的异体字,见73页"捍"字条。

捍［扞］hàn

"扞"是形声字,从手,干声,本义为抵御,引申为互相抵触。"捍"是形声字,从手,旱声,本义为抵御,引申为保护。《规范字表》以"扞"为异体字。又规定用于相互抵触义如"扞格"时是规范字。

【提示】"捍"又读xiàn,义为摇动,与"扞"不是等义异体字。"扞"另见73页"扞"字条。

【构词】扞格（扞格）　捍卫（捍衛）｜捍御（捍禦）

悍［猂］hàn

"悍"是形声字,从心,旱声,本义为勇猛,引申为猛烈、凶狠、蛮横等。又作"猂"。《规范字表》以"猂"为异体字。

焊［釬銲］hàn

"釬"是形声字,从金,干声,本义为护臂的铠甲,假借为焊接,熔化特制的金属来连接金属工件或修补金属器物。又作"銲",音符改为旱。"焊"是形声字,从火,旱声,本义为使物干燥。假借为焊接。《规范字表》

以"釺""銲"为异体字。

【提示】"焊"与"釺""銲"不是等义异体字。

hao

蚝[蠔] háo

"蠔"是形声字，从虫，豪声，义为牡蛎，一种软体动物。"蚝"是表意字，从虫从毛，本读 cì，义为毛虫，某些昆虫的幼虫；又读 háo，义为一种软体动物，与"蠔"同。《规范字表》以"蠔"为异体字。

【提示】"蚝"与"蠔"不是等义异体字。

嗥[嘷獆] háo

"嗥"是形声字，从口，皋声，本义为野兽吼叫，引申为大声哭叫。又作"嘷"，音符改为臯。又作"獆"，意符改为犭（犬）。《规范字表》以"嘷""獆"为异体字。

嚎 háo

【提示】"鬼哭狼嚎"也作"鬼哭狼嗥"，《异形词表》推荐的写法是前者。

号（號）hào

"号"是形声字，从口，丂（kǎo）声，本读 háo，义为大声哭，引申为拉长声音大声呼喊。用于"号啕"，形容大声哭喊，也作"嚎啕"。后作"號"，是表意字，从号从虎，义为像老虎吼叫一样大声呼喊。"號"又读 hào，引申为称号、名称、命令、喇叭、店铺、标志等。宋代俗字（见宋刊本《古列女传》）和《国音常用字汇》《手头字》《简体字表》《规范字表》简作"号"，采用笔画较少的本字。

【提示】"号"与"號"不是等义简繁字。用于《说文》部首、《广韵》和《集韵》韵目时用"号"，不用"號"。

皓{晧}[暠皞] hào

"晧"是形声字，楚系简帛作 _皓，小篆作 晧，从日，告声，本义为日出时明亮的样子。又作"暠"，音符改为高。俗字作"皓"，把意符日改为白。引申为光明、洁白等。又作"皞"，音符改为高。《规范字表》以"暠""皞"为异体字。

he

诃（訶）hē

[诃子]又称藏青果，常绿乔木。果实像橄榄，可供药用。也称其果实。

"訶"在《异体字表》中是"呵"的异体字；《规范字表》类推简作"诃"，改作规范字。见74页"呵"字条。

呵{訶} hē

"呵"是形声字，从口，可声，本读 hē，义为大声斥责。引申为叹词，表示惊讶。又读 ā，与"啊"同，义为叹词，表示赞叹或惊讶。"訶"是形声字，从言，可声，本义为大声斥责，与"呵"同。假借为译音用字。"詗"在《异体字表》中是"呵"的异体字；《规范字表》类推简作"诃"，改作规范。

【提示】"詗"与"呵"不是等义异体字，另见74页"诃"字条。

合（閤）hé

"合"是表意字，甲骨文作🔾，金文作🔾，小篆作🔾，象器与盖相合之形。本读hé，义为相合，引申为闭上、聚集在一起、符合、折合等；又读gě，假借为容量单位，一升的十分之一。"閤"是形声字，从門，合声，本读gé，义与"阁（閣）"同；又读hé，假借为全、满。用于"閤府、閤家"，同"合府、合家"。《规范字表》把"閤"简作"合"，用笔画较少的同音通用字代替。

【提示】①"閤"与"合"不是等义繁简字，又是"阁（閣）"的异体字，另见64页"阁"字条。②表示全、满义的"閤"，又作"阖"。

【构词】合办（合辦）｜合抱（合抱）｜合成（合成）｜合计（合計）｜合力（合力）｜合同（合同）｜合上眼（合上眼）｜合情合理（合情合理）｜符合（符合）｜回合（回合）｜结合（結合）｜折合（折合）｜理合声明（理合聲明）｜同心合力（同心合力）

合第光临（閤第光臨）｜合府清泰（閤府清泰）｜合家欢乐（閤家歡樂）

和［龢咊］hé

"咊"是形声字，从口，禾声，本读hè，义为声音相应。引申为依照别人诗词格律或内容写成诗词。又读hé，引申为声音和谐、协调、和缓、结束战争或争端、比赛中不分胜负、温暖（多指气候）等。后作"和"，左右部件调换了位置。"龢"是形声字，从龠（yuè），禾声，读hé，义为和谐、协调。又与"咊""和"同。《规范字表》以"龢""咊"为异体字，又规定"龢"用于姓氏人名时是规范字。

【提示】"龢"与"和""咊"不是等义异体字，另见76页"龢"字条。

河 hé

【提示】"信口开河"也作"信口开合"，《异形词表》推荐的写法是前者。

盍［盇］hé

"盍"是形声字，金文作🔾，小篆作🔾，从皿，去声，本义为器皿盖儿。引申为覆盖。假借为副词，相当于"何不"。变体作"盇"。《规范字表》以"盇"为异体字。

核［覈］hé

"核"是形声字，从木，亥声，本读gāi，义为一种树木；又读hé，义为核果果实中心坚硬的部分（里面含有果仁），由此引申为物体中心、核心、形状像核的东西等。假借为考察、对照等。又读hú，义为核果果实中心坚硬的部分，用于口语。"覈"是形声字，从襾，敫声，本义为草木果实中间的坚硬的部分，与"核"同。

引申为考察、对照等。《规范字表》以"覈"为异体字。

【提示】"核"与"覈"不是等义异体字。

龢 hé

①用于人名：翁同～（清代人）。②"和"的异体字，见75页"和"字条。

heng

恒[恆] héng

"恆"由"亙（亘）"分化而来，是表意字。金文作𠄢，加意符心。小篆作𢘆，把部件月讹为舟，俗字作"恒"。本义为月上弦而渐满。月运行于天地之间有规律，圆缺往复寓有永恒之意，故引申为永久、长久不变。又引申为恒心（始终如一长久不变的意志）、经常的、普通的。《规范字表》以"恆"为异体字。

hong

轰（轟）hōng

"轟"是表意字，从三车，本义表示众多的车一齐行进时发出的巨大响声，引申为拟声词（巨大的响声）、雷鸣、炮击、爆炸、驱逐等。清代俗字用两个又作符号代替下边的两个车（见清刊本《目连记弹词》），《规范字表》进一步类推简作"轰"。

【提示】"轰动"也作"哄动"，《异形词表》推荐的写法是前者。

弘 hóng

【提示】"弘扬"也作"宏扬"，《异形词表》推荐的写法是前者。

宏 hóng

【提示】"宏论、宏图、宏愿、宏旨"也作"弘论、弘图、鸿图、弘愿、弘旨"，《异形词表》推荐的写法是前者。

洪 hóng

【提示】"洪福"也作"鸿福"，《异形词表》推荐的写法是前者。

讧（訌）hòng

【提示】"内讧"也作"内哄"，《异形词表》推荐的写法是前者。

哄[鬨閧] hòng

"鬨"是形声字，从鬥，共声，读hòng，本义为争斗，引申为吵闹捣乱、驱赶等。变体作"閧"。"哄"是形声字，从口，共声，本读hòng，义为吵闹、搅扰；又读hōng，引申为许多人同时发出声音、拟声词（许多人同时发出的大笑声或喧哗声）；又读hǒng，假借为欺骗、用言语或行动等引人高兴。《规范字表》以"鬨""閧"为异体字。

【提示】"哄"与"鬨""閧"不是等义异体字。

【构词】哄传(哄傳)｜哄动(哄動)｜哄骗(哄騙)｜欺哄(欺哄)｜哄孩子(哄孩子)｜哄抬物价(哄抬物價)

哄堂大笑（哄堂大笑／閧堂大笑）｜内哄（內閧）｜起哄（起閧）｜一哄而散（一哄而散／一閧而散）｜一哄而上（一哄而上／一閧而上）

hou

猴[餱] hóu

"餱"是形声字，从食，侯声，义为干粮。又作"猴"，意符改为米。《规范字表》以"餱"为异体字。

后（後）hòu

"后"是表意字，甲骨文作𠂕，从人，从倒子，象妇人生孩子之形。金文作𠂤，小篆作后，把倒子省略为口。本义为生育，是"毓（育）"的本字。引申为君主（多指远古的君主）、诸侯、君主的妻，假借为"後"。"後"是表意字，甲骨文作𢓸，金文作𢓸，小篆作後，从幺、彳、夂，幺象束丝，有延续义，彳、夂都有行来义，本义为行而继其前者之后。引申为位置在背面的、未来的、较晚的、靠近末尾的、子孙后代等。《手头字》《规范字表》把"後"简作"后"，用笔画较少的同音通用字代替。

【提示】"后"与"後"不是等义简繁字。用于先后、子孙后代一般作"後"，用于君王、王后不作"後"，用于姓或人名要按习惯写。

【构词】后妃（后妃）｜后宫（后宫，古代君王的妻妾等所居住的处所）｜后土（后土，古代称大地）｜后王（后王，君王）｜皇后（皇后）｜太后（太后）｜影后（影后）｜后苍（后苍，汉代经学家）｜后稷（后稷，传说中的周代祖先，曾任农官，负责耕种和收获之事）｜后夔（后夔，传说中的上古乐官）｜后能（后能，明代人）｜后唐(后唐，即帝尧，传说中的上古帝王)｜后辛（后辛，殷纣王）｜后羿（后羿，传说中的上古夷族首领，善于射箭）｜皇天后土（皇天后土）

后辈（後輩）｜后边（後邊）｜后代（後代）｜后盾（後盾）｜后方（後方）｜后果（後果）｜后患（後患）｜后门（後門）｜后敏（後敏，明代人）｜后排（後排）｜后勤（後勤）｜后台(後臺)｜后天（後天）｜后援（後援）｜后院（後院）｜后政（後政，明代人）｜后半夜（後半夜）｜《后汉书》（《後漢書》）｜敌后（敵後）｜落后（落後）｜前后（前後）｜然后（然後）｜日后(日後)｜事后（事後）｜随后（隨後）｜先后（先後）｜以后（以後）｜空前绝后（空前絕後）

hu

乎 hū

【提示】"热乎、热乎乎"也作"热呼、热呼呼"，《异形词表》推荐的写法是前者。

呼[虖嘑謼] hū

"呼"是形声字，从口，乎声，本义为呼气，向外吐气，引申为呼唤、称呼、叫喊、拟声词（刮风声、吹气声、迅疾的动作声）等。"虖"是形声字，从虍，乎声，本义为虎吼，引申为呼唤,与"呼"同。"嘑"是形声字,从口,虖声,本义为呼唤。"譃"是形声字,从言,虖声,本义为大声叫喊,引申为呼唤,与"呼"同。《规范字表》以"虖、嘑、譃"为异体字。

【提示】"呼、虖、嘑、譃"不是等义异体字。

狐 hú

【提示】"狐臭"也作"胡臭",《异形词表》推荐的写法是前者。

胡(鬍)[衚] hú

"胡"是形声字,从月(肉),古声,本义为兽类颔下的垂肉,假借为我国古代北方和西北的少数民族、副词(表示毫无根据地随意乱来)、胡须、姓等。"鬍"是形声字,从髟,胡声,义为胡须。"衚"是形声字,从行,胡声,用于"衚衕",义为巷子、小街道。今作"胡同"。《规范字表》把"鬍"简作"胡",用笔画较少的同音通用字代替。以"衚"为异体字。

【提示】"胡"与"鬍"不是等义简繁字,与"衚"不是等义异体字。

【构形】胡服(胡服)│胡搞(胡搞)│胡话(胡話)│胡椒(胡椒)│胡房(胡虜)│胡乱(胡亂)│胡闹(胡鬧)│胡琴(胡琴)│胡人(胡人)│胡说(胡說)│胡桃(胡桃)│胡萝卜(胡蘿蔔)│胡旋舞(胡旋舞)│胡作非为(胡作非爲)│二胡(二胡)│胡匪(鬍匪)│胡须(鬍鬚)│胡子(鬍子)│大胡子(大鬍子)│八字胡(八字鬍)│仁丹胡(仁丹鬍)│

络腮胡子(络腮鬍子)

胡同(衚衕)

壶(壺) hú

"壺"是象形字,甲骨文作 ,金文作 ,小篆作 ,象壶形,上象盖,旁有两耳,中为腹,下为圈足(古代的壶没有嘴),本义为古代盛酒浆或粮食的一种容器,引申为盛液体或某些固体物质的容器。《规范字表》采用俗字简作"壶",据草书楷化。

蝴 hú

【提示】"蝴蝶"也作"胡蝶",《异形词表》推荐的写法是前者。

糊[糊粘] hú

"糊"是形声字,从食,胡声,读 hú,本义为稠粥,引申为涂抹、粘合。又作"粘",是形声字,从米,古声。"糊"是形声字,从米,胡声,本读 hú,义同"糊",引申为用黏性物把东西粘在一起或粘在别的东西上、食物或衣物等加热后变焦发黑或发黄(与"煳"同);又读 hù,引申为像稠粥一样的液态食物;又读 hū,引申为用较稠的糊状物涂抹物体的缝子、窟窿或表面。《规范字表》以"糊""粘"为异体字。

【提示】①"糊""粘"与"糊"不是等义异体字。②"糊涂、含糊、模糊"也作"胡涂、含胡、模胡",《异形词表》推荐的写法是前者。

虎｛虎｝hǔ

【提示】①字的下部，规范字形是几，旧字形和台湾字形是儿。用于合体字部件同此，如"唬""莀"。②"马虎"也作"马糊"，《异形词表》推荐的写法是前者。

琥 hǔ

【提示】"琥珀"也作"虎魄"，《异形词表》推荐的写法是前者。

户｛戶｝hù

【提示】字的起笔，规范字形是点，旧字形和台湾字形是撇。用于合体字部件同此，如"房""扈"。

护（護）hù

"護"是形声字，从言，蒦（huò）声，本义为卫护、救助，引申为袒护，有偏向地支持。《规范字表》采用俗字简作"护"，新造形声字，从手，户声。

沪（滬）hù

"滬"是形声字，从水，扈声，本义为捕鱼的竹栅栏，引申为上海的别称。《国音常用字汇》《手头字》《简体字表》《规范字表》简作"沪"，音符改为户。

hua

花[苍蘤]huā

"花"是形声字，从艸，化声，本义为种子植物的有性繁殖器官，有各种形状和颜色。引申为某些供观赏的植物、形状像花的东西、棉花、一种烟火、花纹、用花或花纹装饰的、色彩或种类繁杂的、混杂、（看东西）模糊、不真实的、事物的精华、美女等，假借为用掉、耗费等。用于花朵义，俗字作"苍"。又作"蘤"，是形声字，从艸、白，爲声。《规范字表》以"苍""蘤"为异体字。

【提示】①"花"与"苍""蘤"不是等义异体字。②"叫花子"也作"叫化子"，《异形词表》推荐的写法是前者。

划（劃）huá

"划"是形声字，从刀，伐省声，读huá，本义为用桨拨水使船前进，引申为合算。"劃"是形声字，从刀，畫声，本读huá，义为用刀等把东西割开，引申为用东西割或在表面上刻或擦等；又读huà，引申为划分、计划、划拨等。《规范字表》简作"划"，用笔画较少的同音字代替。

【提示】①"划"与"劃"不是等义简繁字。②"划拳、筹划、计划、谋划、出谋划策"也作"豁拳、筹画、计画、谋画、出谋画策"，《异形词表》推荐的写法是前者。

【构词】划船（划船）｜划桨（划槳）｜划拳（划拳）｜划水（划水）｜划算（划算）｜划艇（划艇）｜划子（划子）｜划不来（划不來）｜划得来（划得來）｜划了个口子（划了個口子）｜

划拨（劃撥）｜划分（劃分）｜

划付（劃付）｜划归（劃歸）｜划界（劃界）｜划开（劃開）｜划清（劃清）｜划伤（劃傷）｜划一（劃一）｜划转（劃轉）｜划玻璃（劃玻璃）｜划火柴（劃火柴）｜划时代（劃時代）｜比划（比劃）｜策划（策劃）｜筹划（籌劃）｜规划（規劃）｜计划（計劃）｜谋划（謀劃）｜整齐划一（整齊劃一）

华（華）huá

"華"初为象形字，金文作&#xFFFD;&#xFFFD;，战国文字作&#xFFFD;，小篆作&#xFFFD;，象花朵形。战国文字异体作&#xFFFD;，小篆异体作&#xFFFD;，变成表意字，上从艸，下象花朵。本读huā，义为花朵，是"花"的本字。又读huá，引申为光彩、光辉、显贵、华丽、事物的精华、文才、浮华等。假借为民族名，汉族的古称，由此引申为中国。又读huà，假借为山名（华山），由此引申为地名、姓。《规范字表》采用俗字把"華"简作"华"，新造形声字，从十，化声。

【提示】"华（華）"可作类推简化偏旁使用，如：哗（嘩）、桦（樺）、铧（鏵）。

哗（嘩）[譁] huá

"譁"是形声字，从言，華声，读huá，义为喧闹、人声嘈杂。"嘩"是形声字，从口，華声，本读huá，义同"譁"，引申为浮夸；又读huā，引申为拟声词，水流淌声、下雨声、众人的笑声等。《规范字表》把"嘩"类推简作"哗"，以"譁"为异体字。

【提示】"哗（嘩）"与"譁"不是等义异体字。

【构词】哗哗（嘩嘩）｜哗啦（嘩啦）｜哗笑（譁笑）｜哗众取宠（譁眾取寵）｜哗变（嘩變/譁變）｜哗然（嘩然/譁然）｜喧哗（喧嘩/喧譁）

猾 huá

【提示】"狡猾"也作"狡滑"，《异形词表》推荐的写法是前者。

画（畫）huà

"畫"是表意字，甲骨文作&#xFFFD;，金文作&#xFFFD;，象以手持笔描绘图案或田界之形。《说文》古文作&#xFFFD;，小篆作&#xFFFD;，字形稍变。本义为画图或划分界线，引申为画成的作品、用画或图案来装饰的、签署、用手或脚比画等。元代俗字（见《六书故》）和《国音常用字汇》《手头字》《简体字表》《规范字表》简作"画"，取原字部件田改造而成。

【提示】①"画（畫）"可作类推简化偏旁使用，如：婳（嫿）。②"笔画、勾画、刻画、指手画脚"也作"笔划、勾划、刻划、指手划脚"，《异形词表》推荐的写法是前者。

话（話）[語] huà

"語"是形声字，从言，昏（guā）声，又作"話"。本义为说出来的言语，引申为说、谈论等。《规范字表》把"話"类推简作"话"，以"語"为异体字。

huai

怀（懷）huái

"懷"是形声字，从心，褱（huái）声，本义为心中思念，引申为心中存有、把东西藏在怀抱里、腹中有、胸前、心意等。明代俗字（见《兵科抄出》）和《手头字》《简体字表》《规范字表》简作"怀"，以不作符号代替声符。

坏（壞）huài

"壞"是形声字，从土，褱声，读 huài，本义为墙壁等建筑物倒塌，引申为毁坏、伤害、衰败、缺点多的、品质恶劣的、变了质的、使变坏、表示不好的结果或程度深等。清代俗字（见清刊本《目连记弹词》）和《规范字表》把"壞"简作"坏"，以不作符号代替声符。

【提示】"坏"与"壞"不是等义简繁字。另有"坏"，是形声字，从土，不声，本读 pī，义为土坯（是"坯"的本字），假借为地名；又读 péi，义为房屋的后墙。

huan

欢（歡）[懽讙驩]huān

"歡"是形声字，从欠，雚（guàn）声，本义为欢乐，引申为和好、喜爱、喜爱的人、起劲儿等。又作"懽"，意符改为心。"讙"是形声字，从言，雚声，本义为喧哗，假借为喜悦，与"歡"同。"驩"是形声字，从馬，雚声，本义为一种马名，假借为喜悦，与"歡"同。清代俗字（见清刊本《目连记弹词》）和《国音常用字汇》《简体字表》《规范字表》把"歡"简作"欢"，用又作符号代替音符雚。《规范字表》以"懽、讙、驩"为异体字。

【提示】"歡、懽、讙、驩"不是等义异体字。

獾[貛貆]huān

"貛"是形声字，从豸，雚（guàn）声，本义为一种哺乳动物。又作"獾"或"貆"，意符改为犬或豕。《规范字表》以"獾""貆"为异体字。

还（還）huán

"還"是形声字，从辶（辵），睘声，本读 huán，返回，引申为恢复、归还、回转、回报等；又读 hái，引申为副词，相当于"依然""更加"等。唐代俗字（见敦煌变文写本）和《国音常用字汇》《简体字表》《规范字表》简作"还"，以不作符号代替音符睘。

环（環）huán

"環"是形声字，从玉，睘声，本义为玉环，一种中间有孔的圆形玉器，引申为圆形中空的东西、围绕、包围、许多相互关联牵制的事物中的一个等。清代俗字（见清刊本《目连记弹词》）和《手头字》《简体字表》《规范字表》简作"环"，以不作符号代替音符睘。

奂{奐} huàn

"奐"是形声字，金文作🀄，侯马盟书作🀄，造字本意未详。小篆作🀄，从廾(gǒng)，夐省声，本义为换取(是"换"的本字)，假借为众多、文采鲜明等。后简省作"奂"。

【提示】规范字形是"奂"，旧字形和台湾字形是"奐"。用于合体字部件同此，如"换""痪"。

浣[澣] huàn

"浣"是形声字，从水，完声，读 huàn，义为洗涤衣物。又作"澣"，音符改为幹。《规范字表》以"澣"为异体字。

【提示】①"澣"又读 hàn，同"瀚"，与"浣"不是等义异体字。②台湾用于"浣衣、浣肠、浣熊、浣纱记"作"浣"；用于"上浣、中浣、下浣"作"浣"，也作"澣"。

huang

黄{黃} huáng

"黄"又作"黃"，是表意字。甲骨文作🀄，象人胸前佩玉之形。金文作🀄🀄，小篆作🀄，字形有讹变。本义为人佩玉环。引申为佩环(后作"璜")。假借为黄颜色、颜色变黄、成熟的庄稼、事情失败或计划落空、色情淫秽等。

【提示】①规范字形是"黄"，旧字形和台湾字形是"黃"。用于合体字部件同此，如"横、簧、廣"。

②"二黄"也作"二簧"，《异形词表》推荐的写法是前者。

簧 huáng

【提示】"双簧"也作"双锽"，《异形词表》推荐的写法是前者。

恍[怳] huǎng

"怳"是形声字，从心，况省声(一说兄声)，本义为狂，引申为失意的样子、模糊不清的样子等。"恍"是形声字，从心，光声，本义为形象模糊、不清楚，引申为忽然醒悟、仿佛、好像等。恍惚，神志不清、精神不集中。《规范字表》以"怳"为异体字。

【提示】"恍"与"怳"不是等义异体字。

晃[愰] huàng

"晃"是形声字，从日，光声，本读 huǎng，义为明亮、光亮，引申为(光芒)闪耀、很快地闪过等；又读 huàng，引申为摇动、摇摆、闲逛等。"愰"是形声字，从手，晃声，义为摇动、摆动，与"晃"同。《规范字表》以"愰"为异体字。

【提示】"晃"与"愰"不是等义异体字。

hui

晖(暉) huī

①阳光：春～｜朝～｜余～。②照耀；辉映：日月～于外｜云润星

"晖"在《异体字表》中是"辉（輝）"的异体字，《规范字表》类推简作"晖"，改作规范字。见83页"辉"字条。

【提示】"余晖"也作"余辉"，《异形词表》推荐的写法是前者。

【构词】春晖（春暉／春輝）｜朝晖（朝暉／朝輝）

辉（輝）[煇]{晖} huī

"煇"是形声字，从火，軍声，本义为光辉、光彩，引申为照耀。又作"輝"，意符改为光。"晖"是形声字，从日，軍声，本义为阳光，引申为照耀，也作"輝"。《异体字表》以"煇""晖"为"辉"的异体字。《规范字表》把"輝"类推简作"辉"；以"煇"为异体字；把"暉"类推简作"晖"，改作规范字。

【提示】"辉映"也作"晖映"，《异形词表》推荐的写法是前者。

【构词】辉煌（輝煌）｜辉映（輝映）｜光辉（光輝）

徽[微] huī

"微"是形声字，从巾，微省声，本义为标志、符号，引申为旗帜。"徽"是形声字，从糸，微省声，本义为用三股线拧成的绳索，引申为捆绑。假借为美好、标志、符号、旗帜等。《规范字表》以"微"为异体字。

【提示】"徽"与"微"不是等义异体字。

回（迴）[廻廽] huí

"回"是象形字，甲骨文作 ，金文作 ，《说文》古文作 ，象水流回旋之形。小篆作 ，字形稍变。本义为水流旋转（是"洄"的本字），引申为旋转、迂回、曲折、掉转方向、返回、绕开避让、答复、转变、量词（用于事情、动作的次数）等。"迴"是形声字，从辶（辵），回声，本义为旋转，引申为绕开避让。变体作"廻"或"廽"。《规范字表》把"迴"简作"回"，采用笔画较少的本字。以"廻""廽"为异体字。

【提示】①"回"与"迴"不是等义简繁字，与"廻""廽"不是等义异体字。②"低回"也作"低徊"，《异形词表》推荐的写法是前者。

【构词】回拜（回拜）｜回报（回報）｜回潮（回潮）｜回程（回程）｜回答（回答）｜回复（回復）｜回顾（回顧）｜回归（回歸）｜回合（回合）｜回家（回家）｜回教（回教）｜回绝（回絕）｜回历（回曆）｜回馈（回饋）｜回民（回民）｜回身（回身）｜回声（回聲）｜回师（回師）｜回收（回收）｜回头（回頭）｜回乡（回鄉）｜回信（回信）｜回忆（回憶）｜回音（回音）｜回应（回應）｜回族（回族,民族名）｜回马枪（回馬槍）｜回文诗（回文詩）｜回雁峰（回雁峰）｜返回（返回）｜赎回（贖回）｜挽回（挽回）｜一回（一回）｜第三回（第三回）｜起死回生（起死回生）

回避（回避／迴避）｜回荡（迴盪）｜回廊（回廊／迴廊）｜回路（迴路）｜回绕（迴繞）｜回纹（迴紋）｜回旋（迴旋）｜回转（迴轉）｜回文诗(迴文詩)｜回肠荡气（迴腸盪氣）｜回环转折（迴環轉折）｜低回（低

迴）｜轮回（輪回／輪迴）｜巡回（巡回／巡迴）｜迂回（迂回／迂迴）｜峰回路转（峰回路轉／峰迴路轉）

蛔[蛕蚘蝈痐] huí

"蛕"是形声字，从虫，有声，义为人或动物肠内的一种寄生虫，形状像蚯蚓。又作"蚘"或"蝈"，音符改为尤或回。"痐"是"蝈"的变体。又作"痐"，意符改为疒。《规范字表》以"蛕、蚘、蝈、痐"为异体字。

毁{毀}[燬譭] huǐ

"毁"是表意字，金文作𣪊，郭店楚简作𣪊，《说文》古文作𣪊，小篆作𣪊，从殳、臼、土，殳指击打，臼指陶器，表示把土制的陶器击碎。本义为毁坏，使损坏。引申为破坏、损害、残缺、减损、烧毁、损害别人的名声。变体作"毁"，左下角的土讹为工。"燬"是形声字，从火，毁声，本义为烈火，引申为烧毁。"譭"是形声字，从言，毁声，本义为诽谤，损害别人的名声。《规范字表》以"毁"为规范字，以"燬""譭"为异体字。

【提示】①"毁（毀）、燬、譭"不是等义异体字。②规范字形是"毁"，左下为工；旧字形和台湾字形是"毀"，左下为土。③台湾用于"毁灭、毁坏、毁谤、烧毁、诋毁、毁家纾难、玉石俱毁"作"毀"，用于"销毁、毁燼、王室如毁"作"燬"。

汇（匯彙）[滙] huì

"匯"是形声字，从匚，淮声，本义为古代一种器物。假借为水流聚合，由此引申为汇合、综合等。"滙"是形声字，从水，匯省声，本义为水流聚合，引申为汇合、综合等。"彙"是形声字，小篆作𢑿，从希（yì），胃（胃）省声，本义为刺猬(后作"猬"）。假借为类别，由此引申为按类集中、聚集而成的东西、通过邮局或银行等把钱款从甲地寄到乙地等。《规范字表》以"滙"为异体字。采用俗字把"匯"简作"汇"，据异体字"滙"省略。又把"彙"简作"汇"，用笔画较少的同音字代替。

【提示】①"匯"与"彙"都简作"汇"，合二为一。②"汇（匯）"可作类推简化偏旁使用，如：扡（攂）。

【构词】汇报（匯報／彙報）｜汇编（匯編）｜汇单（匯單）｜汇兑（匯兑）｜汇费（匯費）｜汇合（匯合）｜汇集（匯集／彙集）｜汇聚（匯聚／彙聚）｜汇刊（匯刊／彙刊）｜汇款（匯款）｜汇流（匯流）｜汇拢（匯攏）｜汇率（匯率）｜汇票（匯票）｜汇展（匯展）｜汇总（匯總／彙總）｜汇成巨流（匯成巨流）｜创汇（創匯）｜电汇（電匯）｜换汇（換匯）｜外汇（外匯）｜文汇（文匯）｜邮汇（郵匯）｜总汇（總匯／總彙）｜百川汇海（百川匯海）

汇编（彙編）｜汇萃（彙萃）｜词汇（詞彙／辭彙）｜语汇（語彙）｜字汇（字彙）

会（會）huì

"會"是表意字，由"合"分化而成。甲骨文作𣪊，金文作𣪊，下象盛物器，上象器盖，中为所盛之物。战国文字作𣪘，郭店楚简作𣪘，小篆作會，字形稍变。本读 huì，义为会合。（一说象粮仓形，上象仓顶，下象仓体，中间为储存的粮食，本义为储存、积聚。）引申为聚合、聚会、人们集会或聚居的地方、某些群众团体或组织、理解、擅长、有能力做某事、时机等。又读 kuài，引申为总计，对各种款项进行合计。会计，管理和计算财务的工作，也指做这种工作的人。元代俗字（见元抄本《京本通俗小说》）和《国音常用字汇》《手头字》《简体字表》《规范字表》简作"会"，以云作符号代替下边的部分。

【提示】"会（會）"可作类推简化偏旁使用，如：刽（劊）、绘（繪）、荟（薈）。

彗{篲} huì

"彗"又作"篲"，是表意字。小篆作篲，上象扫帚（由成排的竹枝扎束而成），下从又，又即手，表示手持扫帚扫地。本义为清扫，引申为扫帚。因彗星接近太阳时，背光的一面形成长的光尾，形状像扫帚，故引申为彗星，也叫扫帚星。

【提示】字的下部，规范字形是彐，旧字形和台湾字形中间横画右侧出头。用于合体字部件同此，如"慧"。

惠 huì

【提示】"贤惠"也作"贤慧"，《异形词表》推荐的写法是前者。

溃（潰） huì

【提示】"溃脓"也作"殨脓"，《异形词表》推荐的写法是前者。

慧 huì

【提示】"秀外慧中"也作"秀外惠中"，《异形词表》推荐的写法是前者。

hun

昏[昬] hūn

"昏"是表意字，甲骨文作𣇵𣇵，金文作𣇵，小篆作𣇵，从日从氐（或省为氏），氐指低下、落下，表示日落近地。本义为黄昏，天刚黑的时候。引申为昏暗、模糊、糊涂、失去知觉。变体作"昬"。《规范字表》以"昬"为异体字。

浑（渾） hún

【提示】"浑水摸鱼"也作"混水摸鱼"，《异形词表》推荐的写法是前者。

魂[䰟] hún

"魂"是形声字，从鬼，云声，本义为附着在人体上能够脱离躯壳而存在的东西（迷信）。引申为精神或情绪、事物的精灵或起主导作用的东西等。变体作"䰟"，由左右结构改为上下结构。《规范字表》以"䰟"为异体字。

混｛溷｝hùn

"混"是形声字，从水，昆声，本义为水势盛大，引申为混杂、混同、浑浊等。"溷"是形声字，从水，圂（hùn）声，本义为混乱，引申为混杂、污秽、粪便等污秽物。《异体字表》以"溷"为"混"的异体字，《规范字表》删去了这组异体字。

溷 hùn

①混乱；混杂：世～浊而不分｜事类～错。②污秽；粪便等污秽物：擩其发（fà），以～沃其头。

"溷"在《异体字表》中是"混"的异体字，《规范字表》改作规范字。见 86 页"混"字条。

huo

伙（夥）huǒ

"伙"是形声字，从人，火声，本义为古代军队中在一起烧火做饭吃的士兵，引申为同伴、由若干人组成的集体、伙食（集体办的饭食）等。"夥"是形声字，从多，果声，本义为多，引申为团伙、同伴。用于团伙、同伴义时，清代俗字（见《二十年目睹之怪现状》）和《规范字表》简作"伙"，用笔画较少的同音字代替。《规范字表》又规定"夥"的词义作多解时是规范字。

【提示】①"夥"与"伙"不是等义繁简字，另见 86 页"夥"字条。②"伙伴"也作"火伴"，《异形词表》推荐的写法是前者。

【构词】伙伴（伙伴／夥伴）｜伙房（伙房）｜伙夫（伙夫）｜伙食（伙食）｜包伙（包伙）｜搭伙（搭伙）｜家伙（家伙／傢伙）｜开伙（開伙）

　　　伙同（夥同）｜伙计（伙計／夥計）｜合伙（合伙／合夥）｜入伙（入夥）｜散伙（散夥）｜同伙（同夥）｜团伙（團夥）｜小伙子（小伙子／小夥子）｜一伙人（一伙人／一夥人）｜伙同一气（夥同一氣）｜成群结伙（成群結夥）｜地狭人伙（地狹人夥）｜获益甚夥（獲益甚夥）

夥 huǒ

多：地狭人～｜获益甚～。

【提示】"夥"又作"伙"的繁体字，见 86 页"伙"字条。

获（獲穫）huò

"獲"是形声字，从犬，蒦（huò）声，本义为猎到禽兽，引申为猎到的东西、俘虏敌人、取得、遭受、收割庄稼等。"穫"是形声字，从禾，蒦声，本义为收割庄稼，引申为收获、收成等。《规范字表》参考俗字把这两个字合并简作"获"，新造表意字，从艸从二犬，艸指庄稼，犬指猎物。

【构词】获得（獲得）｜获救（獲救）｜获利（獲利）｜获取（獲取）｜获胜（獲勝）｜获罪（獲罪）｜捕获（捕獲）｜获准（獲准）｜获益匪浅（獲益匪淺）｜捕获（捕獲）｜查获（查獲）｜俘获（俘獲）｜缴获（繳獲）｜擒获（擒獲）｜抓获（抓獲）｜不劳而

获（不勞而獲）｜人赃俱获（人臟俱獲）｜一无所获（一無所獲）

收获（收穫）｜十月获稻（十月穫稻）

祸（禍）[旤] huò

"祸"是形声字，从示，呙（guō）声，本义为灾难、灾害，引申为危害、损害。变体作"旤"。《规范字表》把"禍"类推简作"祸"，以"旤"为异体字。

《礼器碑》局部

J

jī

几（幾）jī

"几"是象形字，小篆作凢，象古人席地而坐时倚靠的凭几，本读 jī，义为古代的一种家具，引申为放置物品的低矮的小桌子。"幾"是表意字，金文作𢆶，《诅楚文》作𢆶，小篆作𢆶，从幺（yōu）从戍，幺指小、细微，戍指武装守备，表示发现微小的战争预兆而加强军事防御，本读 jī，义为细微的迹象，引申为预兆。假借为副词，相当于"几乎""差不多"。又读 jǐ，假借为数词，用来询问数目的多少，也表示二到九之间的数目。《手头字》《规范字表》把"幾"简作"几"，用笔画较少的同音字代替。

【提示】①"几"与"幾"不是等义简繁字。②"几（幾）"可作类推简化偏旁使用，如：肌（肌）、机（機）、虮（蟣）。

【构词】几案（几案）｜案几（案几）｜茶几（茶几）｜书几（書几）｜条几（條几）｜香几（香几）｜窗明几净（窗明几淨）

几曾（幾曾）｜几次（幾次）｜几多（幾多）｜几何（幾何）｜几乎（幾乎）｜几近（幾近）｜几率（幾率）｜几时（幾時）｜几天（幾天）｜几许（幾許）｜几本书（幾本書）｜几个人（幾個人）｜几内亚（幾内亞，国名）｜所剩无几（所剩無幾）

击（擊）jī

"擊"是形声字，从手，毄（jī）声，本义为敲打，引申为攻打、刺、碰撞、接触等。《规范字表》采用俗字简作"击"，据原字左上角改造而成。

饥（飢饑）jī

"飢"是形声字，从食，几声，本义为饿，引申为庄稼歉收。"饑"是形声字，从食，幾声，本义为灾荒，庄稼歉收或没有收成，引申为饿。《规范字表》把这两个字合并类推简作"饥"。

【提示】"飢"和"饑"本义不同，在繁体文本中经常通用。

【构词】饥饱（飢飽）｜饥饿（飢餓／饑餓）｜饥民（飢民）｜饥色（飢色）｜饥不择食（飢不擇食）｜饥肠辘辘（飢腸轆轆）｜饥寒交迫（飢寒交迫）｜疗饥（療飢）｜如饥似渴（如飢似渴）｜画饼充饥（畫餅充飢）

饥荒（饑荒）｜饥馑（饑饉）｜饥歉（饑歉）｜冻饥（凍饑）｜年饥（年饑）｜岁饥（歲饑）｜连年大饥（連年大饑）

机（機）jī

"机"是形声字，从木，几声，本义为一种树木，假借为小桌子（与"几"同）。"機"是形声字，从木，幾声，本义为弩箭上的发动装置，引申为各种有发射机关的机械、织布机、机器、飞机、关键环节、机会、重要事务、心里萌发的念头等。《国音常用字汇》《规范字表》把"機"类推简作"机"，与义为树木的"机"同形。

【提示】"机"与"機"不是等义简繁字。

鸡（鷄）[雞] jī

雞，甲骨文作🐦，初为象形字，象高冠长喙的鸡形。甲骨文异体作🐦，楚系简帛文作🐦，小篆作雞，变成形声字，从隹，奚声。楚系简帛又作鷄，《说文》籀文作🐦，隶定为"鷄"，意符改为鸟。义为鸟名，通常指家鸡。清代俗字（见清刊本《金瓶梅奇书》）和《国音常用字汇》《手头字》《简体字表》把"鷄"简作"鸡"，用符号又代替音符奚，《规范字表》进一步把意符类推简作"鸡"。《规范字表》以"雞"为异体字。

【提示】繁体文本和台湾多作"雞"。

积（積）jī

"積"是形声字，从禾，責声，本义为积聚谷物，引申为聚集、积久而成的、儿童消化不良的病、乘积（乘法的得数）等。《规范字表》采用俗字简作"积"，音符改为只。

赍（賫）[賷齎] jī

"齎"是形声字，从貝，齊声，本义为把东西送给别人，引申为携带、心里怀着（某种想法）等。俗字作"賫"或"賷"。《规范字表》把"齎"类推简作"赍"，以"賷""齎"为异体字。

羁（羈）[覉] jī

"羈"是表意字，战国文字作🐦，小篆作羈，从罒（网）、馬（zhí），网和馬指束缚、绊系。小篆异体作覉，加革，革为皮革。本义为马笼头，引申为拴住、束缚、牵制、在外停留等。俗字作"覉"，意符改为罒。《规范字表》把"羈"类推简作"羁"，以"覉"为异体字。

及{及} jí

"及"又作"及"。甲骨文作🐦，金文作🐦，小篆作及，是表意字，从又从人，象有手伸到一人身后捕捉之形，本义为追赶上。（一说本义为一人以手捉到另一个人。）引申为达到、趁着、比得上、推及、连词（表示并列关系）。

【提示】规范字形3画，旧字形和台湾字形4画。用于合体字部件同此，如"汲""岌"。

极（極）jí

"極"是形声字，从木，亟声，本义为房屋的正梁，引申为顶点、尽头、地球的南北两个端点、最高的、最终的、竭尽、达到顶点、副词（表示最高程度）等。"极"是形声字，从木，及声，义为放在驴背上用以载物的木架。《规范字表》采用俗字把"極"简作"极"，音符改为及，与义为木架的"极"同形。

【提示】"极"与"極"不是等义

简繁字。

戡{戡} jí

"戡"是形声字,从戈,甚(qí)声,本义为聚藏兵器,引申为收藏、收敛、止息,假借为姓。

【提示】大陆规范字形12画,是独体字,戈的横画与左侧相连为一笔;旧字形和台湾字形13画,是左右结构,中间是断开的。

楫[檝] jí

"楫"是形声字,从木,甚(qí)声,本义为船桨。又作"檝",音符改为戢(jí)。《规范字表》以"檝"为异体字。

藉 ㈠ jí ㈡ jiè

㈠ ①践踏;欺凌:欲使马~杀之|今我在也,而人皆~吾弟。②姓。③[狼藉]乱七八糟;杂乱不堪:杯盘~|一片~。

㈡ ①垫在下面的东西:草~|以茅为~。②垫衬;铺垫:枕~|铺沙~路。③安慰:慰~。④连词。表示假设,如果;假使:失期当斩,~第令毋斩,而戍死者固十六七。

【提示】①"藉"又作"借"的繁体字,见100页"借"字条。②藉/籍/借 "藉"与"籍"在古代汉语中有时通用,如"藉田""狼藉"也作"籍田""狼籍"。现代汉语中"藉"读jiè时,用于"藉口""慿藉"简作"借",用于"慰藉""枕藉"不简化;读jí时不简化。③"狼藉"也

作"狼籍",《异形词表》推荐的写法是前者。

籍 jí

①簿书;书册:户~|古~|典~。②祖居地或出生地:~贯|原~。③个人与国家或组织的隶属关系:国~|学~|党~。④姓。

【提示】籍/藉/借 见100页"藉"字条。

纪(紀) jì

【提示】"纪念"也作"记念",《异形词表》推荐的写法是前者。

际(際) jì

"際"是形声字,从阜,祭声,本义为两墙相接处的缝,引申为交界或靠边的地方、相互之间、中间等。《手头字》《规范字表》简作"际",省略音符上边的部件。

迹[跡蹟] jì

"迹"是形声字,从辶(辵),亦声,本义为脚印,引申为物体留下的痕迹、事迹、业绩、前人遗留下的事物等。又作"跡",意符改为足;又作"蹟",音符改为責。《规范字表》以"跡""蹟"为异体字。

【提示】台湾用于"足迹、轨迹、笔迹、痕迹、踪迹、遗迹、古迹、蛛丝马迹、销声匿迹"作"跡",用于"笔迹、遗迹、古迹、血迹"也作"蹟"。

【构词】迹象(跡象)|痕迹(痕跡)|遗迹(遺跡)

勣（勣）jì

①用于人名：李～（唐代人，本名徐世～）。②"勣"又作"绩"的异体字，见91页"绩"字条。

继（繼）jì

"繼"是表意字，金文作𦃇，从二絲（丝），右下的二为省略符号，中间一横画表示接续。小篆作繼，从糸从㡭（jì），糸为丝，㡭是𢇍（jué）的反文，𢇍为断丝，㡭与其相反则指连接在一起的丝，另加糸表示连接断丝。本义为接续，引申为继续、延续、继承、后续的、副词（表示紧随某一情况或动作之后）等。汉代俗字、《国音常用字汇》作"继"，右侧据草书楷化，《规范字表》进一步把左侧类推简作"继"。

绩（績）[勣]{勣}jì

"績"是形声字，从糸，責声，本义为把麻等搓捻成线或绳子，与"缉（緝）"同，引申为功业、成果。"勣"是形声字，从力，責声，本义为功绩、功业，与"績"同。《规范字表》把"績"类推简作"绩"，以"勣"为异体字。又把"勣"类推简作"勣"，作规范字，用于姓氏人名。

【提示】"勣"与"绩（績）"不是等义异体字，另见91页"勣"字条。

jiā

夹（夾）[袷袷]jiā

"夾"是表意字，甲骨文作𠆢，金文作𠆢，小篆作夾，象一个人在中间，旁边或两边有人相扶持之形，本读 jiā，义为辅佐，从左右相辅助，引申为从两个相对方面用力以固定物体、处于两物体或两方面之间、掺有、夹东西的器具等；又读 jiá，引申为双层的（衣、被等）；又读 gā，用于"夹肢窝"，即胳肢窝，腋窝。用于双层的衣、被义，后又作"袷"或"袷"，都是形声字，从衣，夾声或合声。西汉史游《急就章》字形与今简化字接近。《手头字》《规范字表》把"夾"简作"夹"，据草书楷化。《规范字表》以"袷""袷"为异体字；又规定"袷"读 qiā 时是规范字，用于"袷袢"。

【提示】①"袷"与"夹（夾）"不是等义异体字，另见162页"袷"字条。②"夹（夾）"可作类推简化偏旁使用，如：峡（峽）、荚（莢）、颊（頰）。③"夹克"也作"茄克"，《异形词表》推荐的写法是前者。④繁体文本和台湾用于"夹板、夹道、夹生、票夹、铁夹"作"夾"；用于"夹衣、夹袄、夹层"作"夾"，也作"袷"或"袷"。

家（傢）jiā

"家"是表意字，甲骨文作𠖄𠖄，金文作𠖄𠖄，小篆作家，从宀从豕，宀指房屋，豕即猪，表示屋下养有猪（一说是形声字，从宀，豭省声），本读 jiā，义为定居的家庭生活。引申为家庭、人家、学术流派、经营某种行业的人、有某种专业技能的人、饲养的、量词（用于家庭、企业）等。又读 jiɑ，用于后缀，附着在某些指人的名词之后，表示属于某一类人。"傢"是形声字，从人，家声，用于"傢伙"，指工具、牲畜、人等，也作"家伙"。《规范字表》把"傢"简作"家"，用笔画较少的同音通用字代替。

【提示】"家"与"傢"不是等义简繁字。

【构词】家财（家財）｜家蚕（家蠶）｜家产（家產）｜家常（家常）｜家畜（家畜）｜家父（家父）｜家居（家居）｜家禽（家禽）｜家乡（家鄉）｜家兄（家兄）｜家属（家屬）｜家庭（家庭）｜家族（家族）｜法家（法家）｜公家（公家）｜国家（國家）｜画家（畫家）｜回家（回家）｜农家（農家）｜人家（人家）｜儒家（儒家）｜上家（上家）｜下家（下家）｜一家（一家）｜渔家（漁家）｜专家（專家）｜作家（作家）｜百家争鸣（百家爭鳴）｜无家可归（無家可歸）｜姑娘家（姑娘家）｜老三家（老三家）｜学生家（学生家）｜政治家（政治家）

家伙（傢伙／家伙）｜家具（傢具／家具）｜家什（傢什／家什）

嘉 jiā

【提示】"嘉宾"也作"佳宾"，《异形词表》推荐的写法是前者。

戛[戞] jiá

"戛"是表意字，小篆作戛，下从戈，上为首（人头），本读 jiá，义为用以斩杀人头的戟，是古代一种武器，引申为敲打。用于"戛然"，形容嘹亮的鸟鸣声，也形容声音突然中止。又读 gā，假借为译音用字。用于"戛纳"，为法国城市名。俗字作"戞"。《规范字表》以"戞"为异体字。

假[叚] jiǎ

"叚"的金文作叚，是形声字，从𠬞（biào），石声，𠬞指两手相付、给予。战国文字作叚，小篆作叚，字形稍变。本读 jiǎ，义为借（后作"假"）。又读 xiá，假借为姓。"假"是形声字，从人，叚声。本读 jiǎ，义为借，引申为凭借、虚假、不真实、假设、设想或推断。又读 jià，假借为休假、假期。《规范字表》以"叚"为异体字，又规定"叚"读 xiá 用于姓氏人名时是规范字。

【提示】"叚"与"假"不是等义异体字，另见 214 页"叚"字条。

价（價） jià

"價"是表意字，从人从賈，人指商人，賈指买卖货物，本读 jià，义为价格，引申为价值；又读 jie，用于词的后缀，表示加强语气等。"价"是形声字，从人，介声，读 jiè，用于"小价"，古代称派遣送东西或传达事情的人。《国音常用字汇》《手头字》《简体字表》《规范字表》把"價"简作"价"，新造形声字，从人，介声。与用于"小价"的"价"字同形。

【提示】"价"与"價"不是等义简繁字。

【构词】价格（價格）｜价值（價值）｜价廉物美（價廉物美）｜半价（半價）｜代价（代價）｜评价（評價）｜涨价（漲價）｜原子价（原子價）｜讨

价还价（討價還價）｜氢是一价的元素（氫是一價的元素）

价末（价末，方言，那么）｜价人（价人，善人）｜别价（別价）｜走价（走价）｜震天价响（震天价響）｜洞山良价（洞山良价，人名，佛教曹洞宗创始人之一）

jian

戋（戔）jiān

"戔"是表意字，甲骨文作 ，金文作 ，小篆作 ，从二戈，或上下或左右相向，表示搏击。本读 cán，义为残伤、杀伤，后作"殘（残）"。又读 jiān，用于"戋戋"，义为小、浅小、少。元代俗字（见元刊本《古今杂剧三十种》）和《规范字表》简作"戋"，据草书楷化。

【提示】"戋（戔）"可作类推简化偏旁使用，如：浅（淺）、线（綫）、笺（箋）。

奸［姦］jiān

"姦"是表意字，从三女，表示与多个女子有私情，读 jiān，本义为淫乱，引申为男女通奸、奸淫、邪恶、狡诈等。"奸"是形声字，从女，干声，本读 gān，义为干犯、冒犯；又读 jiān，引申为狡猾、邪恶、对君主或国家不忠诚、背叛国家或民族的人等。《规范字表》以"姦"为异体字。

【提示】"奸"与"姦"不是等义异体字。

【构词】奸臣（奸臣）｜奸佞（奸佞）｜奸邪（奸邪）｜奸雄（奸雄）｜奸诈（奸詐）｜锄奸（鋤奸）｜汉奸（漢奸）｜内奸（內奸）｜偷奸耍滑（偷奸耍滑）｜作奸犯科（作奸犯科）｜狼狈为奸（狼狽爲奸）

奸夫（姦夫）｜奸妇（姦婦）｜奸情（姦情）｜奸污（姦污）｜奸淫（姦淫/姦婬）｜强奸（強姦）｜通奸（通姦）｜诱奸（誘姦）｜捉奸（捉姦）｜作奸犯科（作姦犯科）

歼（殲）jiān

"殲"是形声字，从歹（è），韱（xiān）声，义为全部铲除、消灭。《规范字表》采用俗字简作"歼"，音符改为千。

艰（艱）jiān

甲骨文作 ，金文作 ，《说文》籀文作 ，是表意字，从堇从壴（gǔ），造字本意未详。小篆作 ，是形声字，从堇，艮声，隶定为"艱"。本义为土黏而难以治理，引申为祸患、艰难、晦涩等。明代俗字（见明刊本《薛仁贵跨海东征白袍记》）和《手头字》《简体字表》《规范字表》简作"艰"，以又作符号代替意符。

监（監）jiān

"監"是表意字，甲骨文作 ，金文作 ，从皿从見，象人站在盛水的器皿旁俯首下看之形，表示观察水中自己的影像。小篆作 ，字形稍变。本读 jiān，义为看，后作"鑒（鉴）"。引申为借鉴、查看、督察、囚禁、牢狱。

又读 jiàn，引申为古代官府名、官名、国子监（古代国家最高学府）的简称。元代俗字（见元抄本《京本通俗小说》）和《规范字表》简作"监"，据草书楷化。

【提示】"监（監）"可作类推简化偏旁使用，如：蓝（藍）、滥（濫）、槛（檻）。

笺（箋）[牋榋] jiān

"箋"是形声字，从竹，戋声，本义为古书的注解，用来注释词句的文字，引申为写信或题词用的纸、书信。用于书信义，又作"牋"，意符改为片。又作"榋"，是形声字，从木，前声。《规范字表》把"箋"类推简作"笺"，以"牋""榋"为异体字。

【提示】"榋"又读 zhàn，同"栈（棧）"，与"笺""牋"不是等义异体字。

缄（緘）[械] jiān

"緘"是形声字，从糸，咸声，本义为捆扎器物的绳子，引申为扎束、封闭、给书信封口、书信等。"械"是形声字，从木，咸声，本义为匣子、小箱子，引申为书信，与"緘"同。《规范字表》把"緘"类推简作"缄"，以"械"为异体字。

【提示】"缄"与"械"不是等义异体字。

拣（揀）jiǎn

"揀"是形声字，从手，柬声，本义为挑选，引申为拾取，与"捡"同。元代俗字（见赵孟頫草书）和《规范

字表》简作"拣"，据草书楷化。

茧（繭）[蠒] jiǎn

"繭"是表意字，小篆作繭，从糸、虫、芇（mián），糸为丝，芇指遮蔽身体，本义为蚕茧，蚕在变蛹之前吐丝做成的包裹自己的外壳。引申为茧子，手掌、脚掌等部位因劳动或走路等长期摩擦而生的硬皮。俗字作"蠒"。《规范字表》采用俗字把"繭"简作"茧"，省略原字部件。《规范字表》以"蠒"为异体字。

【提示】"茧"又读 chóng，草名，引申为草木衰败，与"繭"不是等义简繁字。

减[減] jiǎn

"減"是形声字，从水，咸声，本义为减少，引申为减轻、衰退等。俗字作"减"，意符改为冫（冰）。《规范字表》以"減"为异体字。

【提示】繁体文本和台湾多作"減"，俗字作"减"。

剪{翦} jiǎn

"翦"是形声字，从羽，前声，本义为羽毛初生时整齐，引申为修剪使整齐、剪断、除去、删截、剪刀、形状像剪刀一样的器具等。用于修剪、剪除、裁剪、剪刀等义又作"剪"，意符改为刀。《异体字表》以"翦"为异体字。《规范字表》把"翦"改作规范字。

简（簡）jiǎn

【提示】"书简"也作"书柬"，《异形词表》推荐的写法是前者。

碱［堿鹹礆］jiǎn

"鹹"是形声字，从卤，咸声，义为盐卤，土壤中的碳酸钠，也叫盐碱。又作"礆"，音符改为兼。俗字作"碱"，形声字，从石，咸声，引申为被盐碱侵蚀。又作"堿"，意符改为土。《规范字表》以"堿、鹹、礆"为异体字。

【提示】①"堿"又读kǎn，义同"坎"，与"碱"不是等义异体字。②《异体字表》以"礆"为"鹹"的异体字，又以"堿"为"碱"的异体字。《规范字表》将这两组异体字合并为一组。③繁体文本和台湾多作"鹹"，俗字作"碱"。

【构词】碱类（鹹類）｜碱性（鹹性／鹹性）｜火碱（火碱／火鹹）｜明碱（明鹹）｜烟碱（煙鹹）｜盐碱地（鹽碱地／鹽鹹地）

翦 jiǎn

①剪整齐，引申为除掉、歼灭：共～此房｜～商（灭亡商朝）。②姓。"翦"在《异体字表》中是"剪"的异体字，《规范字表》改作规范字。见94页"剪"字条。

见（見）jiàn

"見"是表意字，甲骨文作𥍋𥍌，金文作𥍋，小篆作見，从人从目，象人睁大了眼睛之形。本读jiàn，义为看到、看见，引申为会见、接触、显现、看法或主张等；又读xiàn，引申为出现、被看见。汉代《居延汉简》已有跟今简化字接近的字形。清代俗字（见清刊本《目连记弹词》）和《规范字表》简作"见"，据三国时期皇象书《急就章》等草书楷化。

【提示】"见（見）"可作类推简化偏旁使用，如：视（視）、觉（覺）、觅（覓）。

荐（薦）jiàn

"薦"是表意字，金文作𨟻，小篆作薦，从廌（或艸）从廌（zhì），廌为牛类动物，指廌所吃的草。本义为一种牧草，引申为草席、草垫子。薦草可用于祭祀，故引申为祭祀，由此引申为进献、推举、介绍等。"荐"是形声字，小篆作荐，从艸，存声，本义为草席、草垫子，引申为牧草。假借为进荐，副词（相当于"一再""屡次"）等。《手头字》《规范字表》把"薦"简作"荐"，用笔画较少的同音字代替。

【提示】①"荐"与"薦"不是等义简繁字。②"荐（薦）"可作类推简化偏旁使用，如：鞯（韉）。

【构词】荐饥（荐饑）｜荐食（荐食）｜草荐（草荐）｜荐枕席（荐枕席）｜饥馑荐臻（饑饉荐臻）

荐举（薦舉）｜荐贤（薦賢）｜保荐（保薦）｜举荐（舉薦）｜推荐（推薦）｜引荐（引薦）｜毛遂自荐（毛遂自薦）

剑（劍）［劎］jiàn

"劎"是形声字，从刃，僉声，

义为古代兵器名。又作"劍",意符改为刀。《规范字表》把"劍"类推简作"剑",以"劍"为异体字。

舰（艦）jiàn

"艦"是形声字,从舟,監声,义为大型战船。《规范字表》采用俗字简作"舰",音符改为见。

鉴（鑒）[鑑鉴]jiàn

"鑑"是形声字,从金,監声,本义为盛水的用来照视的铜盆,引申为铜镜、借鉴、照、仔细看等。又作"鑒",由左右结构改为上下结构。省体作"鉴"。《规范字表》把"鑒"类推简作"鉴",以"鑑""鉴"为异体字。

【提示】繁体文本和台湾,"鑒""鑑"的习惯用法稍有区别。

【构词】鉴核（鑒核）| 鉴谅（鑒諒）| 钧鉴（鈞鑒）| 申鉴（申鑒,书名）| 台鉴（台鑒）| 殷鉴（殷鑒）| 前车之鉴（前車之鑒）

鉴别（鑑別）| 鉴察（鑑察）| 鉴定（鑑定）| 鉴赏（鑑賞）| 鉴往知来（鑑往知來）| 借鉴（借鑑）| 资治通鉴（資治通鑑,书名）

jiang

将（將）jiāng

"將"是形声字,小篆作將,从寸（即手）、肉,爿（chuáng）声,本义读jiāng,持取。引申为扶持、搀扶、带着、率领、用言语刺激、介词（相当于"拿""把"）、副词（用于推测,相当于"快要"）等。又读jiàng,引申为统帅、带兵的人。汉代俗字（见《居延汉简》）和《规范字表》简作"将",据草书楷化。

【提示】"将（將）"可作类推简化偏旁使用,如：蒋（蔣）、锵（鏘）。注意"獎、槳、漿、醬"四字不能类推简化,而是分别简作"奖、桨、浆、酱"。

姜（薑）jiāng

"姜"是形声字,从女,羊声,义为姓。"薑"是形声字,从艸,畺声,义为一种草本植物,根茎可作调料。《规范字表》把"薑"简作"姜",用笔画较少的同音字代替。

【提示】"姜"与"薑"不是等义简繁字。

【构词】姜维（姜維,人名）| 姜太公（姜太公,人名）| 孟姜女（孟姜女,人名）

姜桂（薑桂）| 姜黄（薑黃）| 姜片（薑片）| 姜汤（薑湯）| 葱姜（蔥薑）| 生姜（生薑）| 鲜姜（鮮薑）

浆（漿）jiāng

"漿"是形声字,从水,將声,本读jiāng,义为一种略带酸味的饮料,引申为较浓的汁液、酒；又读jiàng,用于"浆糊",义为用面粉等制成的具有黏性的糊状物。《规范字表》参考战国时期俗字（见《马王堆汉墓竹简》）简作"浆",音符有简省。

僵[殭]jiāng

"僵"是形声字,从人,畺（jiāng）声,本义为仆倒,向后跌倒,引申为僵硬、因意见不能调和而事情难于处理等。用于仆倒义，又作"殭"，意符改为歹。《规范字表》以"殭"为异体字。

【提示】"僵"后起义较多，与"殭"不是等义异体字。

【构词】僵持（僵持）｜僵化（僵化）｜僵局（僵局）｜僵硬（僵硬）｜李代桃僵（李代桃僵）

僵蚕（僵蠶／殭蠶）｜僵立（僵立／殭立）｜僵尸（僵尸／殭屍）｜僵死（僵死／殭死）｜僵卧（僵卧／殭臥）

缰（繮）[韁] jiāng

"繮"是形声字，从糸，畺（jiāng）声，义为拴牲口的绳子。又作"韁"，意符改为革。《规范字表》把"繮"类推简作"缰"，以"韁"为异体字。

【构词】缰绳（繮繩／韁繩）｜脱缰之马（脱繮之馬／脱韁之馬）｜信马由缰（信馬由繮／信馬由韁）

讲（講）jiǎng

"講"是形声字，从言，冓声，本义为和解，引申为交战双方经过谈判结束战争、讲求、讲解、练习、说（话）等。《规范字表》采用俗字简作"讲"，新造形声字，从讠（言），井声。

奖（奬）[獎] jiǎng

"獎"是形声字，从犬，將声，本义为发出声音嗾使犬，引申为勉励、赞扬、授予荣誉或财物、给予的荣誉或财物等。变体作"奬"，意符改为大。《规范字表》参考汉代俗字把"奬"简作"奖"，音符有简省。以"獎"为异体字。

【构词】奖励（獎勵／奬勵）｜颁奖（頒獎／頒奬）｜获奖（獲獎／獲奬）

桨（槳）jiǎng

"槳"是形声字，从木，將声，义为划船的工具。《规范字表》参考唐代孙过庭草书简作"桨"，音符有简省。

酱（醬）jiàng

"醬"是形声字，从酉，將声，本义为肉酱，肉制的糊状调味品，引申为用豆、麦子等做成的糊状调味品、用酱或酱油腌制、用酱或酱油腌制的糊状食品等。《规范字表》参考汉代俗字简作"酱"，音符有简省。

jiao

胶（膠）jiāo

"膠"是形声字，从月（肉），翏（liù）声，本义为有黏性、能粘合器物的物质，引申为用胶粘住、像胶一样有黏性的、橡胶等。《规范字表》采用俗字简作"胶"，音符改为交。

【提示】"胶"又读 xiáo，牲畜的后胫骨，与"膠"不是等义简繁字。

跤 jiāo

【提示】"跌跤"也作"跌交"，《异

形词表》推荐的写法是前者。

角{甪} jiǎo

"角"又作"甪",是象形字。甲骨文作🔺,金文作🔺🔺,小篆作🔺,象兽角形,本读 jiǎo,义为兽角。引申为样子像角的事物、物体两个边的会合处、角落。又读 jué,引申为竞赛、争胜、角色、演员等。

【提示】①字形下部中间,规范字形竖画底下出头,旧字形和台湾字形不出头。用于合体字部件同此,如"解、确、嘴"。②"鬓角、独角戏、角门、角色"也作"鬓脚、独脚戏、脚门、脚色",《异形词表》推荐的写法是前者。

侥(僥)[傲]{徼} jiǎo

"僥"是形声字,从人,堯声,读 yáo,用于"僬僥",义为古代传说中的矮人。又读 jiǎo,假借为侥幸,由于偶然原因而得到成功或免除灾祸。"傲"是形声字,从人,敫(jiǎo)声,读 jiǎo,用于"傲倖",与"侥幸"同。假借为抄袭。又读 jiāo,假借为虚伪。"徼"是形声字,从彳,敫声,本读 jiào,义为巡查,引申为边界;又读 jiǎo,用于"徼幸",与"侥幸"同。假借为抄袭,与"傲"同。《异体字表》以"傲""徼"为"侥(僥)"的异体字。《规范字表》把"僥"类推简作"侥",以"傲"为异体字,把"徼"改作规范字。

【提示】"傲"又义为抄袭,与"侥"

不是等义异体字。

脚[腳] jiǎo

"腳"是形声字,从月(肉),卻声,本读 jiǎo,义为人的小腿,即膝盖到踝骨的部分,引申为人和动物的腿的最下端接触地面的部分、物体的最下部、液体中的沉淀物或残渣等;又读 jué,同"角",用于"脚色"(同"角色")等。俗字作"脚",音符改为却。《规范字表》以"腳"为异体字。

【提示】繁体文本和台湾多作"腳",俗字作"脚"。

剿[勦剿] jiǎo

讨伐;消灭:～匪｜～灭｜围～。

"勦"是形声字,从力,巢声,本读 jiǎo,义为讨伐、消灭;又读 chāo,引申为掠取、抄袭等。又作"剿"或"剿",意符改为刀。《规范字表》以"剿""勦"为异体字。

【构词】剿匪(剿匪)｜剿灭(剿滅/勦滅)｜剿说(剿説/勦説)｜剿袭(剿襲/勦襲)(同"抄袭")｜围剿(圍剿/圍勦)

叫[呌] jiào

"叫"是形声字,从口,丩声,本义为人的呼喊,引申为动物鸣叫、呼唤、诉说、吩咐、要求、容许、称呼、介词(被、让)等。俗字作"呌"。《规范字表》以"呌"为异体字。

徼 jiào

①边境;边界:封～。②巡察;

巡逻：行～。③姓。

"徼"在《异体字表》中是"僥（侥）"的异体字，《规范字表》改作规范字。见98页"侥"字条。

jie

阶（階）[堦] jiē

"階"是形声字，从阜，皆声，本义为台阶，引申为凭借的事物、官位的高低等级等。又作"堦"，意符改为土。《规范字表》采用俗字把"階"简作"阶"，音符改为介。《规范字表》以"堦"为异体字。

疖（癤）jiē

"癤"是形声字，从疒，節声，本义为疖子，一种皮肤病。《规范字表》简作"疖"，音符改为卩（jié）。

秸[稭] jiē

"稭"是形声字，从禾，皆声，义为农作物脱粒后的茎秆。又作"秸"，音符改为吉。《规范字表》以"稭"为异体字。

节（節）jié

"節"是形声字，从竹，即声，本读 jié，义为竹节，引申为草或禾的茎上长叶的部位、植物枝干相连接的部位、动物骨骼连接的地方、互相衔接的事物中的一个段落或整体中的一个部分，从整体中截取一部分、具有某种特点的一段时间或一个日子、限制、俭省、礼节、操守等；又读 jiē，用于"节子"，义为树木的分枝去掉后在干枝上留下的疤痕。节骨眼儿，紧要的、能起决定作用的环节或时机。汉代《居延汉简》已有与今简化字接近的字形。元代俗字（见元抄本《京本通俗小说》）和《规范字表》简作"节"，新造形声字，从艸，卩声。

【提示】"节（節）"可作类推简化偏旁使用，如：栉（櫛）。

劫[刧刦刼] jié

"劫"是表意字，从力从去，本义为威逼、强迫，用强力胁迫别人，引申为强取、掠夺、灾难等。俗字作"刧、刦、刼"，意符改为刀或刃。《规范字表》以"刧、刦、刼"为异体字。

杰[傑] jié

"傑"是形声字，从人，桀声，本义为出众，超出一般，引申为才智超群的人。俗字作"杰"。《规范字表》以"傑"为异体字。

【构词】杰出（傑出）|杰作（傑作）|豪杰（豪傑）|英杰（英傑）|人杰地灵（人傑地靈）

洁（潔）[絜] jié

"潔"是形声字，从水，絜（jié）声，本义为清洁、干净。引申为（品行）纯洁、语言简约等。"絜"是形声字，从糸，韧（qià）声，本读 jié，义为一束麻。假借为清洁、干净、人名。又读 xié，义为用绳度量物体的粗细。引申为衡量、比较。《规范字表》采用俗字把"潔"简作"洁",音符改为吉。规定"絜"读jié时作异体字;读jié时是规范字,用于姓氏人名;读xié时也是规范字,义为度量、衡量、比较,也用于姓氏人名。

【提示】①"洁"又读jí,义为古水名,与"潔"不是等义简繁字。②"絜"与"洁(潔)"不是等义异体字,另见100页"絜"字条。

捷[捷]jié

"捷"是形声字,从手,疌声,本义为猎物或战利品,引申为战胜、(速度)快、近而方便等。变体作"捷",《规范字表》以"捷"为异体字。

絜 ㊀jié ㊁xié

㊀①用于人名。②"洁"的异体字,见99页"洁"字条。

㊁用绳度量物体的粗细,引申为衡量、比较:～之百围丨度长～大丨无度以～之。

截 jié

【提示】"直截了当"也作"直捷了当""直接了当",《异形词表》推荐的写法是前者。

屆[屆]jiè

"屆"是形声字,从尸,凷(kuài)声,本义为行动不方便,引申为到(预期的时候)、量词(用于定期举行的会议或毕业的班级等,相当于"次""期")等。又作"届",音符讹为由。《规范字表》以"届"为异体字。

【提示】繁体文本和台湾多作"届",俗字作"届"。

借(藉)jiè

"借"是形声字,从人,昔声,本义为借入或借出,引申为凭借、假托。"藉"是形声字,从艸,耤(jí)声,本读jiè,义为祭祀、朝聘时陈列礼品的草编的衬垫物,引申为衬垫、凭借、假托。用于"慰藉",义为安慰。又读jí,用于"狼藉",义为乱七八糟、杂乱不堪。《规范字表》把"藉"简作"借",用笔画较少的同音通用字代替。又规定读jiè用于慰藉、衬垫义如"枕藉"时,读jí如"狼藉"时是规范字,不简化。

【提示】①"藉"与"借"不是等义繁简字,另见90页"藉"字条。②借/藉/籍 见90页"藉"字条。

【构词】借贷(借貸)丨借鉴(借鑒)丨借据(借據)丨借钱(借錢)丨借宿(借宿)丨借条(借條)丨借问(借問)丨借用(借用)丨借债(借債)丨借支(借支)丨借刀杀人(借刀殺人)丨假借(假借)丨挪借(挪借)丨租借(租借)

借此(藉此)丨借端(藉端)丨借故(藉故)丨借口(藉口)丨借以(藉以)丨借助(藉助)丨借题发挥(藉題發揮)丨狼藉(狼藉)丨凭借(憑藉)丨慰藉(慰藉)丨枕藉(枕藉)

jīn

斤[觔]jīn

"斤"是象形字,甲骨文作𠂆,

甲骨文象曲柄的斧子形，与后代工匠所用的锛子类似。金文作斤，战国文字作斤，小篆作斤，字形稍变。本义为砍伐树木的工具或武器，假借为市制质量单位。"觔"的造字本意未详，义与"筋"同，假借为市制质量单位，与"斤"同。《规范字表》以"觔"为异体字。

【提示】"斤"与"觔"不是等义异体字。

今{今} jīn

【提示】字形人下，规范字形是点，旧字形和台湾字形是横。用于合体字部件同此，如"衿、含、琴"。

襟 jīn

【提示】"衣襟"也作"衣衿"，《异形词表》推荐的写法是前者。

仅（僅）jǐn

"僅"是形声字，从人，堇声，本读 jǐn，义为副词，表示限于某个范围或数量极少，相当于"才""只"；又读 jìn，引申为副词，表示接近于某个数量，相当于"将近""差不多"。《规范字表》采用俗字简作"仅"，用又作符号代替音符堇。

【提示】"仅"又读 nú，是"奴"的本字，与"僅"不是等义简繁字。

紧（緊）[繄繄] jǐn

"緊"是表意字，从糸从臤（qiān），糸指成束的丝，臤指坚固，本义为缠紧束丝使其牢固，引申为物体密切结合、物体受到拉力或压力后所呈现的状态、空隙小、使变紧、紧密、牢固、急促、经济不宽裕等。俗字作"紧"或"紧"。《规范字表》把"緊"类推简作"紧"，以"繄""繄"为异体字。

尽（盡儘）㊀ jìn ㊁ jǐn

"盡"是表意字，甲骨文作𥁕，金文作𥁕，小篆作盡，下象器皿，上象手持炊帚洗涤器皿之形，本读 jìn，义为洗涤器皿使干净，引申为完了、用出全部、竭力完成、达到极点、死亡、全部、副词（相当于"都"）等；又读 jǐn，引申为副词，表示用出全部力量，以求达到最大限度等（相当于"最"）；又用在方位词前，与"最"同。"儘"是形声字，从人，盡声，读 jǐn，用于副词，与"盡"同。唐代俗字（见敦煌佛经写本）和《国音常用字汇》《手头字》《规范字表》把"盡"简作"尽"，据草书楷化。《规范字表》又把"儘"简作"尽"，用笔画较少的同音字代替。

【提示】①"盡"与"儘"不是等义繁体字。②"尽（盡）"可作类推简化偏旁使用，如：烬（燼）、赆（贐）、荩（藎）。

【构词】尽欢（盡歡）｜尽力（盡力）｜尽情（盡情）｜尽头（盡頭）｜尽孝（盡孝）｜尽心（盡心）｜尽兴（盡興）｜尽责（盡責）｜尽职（盡職）｜尽忠（盡忠）｜尽义务（盡義務）｜尽人皆知（盡人皆知）｜尽善尽美（盡

善尽美）｜尽数收回（盡數收回）｜竭尽（竭盡）｜穷尽（窮盡）｜详尽（詳盡）｜自尽（自盡）｜赶尽杀绝（趕盡殺絕）｜鞠躬尽瘁（鞠躬盡瘁）｜前功尽弃（前功盡棄）｜取之不尽（取之不盡）｜除恶务尽（除惡務盡）｜仁至义尽（仁至義盡）｜山穷水尽（山窮水盡）｜同归于尽（同歸於盡）

尽管（儘管）｜尽快（儘快）｜尽量（儘量）｜尽数（儘數）｜尽先（儘先）｜尽早（儘早）｜尽自（儘自）｜尽后面（儘後面）｜尽可能（儘可能）｜尽上头（儘上頭）｜尽下雨（儘下雨）

进（進）jìn

"進"是表意字，甲骨文作🐦，从隹从止（趾），金文作🐦，小篆作𨒌，把止改为辶（辵），隹为鸟，止和辶（辵）都表示行走，本义为向前移动（一说本义为鸟向前飞），引申为晋升、呈上、从外到内、收入、买入等。《规范字表》采用俗字简化"进"，新造形声字，从辶（辵），井声。

【提示】"进（進）"可作类推简化偏旁使用，如：琎（璡）。

晋［晉］jìn

"晉"是表意字，甲骨文作𣇵，金文作𣆪，小篆作𣊡，从日从臸（zhī），臸为到达，本义为进，引申为升迁。（一说是象形字，甲骨文、金文象两支箭插在器中之形，本义为箭，假借为进，向前。）假借为古代国名，由此引申为朝代名、姓等。俗字作"晋"，据草书楷化。《规范字表》以"晋"为异体字。

【提示】繁体文本和台湾多作"晉"，俗字作"晋"。

【构词】晋级（晉級）｜晋升（晉升）｜三国归晋（三國歸晉）

jīng

惊（驚）jīng

"驚"是形声字，从马，敬声，本义为马受到惊吓而狂跑，引申为在突然的刺激下精神紧张、使受侵扰而害怕不安等。《手头字》《规范字表》简作"惊"，新造形声字，从心，京声。

【提示】"惊"又读liáng，悲伤，与"驚"不是等义简繁字。

粳［秔秔］jīng

"粳"是形声字，从米，更声，本义为粳稻，一种稻子。又作"秔"，意符改为禾。又作"秔"，音符改为亢。"秔"又作"秔"，意符改为米。《规范字表》以"秔、秔、秔"为异体字。

【提示】"秔"又读kāng，是"糠"的异体字。见110页"糠"字条。

阱［穽］jǐng

"阱"是形声字，从阜，井声，义为捕捉野兽的陷坑。又作"穽"，意符改为穴。《规范字表》以"穽"为异体字。

儆 jǐng

【提示】"杀一儆百"也作"杀一警百",《异形词表》推荐的写法是前者。

径(徑)[逕]{迳} jìng

"徑"是形声字,从彳,巠声,本义为不能通车的小路,引申为道路、达到目的的方法或途径、直径(连接圆周上两点并通过圆心的线段)、副词(表示直接做某事,相当于"径直""直接")等。又作"逕",意符改为辶(辵)。《规范字表》把"徑"类推简作"径",以"逕"为异体字。又规定"逕"用于姓氏人名、地名时类推简作"迳",是规范字。

【提示】①"逕"与"徑"不是等义异体字,另见103页"迳"字条。②繁体文本和台湾用于"径自、径庭、径行处理、半径、口径"作"逕",不作"徑"。

净[淨] jìng

"淨"是形声字,从水,争声,本读 chéng,义为护城河名;又读 jìng,义为清洁,引申为通过清洗或擦拭使干净、没有剩余、没有杂质等。俗字作"净",意符改为冫(冰),音符改为争。《规范字表》以"淨"为异体字。

【构词】净值(淨值)|净利润(淨利潤)|白净(白淨)|干净(乾淨)|窗明几净(窗明几淨)

迳(逕) jìng

①用于地名:~头(在广东)。②用于人名。③"逕"又作"徑"的异体字,见103页"径"字条。

胫(脛)[踁] jìng

"脛"是形声字,从月(肉),巠声,义为小腿,下肢从膝盖到踝骨的一段。又作"踁",意符改为足。《规范字表》把"脛"类推简作"胫",以"踁"为异体字。

竞(競) jìng

"競"是表意字,甲骨文作𦫼,金文作𦫼,小篆作𦫼,象头上戴着饰物的两个人前后相随之形,表示相追逐,隶定为"競"。本义为纷争、争胜。引申为竞争。唐代俗字(见敦煌变文写本)和《规范字表》简作"竞",省略重复的部件。

jiong

迥[逈] jiǒng

"迥"是形声字,从辶(辵),冋(jiōng)声,本义为远,引申为差别大,差得远。俗字作"逈"。《规范字表》以"逈"为异体字。

炯[烱] jiǒng

"炯"是形声字,从火,冋(jiōng)声,本义为光亮,引申为明亮。俗字作"烱"。《规范字表》以"烱"为异体字。

jiu

纠（糾）[糺] jiū

"糾"是形声字，从糸，丩（jiū）声，本义为三股缠绕在一起的绳索，引申为缠绕、集结、矫正、督察等。省体作"糺"。《规范字表》把"糾"类推简作"纠"，以"糺"为异体字。

【提示】"纠合""纠集"也作"鸠合""鸠集"，《异形词表》推荐的写法是前者。

阄（鬮）jiū

"鬮"是形声字，从鬥，龜声，本义为古代在饮酒、游戏等场合抓取物件，以决胜负。引申为为赌胜负或决定事情而抓取的东西。宋代俗字作"鬮"（见《广韵》），意符改为门，《规范字表》进一步把音符类推简作"阄"。

揪[揫] jiū

"揫"是形声字，从手，秋声，本义为聚敛，引申为紧紧地抓住或拉住。后作"揪"，由上下结构改为左右结构。《规范字表》以"揫"为异体字。

韭[韮] jiǔ

"韭"是象形字，战国文字作𢆉，小篆作韭，象韭菜生于地上之形，下边的两横或一横代表地面，本义为韭菜，一种草本植物。俗字作"韮"，是形声字，从艸，韭声。《规范字表》

以"韮"为异体字。

旧（舊）jiù

"舊"是形声字，小篆作舊，从雈（huán），臼声，雈为猫头鹰的一种，本义为猫头鹰。假借为过去的、过时的，由此引申为过去的人或事物、老交情、老朋友等。元代俗字（见元抄本《京本通俗小说》）和《手头字》《简体字表》《规范字表》简作"旧"，借用笔画较少的同音字"臼"的俗字。

救[捄] jiù

"救"是形声字，从攴（攵），求声，读 jiù，本义为使灾难或危险的情况终止或不发生，引申为帮助，使脱离危险或免遭灾难。"捄"是形声字，从手，求声，本读 jū，义为把土装入筐内；又读 jiù，与"救"同。《规范字表》以"捄"为异体字。

【提示】"救"与"捄"不是等义异体字。

厩[廐廏]{廄} jiù

"廄"是形声字，金文作🅂，小篆作廄，从广（yǎn），既声，本义为马棚，泛指牲口棚。俗作"廐"。又作"廏"或"厩"，字形略有变化。《规范字表》以"厩"为规范字，以"廐""廏"为异体字。

ju

局[侷跼] jú

"局"是形声字，小篆作局，从

尸，句声，本义为拘束、受限制。引申为狭窄、圈套、棋盘、形势、处境、某些聚会、某些机构名称等。拘束义又作"偈"或"跼"，都是形声字，增加意符人或足，局声。《规范字表》以"偈""跼"为异体字。

【提示】①"局"与"偈""跼"不是等义异体字。②台湾用于"局部、局面、局势、格局、骗局"作"局"；用于"局促"作"局"，也作"跼"或"偈"。

矩[榘] jǔ

"矩"是表意字，金文作柜，古玺文作，象人手持一种工具形，本义为木工画方形或直角的曲尺，引申为法度、规则。"榘"是形声字，小篆作，从木，矩声，义与"矩"同。《规范字表》以"榘"为异体字。

举（舉）[擧] jǔ

"舉"是形声字，从手，與声，本义为双手向上托物，引申为向上伸、行动、兴起、推荐、提出、揭发、全等。又作"擧"，意符有讹变。明代俗字（见明宋克《兰亭十三跋》手迹）和《简体字表》《规范字表》把"舉"简作"举"，据草书楷化。《规范字表》以"擧"为异体字。

【提示】"举（舉）"可作类推简化偏旁使用，如：榉（欅）。

巨[鉅]{钜} jù

"巨"是象形字，金文作巨，战国文字作，《说文》古文作，小篆作巨，象一种工具形，本义为木工画方形或直角的曲尺，后作"矩"。假借为大。"鉅"是形声字，从金，巨声，本义为坚硬的铁，假借为大。《规范字表》以"鉅"为异体字。又规定"鉅"用于姓氏人名、地名时类推简作"钜"，是规范字。

【提示】"鉅"与"巨"不是等义异体字，另见105页"钜"字条。

【构词】巨擘（巨擘）｜巨大（巨大）｜巨额（巨額）｜巨匠（巨匠）｜巨然（巨然，南唐僧人）｜巨人（巨人）｜巨毋（巨毋，复姓，汉代有巨毋霸）｜巨著（巨著）｜艰巨（艱巨）

钜鹿（鉅鹿，地名，在河北）｜钜氏（鉅氏）｜巨野县（鉅野縣，地名，在山东）｜巨细靡遗（巨細靡遺／鉅細靡遺）

钜（鉅） jù

①质地坚硬的铁。②用于地名：～鹿（古郡名、县名，均在今河北）｜～兴（在安徽）。③用于人名。④"鉅"又作"巨"的异体字，见105页"巨"字条。

俱 jù

【提示】"百废俱兴"也作"百废具兴"，《异形词表》推荐的写法是前者。

剧（劇） jù

"劇"是形声字，从刀，豦（jù）声，本义为用力过分，引申为程度高、猛烈、迅速。假借为嬉戏，由此引申为戏剧（一种舞台艺术）、事件等。《规范字表》采用俗字简作"剧"，音符改为居。

据（據）[攄] jù

"據"是形声字，从手，豦声，本读 jù，义为依仗，引申为占据、占有、凭借、凭证等。又作"攄"，音符改为處。"据"是形声字，从手，居声，本读 jū，用于"拮据"，义为经济困难；又读 jù，与"據"同。《国音常用字汇》《规范字表》把"據"简作"据"，用笔画较少的同音字代替。《规范字表》以"攄"为异体字。

【提示】"据"与"據"不是等义简繁字。

【构词】据点（據點）｜据守（據守）｜据说（據説）｜据理力争（據理力爭）｜据为己有（據爲己有）｜割据（割據）｜根据（根據）｜借据（借據）｜论据（論據）｜凭据（憑據）｜收据（收據）｜依据（依據）｜占据（占據）｜证据（證據）｜字据（字據）
　　经济拮据（經濟拮据）

惧（懼）jù

"懼"是形声字，从忄（心），瞿（qú）声，本义为恐惧、害怕，引申为威胁、使害怕。清代俗字（见龙启瑞《字学举隅》）和《国音常用字汇》《简体字表》《规范字表》简作"惧"，音符改为具。

飓（颶）[颶] jù

"颶"是形声字，从風，具声，义为发生在海洋上的强烈风暴。俗字作"颶"，音符具讹为貝。《规范字表》把"颶"类推简作"飓"，以"颶"为异体字。

juan

锩（錈）{鐫} juān

"鐫"是形声字，从金，雋声，本义为破开木材的工具，引申为凿、雕刻等。俗字作"鐫"，音符改为隽。《规范字表》类推简作"锩"。

【提示】繁体文本和台湾多作"鐫"，俗字作"鐫"。

卷（捲）juǎn

"卷"是形声字，战国文字作䖍，小篆作䘒，从卩，釆（弄，juàn）声，卩指关节。本读 quán，义为膝盖后部，即大小腿相连关节的后边可弯曲之处。引申为弯曲（后作"蜷"）。又读 juǎn，引申为弯曲、把片状东西弯曲裹成圆桶形或半圆形、强力裹挟或掀起、成卷的东西。又读 juàn，引申为书本、案卷、试卷、量词（用于书的一部分）。"捲"是形声字，从手，卷声，义为收卷。《规范字表》把"捲"简作"卷"，采用笔画较少的本字。

【提示】"卷"与"捲"不是等义简繁字。

【构词】卷次（卷次）｜卷帙（卷帙）｜卷轴（卷軸）｜卷子（卷子）｜卷宗（卷宗）｜卷轴装（卷軸裝）｜案卷（案卷）｜答卷（答卷）｜蛋卷/蛋捲｜画卷（畫卷）｜交卷（交卷）｜试卷（試卷）｜书卷（書卷）｜第五卷（第五卷，量词，用于书卷）

|手不释卷（手不釋卷）|读书破万卷（讀書破萬卷）
卷尺（捲尺）|卷发（卷髮／捲髮）|卷帘（捲簾）|卷起（卷起／捲起）|卷入（捲入）|卷逃（捲逃）|卷须（卷鬚／捲鬚）|卷烟（捲煙）|卷起来（捲起來）|卷心菜（捲心菜）|卷扬机（捲揚機）|卷款外逃（捲款外逃）|卷入旋涡（捲入旋渦）|卷土重来（捲土重來）|胶卷（膠捲）|席卷（席捲）|龙卷风（龍捲風）|一卷纸（一捲紙）|风卷残云（風捲殘雲）|鸡蛋卷（雞蛋捲）|铺盖卷（鋪蓋捲）

隽[雋]juàn

"雋"是表意字，战国文字作 ，小篆作 ，从弓从隹，隹为鸟，表示以弓箭射鸟。本义为猎取的鸟类肉肥美，引申为（言语、诗文）意味深长。俗字作"隽"，弓讹为乃。《规范字表》以"隽"为异体字。

【提示】繁体文本和台湾多作"雋"，俗字作"隽"。

倦[勌]juàn

"倦"是形声字，从人，卷声，本义为疲乏、劳累，引申为懈怠、厌烦。又作"勌"，意符改为力。《规范字表》以"勌"为异体字。

【提示】"勌"又读juān，义为勤，与"倦"不是等义异体字。

狷[獧]juàn

"狷"是形声字，从犬，肙（yuàn）声，本义为偏激、急躁，引申为跳、急跳。"獧"是形声字，从犬，瞏（huán）声，本义为跑得快，行动敏捷，引申为偏激、急躁。《规范字表》以"獧"为异体字。

【提示】"狷"与"獧"不是等义异体字。

眷[睠]juàn

"眷"是形声字，战国文字作 ，小篆作 ，从目，夹（养，juàn）声，本义为回头看，引申为顾念、爱恋、亲属等。回头看义又作"睠"，音符改为卷。《规范字表》以"睠"为异体字。

【提示】"眷"与"睠"不是等义异体字。繁体文本和台湾用于"眷属、家眷、亲眷、宝眷"不作"睠"。

jue

撅{噘}juē

"撅"是形声字，从手，厥声，本义为翘起，引申为折（断）。用于生气时嘴唇翘起义又作"噘"，意符改为口。《异体字表》以"噘"为异体字，《规范字表》改作规范字。

噘 juē

①翘起（嘴）：～着嘴。②骂；用言语顶撞：～人｜挨～。"噘"在《异体字表》中是"撅"的异体字，《规范字表》改作规范字。见107页"撅"字条。

决[決]jué

"决"是形声字,从水,夬(jué)声,本义为疏通水道,引申为洪水冲破堤岸、分辨、判断、决定、判决、处决、副词(相当于"一定""必定")等。俗字作"决",意符改为冫(冰)。《规范字表》以"决"为异体字。

【提示】繁体文本和台湾多作"決",俗字作"决"。

橛[橜]jué

"橜"是形声字,从木,厥声,义为小木桩。又作"橛",由上下结构改为左右结构。《规范字表》以"橜"为异体字。

jun

俊[儁僆]jùn

"俊"是形声字,从人,夋(qūn)声,本义为才智出众的人,引申为才智出众、相貌清秀美丽。又作"儁",音符改为雋(jùn)。变体作"僆"。《规范字表》以"儁""僆"为异体字。

浚[濬]jùn

"浚"是形声字,从水,夋(qūn)声,本义为挖深和疏通河道,引申为深。又作"濬",音符改为睿(ruì)。《规范字表》以"濬"为异体字。

【提示】台湾用于"浚沟渠、浚河(水名,在山东)、浚利、浚明"作"浚",用于"濬川、濬通、濬县(地名,在河南)、濬哲维商"作"濬"。

K

kai

开（開）kāi

"開"是表意字，古玺文作㦿，《说文》古文作閞，从門、一、廾（収）、一象门闩形，廾为双手，表示用双手摘取门闩。小篆作開，字形稍变，里面从开。后来开变为开。本义为开门，引申为打开、打通、分离、融化、解除、发动、操纵、创建、举行、列出、支付、（液体）沸腾等。元代俗字把部件門简作门，据草书楷化（见元抄本《京本通俗小说》）。《规范字表》进一步把门或门省略，简作"开"。

慨［嘅］kǎi

"慨"是形声字，从心，既声，本义为愤激的样子，引申为叹息、豪爽等。"嘅"是形声字，从口，既声，本义为叹息，引申为感叹。《规范字表》以"嘅"为异体字。

【提示】"慨"与"嘅"不是等义异体字。

kan

刊［栞］kān

"刊"是形声字，从刀，干声，本义为砍削、削除，引申为删定、修改、雕刻书版、排印出版、刊物等。又作"栞"，是形声字，从木，开（jiān）声。《规范字表》以"栞"为异体字。

坎［埳］kǎn

"坎"是形声字，从土，欠声，本义为坑穴，引申为田间高出地面的土埂。用于"坎坷"，义为道路坑坑洼洼、高低不平，比喻人生不顺利、不得志。坑穴义又作"埳"，音符改为臽（xiàn）。《规范字表》以"埳"为异体字。

【提示】"坎"与"埳"不是等义异体字。

侃［偘］kǎn

"侃"是表意字，金文作㐵，小篆作偘，从伃（xìn）从川，伃是信的本字，川指长流不息，本义为人诚信而有恒。引申为（性情）刚强正直、理直气壮、闲聊等。用于"侃侃"，义为理直气壮、从容不迫的样子。用于"侃大山"，义为闲聊。俗字作"偘"。《规范字表》以"偘"为异体字。

槛（檻）kǎn

【提示】"门槛"也作"门坎"，《异形词表》推荐的写法是前者。

瞰［矙］kàn

"瞰"是形声字，从目，敢声，本义为用眼睛看，引申为俯视（向下看）、窥视（暗中察看）等。又作"矙"，音符改为阚。《规范字表》以"矙"为异体字。

kang

糠[穅粇] kāng

"穅"是形声字，从禾，康声，本义为稻、麦等子实经加工脱下的皮或壳，引申为粗劣的饮食。俗字作"粇"，是形声字，从米，亢声。又作"糠"，意符改为米，引申为（萝卜等）内部发空，质地变松。《规范字表》以"穅""粇"为异体字。

【提示】"糠、穅、粇"不是等义异体字。"粇"又读 jīng，是"粳"的异体字。

扛[掆] káng

"扛"是形声字，从手，工声，本读 gāng，义为用双手举起（重物），引申为两人或数人一起抬举一个又重又大的物体；又读 káng，引申为用肩部承担（物体）。"掆"是形声字，从手，㝯声，义为用肩部承担（物体）。《规范字表》以"掆"为异体字。

【提示】"扛"与"掆"不是等义异体字。

炕[匟] kàng

"炕"是形声字，从火，亢声，本义为烧烤、烤干，引申为北方人睡觉用的长方形台子，用土坯或砖砌成，可烧火取暖。"匟"是形声字，从匚，亢声，本义为坐床，引申为暖床，与"炕"同。《规范字表》以"匟"为异

体字。

kao

考[攷] kǎo

"考"初为表意字，甲骨文作𦓝，象一个满头长发的老人倚杖而立之形，与"老"同。金文作𦓟，小篆作𦓡，变成形声字，从老省，丂声，本义为老，年纪大，引申为死去的父亲。假借为敲击，由此引申为考察、考核、推求、研究等。"攷"是形声字，战国文字作𢻻，小篆作𢻹，从攴或攵，丂声，本义为敲击，引申为考试、考察。《规范字表》以"攷"为异体字。

【提示】"考"与"攷"不是等义异体字。

ke

疴[痾] kē

"疴"是形声字，从疒（nè），可声，本义为疾病。又作"痾"，音符改为阿。《规范字表》以"痾"为异体字。

【提示】"疴"又义为宿怨、旧仇，"痾"又读 qià，义为小儿惊病，这两个字不是等义异体字。

咳[欬] ké

"咳"是形声字，从口，亥声，本读 hái，义为小儿笑；后读 ké，义为咳嗽，与"欬"同；又读 hāi，引申为叹息、发出叹息声、叹词（表示伤感、后悔或惊异）等。"欬"是形声字，从欠，亥声，义为咳嗽。《规

范字表》以"欬"为异体字。

【提示】"咳"与"欬"不是等义异体字。

克（剋）[尅] kè

"克"是表意字，甲骨文作𠃓，金文作𠃓，上部象人头上戴着甲胄（头盔）形，下部是一个弯腰拊膝的人，表示人有所担负。小篆作𠃓，字形稍变。本义为战胜，引申为攻破、能够胜任、减削、抑制、消化、严格限定期限。假借为量词（用于质量单位、容量单位等）、译音用字。"剋"是形声字，从刀，克声，由"克"分化而来，本读 kè，义为战胜，引申为克制、约束等；又读 kēi，义为打人、骂人、训斥（用于口语）。"尅"是形声字，从寸，克声，读 kè，与"剋"同。《规范字表》把读 kè 的"剋"简作"克"，采用笔画较少的本字；以"尅"为异体字。又规定"剋"读 kēi 时用于训斥、打人等，是规范字。

【提示】①"克"与"尅""剋"不是等义异体字或简繁字。"剋"另见 111 页"剋"字条。②"尅"又是"剋（kēi）"的异体字。③"克期""克日"也作"刻期""刻日"，《异形词表》推荐的写法是前者。

【构词】克敌（克敵）｜克服（克服）｜克敌制胜（克敵制勝）｜毫克（毫克）｜扑克（撲克）｜千克（千克）｜重六克（重六克）｜以柔克刚（以柔克剛）

克复（克復/剋復）｜克化（克化/剋化）｜克己（克己/剋己）｜克扣（克扣/剋扣）｜克期（克期/剋期）｜克日（克日/剋日）｜克星（剋星）｜克制（克制/剋制）｜克己奉公（克己奉公/剋己奉公）｜克勤克俭（克勤克儉/剋勤剋儉）｜攻克（攻克/攻剋）｜相生相克（相生相剋）

kei

剋 [尅] kēi

①打；打架：～架｜两个人没说几句话就～了起来。②责骂；斥责：挨～｜狠狠～了他一顿。

【提示】"剋""尅"又作"克"的繁体字和异体字，见 111 页"克"字条。

ken

肯 [肎] kěn

"肎"是表意字，金文作𠃓，《说文》古文作𠃓，小篆作𠃓，上从骨省，下从肉。金文异体作𠃓，变成形声字，从月（肉），止声，隶定为"肯"。本义为依附在骨头上的肉，假借为许可、愿意等。《规范字表》以"肎"为异体字。

【提示】"肯"的后起义较多，与"肎"不是等义异体字。

垦（墾）kěn

"墾"是形声字，从土，貇（kūn）声，本义为翻土耕地，引申为开荒。《规范字表》采用俗字简作"垦"，音符改为艮。

【提示】"垦"又读 yín，同"垠"，

与"垦"不是等义简繁字。

恳(懇) kěn

"懇"是形声字，从心，貇（kūn）声，本义为诚信、真诚，引申为请求。明代俗字（见《兵科抄出》）和《手头字》《简体字表》《规范字表》简作"恳"，音符改为艮。

keng

坑[阬] kēng

"阬"是形声字，从阜，亢声，低于地面的凹陷处。后作"坑"，意符改为土。引申为地道、地洞、挖坑活埋、想办法陷害等。《规范字表》以"阬"为异体字。

【提示】"坑"的后起义较多，与"阬"不是等义异体字。这两个字还分别用于不同的姓氏。

kou

叩[敂] kòu

"敂"是形声字，从攵（支），句（gōu）声，义为叩击、敲打。后作"叩"，是形声字，从卩，口声，引申为询问、磕头等。《规范字表》以"敂"为异体字。

【提示】"叩"与"敂"不是等义异体字。

扣[釦] kòu

"扣"是形声字，从手，口声，本义为牵住（马），引申为用力朝下敲击或拍打、套住或搭住、把器物的口朝下放、器物口朝下罩住别的东西或倒出所装之物、用强制的手段把人或财物留住不放、从原数额中减去一部分、绳结、纽扣等。"釦"是形声字，从金，口声，本义为用黄金等金属装饰器物的口部，假借为纽扣。《规范字表》以"釦"为异体字。

【提示】"扣"与"釦"不是等义异体字。

【构词】扣除（扣除）｜扣留（扣留）｜扣押（扣押）｜扣帽子（扣帽子）｜一环扣一环（一環扣一環）｜不折不扣（不折不扣）｜丝丝入扣（絲絲入扣）

纽扣（紐扣/紐釦）｜衣扣（衣扣/衣釦）

寇[冦宼] kòu

"寇"是表意字，从宀、元、攴，宀为房屋，元是突出了头部的人形，攴指手持器械，表示手持棍棒等在屋中对人击打施暴，本义为劫掠、行凶，引申为入侵、盗贼、入侵者等。俗字作"冦"或"宼"。《规范字表》以"冦""宼"为异体字。

ku

裤(褲)[袴] kù

"袴"是形声字，从衣，夸声，裤子，义为穿在腰部以下的衣服。后作"褲"，音符改为库。《规范字表》把"褲"类推简作"裤"，以"袴"为异体字。

kua

夸(誇) kuā

"夸"是形声字,从大,亏(于)声,本义为大,引申为奢侈(过多过大)、说大话、夸大、夸张等。"誇"是形声字,从言,夸声,由"夸"分化而来,本义为说大话,引申为夸大、夸张、夸奖、赞扬等。《规范字表》把"誇"简作"夸",采用笔画较少的本字。

【提示】"夸"与"誇"不是等义简繁字。

【构词】夸诞(夸誕)|夸饰(夸飾)|矜夸(矜誇)|夸父逐日(夸父逐日)|夸夸其谈(夸夸其談)|夸大(誇大)|夸奖(誇獎)|夸口(夸口/誇口)|夸耀(夸耀/誇耀)|夸张(夸張/誇張)|夸海口(誇海口)|浮夸(浮夸/浮誇)|自夸(自夸/自誇)|自卖自夸(自賣自誇)

kuai

块(塊) kuài

"塊"是形声字,从土,鬼声,本义为成疙瘩状或成团状的东西,引申为量词,用于块状物、片状物、钱币等。《手头字》《规范字表》简作"块",音符改为夬(guài)。

脍(膾){鱠鲙} kuài

"膾"是形声字,从肉,會声,本义为切得精细的鱼肉,又作"鱠"。"鱠"是形声字,从魚,會声,本义为切细的鱼肉,引申为鱼名。《异体字表》以"鱠"为"膾"的异体字。《规范字表》把"膾"类推简化;又把"鱠"类推简作"鲙",改作规范字。

鲙(鱠) kuài

鲙鱼,鱼名,即鳓鱼。"鱠"在《异体字表》中是"膾(脍)"的异体字,《规范字表》类推简作"鲙",改作规范字。见113页"脍"字条。

kuan

宽(寬) kuān

"寬"是形声字,从宀,莧(huán)声,本义为房屋面积大,宽敞,引申为横的距离、宽大、松缓、不严厉、富裕、放松、放宽等。《规范字表》参照"见(見)"简作"宽"。

【提示】简化字"宽"的下部是见,没有点。繁体字"寬"下部有点。

髋(髖) kuān

"髖"是形声字,从肉,寬声,义为髋骨,即胯骨,组成骨盆的大骨。《规范字表》参照"见(見)"简作"髋"。

款[欵] kuǎn

"款"是形声字,古玺文作𣢆,小篆作𣢆𣢆,从欠,柰(或祟)声,本义为意有所欲。引申为亲爱、诚恳、(热情)招待、缓慢。假借为钟鼎彝器上铸刻的文字,由此引申为书画上的题名、按次序分列的项目、规格、经费等。俗字作"欿"。《规范字表》以"欿"为异体字。

kuang

诓（誆）kuāng

谎骗；哄骗；哄：～骗｜～人钱财｜～孩子。

"誆"在《异体字表》中是"誑(诳)"的异体字，《规范字表》类推简作"诓"，改作规范字。见114页"诳"字条。

诳（誑）{誆诓} kuáng

"誑"是形声字，从言，狂声，本读kuáng，义为欺骗、瞒哄，引申为谎话。《规范字表》类推简作"诳"。"誆"是形声字，从言，匡声，本读kuāng，义为虚妄的言语，引申为诳骗、欺骗。"誆"在《异体字表》中是"誑(诳)"的异体字，《规范字表》类推简作"诓"，改作规范字。

况［況］kuàng

"況"是形声字，从水，兄声，本义为寒冷的水。假借为比拟，由此引申为情形。又假借为副词（表示程度加深）、连词（表示递进关系）等。俗字作"况"，意符改为冫(冰)。《规范字表》以"況"为异体字。

【提示】繁体文本和台湾作"況"，俗字作"况"。

矿（礦）［鑛］kuàng

"礦"是形声字，从石，廣声，本义为矿物，引申为开采矿物的场所、跟开采矿物有关的（事物）等。又作"鑛"，意符改为金。《规范字表》把"礦"类推简作"矿"，以"鑛"为异体字。

kui

亏（虧）kuī

"虧"是形声字，从亏（yú），雐(hū)声，本义为气损，引申为缺损、缺少、毁坏、辜负、幸亏（表示感激、庆幸）、亏得（用于反语，表示讥讽）等。元代俗字（见元刊本《古今杂剧三十种》）把"虧"简作"亏"，省略音符。《规范字表》采用新字形，规定简作"亏"。

窥（窺）［闚］kuī

"窺"是形声字，从穴，規声，本义为从孔穴或缝隙中偷看，引申为暗中偷看、观看、探索等。"闚"是形声字，从門，規声，从门缝中偷看。《规范字表》把"窺"类推简作"窥"，以"闚"为异体字。

馈（饋）［餽］kuì

"饋"是形声字，从食，貴声，本义为把食物送给别人吃，引申为赠送、吃饭、传送等。"餽"是形声字，从食，鬼声，本义为祭祀鬼神，假借为送食物给别人吃、赠送等，与"饋"同。《规范字表》把"饋"类推简作"馈"，以"餽"为异体字。

【提示】"餽"又义为缺乏、姓，与"饋(馈)"不是等义异体字。

【构词】馈送(饋送)｜馈赠(饋

赠）｜相馈（相饋）｜千里馈粮（千里饋糧）

愧[媿] kuì

"媿"是形声字，从女，鬼声，本义为惭愧，引申为难为情。又作"愧"，意符改为心。《规范字表》以"媿"为异体字。

【提示】"媿"又读 chǒu，义为丑，与"愧"不是等义异体字。

kun

坤[堃] kūn

"坤"是表意字，从土从申，土位在申，本义为八卦卦名之一，象征土地，引申为土地、女性等。乾坤，乾指天，坤指地，象征天地、阴阳等。又作"堃"，是表意字，从二方，古人认为天圆地方，方方正正者为土地。义为土地。《规范字表》以"堃"为异体字，又规定"堃"用于姓氏人名时是规范字。

【提示】"堃"与"坤"不是等义异体字，另见115页"堃"字条。

昆[崑崐] kūn

"昆"是表意字，从日从比，比指等齐，本义为物体受光相同，引申为共同、众多、子孙、兄等。"崑"是形声字，从山，昆声。"崑崙"义为山名，横跨新疆、西藏、青海。也作"昆仑"，又作"崐崘"。《规范字表》以"崑""崐"为异体字。

【提示】"昆"与"崑""崐"不是等义异体字。

【构词】昆虫（昆蟲）｜昆弟（昆弟）｜昆明（昆明，地名，在云南）｜昆仲（昆仲）

昆剧（崑劇）｜昆腔（崑腔）｜昆曲（崑曲）｜昆体（崑體）｜昆仑山（崑崙山，山名，在新疆、西藏、青海之间）｜西昆派（西崑派）

堃 kūn

①用于人名。②"坤"的异体字，见115页"坤"字条。

捆[綑] kǔn

"捆"是形声字，从手，困声，本义为古代编织麻鞋等的一种方法，编织时用力敲打编织体，使紧密牢实。引申为编织器具、用绳子等绑紧打结等。又作"綑"，意符改为糸。《规范字表》以"綑"为异体字。

【提示】繁体文本和台湾用于"捆绑、捆缚、捆扎、一捆柴火、两捆报纸"作"捆"，也作"綑"。

困（睏） kùn

"困"是表意字，从木在口中，口象门的四框，里边的木指立在两扇门中间挡门的东西，本义为立在两扇门中间的木橛。木橛的作用是限制门开合或转动，故引申为处境艰难、陷于艰难的处境之中、贫困、疲倦、想睡觉等。"睏"是形声字，从目，困声，由"困"分化而来，义为疲倦想睡觉。《规范字表》把"睏"简作"困"，采用笔画较少的本字。

【提示】"困"与"睏"不是等义简繁字。

【构词】困顿（困頓）｜困厄（困厄）｜困乏（困乏）｜困惑（困惑）｜困境（困境）｜困窘（困窘）｜困局（困局）｜困苦（困苦）｜困难（困難）｜困守（困守）｜困兽犹斗（困獸猶鬥）｜贫困（貧困）｜围困（圍困）｜内外交困（內外交困）｜为病所困（爲病所困／為病所困）

困乏（睏乏）｜困觉（睏覺）｜困倦（睏倦）｜困意（睏意）｜困得睁不开眼睛（睏得睜不開眼睛）｜春困（春睏）｜犯困（犯睏）｜人困马乏（人睏馬乏）

kuo

括[揩]kuò

"揩"是形声字，从手，昏（guā）声，本义为扎束。后作"括"，引申为包含、容纳等。《规范字表》以"揩"为异体字。

阔（闊）[濶]kuò

"闊"是形声字，从門，活声，本义为疏远、远离，引申为时间久远、面积宽广、距离远、奢侈、富裕等。又作"濶"，声符的一部分氵（水）写到了意符門的外边。《规范字表》把"闊"类推简作"阔"，以"濶"为异体字。

L

la

腊（臘）[膌] là

"臘"是形声字，从月（肉），鼠(liè)声，读 là，本义为古代年终或农历十二月举行的对鬼神的一种祭祀。举行这种祭祀的月份叫腊月，祭祀的当天叫腊日。引申为冬季腌制的肉类。"膌"是形声字，从月（肉），葛声，读 gé，用于"膌胆"，义为肥胖的样子；又读 là，与"臘"同。"腊"是形声字，从月（肉），昔声，读 xī，义为干肉。《国音常用字汇》《规范字表》把"臘"简作"腊"，用笔画较少的义近字代替。《规范字表》以"膌"为异体字。

【提示】"腊"与"臘"不是等义简繁字。

【构词】腊菜（臘菜）| 腊梅（臘梅）| 腊月（臘月）

蜡（蠟）là

"蠟"是形声字，从虫，鼠(liè)声，读 là，本义为蜜蜡，构成蜂房的油脂，可以涂物，也可以做蜡烛照明，引申为蜡烛。《规范字表》采用俗字，参考"腊（臘）"的简化方法，把"蠟"简作"蜡"。

【提示】"蜡"与"蠟"不是等义简繁字。另有"蜡"，是形声字，从虫，昔声，本读 qù，蝇的幼虫（后作"蛆"）；又读 zhà，古代年终举行的一种祭祀。

【构词】蜡黄（蠟黄）| 蜡染（蠟染）| 蜡烛（蠟燭）

辣[辢] là

"辣"是形声字，从辛，刺（là）省声，本义为像姜和辣椒等具有的刺激性味道，引申为受辣味刺激、狠毒等。变体作"辢"，左右偏旁互换了位置。《规范字表》以"辢"为异体字。

lai

来（來）lái

"來"是象形字，甲骨文作 ，金文作 ，象小麦形，中为茎，上为穗和叶，下为根。小篆作 ，字形稍变。本义为小麦，一种常见作物，后作"麦（麥）"。假借为到来，由此引申为从过去某时间到现在、未来的等。汉代俗字（见《居延汉简》）和《手头字》《规范字表》简作"来"，据草书楷化。

【提示】"来（來）"可作类推简化偏旁使用，如：涞（淶）、睐（睞）、莱（萊）。

赖（賴）[頼] lài

"赖"是形声字，从貝，剌声，本义为赢利，引申为依赖、留在某处不肯离开、不承认是自己的错误或责任、责怪、不好等。俗字作"頼"。《规范字表》把"賴"类推简作"赖"，以"頼"为异体字。

lan

兰(蘭) lán

"蘭"是形声字,从艸,闌声,本义为一种香草,也指木兰,一种落叶乔木,假借为姓。《规范字表》简作"兰",借用了"藍(蓝)"的简体字形。

【提示】兰/蓝 见118页"蓝"字条。

【构词】兰草(蘭草)|兰花(蘭花)|伊斯兰(伊斯蘭)

拦(攔) lán

"攔"是形声字,从手,闌声,本义为阻挡,不让通过,引申为正对着。《规范字表》采用俗字简作"拦",音符改为兰。

【构词】拦车(攔車)|拦截(攔截)|遮拦(遮攔)

栏(欄) lán

"欄"是形声字,从木,闌声,本义为栏杆,引申为饲养家畜的圈、表格上划分项目的格子等。《规范字表》采用俗字简作"栏",音符改为兰。

【构词】出栏(出欄)|凭栏(憑欄)|专栏(專欄)

婪[惏] lán

"婪"是形声字,从女,林声,义为贪爱财物,不知满足。又作"惏",意符改为心。《规范字表》以"惏"为异体字。

蓝(藍) lán

①蓼蓝,一年生草本植物,叶可提炼靛青做染料,也可供药用。②用靛青染成的颜色,像晴朗天空的颜色:～天|～黑墨水。③姓。

【提示】蓝/兰 "藍"的简体过去写作"兰"(见1931年陈光尧《简字论集》),《规范字表》类推简作"蓝"。现在"蓝"和"兰"不是繁简体关系。这两个字用于植物名所指不同,用于姓是两家人。用于颜色,写"蓝",不写"兰"。

褴(襤) lán

[褴褛](-lǚ)衣服破烂不堪:衣衫～。

【提示】"褴褛"也作"蓝缕",《异形词表》推荐的写法是前者。

懒(懶)[嬾] lǎn

"嬾"是形声字,从女,赖声,本义为怠惰,引申为疲倦、厌烦、不愿意做等。俗字作"懒",意符改为心。《规范字表》把"懒"类推简作"懒",以"嬾"为异体字。

烂(爛) làn

"爛"是形声字,从火,闌(由蘭省)声,本义为用火烧水,煮食物使熟,引申为腐烂、破碎、散乱、被火烧伤、食物或瓜果熟后变得松软、某些东西因水分增加而变得松软或呈稀糊状态、程度深等。《规范字表》采用俗字简作"烂",音符改为兰。

lang

琅[瑯] láng

"琅"是形声字，从王（玉），良声，本义为一种玉石，引申为洁白。用于"琅琅"，义为拟声词，玉石碰击声、响亮的读书声等。用于"琅邪"，义为山名，在山东；古郡名，旧地在今山东。又作"瑯"，音符改为郎。《规范字表》以"瑯"为异体字。

【提示】"琅"与"瑯"不是等义异体字。

螂[蜋] láng

"螂"是形声字，从虫，郎声，用于"螳螂""蟑螂"等，义为昆虫名。又作"蜋"，音符改为良。《规范字表》以"蜋"为异体字。

lao

劳（勞）láo

【提示】"五劳七伤"也作"五痨七伤"，《异形词表》推荐的写法是前者。

佬 lǎo

【提示】"阔佬"也作"阔老"，《异形词表》推荐的写法是前者。

le

乐（樂）lè

"樂"是表意字，甲骨文作 ，金文作 ，象附两丝于木上之形，两丝指琴弦，木指琴身。小篆作 ，字形稍变。本读 yuè，义为琴瑟之类的弦乐器。引申为音乐。假借为姓。又读 lè，引申为喜悦、喜好、使人快乐的事、笑。假借为姓。又读 yào，引申为喜好、喜爱。汉代俗字（见史游《急就章》）和《简体字表》《规范字表》简作"乐"，据草书楷化。

【提示】①"乐（樂）"可作类推简化偏旁使用，如：栎（櫟）、烁（爍）、砾（礫）。②用于姓，有的读 yuè，有的读 lè，这是不同的两家人，不能混淆。

lei

耒{耒} lěi

"耒"又作"耒"，是象形字。金文作 ，象耒形；异体作 ，添加意符又，又即手。小篆作 ，字形有讹变。义为古代一种翻土农具。

【提示】字的起笔，规范字形是横，旧字形和台湾字形是撇。用于合体字部件同此，如"耕"。

垒（壘）lěi

"垒"是表意字，从土从厽（lěi），厽指堆砌，本义为用土块或砖石砌墙。"壘"是形声字，从土，畾（léi）声，本义为古代防守用的军事堡垒，引申为堆、砌等。《规范字表》简作"垒"，采用笔画较少的本字。

【提示】"垒"与"壘"不是等义简繁字。

累（纍）lěi

"纍"是形声字，从糸，畾（léi）声，本读 léi，义为丝线连缀整齐有条理，引申为绳索、缠绕等；又读 lěi，引申为积聚、重叠、牵连等。累累，形容堆积得多。"累"是形声字，从糸，畾省声，本读 lěi，义为堆积、积聚，引申为连续、重复、牵连、拖累等；又读 lèi，义为辛苦、疲劳、操劳等。这两个字很早就通用，《规范字表》把"纍"简作"累"，用笔画较少的同音通用字代替。

【提示】①"累"与"纍"不是等义简繁字。②"累"和"纍"在汉字简化前都用于姓，现已无法区分。

【构词】累及（累及／纍及）｜累人（累人）｜累了一天（累了一天）｜家累（家累）｜劳累（勞累）｜连累（連纍／連累）｜牵累（牽纍／牽累）｜受累（受累）｜累臣（纍臣）｜累次（纍次）｜累犯（纍犯／累犯）｜累积（纍積／累積）｜累计（纍計／累計）｜累卵（纍卵／累卵）｜累年（纍年）｜累囚（纍囚）｜累日（纍日／累日）｜累世（纍世／累世）｜累月（累月／纍月）｜累赘（纍贅／累贅）｜累月积年（累月積年／纍月積年）｜累累若丧家之犬（纍纍若喪家之犬）｜积累（積纍／積累）｜成千累万（成千纍萬）｜连篇累牍（連篇纍牘）｜负债累累（負債纍纍）｜果实累累（果實纍纍）｜罪行累累（罪行纍纍）｜日积月累（日積月纍／日積月累）

泪[淚]lèi

"泪"是表意字，从目从水，表示眼睛中流出的液体。后作"淚"，是形声字，从水，戾声。《规范字表》以"淚"为异体字。

【构词】泪痕（淚痕）｜流泪（流淚）｜落泪（落淚）

类（類）lèi

"類"是形声字，从犬，頪（lèi）声，犬的种类相似，故本义为种类，引申为相似、前缀（表示属于同类的、相似的）等。金代俗字（见《改并四声篇海》）和《简体字表》《规范字表》简作"类"，意符讹为大，音符省略一部分。

leng

棱[稜]léng

"棱"是形声字，从木，夌（líng）声，本读 léng，义为横断面呈四方形的木头，引申为器物的棱角、物体表面突起的条形部分等；又读 líng，用于"穆棱"，义为地名，在黑龙江。又作"稜"，意符改为禾。《规范字表》以"稜"为异体字。

【构词】棱柱（稜柱）｜模棱两可（模稜兩可）｜三棱镜（三稜鏡）

楞{愣}léng

"楞"是表意字，从木、四、方，本读 léng，义为四方形的木头（与"棱"同），引申为棱角；又读 lèng，旧与

"愣"同。"愣"是形声字，从心，楞省声，本义为发呆、失神。假借为鲁莽、冒失，由此引申为副词，偏偏、偏要。"愣"在《异体字表》中是"楞"的异体字，《规范字表》改作规范字。

【构词】楞角（楞角）｜瓦楞（瓦楞）

愣 lèng

①失神；发呆：两眼发～｜他～了半天没说话。②鲁莽；冒失：～入｜～小子｜～头～脑。③副词。偏偏；偏要：明明没理，却～要那么说。

【提示】"愣"在《异体字表》中作"楞"的异体字，《规范字表》改作规范字。见120页"楞"字条。

【构词】愣头愣脑（愣頭愣腦）｜愣小子（愣小子）｜发愣（發愣）

li

厘[釐] lí

"釐"是形声字，金文作𨤲，小篆作釐，从𠩺（chí），里声，𠩺指治理。本读 lí，义为治理城邑，泛指治理，引申为厘正改革、量词（计量长度、重量、地积等的单位）、细微；又读 xī，义为幸福、吉祥，也用于人名。一说"釐"从里，𠩺（xī）声，里指乡里（人所聚居的村落）。本读 xī，义为家族子孙多而有福，引申为幸福、吉祥。又读 lí，义为治理城邑等。俗字作"厘"，从厂（hǎn），里声。《规范字表》规定"釐"读 lí 时作异体字，读 xī 时用于人名，是规范字。

【提示】"釐"与"厘"不是等义异体字，另见212页"釐"字条。

【构词】厘米（釐米）｜毫厘（毫釐）

狸[貍] lí

"狸"是形声字，从犬，里声，义为一种野兽，外形像家猫，性凶猛。又作"貍"，意符改为豸。《规范字表》以"貍"为异体字。

【提示】①"貍"又读 mái，义同"埋"，与"狸"不是等义异体字。②台湾用于"狸猫"作"貍"。"貍"和"狸"为不同的动物名，前者为猫科动物，后者为犬科动物。

【构词】狐狸（狐狸）｜狸子（貍子）｜狸猫（狸猫／貍貓）

离（離） lí

"离"是表意字，战国文字作𩼶，从林从畢，畢为打猎用的长柄网，表示在林中张设网罗捕获。异体作𩼶，小篆作𩼶，字形稍变。本读 chī，义为猛兽，引申为捕获。（一说小篆象兽形，传说中的山林精怪相貌与兽相似，故本义为山林精怪，后作"魑"。）又读 lí，假借为卦名（离卦，代表火）、分离，与"離"同。"離"是表意字，甲骨文作𩼶，上象鸟，下象长柄鸟网形。战国文字作𩼶，小篆作離，改为左右结构。本义为捕捉、捕猎。（一说形声。从隹，离声。本义为鸟名，即黄鹂。）假借为分开，由此引申为离开、距离、背叛、缺少等。又假借为卦名、姓。《国音常用字汇》《手头字》《简体字表》《规范字表》把"離"简作"离"，用笔画较少的同音字代替。

【提示】①"离"与"離"不是等义简繁字。②"离（離）"可作类推简化偏旁使用，如：漓（灕）、篱（籬）。

梨[棃] lí

"棃"是形声字，从木，秨（lí）声，本义为梨树，一种落叶乔木，也指这种树木的果实。后作"梨"，音符改为利。《规范字表》以"棃"为异体字。

犁[犂] lí

"犂"是形声字，从牛，秨（lí）声，本义为翻耕土地，引申为农具名。又作"犁"，音符改为利。《规范字表》以"犂"为异体字。

漓（灕）lí

"灕"是形声字，从水，離声，本义为水渗入地下，引申为水名，灕水，即今漓江。又作"漓"，音符简省为离。《规范字表》把"灕"简作"漓"，用笔画较少的同音通用字代替，也可视为偏旁类推简化。

【提示】"漓"又用于"淋漓"，形容汗水等湿淋淋地往下滴，引申为畅快，与"灕"不是等义简繁字。

【构词】淋漓（淋漓）｜淋漓尽致（淋漓盡致）

漓江（漓江／灕江，水名，在广西）｜漓然（灕然）

璃[琍瓈] lí

"璃"是形声字，从王（玉），离声，用于"琉璃"（一种色泽光润的矿石）、

"玻璃"（一种质地硬而脆的透明物体）。又作"琍"或"瓈"，音符改为利或黎。《规范字表》以"琍""瓈"为异体字。

【提示】台湾用于"琉璃""玻璃"作"璃"，也作"琍"。

篱（籬）lí

"篱"是形声字，从竹，离声，用于"笊篱"，也作"笊籬"，义为用竹篾、金属丝等编的漏勺类炊具，可捞取东西。"籬"是形声字，从竹，離声，用于"籬（篱）笆"，义为用竹或枝条等编成的围墙或屏障。《国音常用字汇》《规范字表》把"籬"简作"篱"，采用笔画较少的通用字。

【提示】"离（離）"可作类推简化偏旁使用，因而"籬"简作"篱"，也可以释为类推简化。

【构词】篱笆（籬笆）｜樊篱（樊籬）｜笊篱（笊篱／笊籬）

藜[藜] lí

"藜"是形声字，从艸，黎声，本义为一种草本植物。茎长老后可做拐杖，故引申为拐杖。变体作"藜"。《规范字表》以"藜"为异体字。

黧 lí

【提示】"黧黑"也作"黎黑"，《异形词表》推荐的写法是前者。

礼（禮）lǐ

"禮"是形声字，从示，豊（lǐ）声，本义为祭神以求福，引申为行为准则

或道德规范、尊敬、表示尊敬的态度或动作、礼物等。《说文》古文作🞵，隶定为"礼"，音符改为乚（或"乙"）。《国音常用字汇》《手头字》《简体字表》《规范字表》把"禮"简作"礼"，采用笔画较少的古字。

里（裏）[裡] lǐ

"里"是表意字，金文作🞵，小篆作🞵，从田从土，田为农田，土为土地，有田有土方可居住生活。本义为人们聚居的地方，引申为故乡、长度单位。"裏"是形声字，金文作🞵，小篆作🞵，从衣，里声，本义为衣服内层。引申为内部、里边、某一范围之内等。又作"裡"。《手头字》《规范字表》把"裏"简作"里"，用笔画较少的同音字代替。《规范字表》把"裡"作为异体字。

【提示】"里"与"裏""裡"不是等义简繁字或异体字。

【构词】里程（里程）｜里根（里根，外国人名）｜里克（里克，春秋时人）｜里拉（里拉，意大利货币单位）｜里巷（里巷）｜里程碑（里程碑）｜公里（公里）｜故里（故里）｜邻里（鄰里）｜千里（千里）｜乡里（鄉里）｜千里马（千里馬）｜三里远（三里遠）｜不远万里（不遠萬里）｜街坊邻里（街坊鄰里）｜歇斯底里（歇斯底里）｜一日千里（一日千里）｜里层（裡層／裏層）｜里衬（裡襯／裏襯）｜里海（裏海，湖名，在欧洲、亚洲之间）｜里面（裡面／裏面）｜里头（裡頭／裏頭）｜里外（裡外／裏外）｜里屋（裡屋／裏屋）｜里应外合（裡應外合／裏應外合）｜衬里（襯裡／襯裏）｜夜里（夜裡／夜裏）｜这里（這裡／這裏）｜往里走（往裡走／往裏走）｜衣服里（衣服裡／衣服裏）｜表里如一（表裡如一／表裏如一）｜糊里糊涂（糊裡糊塗／糊裏糊塗）｜慌里慌张（慌裡慌張／慌裏慌張）｜死里逃生（死裡逃生／死裏逃生）｜笑里藏刀（笑裡藏刀／笑裏藏刀）｜字里行间（字裡行間／字裏行間）｜由表及里（由表及裡／由表及裏）

历（歷曆）[歴歷厤]{歴} lì

"厤"是形声字，从厂（hǎn），秝（lì）声，本义为治理。"歷"是形声字，从止（趾），厤声，本义为经过、经历，引申为亲身经历过的事、过去的各个或各次、副词（逐一，一个一个地）等。又作"歴、歷、厤"。"曆"是形声字，从日，厤声，本义为日月星辰的变化，引申为推算年月日和节气的方法、记录年月日及节气的书和表等。《规范字表》把"歷""曆"合并简作"历"，新造形声字，从厂，力声。以"歴、歷、厤"为异体字。

【提示】①"歷、歴、歷"与"厤"不是等义异体字。②"歷"与"曆"意义不完全相同，现在都简作"历"，合二为一。③"历（歷）"可作类推简化偏旁使用，如：沥（瀝）、疠（癘）、雳（靂）。

【构词】历陈（歷陳）｜历程（歷程）｜历代（歷代）｜历届（歷屆）｜历来（歷來）｜历练（歷練）｜历史（歷史）

｜历数（歷數）｜历险（歷險）｜历尽艰辛（歷盡艱辛）｜历历在目（歷歷在目）｜简历（簡歷）｜经历（經歷）｜来历（來歷）｜学历（學歷）｜资历（資歷）

历法（曆法）｜历书（曆書）｜历象（曆象）｜挂历（掛曆）｜年历（年曆）｜农历（農曆）｜庆历（慶曆，北宋年号）｜日历（日曆）｜台历（檯曆）｜万历（萬曆，明代年号）｜夏历（夏曆）｜阳历（陽曆）｜阴历（陰曆）｜永历（永曆，南明年号）

厉（厲）lì

【提示】"再接再厉"也作"再接再砺"，《异形词表》推荐的写法是前者。

丽（麗）lì

"麗"是表意字，甲骨文作🦌，金文作🦌，小篆作麗，从鹿，上象戴有饰物的一对鹿角，本读lí，义为成双成对，对称和谐，后作"儷（俪）"。引申为一方附着于另一方、华美、漂亮等。又读lí，用于"丽水"（地名，在浙江）、"高丽"（朝鲜历史上的王朝）。《手头字》以"丽"为简体，《规范字表》据此简作"丽"，把上边的两短横改为一长横。

【提示】"丽（麗）"可作类推简化偏旁使用，如：俪（儷）、郦（酈）、逦（邐）。

隶（隸）[隸隷]lì

"隶"是表意字，金文作𥄛，小篆作隶，从又，象用手捉着一条尾巴之形，本读dài，义为从后边逮住野兽，后作"逮"。"隸"是形声字，从隶，奈（nài）声，读lì，本义为附属，引申为奴隶的一个等级、奴隶、旧时官府的衙役、隶书等。变体作"隷"或"隸"。《规范字表》把"隸"简作"隶"，省略音符。以"隷""隸"为异体字。

【提示】"隶"与"隸、隷、隸"不是等义异体字。

荔[荔]lì

"荔"是形声字，从艸，劦（xié）声，义为一种草本植物。用于"荔枝"，义为一种常绿乔木，也指这种树木的果实。俗字作"荔"。《规范字表》以"荔"为异体字。

莅[涖涖]lì

"莅"是形声字，从艸，位声，义为来到。又作"涖"，增加意符氵(水)；又作"涖"，省简意符艸。《规范字表》以"涖""涖"为异体字。

【提示】台湾用于"莅临"多作"涖"。

【构词】莅临（莅臨/涖臨）

栗[慄]{溧}lì

"栗"是象形字，甲骨文作🌰，金文作🌰，象栗子树之形，下为树干，树枝上有果实，果实带有芒刺。小篆作栗，字形稍变。本义为一种落叶乔木，也指这种树木的果实。假借为因寒冷、畏惧而发抖。"慄"是形声字，从忄（冰），栗声，义为因寒冷而发抖。"慄"是形声字,从心,栗声,义为因畏惧而发抖。《异体字表》以"溧""慄"为异体字。《规范字表》把"溧"改作规范字。

【提示】①"栗"与"慄"不是等义异体字。②台湾用于"栗子""火中取栗"作"栗";用于"战栗""不寒而栗"作"慄",也作"栗"。

【构词】栗子(栗子)|战栗(戰栗/戰慄)|不寒而栗(不寒而栗/不寒而溧)

溧 lì

寒冷:~冽(非常寒冷)。"溧"在《异体字表》中是"栗"的异体字,《规范字表》改作规范字。见124页"栗"字条。

lian

奁(奩)[匲匳籨] {籨} lián

"籨"是形声字,从竹,斂声,本义为古代妇女盛梳妆用品的匣子。又作"籨",音符改为欹。"匲"是形声字,从匚,僉声,与"籨"同义。又作"匳",音符改为奩(lián)。俗字作"奩"。《规范字表》把"奩"类推简作"奁",以"匲、匳、籨"为异体字。

连(連) lián

【提示】"连贯、连接、连绵、连缀、勾连、绵连、牵连"也作"联贯、联接、联绵、联缀、勾联、绵联、牵

联",《异形词表》推荐的写法是前者。

怜(憐) lián

"憐"是形声字,从忄(心),粦(lín)声,本义为哀怜、同情,引申为喜爱、疼爱。隋代俗字(见《董美人墓志》)和《国音常用字汇》《手头字》《简体字表》《规范字表》简作"怜",音符改为令。

帘(簾) lián

"帘"是表意字,从巾从穴,义为旧时酒店挂在门前用来招揽客人的旗帜,多用布制作。"簾"是形声字,从竹,廉声,义为遮蔽门、窗等的物件。《规范字表》采用俗字,把"簾"简作"帘",用笔画较少的同音字代替。

【提示】"帘"与"簾"不是等义简繁字。

【构词】布帘(布簾)|酒帘(酒帘)
窗帘(窗簾)|门帘(門簾)|竹帘(竹簾)|珠帘(珠簾)|水帘洞(水簾洞)|垂帘听政(垂簾聽政)

联(聯) lián

"聯"是表意字,甲骨文作𦕅,金文作𦕅,象三束或两束丝联结在一起之形。战国文字作𦕅,加耳。小篆作聯,从絲从耳。本义为联缀,引申为连接在一起、对联(相连而对仗的两个语句)等。清代俗字(见清刊本《岭南逸史》)和《手头字》《简体字表》《规范字表》简作"联",据草书楷化。

【提示】"联结、联袂、联翩、关

联"也作"连结、连袂、连翩、关连"，《异形词表》推荐的写法是前者。

廉[亷厰] lián

"廉"是形声字，从广（yǎn），兼声，本义为堂屋的侧面（一说本义为狭窄）。堂屋的侧面有棱角，故引申为品行方正、有操守。又引申为廉洁不贪、（价钱）低等。俗字作"亷"或"厰"。《规范字表》以"亷""厰"为异体字。

镰（鐮）[鎌鐮] lián

"鐮"是形声字，从金，兼声，本义为镰刀，一种农具，用来收割谷物或割草。又作"鎌"或"鐮"，音符改为廉或兼。《规范字表》把"鐮"类推简作"镰"，以"鎌""鐮"为异体字。

【提示】日本"鎌倉""鎌倉幕府"，一般用"鎌"不用"鐮"。

敛（斂）[歛] liǎn

"斂"是形声字，从攵或攴，僉声，本义为收集、收束，引申为征收钱物、约束或节制自己的言行、隐藏等。又作"歛"，意符改为欠。《规范字表》把"斂"类推简作"敛"，以"歛"为异体字。

练（練） liàn

"練"是形声字，从糸，柬声，本义为用沸水煮生丝或织品使柔软洁白，引申为加工煮熟的素色丝织品、多次操作、反复练习、纯熟、经验多等。《规范字表》参考俗字简作"练"，意符类推，音符据草书楷化。

【提示】①"简练、凝练、洗练"也作"简炼、凝炼、洗炼"，《异形词表》推荐的写法是前者。②精练/精炼 前者指文章、讲话等简明扼要，如"文字精练"；后者指提取精华，去除杂质，如"精炼花生油"。

炼（煉）[鍊] liàn

"煉"是形声字，从火，柬声，本义为冶炼，用高温加热等方法使矿物、金属等物质去除杂质或坚韧，引申为磨炼、锻炼、推敲琢磨（加工词句，使精美简洁）等。又作"鍊"，意符改为金。《规范字表》参考俗字，把"煉"简作"炼"，音符据草书楷化。《规范字表》以"鍊"为异体字。

【提示】①"炼（煉）"又读 làn，烧，与"鍊"不是等义异体字。②繁体文本和台湾用于"炼丹、炼钢、炼乳、炼制、冶炼、修炼、锻炼、炼金术、炼石补天"作"煉"，也作"鍊"。③精炼/精练 见126页"练"字条。

liang

凉[涼] liáng

"涼"是形声字，从水，京声，本读 liáng，义为淡酒，引申为薄、温度较低、人少冷清、愁苦、灰心失望等；又读 liàng，引申为把热的东西放一会儿使温度降低。俗字作"凉"，意符改为冫(冰)。《规范字表》以"涼"为异体字。

【提示】繁体文本和台湾作"涼"，

俗字作"凉"。

梁[樑] liáng

"梁"是形声字，从木、氵（水），刅（chuāng）声，本义为桥，引申为屋梁、物体中间隆起的成条状的部分、器物上形状如弓的构件等。俗字作"樑"，是形声字，从木，梁声。《规范字表》以"樑"为异体字。

【提示】"梁"又假借为姓，与"樑"不是等义异体字。

粮（糧） liáng

"糧"是形声字，从米，量声，本义为干粮，引申为粮食。先秦时期俗字（见《墨子》等）和《国音常用字汇》《手头字》《简体字表》《规范字表》简作"粮"，音符改为良。

两（兩） liǎng

"兩"是表意字，金文作兩 兩，小篆作兩 兩，象两个相同的物体并列在一起之形，异体在上边加一个装饰性横画，本义为成双，引申为数词（并列的成对的两个）、成双的事物、双方施行同一行为、不定的较少的数目、重量单位等。元代俗字（见元抄本《京本通俗小说》）和《国音常用字汇》《规范字表》简作"两"，字形略有简省。

【提示】"两（兩）"可作类推简化偏旁使用，如：俩（倆）、辆（輛）、满（滿）。

亮{亮} liàng

【提示】字的下部，规范字形是几，

旧字形和台湾字形是儿。

liao

辽（遼） liáo

"遼"是形声字，从辶（辵），尞声，本义为路途遥远，引申为时代久远，假借为地名、朝代名。《规范字表》采用俗字简作"辽"，音符改为了。

疗（療） liáo

"療"是形声字，从疒，尞声，本义为医治，引申为解除（痛苦、贫困等）。《规范字表》采用俗字简作"疗"，音符改为了。

缭（繚） liáo

【提示】"缭乱"也作"撩乱"，《异形词表》推荐的写法是前者。

了（瞭） liǎo

"了"的造字本意未详。一说是象形字，小篆作了，象省去两臂的子形。读 liǎo，义为明白、结束等；又读 le，由结束义引申为助词，表示动作或变化已完成等。"瞭"是形声字，从目，尞声，本读 liǎo，义为眼珠明亮，引申为明白、懂得等；又读 liào，义为瞭望，往远处看。《规范字表》把"瞭"简作"了"，用笔画较少的同音通用字代替。又规定"瞭"读 liào 时不简化，是规范字，用于"瞭望""瞭哨"等。

【提示】"瞭"与"了"不是等义繁简字，另见128页"瞭"字条。

【构词】了不起(了不起)｜了得(了得)｜了断(了斷)｜了结(了結)｜了局(了局)｜了然(了然)｜了无(了無)｜了愿(了願)｜了债(了債)｜了账(了賬)｜了不相涉(了不相涉)｜罢了(罷了)｜末了(末了)｜私了(私了)｜终了(終了)｜吃了饭(喫了飯)｜办得了(辦得了)｜干不了(幹不了)｜少不了(少不了)｜睡着了(睡著了)｜不了了之(不了了之)｜一了百了(一了百了)｜直截了当(直截了當)｜没完没了(沒完沒了)｜小事化了(小事化了)

了解(瞭解)｜了然(瞭然)｜了如指掌(瞭如指掌)｜明了(明瞭)｜不甚了了(不甚瞭瞭)｜一目了然(一目瞭然)

瞭哨(瞭哨)｜瞭望(瞭望)｜瞭望台(瞭望臺)

瞭 ㊀ liào ㊁ liǎo

㊀远望：～望｜～见｜～哨。

㊁〈文〉眼睛明亮：目～则形无不分。

【提示】①"瞭"又作"了"的繁体字，见127页"了"字条。②用于"瞭哨、瞭望、瞭望台"等不简作"了"。

lie

猎(獵) liè

"獵"是形声字，从犬，巤(liè)声，本义为打猎，捕捉禽兽，引申为寻求、搜取等。《规范字表》采用俗字，

参考"腊(臘)"简作"猎"，把音符改为昔。

【提示】"猎"又读 xī，古代传说中的一种像熊的野兽，与"獵"不是等义简繁字。

lín

邻(鄰)[隣] lín

"鄰"是形声字，从邑，粦声，本义为古代一种居民组织，引申为紧挨着的人家或国家、接近的等。俗字作"隣"，左右偏旁互换位置。1936年陈光尧《常用简字表》和《规范字表》把"鄰"简作"邻"，音符改为令。《规范字表》以"隣"为异体字。

临(臨) lín

"臨"是表意字，金文作𦣞，象人俯首下看一堆物品之形，左上部是夸张的一只眼睛。金文异体作𦣝，小篆作𦣣，字形稍变。本义为从高处往下看，引申为从上往下降临、来到、靠近、面对着等。元代俗字(见《古今杂剧三十种》)和《简体字表》《规范字表》简作"临"，据草书楷化。

淋[痳] lín

"淋"是形声字，从水，林声，本读 lín，义为用水浇，引申为雨水等液体落在东西上、把别的液体洒在东西上、连绵不断的泪水或汗水等；又读 lìn，引申为过滤，假借为病名。"痳"是形声字，从疒，林声，义为病名。《规范字表》以"痳"为异体字。

【提示】"淋"与"痳"不是等义异体字。

【构词】淋浴（淋浴）｜淋漓尽致（淋漓盡致）｜汗淋淋（汗淋淋）｜过淋（過淋）｜淋病（淋病／痳病）

磷[粦燐] lín

"粦"是表意字，金文作 ，小篆作 ，从炎从舛（chuǎn），炎指火星，舛象人的两足，表示行走，字形又把炎讹为米。义为随风飘动的磷火，后作"磷"。"燐"是形声字，从火，粦声，义为磷火。"磷"是形声字，从石，粦声，本义为山石间的水清澈（与"潾"同），假借为磷火、一种非金属元素等。《规范字表》以"粦""燐"为异体字。

【提示】①"磷、粦、燐"不是等义异体字。②台湾用于"磷火、磷光、鬼燐、野燐"作"燐"；用于"磷磷"作"磷"；用于"白磷、黄磷、赤磷、磷灰石"作"磷"，也作"燐"。

【构词】磷肥（磷肥）｜磷光（磷光／燐光）｜磷火（磷火／燐火）

麟[麐] lín

"麐"是形声字，从鹿，吝声，用于"麒麐"，义为传说中的一种动物，古人作为吉祥的象征，后作"麒麟"。"麟"是形声字，从鹿，粦（lín）声，本义为大雄鹿，假借用于"麒麟"。《规范字表》以"麐"为异体字。

吝[悋] lìn

"吝"是形声字，从口，文声，本义为吝惜，舍不得，引申为吝啬、小气。俗字作"悋"。《规范字表》以"悋"为异体字。

ling

伶 líng

【提示】"伶仃""孤苦伶仃"也作"零丁""孤苦零丁"，《异形词表》推荐的写法是前者。

灵（靈）líng

"靈"是形声字，从巫，霝（líng）声，意符又作玉，本义为女巫手持玉器跳舞降神，引申为女巫、神灵、灵验、灵魂、灵柩、聪明、灵便等。明代俗字（见《正字通》）和《国音常用字汇》《手头字》《简体字表》《规范字表》简作"灵"，新造表意字，从火从彐，彐为又，即手形，表示女巫手持火把跳舞降神。

【提示】①"灵（靈）"可作类推简化偏旁使用，如：棂（欞）。②"机灵"也作"机伶"，《异形词表》推荐的写法是前者。

囹 líng

【提示】"囹圄"也作"囹圉"，《异形词表》推荐的写法是前者。

菱[蓤] líng

"菱"是形声字，从艹，夌声，本义为菱角，一种水生草本植物，也指这种植物的果实，引申为形状像菱角。用于菱角义又作"蓤"，音符改为淩。《规范字表》以"淩"为异体字。

【提示】"菱"与"淩"不是等义异体字。

岭（嶺）lǐng

"嶺"是形声字，从山，領声，本义为山道，引申为山、山脉等。《规范字表》简作"岭"，音符改为令，并由上下结构改为左右结构。

【构词】岭南（嶺南）｜山岭（山嶺）｜崇山峻岭（崇山峻嶺）

liu

溜 liū

【提示】"溜达"也作"蹓跶"，《异形词表》推荐的写法是前者。

刘（劉）liú

"劉"是形声字，从金、刀，卯声，本义为斧钺一类的兵器，引申为杀，假借为姓。《篇海类编》《国音常用字汇》《手头字》《简体字表》《规范字表》简作"刘"，据草书楷化。

【提示】"刘（劉）"可作类推简化偏旁使用，如：浏（瀏）。

留[畱留㽞]liú

"畱"又作"留"，是形声字，从田，卯（卯）声，本义为停止在某处，不离去。引申为使不离去、保存而不失去、收下、注意力集中在某个方面等。俗字作"留"或"㽞"。《规范字表》以"畱、留、㽞"为异体字。

【提示】"逗留"也作"逗遛"，《异形词表》推荐的写法是前者。

流{流}liú

【提示】①字的右上部，规范字形4画，起笔是点；旧字形和台湾字形3画，起笔是横。②"流连"也作"留连"，《异形词表》推荐的写法是前者。

琉[瑠瑠]liú

"瑠"是形声字，从王（玉），留声，用于"瑠璃"，义为一种色泽光润的矿石。俗字作"瑠"。又作"琉"，音符改为㐬（liú）。《规范字表》以"瑠""瑠"为异体字。

瘤[瘤]liú

"瘤"是形声字，从疒，畱（liú）声，义为瘤子，有机体某部分组织细胞因不正常增生而形成的多余的部分。俗字作"瘤"，音符改为留。《规范字表》以"瘤"为异体字。

柳[栁桺]liǔ

"桺"是形声字，从木，丣（卯）声，本义为柳树，一种落叶乔木或灌木。又作"柳"，音符改为卯。引申为歌妓、娼妓，假借为姓。俗字作"栁"。《规范字表》以"栁""桺"为异体字。

【提示】"柳"的后起义较多，与"桺"不是等义异体字。

long

龙（龍）lóng

"龍"是象形字，甲骨文作 𢌿，金文作 𢀰，象有角、大口、长身、蜷体的一种神兽形，即古代传说中的龙。小篆作 龖，字形稍变。本义为一种神异的动物，引申为皇帝或皇权的象征、与皇帝有关的人或物、形状像龙或有龙形花纹的、出众的人才等。元代俗字有的偏旁与今简化字接近（见元刊本《古今杂剧三十种》的"聾"字）。《规范字表》参考俗字简作"龙"，保留了原字特征。

【提示】"龙（龍）"可作类推简化偏旁使用，如：咙（嚨）、聋（聾）、宠（寵）。

lou

娄（婁）lóu

"婁"是形声字，金文作 𦈢，小篆作 婁，从女，上边为音符（一说象窗牖镂空透光之形），义为中空。引申为身体虚弱、（某些瓜类）过熟而变质，假借为星宿名。宋代俗字（见宋刊本《古列女传》）和《国音常用字汇》《简体字表》《规范字表》简作"娄"，据草书楷化。

【提示】"娄（婁）"可作类推简化偏旁使用，如：楼（樓）、篓（簍）、屡（屢）。

lu

卢（盧）lú

"盧"是形声字，甲骨文作 𥃭，中象器身，下象器足，上从虍声。金文作 𥃯，《说文》籀文作 𥃰，小篆作 盧，从皿，庐（lú）或虐声。本义为古代的火炉，即今火盆。引申为黑色、一种盛饭的器皿。假借为黑色、姓。《规范字表》采用俗字简作"卢"，用笔画较少的近音字"户"改造而成。

【提示】"卢（盧）"可作类推简化偏旁使用，如：泸（瀘）、轳（轤）、颅（顱）。

芦（蘆）lú

"蘆"是形声字，从艸，盧声，用于"芦菔"（萝卜，一种草本植物）、"芦苇"（一种草本植物）。元代俗字（见元抄本《京本通俗小说》）和《国音常用字汇》《手头字》《简体字表》《规范字表》简作"芦"，音符改为户。

庐（廬）lú

"廬"是形声字，从广（yǎn），盧声，本义为春夏农忙季节在田野中临时搭建的棚舍，引申为简易的房屋、临时寄居的房屋等。宋代俗字（见宋刊本《古列女传》）和《国音常用字汇》《手头字》《简体字表》《规范字表》简作"庐"，音符改为户。

炉（爐）[鑪]{铲} lú

"爐"是形声字，从火，盧声，

本义为盛火的器具，供取暖、做饭、冶炼等用，引申为用作焚香的器具。又作"鑪"，意符改为金。唐代俗字（见唐杜牧《张好好诗》手迹）和《国音常用字汇》《手头字》《简体字表》《规范字表》把"爐"简作"炉"，音符改为户。《规范字表》以"鑪"为异体字。又把"鑪"类推简作"铲"，作规范字，用于科技术语。

【提示】"鑪"与"炉（爐）"不是等义异体字，另见132页"铲"字条。

铲（鑪）lú

①酒盆；酒肆。②金属元素，由人工合成获得，有放射性。③"鑪"又作"炉"的异体字，见131页"炉"字条。

卤（鹵滷）lǔ

"卤"是象形字，甲骨文作⊕，金文作⊗，象盛在容器中的盐粒形。小篆作卤，字形稍变。本义为盐粒。引申为盐卤（制盐时剩下的苦味汁液）、浓汁、一种烹调方法（用盐水加五香调料或酱油煮）、不生长谷物的盐碱地等。"滷"是形声字，从水，鹵声，义为盐卤。《规范字表》参考草书，把"鹵"简作"卤"，省略原字中的四点；又把"滷"简作"卤"，用笔画较少的同音字代替。

【提示】①"卤"与"滷"意义不同，现都简作"卤"，合二为一。②"卤（鹵）"可作类推简化偏旁使用，如：鹾（鹺）。

【构词】卤钝／鲁钝（鹵鈍／魯鈍）｜卤莽／鲁莽（鹵莽／魯莽）｜卤素（鹵素）｜卤族（鹵族）｜粗卤／粗鲁（粗鹵／粗魯）｜卤蛋（滷蛋）｜卤鸡（滷雞）｜卤水（鹵水／滷水）｜卤味（滷味）｜卤汁（滷汁）｜卤制（滷製）｜卤豆腐（滷豆腐）｜卤口条（滷口條）｜茶卤（茶滷）｜打卤（打滷）｜面卤（麵滷）｜盐卤（鹽滷）｜打卤面（打滷麵）

虏（虜）[擄] lǔ

"虜"是形声字，从力、毌（guàn），虍声，本义为俘获。后作"虜"，意符改为男。引申为被俘获的人、奴隶、敌方的蔑称等。汉代俗字（见《居延汉简》）和《规范字表》把"虜"简作"虏"，意符省略为力。《规范字表》以"擄"为异体字。

【提示】"虏（虜）"可作类推简化偏旁使用，如：掳（擄）。

鲁（魯）lǔ

【提示】"鲁莽""粗鲁"也作"卤莽""粗卤"，《异形词表》推荐的写法是前者。

橹（櫓）[樐櫓艣艪]

lǔ "橹"是形声字，从木，鲁声，本义为大盾牌，一种古代兵器，假借为划船的工具。用于大盾牌义，又作"樐"，音符改为卤。用于划船工具义，又作"艪"，音符改为虏。又作"艪"，是形声字，从舟，虜声。俗字作"艪"，音符改为鲁。《规范字表》把"櫓"

类推简作"橹",以"樐、樚、艣、艪"为异体字。

【提示】"橹、樐、樚"与"艣""艪"不是等义异体字。

陆（陸）lù

"陸"是形声字,从阜,坴(lù)声,本读 lù,义为高而平的土地,引申为陆地、陆路等；又读 liù,是数目"六"的大写。清代俗字(见太平天国文书)和《规范字表》简作"陆",据草书楷化。

录（錄）{彔錄} lù

"录"又作"彔",是象形字。甲骨文作彔,金文作彔,象井上辘轳打水之形,下边数点为外溢的水滴。小篆作彔,字形稍变。本义为辘轳,旧时井上打水的工具。"錄"又作"録",是形声字,从金,录声,本义为金色。假借为记载,由此引申为记载言行事件的书籍或表册、采纳、用仪器记录(声音或图像)等。《规范字表》把"録"简作"录",省略意符。

【提示】①"录"的上部,规范字形是彐,繁体文本和台湾是彑。用于合体字部件同此。②"录"与"録"不是等义简繁字。③"录(錄)"可作类推简化偏旁使用,如：箓（籙）。

菉 lù

①用于地名：梅～（在广东）。②"绿"的异体字,见134页"绿"字条。

碌[磟] lù

"碌"是形声字,从石,录声,本读 lù,用于"碌碌",义为石头很多的样子,引申为平庸无能、事务繁忙等,假借为拟声词,车轮滚动声；又读 liù,义与"磟"同。"磟"是形声字,从石,翏(liù)声,读 liù,用于"磟碡(zhóu)",义为一种农具,石制,圆柱形,用来碾谷物或平整场地等,也叫石磙,又作"碌碡"。《规范字表》以"磟"为异体字。

【提示】"碌"与"磟"不是等义异体字。

【构词】忙碌（忙碌）｜碌碌无为（碌碌無爲）
碌碡（磟碡）

勠 lù

合力；齐力：～力。"勠"在《异体字表》中是"戮"的异体字,《规范字表》改作规范字。见133页"戮"字条。

漉 lù

【提示】"湿漉漉"也作"湿渌渌",《异形词表》推荐的写法是前者。

戮[剹]{勠} lù

"戮"是形声字,从戈,翏(liù)声,本义为杀,引申为羞辱,假借为合力。"剹"是形声字,从刀,翏声,本义为削,引申为杀。"勠"是形声字,从力,翏声,义为合力。《异体字表》

以"剹""勠"为异体字。《规范字表》把"勠"改作规范字。

【提示】"戮"与"剹"不是等义异体字。

lü

驴（驢）lǘ

"驢"是形声字，从馬，盧声，义为一种哺乳动物，是常见家畜。宋代俗字（见宋刊本《大唐三藏取经诗话》）和《国音常用字汇》《手头字》《简体字表》把音符改为户，《规范字表》进一步把意符类推简作"驴"。

吕｛呂｝lǚ

"呂"是象形字，甲骨文作㠯，金文作吕，象两个饼状金属（青铜）熔块形。小篆作吕，字形稍变。本义为金属块，后作"鋁（铝）"。（一说小篆象两节脊椎骨相连之形，本义为脊骨，后作"膂"。）假借为脊骨、古代乐律名、姓等。俗字作"吕"，省略中间的短竖。

【提示】规范字形是"吕"，旧字形和台湾字形是"呂"。用于合体字部件同此，如"侣""闾"。

虑（慮）lǜ

"慮"是形声字，从思，虍声，本义为谋划、思考，引申为担忧。《规范字表》采用俗字简作"虑"，意符省略为心。

【提示】"虑（慮）"可作类推简化偏旁使用，如：滤（濾）、摅（攄）。

绿（緑）［菉］lǜ

"菉"是形声字，从艸，录声，读lù，义为荩草，故名王刍。"緑"是形声字，从糸，录声，本读lù，义为绿色，像草和树叶茂盛时的颜色；又读lǜ，假借为"菉"，又用于"绿林"（指聚集山林中反抗官府或抢劫财物的团伙）、"鸭绿江"（水名，中国和朝鲜两国之间的界河）等。《规范字表》把"緑"类推简作"绿"，以"菉"为异体字。又规定"菉"用于地名、姓氏人名时是规范字。

【提示】"菉"与"绿"不是等义异体字，另见133页"菉"字条。

luan

乱（亂）luàn

表意字。甲骨文作𤔔，金文作𤔔，战国文字作𤔔，小篆作𤔔，从又，象以手整理乱丝之形，隶定为"𤔔"。战国文字异体作𤔔，小篆异体作亂，加意符乙，乙指整理、治理，隶定为"亂"。本义为整理、治理，引申为无秩序、无条理、社会动荡不安、叛乱、扰乱、混淆不清、心绪不宁、任意、不正当的男女关系等。南北朝时期俗字（见北魏《郑文公下碑》）和《国音常用字汇》《手头字》《简体字表》《规范字表》把"亂"简作"乱"，以舌作符号代替部件𤔔。

lüe

略[畧] lüè

"畧"是形声字,从田,各声,本义为划定疆界,治理土地。变体作"略",由上下结构改为左右结构。引申为侵夺(土地等)、谋划、计谋、省去、简单、概要、副词(稍微)等。《规范字表》以"畧"为异体字。

lun

仑(侖)[崘崙] lún

"侖"由"龠"分化而来,是表意字。金文作侖,《说文》籀文作龠,小篆作侖,上象人的口,下象用并排竹管编制成的乐器形,本义为乐音的等次、条理,泛指伦次、条理,后作"倫(伦)"。"崘"是形声字,从山,侖声,用于"崑崘",义为山名,横跨新疆、西藏、青海。也作"崑崙""昆侖"。汉代《居延汉简》"侖"字偏旁与今简化字接近。元抄本《京本通俗小说》"論"字偏旁、《规范字表》简作"仑",据草书楷化。《规范字表》以"崘""崙"为异体字。

【提示】①"侖"与"崘""崙"不是等义异体字。②"仑(侖)"可作类推简化偏旁使用,如:伦(倫)、轮(輪)、囵(圇)。

【构词】加仑(加侖)|库仑(庫侖)|昆仑山(崑崙山,山名,在新疆、西藏、青海之间)

luo

啰(囉) luō

"囉"是形声字,从口,罗声,本读luó,用于"啰唣(zào)",义为吵闹寻事;又读luō,用于"啰唆",义为言语繁复拖沓、烦琐、麻烦(也作"啰嗦");又读luo,义为助词,用于句子末尾,表示肯定的语气。《规范字表》类推简作"啰"。

【提示】①《简化字总表》原将"囉"简作"罗",现改简作"啰"。②"喽啰"也作"喽罗",《异形词表》推荐的写法是前者。

罗(羅) luó

"羅"是表意字,甲骨文作羅,从网从隹(鸟)。金文作羅,小篆作羅,加意符糸,糸指丝线。本义为用来捕鸟的网。引申为用网捕鸟、搜集、陈列、包容、一种孔隙较密的筛子、一种质地稀疏的丝织品等。元代俗字(见元抄本《京本通俗小说》)和《国音常用字汇》《手头字》《简体字表》《规范字表》简作"罗",用夕作符号代替下边的维。

【提示】"罗(羅)"可作类推简化偏旁使用,如:箩(籮)、锣(鑼)、逻(邏)。

骡(騾)[贏] luó

"贏"是形声字,从马,贏(luó)声,义为一种哺乳动物,由驴和马交配而生,是常见的家畜。俗字作"騾",

音符改为累。《规范字表》把"骡"类推简作"骡",以"赢"为异体字。

裸[躶臝] luǒ

"裸"是形声字,从衣,果声,本义为赤身露体,引申为暴露出来,没有遮盖。又作"躶",意符改为身。又作"臝",变成从果、羸(luó)的双声字。《规范字表》以"躶""臝"为异体字。

【提示】"裸、躶、臝"不是等义异体字,后起义不尽相同。

络(絡) luò

【提示】"络腮胡子"也作"落腮胡子",《异形词表》推荐的写法是前者。

《乙瑛碑》局部

M

ma

麻[蔴] má

"麻"是表意字，金文作麻，从厂（hǎn），从㭁（pài），厂指房屋，㭁指剥取麻秆上的皮纤维。小篆作麻，改从广（yǎn），广也指房屋，㭁改为林。本义为大麻，植物名。引申为麻的纤维、麻类植物的统称、众多繁密、纷乱难解、用麻布做的丧服、物体表面不平或有细碎斑点的、感觉神经受压迫而暂时失去知觉、芝麻等。用于植物名，又作"蔴"，是形声字，从艹，麻声。《规范字表》以"蔴"为异体字。

【提示】①"麻"与"蔴"不是等义异体字。繁体文本和台湾用于"麻痹、麻烦、麻将、麻利、麻雀、麻药、麻醉、发麻、肉麻"不作"蔴"。②字的右下部，规范字形是林，旧字形和台湾字形是㭁。③"麻痹、麻风、麻疹"也作"痲痹、痲风、痲疹"，《异形词表》推荐的写法是前者。

蟆[蟇] má

"蟆"是形声字，从虫，莫声，用于"蛤蟆"，义为两栖动物青蛙和蟾蜍的统称。又作"蟇"，由左右结构改为上下结构。《规范字表》以"蟇"为异体字。

马（馬）mǎ

"馬"是象形字，甲骨文作馬，象马形，有头、尾、足、马鬃。金文作馬，小篆作馬，字形稍变。本义为一种哺乳动物，是常见的家畜。假借为大、姓、译音字等。《规范字表》参考元代俗字（见元刊本《古今杂剧三十种》）简作"马"，据草书楷化。

【提示】①"马（馬）"可作类推简化偏旁使用，如：吗（嗎）、驶（駛）、驾（駕）。②"马蜂"也作"蚂蜂"，《异形词表》推荐的写法是前者。

码（碼）mǎ

【提示】"筹码"也作"筹马"，《异形词表》推荐的写法是前者。

骂（罵）[罵傌] mà

"罵"是形声字，从罒（网），馬声，本义为用粗野的言语侮辱人，引申为斥责。俗字作"駡"或"傌"。《规范字表》把"罵"类推简作"骂"，以"駡""傌"为异体字。

【提示】①繁体文本和台湾作"罵"，俗字作"駡"。②"傌"又义为象棋棋子名。红子用"傌"，黑子用"馬"，以示区别。与"罵""駡"不是等义异体字。

【构词】挨骂（挨罵）| 打骂（打罵）| 唾骂（唾罵）

mai

买（買）mǎi

"買"是表意字，从貝从网，貝指财物，以网取貝，本义为聚敛财物，引申为商品交易、以钱换取物资、求取等。《规范字表》采用俗字简作"买"，据草书楷化。

【提示】"买（買）"可作类推简化偏旁使用，如：荬（蕒）。

麦（麥）mài

"麥"是形声字，甲骨文作𠦬，金文作𠓼，小篆作麥，从夂，來声，本义为到来，与"来（來）"同，假借为麦类作物的统称，是重要的粮食作物。汉代俗字（见《史晨碑》《西狭颂》《急就章》）和《国音常用字汇》《手头字》《规范字表》简作"麦"，据草书楷化。

【提示】①"麦（麥）"可作类推简化偏旁使用，如：唛（嘜）、麸（麩）。②"麥"用作左偏旁构成合体字，规范字形是左右结构，旧字形和台湾字形是半包围结构，如：麸（麩）、面（麵）、麴（麴）。

卖（賣）mài

"賣"是表意字，小篆作𧷓，从出从買，表示使别人买，本义为出售，以物资换取钱，引申为通过某种手段或技能换取钱、为谋私利而出卖（祖国、亲友等）、尽量用出、故意表现出等。元代俗字（见元刊本《古今杂剧三十种》）和《手头字》《规范字表》简作"卖"，据草书楷化。

【提示】"卖（賣）"可作类推简化偏旁使用，如：读（讀）、续（續）、窦（竇）。

脉[脈衇𧖴]mài

"衇"是表意字，从血从𠂢（pài），𠂢为水的支流。又作"脈"，血改为月（肉）。变体作"𧖴"。俗字作"脉"。本读 mài，义为人体内流动的血脉，即血管。引申为脉搏（心脏收缩时，血液冲击引起的动脉的跳动）、类似血管的组织或成系统的东西等。"脈"和"脉"又读 mò，用于"脉脉"，义为眼神中深含情意的样子。《规范字表》以"脈、衇、𧖴"为异体字。

【提示】①"脉（脈）"与"衇""𧖴"不是等义异体字。②读 mài 时，繁体文本和台湾多作"脈"，俗字作"脉"。读 mò 时，繁体文本和台湾不作"衇"。

【构词】脉搏（脈搏）｜脉络（脈絡）｜脉象（脈象）｜动脉（動脈）｜山脉（山脈）｜含情脉脉（含情脈脈）

man

漫 màn

【提示】"烂漫"也作"烂缦"，《异形词表》推荐的写法是前者。

mao

猫[貓]māo

"貓"是形声字，从豸，苗声，本义为一种哺乳动物，善于捕捉老鼠，引申为躲藏。又作"猫"，意符改为犬。《规范字表》以"猫"为异体字。

【提示】繁体文本和台湾多作"貓"。

【构词】猫冬（貓冬）｜猫哭老鼠（貓哭老鼠）｜熊猫（熊貓）

牦[犛氂] máo

"犛"是形声字，从牛，斄（chí）声，义为牦牛，一种哺乳动物，生活在高寒地区。"氂"是形声字，从犛省，毛声，本义为牦牛尾巴，引申为牦牛。"牦"是表意字，从牛从毛，表示全身长着长毛的牛，即牦牛。《规范字表》以"犛""氂"为异体字。

【提示】①"牦、犛、氂"不是等义异体字，其后起义不尽相同。②繁体文本和台湾用于"牦牛"多作"犛"。

卯[夘夗] mǎo

"卯"是表意字，甲骨文作 ⟨⟩，金文作 ⟨⟩，象把物体从中剖为两半之形。小篆作 ⟨⟩，字形稍变。本义为把祭祀用的牺牲从中剖开。假借为地支的第四位、木器上安榫头的孔眼。又作"夘"或"夗"。《规范字表》以"夘""夗"为异体字。

冒[冐] mào

"冒"是象形字，金文作 ⟨⟩，小篆作 ⟨⟩，上从冃，象帽子形，下从目，目代表人头。本读 mào，义为帽子（后作"帽"）。引申为覆盖、假充、向外透出、触犯、鲁莽、轻率。又读 mò，用于"冒顿（dú）"，义为汉代初年匈奴族一个君主的名字。俗字作"冐"。《规范字表》以"冐"为异体字。

帽[帽] mào

"帽"是形声字，从巾，冒声，本义为帽子，引申为形状或作用像帽子的罩或套在器物上的东西。俗字作"帽"。《规范字表》以"帽"为异体字。

me

么(麼){麽} me

"麼"是形声字，从幺，麻声，本读 mó，义为细小；又读 me，假借为词的后缀。俗字作"麽"，意符改为么。明代俗字（见《兵科抄出》）和《手头字》《规范字表》简作"么"，省略音符。《规范字表》又规定"麼"读 mó 时是规范字，不简化，如"幺麼小丑"。

【提示】①"麼"与"么"不是等义繁简字，另见146页"麽"字条。②"这么、那么、要么"也作"这末、那末、要末"，《异形词表》推荐的写法是前者。③"么"又读 yāo，是"幺"的俗字。

【构词】多么（多麼）｜那么（那麼）｜什么（什麼）｜这么（這麼）｜幺麼小丑（幺麼小丑/幺麼小醜）

mei

没{沒} méi

"没"是形声字，战国文字作 ⟨⟩，

小篆作𣲩，从水，𠬛(mò)声，俗字作"没"。本读mò，义为沉入水中，引申为隐没不露出、漫过、覆灭、死亡、终了、强制收归公有等；又读méi，引申为无、不及、数量不够、副词（表示否定等）。

【提示】繁体文本和台湾多作"沒"，俗字作"没"。

梅[楳槑]méi

"槑"是表意字，金文作 ，《说文》古文作𣕱，从二木，木指梅树，上象结有果实梅子之形。小篆作𣡳，变成形声字，从木，每声，隶定为"梅"。小篆又作𣠲，隶定为"楳"，音符改为某。本义为楠树，一种常绿乔木。假借为一种落叶乔木、这种树木的花或果实、姓。《规范字表》以"槑""楳"为异体字。

【提示】"梅"与"楳""槑"不是等义异体字。

霉(黴)méi

"黴"是形声字，从黑，微省声，本义为物品受潮后生出的小黑斑，引申为物品受潮后生出小黑斑，变质或变色。宋代俗字（见周密《大圣乐·次施中山蒲野韵》词）和《规范字表》简作"霉"，新造形声字，从雨，每声。

【提示】①台湾用于"霉变、霉菌、霉烂、霉浆、发霉、青霉素"作"黴"，也作"霉"。②"倒霉"也作"倒楣"，《异形词表》推荐的写法是前者。

【构词】霉头（黴頭）｜倒霉（倒霉）｜霉菌（黴菌/霉菌）｜霉烂（黴爛/霉爛）｜发霉（發黴/發霉）｜黑霉（黑黴/黑霉）

men

门(門)mén

"門"是象形字，甲骨文作 ，金文作 ，小篆作門，象两扇门形，本义为房屋的门，引申为出入口、器物上可以打开和关闭的部分、形状或作用像门一样的东西、解决问题的途径或方法、家族或家庭、学术思想派别、种类、量词（用于家族、种类、某些器械）等。汉代《居延汉简》中已有跟今简化字接近的字形。宋代俗字（见宋刊本《大唐三藏取经诗话》）和《规范字表》简作"门"，据草书楷化。

【提示】"门（門）"可作类推简化偏旁使用，如：闭（閉）、们（們）、简（簡）。

meng

虻[蝱]méng

"蝱"是形声字，从䖵（kūn），亡声，义为昆虫名。又作"虻"，意符省为虫。《规范字表》以"蝱"为异体字。

【提示】"蝱"又为传说中的怪鸟名，与"虻"不是等义异体字。

蒙(矇懞濛)

㊀méng ㊁mēng ㊂měng

"蒙"是形声字，从艸，冡（méng）

声，本读 méng，义为一种草本植物，引申为覆盖、受、遭受、愚昧无知、隐瞒、欺骗等；又读 mēng，引申为哄骗、胡乱猜测、糊涂、昏迷等；又读 měng，假借为"蒙古族"（我国少数民族名）的简称。"矇"是形声字，从目，蒙声，本读 méng，义为眼失明，引申为昏暗不明；又读 mēng，引申为哄骗、胡乱猜测、糊涂、昏迷等。"懞"是形声字，从心，蒙声，读 méng，本义为朴实敦厚，引申为愚昧无知。"濛"是形声字，从水，蒙声，读 méng，本义为雨点细小的样子，假借为濛江，水名，在四川。用于"濛濛"，义为细雨绵绵的样子，也作"蒙蒙"。用于"迷濛"，义为昏暗而看不清楚，也作"迷蒙"。这四个字本义不同，自古通用，《规范字表》把"矇、懞、濛"合并简作"蒙"，用笔画较少的同音通用字代替。

【提示】①"蒙"与"矇、懞、濛"不是等义简繁字。②"濛"在《规范字表》中仅作"蒙"的繁体字，编者建议也作规范字。

【构词】蒙蔽（蒙蔽）｜蒙古（蒙古，地名、民族名）｜蒙混（蒙混）｜蒙昧（蒙昧）｜蒙蒙（蒙蒙）｜蒙面（蒙面）｜蒙难（蒙難）｜蒙骗（蒙騙/矇騙）｜蒙受（蒙受）｜蒙恬（蒙恬，秦代人）｜蒙冤（蒙冤）｜蒙古包（蒙古包）｜蒙古族（蒙古族）｜蒙头盖脑（蒙頭蓋腦）｜蒙头转向（蒙頭轉向）｜蒙上一张纸（蒙上一張紙）｜发蒙（發蒙）｜弥蒙（彌蒙）｜启蒙（啟蒙）｜童蒙（童蒙）｜愚蒙（愚蒙）｜内蒙古（内蒙古）

蒙眬（矇矓）｜蒙人（矇人）｜蒙叟（矇叟）｜蒙童（矇童）｜蒙混过关（矇混過關）｜打蒙（打矇）｜昏蒙（昏矇）｜瞎蒙（瞎矇）｜坑蒙拐骗（坑蒙拐騙/坑矇拐騙）｜欺上蒙下（欺上矇下）

蒙懂（懞懂）｜蒙汉（懞漢）｜蒙昧（懞昧）｜敦蒙（敦懞）

空蒙（空濛）｜迷蒙（迷濛）｜溟蒙（溟濛）｜蒙蒙亮（濛濛亮）｜蒙蒙细雨（濛濛細雨）｜白蒙蒙（白濛濛）｜灰蒙蒙（灰濛濛）｜山色蒙蒙（山色濛濛）｜细雨蒙蒙（細雨濛濛）

濛 méng

①（烟雾）笼罩：白雾～身｜烟～宫树晚。②古水名。a. 在今甘肃。b. 在今四川。c. 即今蒙江，在广西。③用于地名：～阳镇（在四川）。④用于人名：凌～初（明代人，著有初刻、二刻《拍案惊奇》等）。⑤"蒙"的繁体字，见140页。

梦（夢）mèng

"夢"是形声字，甲骨文作 ，从爿（qiáng），其余部分为音符，爿象床形。小篆作 ，从夕，瞢省声，夕指夜晚。本义为人依床昏睡或睡觉中做梦。引申为昏乱不明、空想或幻想等。宋代俗字（见蔡襄的书法）和《国音常用字汇》《手头字》《规范字表》简作"梦"，据草书楷化。

mi

弥（彌瀰）mí

"彌"是形声字，从弓，爾声，本义为弓箭长期不用，放松弓弦，引申为长久、遍及、充满、填补、副词（更加）等。"瀰"是形声字，从水，彌声，本义为水深满的样子，引申为遍及、充满。《国音常用字汇》《规范字表》把"彌"简作"弥"。《规范字表》又把"瀰"简作"弥"，用笔画较少的同音通用字代替。

【提示】①"弥（彌）"与"瀰"不是等义简繁字。②繁体文本和台湾的"弥漫"用于水势、风雪等具体义（如"洪水四处弥漫"）多作"瀰"，用于抽象义（如"弥漫着欢乐的气氛"）多作"彌"。用于姓氏义作"彌"，如彌子瑕是春秋时人，彌姐亭地是晋代人。

【构词】弥补（彌補）｜弥缝（彌縫）｜弥勒（彌勒）｜弥足（彌足）｜弥撒（彌撒）｜弥足珍贵（彌足珍貴）｜沙弥（沙彌）｜欲盖弥彰（欲蓋彌彰）

弥漫（彌漫／瀰漫）｜弥天大谎（彌天大謊／瀰天大謊）｜河水弥弥（河水瀰瀰）

眯[瞇] mí

"眯"是形声字，从目，米声，本读 mí，义为草屑、灰尘等杂物侵入眼中；又读 mī，引申为眼皮微合。"瞇"是形声字，从目，迷声，读 mí，本义为眼睛小，引申为灰尘进入眼睛、眼皮微合等。《规范字表》以"瞇"为异体字。

【提示】①"眯"与"瞇"不是等义异体字。②台湾用于上下眼皮微合而互不接触（如"眯眼""眯缝着眼皮"）作"瞇"，用于灰沙等飞入眼中（如"播糠眯目""眯眼睛了"）作"眯"。

【构词】眯眼（眯眼／瞇眼）｜眯缝（眯缝／瞇縫）｜眯着眼睛（眯著眼睛／瞇著眼睛）｜笑眯眯（笑眯眯／笑瞇瞇）

靡 mí

【提示】"靡费、侈靡、奢靡"也作"糜费、侈糜、奢糜"，《异形词表》推荐的写法是前者。

觅（覓）[覔] mì

"覓"是表意字，金文作𧠲，从见从爪，象以手遮目之形，本义为注视，假借为寻求，找。又作"覔"，是表意字，从不从见，义为物品不见了而寻找。《规范字表》把"覓"类推简作"觅"，以"覔"为异体字。

祕 mì

①用于人名。②"秘"的异体字，见142页"秘"字条。

秘[祕] mì

"祕"是形声字，从示，必声，本读 mì，义为神秘莫测，引申为隐蔽、不公开、闭塞不通、罕见的等；又读

bì，假借为译音字。秘鲁，国名。俗字作"秘"，意符改为禾。《规范字表》以"祕"为异体字，又规定"祕"用于姓氏人名时是规范字。

【提示】"祕"与"秘"不是等义异体字，另见142页"祕"字条。

【构词】秘而不宣（祕而不宣）｜秘室（祕室）｜诡秘（詭祕）

幂[冪]mì

"幂"是形声字，从巾，冥声，本义为覆盖东西的巾，引申为数学名词，一个数自乘若干次的形式。又作"羃"，从冖从巾，莫声。《规范字表》以"羃"为异体字。

mian

绵（綿）[緜]mián

"緜"是表意字，从系从帛，系有联结义，表示联结细丝以成帛，本义表示像丝绵一样联结细密。引申为丝绵（剥取蚕茧表面的乱丝整理而成的丝状物，像棉花，可用来絮棉衣、被子等）、延续、柔软、单薄等。又作"綿"，系改为糸，左右部件互换位置。《规范字表》把"綿"类推简作"绵"，以"緜"为异体字。

【提示】"綿"是后起字。繁体文本和台湾用于"绵亘、绵力、联绵、绵绵"多作"緜"，用于"绵长、绵连、绵蔓、绵里针、丝绵、延绵"多作"綿"。

免{免}miǎn

【提示】规范字形7画，中间是一长撇；旧字形和台湾字形8画，中间短竖与下边的撇不连成一笔。用于合体字部件同此，如"勉、晚、冕"。

面（麵）[麪]{麫}miàn

"面"是象形字，甲骨文作𩩲、𩠾，象突出脸部的人形，多省略人，中为目（眼睛），外象脸的轮廓。金文作𩠩，小篆作𩠩，字形稍变。本义为人的脸部等。"麪"又作"麫"，是形声字，从麥，丏（miǎn）声，本义为面粉，引申为粉末、面条等。又作"麵"，音符改为面。《规范字表》把"麵"简作"面"，用笔画较少的同音字代替。《规范字表》以"麫"为异体字。

【提示】①"面"与"麪""麵"不是等义异体字或简繁字。②麵，规范字形是左右结构，旧字形和台湾字形是半包围结构。

【构词】面部（面部）｜面对（面對）｜面积（面積）｜面具（面具）｜面孔（面孔）｜面临（面臨）｜面貌（面貌）｜面试（面試）｜面谈（面談）｜面向（面向）｜面罩（面罩）｜表面（表面）｜场面（場面）｜当面（當面）｜地面（地面）｜对面（對面）｜方面（方面）｜画面（畫面）｜会面（會面）｜脸面（臉面）｜谋面（謀面）｜片面（片面）｜平面（平面）｜前面（前面）｜全面（全面）｜上面（上面）｜水面（水面）｜外面（外面）｜正面（正面）｜布面儿（布面兒）｜鞋面儿（鞋面兒）｜面面俱到（面面俱到）｜两面旗子（兩面旗子）｜一面镜子（一面鏡子）｜背山面水（背山面水）｜耳提面命（耳提面命）｜见过一面（見

过一面）｜洗心革面（洗心革面）

面包（麵包）｜面饼（麵餅）｜面粉（麵粉）｜面条（麵條）｜白面（白麵）｜豆面（豆麵）｜挂面（掛麵）｜凉面（涼麵）｜米面（米麵）｜汤面（湯麵）｜烫面（燙麵）｜药面儿（藥麵兒）｜方便面（方便麵）｜胡椒面儿（胡椒麵兒）

miao

眇 [䁾] miǎo

"眇"是形声字，从目，少声，本义为小眼睛，引申为小、低微。变体作"䁾"。《规范字表》以"䁾"为异体字。

淼 miǎo

①用于地名：～泉（在江苏）。②用于人名。③"渺"的异体字，见144页"渺"字条。

渺 [淼] miǎo

"淼"是表意字，从三水，义为水势浩大，无边无际。又作"渺"，是形声字，从水，眇声，引申为遥远而模糊不清、微小等。变体作"淼"。《规范字表》以"渺""淼"为异体字，又规定"淼"用于地名、姓氏人名时是规范字。

【提示】"淼"与"渺"不是等义异体字，另见144页"淼"字条。

【构词】渺不足道（渺不足道）｜渺茫（渺茫）｜渺然（渺然）｜烟波浩渺（煙波浩渺 / 煙波浩淼）

妙 [玅] miào

"妙"是形声字，从女，少声，本义为精微，引申为美好、神奇玄妙。"玅"是形声字，从玄，少声，义为神奇玄妙。《规范字表》以"玅"为异体字。

【提示】"妙"与"玅"不是等义异体字。

庙（廟） miào

"廟"是形声字，金文作䫉，小篆作廟，从广（yǎn），朝声，本义为宗庙，旧时供奉祖宗神位的处所，引申为祭祀神仙和圣哲先贤等的一般庙宇。又指王宫的前殿，是君主接受朝见和议政的处所，由此引申为朝廷。金文异体作庿，《说文》古文作庿，把音符改为苗。元代俗字（见元抄本《京本通俗小说》）和《国音常用字汇》《手头字》《简体字表》《规范字表》简作"庙"，由金文异体、《说文》古文演变而成。

mie

咩 [哔哔] {哔} miē

"咩"是表意字，从口从芈（miē），芈为羊叫，表示羊叫声。变体作"哔"。又作"哔"，从口从羊。《规范字表》以"哔""哔"为异体字。

【提示】异体字"哔"在《规范字表》中作"哔"，右上角是廿（3画），编者建议改成 4 画。

灭（滅）miè

"滅"是形声字，从水，烕（miè）声，本义为用水把火浇灭，引申为熄灭、消尽、灭绝、消灭、被大水淹没等。《规范字表》简作"灭"，选取音符中间的部件。（一说"灭"是新造表意字，从火从一，象有物压在火上之形，表示使火熄灭。）

蔑（衊）miè

"蔑"是表意字，甲骨文作 ，金文作 ，象以戈击人的头部之形。小篆作 ，字形稍变。本义为讨伐、杀戮。又义为小，由此引申为轻视、瞧不起。"衊"是形声字，从血，蔑声，本义为污血，引申为污染、把坏名声加于别人等。明代俗字（见《正字通》）和《规范字表》把"衊"简作"蔑"，用笔画较少的同音字代替。

【提示】①"蔑"与"衊"不是等义简繁字。②"蔑"的上部，规范字形 3 画，旧字形和台湾字形 4 画。

【构词】蔑视（蔑視）｜轻蔑（輕蔑）｜侮蔑（侮衊）｜蔑以复加（蔑以復加）

污蔑（污衊）｜诬蔑（誣衊）

min

黾（黽）mǐn

"黽"是象形字，甲骨文作 ，初期金文作 ，象蛙形。晚期金文作 ，《说文》籀文作 ，小篆作 ，字形稍变。本读 měng，义为蛙的一种。又读 mǐn，义为勤勉、努力。又读 miǎn，用于地名，与"渑"同。唐代俗字（见敦煌变文写本）和《国音常用字汇》《规范字表》简作"黾"，据草书楷化。

【提示】"黾（黽）"可作类推简化偏旁使用，如：绳（繩）、蝇（蠅）、鼋（黿）。

泯［冺］mǐn

"泯"是形声字，从水，民声，本义为消灭，引申为丧失。又作"冺"，意符改为 冫（冰）。《规范字表》以"冺"为异体字。

【提示】"泯"又假借为"抿"，与"冺"不是等义异体字。

ming

冥［冥宾］míng

"冥"是表意字，战国文字作 ，《诅楚文》作 ，小篆作 ，从冖、日、大，冖指覆盖，大指人，表示人头顶上的阳光被遮挡。（一说是形声字，从日、六，冖声。）本义为昏暗不明，引申为幽深、深奥、阴间（迷信的人称人死后进入的世界）、头脑糊涂等。变体作"冥"或"宾"。《规范字表》以"冥""宾"为异体字。

命［侖］mìng

"命"由"令"分化而来，是表

意字。金文作⟨⟩,小篆作⟨⟩,从口从令,表示以口发布命令,指挥或差遣别人。本义为下命令,引申为指使、上级对下级发出的指示、命运、生命、寿命等。俗字作"佘"。《规范字表》以"佘"为异体字。

mo

谟(謨)[謩] mó

"謨"是形声字,从言,莫声,义为策略、谋划。又作"謩",由左右结构改为上下结构。《规范字表》把"謨"类推简作"谟",以"謩"为异体字。

馍(饃)[饝] mó

"饃"是形声字,从食,莫声,本义为馒头、饼一类的面食。又作"饝",音符改为磨。《规范字表》把"饃"类推简作"馍",以"饝"为异体字。

摹 mó

【提示】"摹写"也作"模写",《异形词表》推荐的写法是前者。

模 mó

【提示】"模仿""模拟"也作"摹仿""摹拟",《异形词表》推荐的写法是前者。

麽{麼} mó

①细小;微小:~虫 | 幺~小丑。
②姓。

【提示】"麽"又作"么"的繁体字,见139页"么"字条。

摩 mó

【提示】"摩擦""摩拳擦掌"也作"磨擦""磨拳擦掌",《异形词表》推荐的写法是前者。

磨 mó

【提示】"磨难"也作"魔难",《异形词表》推荐的写法是前者。

殁{歿} mò

死:病~ | ~于异乡。
【提示】繁体文本和台湾多作"歿",俗字作"殁"。

寞 mò

【提示】"落寞"也作"落漠""落莫",《异形词表》推荐的写法是前者。

mu

亩(畝)[畂畆畮畞畒] mǔ

"畮"是形声字,从田,每声,本义为田埂或土垄,引申为农田、量词(地积单位)等。俗字作"畝、畆、畞"。"畆"是"畞"的省体,"畞"是"畝"的省体。《手头字》《规范字表》把"畝"简作"亩",省去右边部件。《规范字表》

以"畮、畞、晦、畆、畂"为异体字。

【构词】田亩（田畝）｜亩产（畝产）｜英亩（英畝）

姆 mǔ

【提示】"保姆"也作"保母""褓姆"，《异形词表》推荐的写法是前者。

幕[幙] mù

"幕"是形声字，从巾，莫声，本义为遮盖在物体上面的布帛等，引申为帏帐、帐篷、像帐篷一样的东西、量词（戏剧的一个段落）等。又作"幙"，由上下结构改为左右结构。《规范字表》以"幙"为异体字。

《张黑女墓志》局部

N

na

拿 [㧱挐挔] ná

"挐"是形声字,从手,奴声,本义为握持。又作"挔",音符改为如。俗字作"拿",是表意字,从合从手,表示把手指或手掌合拢来握持,引申为用手取、用强力攻下、捕捉、掌握、获得、要挟、装出(某种姿态或腔调)、介词(相当于"把""对")等。又作"㧱",由上下结构改为左右结构。《规范字表》以"㧱、挐、挔"为异体字。

【提示】"拿"后起义较多,与"㧱、挐、挔"不是等义异体字。

捺 nà

【提示】"按捺"也作"按纳",《异形词表》推荐的写法是前者。

nai

乃 [廼迺] nǎi

"乃"是象形字,甲骨文作𠄎,金文作㇋,小篆作㇋,象妇女乳房的侧面形,本义为乳房,后作"奶"。假借为副词(相当于"是、就是、这才")、连词(相当于"于是")等。"迺"由"卤"讹变而来,甲骨文作𠧪,象盛器内盐卤结晶之形。金文作㴽,小篆作㴽,字形稍变。本义为盐卤,假借为副词、连词,与"乃"同。变体作"廼"。《规范字表》以"廼""迺"为异体字;又规定"迺"用于姓氏人名、地名时是规范字。

【提示】①"乃"与"廼""迺"不是等义异体字。"迺"另见 148 页"迺"字条。②"廼"又是"迺"的异体字。③台湾用于"乃父、乃尔、乃至、乃是、失败乃成功之母"作"乃",用于"今乃知之""甘乃迪"(人名,美国总统)作"迺"。

奶 [嬭妳] nǎi

"奶"是形声字,从女,乃声,本义为乳房,引申为乳汁、用乳汁喂、像乳头的东西等。又作"嬭"或"妳",音符改为爾或尔。《规范字表》以"嬭""妳"为异体字。

【提示】"奶、嬭、妳"不是等义异体字。"嬭"又读 ěr,义为姊;"妳"又读 nǐ,是"你"的异体字。

迺 [廼] nǎi

①姓。②"乃"的异体字,见 148 页"乃"字条。

nan

难(難) nán

形声字,金文作𩀨,小篆作𩀉,从隹,堇声,后作"難"。本读 nán,义为鸟名。假借为困难、使感到困难、不好。又读 nàn,由困难义引申为灾祸、质问等。明代俗字（见明刊本《薛仁贵跨海东征白袍记》）和《国音常用字汇》《手头字》《简体字表》《规范字表》简作"难"，用又作符号代替音符。

【提示】"难（難）"可作类推简化偏旁使用，如：摊（攤）、滩（灘）、瘫（癱）。

楠[枏柟] nán

"柟"是形声字，金文作𣐶，小篆作𣐶，从木，冄声。义为一种常绿乔木。又作"枏"，音符改为冉。后作"楠"，音符改为南。《规范字表》以"枏""柟"为异体字。

nao

恼（惱） nǎo

"惱"是形声字，从忄（心），𡿺（nǎo）声，本义为怨恨，引申为烦闷。清代俗字（见清刊本《目连记弹词》）和《规范字表》简作"恼"，简省音符上边的部件。

脑（腦） nǎo

"腦"是形声字，从月（肉），𡿺（nǎo）声，本义为大脑，引申为头部、脑的思考和记忆能力、像脑或脑髓的东西等。清代俗字（见清刊本《目连记弹词》）和《手头字》《规范字表》简作"脑"，简省音符上边的部件。

闹（鬧）[鬧] nào

"鬧"是表意字，小篆作𩰲，从市从鬥（dòu），市指集市，鬥指二人相争，表示集市中争吵嘈杂。本义为不安静，引申为吵扰、发泄不满的情绪、发生不好的事情、从事某种活动、开玩笑等。变体作"鬧"，鬥改为门。清代俗字（见清刊本《金瓶梅奇书》）和《简体字表》《规范字表》参考变体，把"鬧"简作"闹"。《规范字表》以"鬧"为异体字。

【提示】"鬧"在《异体字表》中是"鬧"的异体字，《规范字表》改作繁体字。

nen

嫩[嫰] nèn

"嫩"是形声字，从女，敕声，本义为初生而柔弱，引申为颜色浅淡、某些菜肴烹调时间短并易熟易嚼、不老练等。俗字作"嫰"。《规范字表》以"嫰"为异体字。

ni

兒 ㊀ ní ㊁ ér

㊀①周代诸侯国名，在今山东。②姓：～宽（汉代人）。

㊁"儿"的繁体字，见49页。

【提示】①《规范字表》仅作"儿"的繁体字，编者建议也作规范字。②用于周代诸侯国名、姓时不简化。③"兒"不是类推简化偏旁，以此构成的"倪、阋、猊、婗、睨、霓、麑"等不简化。

霓[蜺] ní

"霓"是形声字，从雨，兒（ní）

声，义为副虹，雨后有时与虹同时出现的一种光的现象，彩带排列次序为内红外紫，颜色较淡。"蜺"是形声字，从虫，兒声，本义为虫名，假借为"霓"。《规范字表》以"蜺"为异体字。

【提示】"霓"与"蜺"不是等义异体字。

拟（擬）[儗] nǐ

"擬"是形声字，从手，疑声，本义为揣度、思量，引申为比较、模仿、打算、准备、起草、设计等。"儗"是形声字，从人，疑声，本义为僭越，超越本分，假借为比拟、模拟，与"擬"同。《手头字》《简体字表》《规范字表》采用俗字，把"擬"简作"拟"，音符改为以。《规范字表》以"儗"为异体字。

【提示】"儗"又义为怀疑（与"疑"同），与"擬"不是等义异体字。

你[妳] nǐ

"你"是形声字，从人，尔声，义为第二人称代词（与"尔"同）。又作"妳"，意符改为女。《规范字表》以"妳"为异体字。

【提示】①"妳"又读 nǎi，是"奶"的异体字，与"你"不是等义异体字。②台湾用于"你们、你死我活"作"你"，用于女性第二人称作"妳"。

昵[暱] nì

"暱"是形声字，从日，匿声，本义为日益接近、亲近，引申为亲近的人。又作"昵"，音符改为尼。《规范字表》以"暱"为异体字。

nian

拈{撚} niān

"拈"是形声字，从手，占声，本读 niān，义为用手指夹取、捏取（物品）；又读 niǎn，义为搓揉、搓捻（与"捻"同），引申为持、拿。"撚"是形声字，从手，然声，读 niǎn，本义为执，持取，引申为搓揉、搓捻。"撚"在《异体字表》中是"拈"的异体字，《规范字表》删去了这组异体字。

年[秊] nián

"秊"是表意字，甲骨文作𢆉，金文作𢆉，象人背负着禾或谷物而归之形。金文异体作𢆉，小篆作𢆉，字形稍变。俗字作"年"。本义为谷物成熟，庄稼丰收，引申为一年的收成、年岁、年节、年龄、时期、新年、与年节有关的等，假借为姓。《规范字表》以"秊"为异体字。

【提示】"年"的后起义较多，与"秊"不是等义异体字。

黏 nián

具有像糨糊或胶水等能粘东西的性质：发～｜～液｜黄米很～。

"黏"在《异体字表》中是"粘"的异体字，《规范字表》改作规范字。

【构词】黏稠（黏稠）｜黏度（黏度）｜黏合（黏合）｜黏连（黏連）｜黏米（黏米）｜黏膜（黏膜）｜黏黏乎乎（黏黏乎乎）｜黏性（黏性）｜黏液（黏液）｜发黏（發黏）

念[唸] niàn

"念"是形声字,从心,今声,本义为长久思念,引申为想法、念头,假借为出声地读。"唸"是形声字,从口,念声,本义为呻吟,引申为出声地读。《规范字表》以"唸"为异体字。

【提示】①"念"与"唸"不是等义异体字。②繁体文本和台湾一般用于"念旧、念头、念珠、悼念、惦念、概念、怀念、思念、想念、信念、悬念、杂念、念奴娇(词牌名)、念念有词、一念之差"作"念",用于"念经、念书、念诵、念咒、念中学、念三年级"作"念",也作"唸"。用于姓,作"念",不作"唸",如北周人有念贤。

niang

娘[孃] niáng

"孃"是形声字,从女,襄声,本读 ráng,义为烦扰;又读 niáng,假借为母亲。"娘"是形声字,从女,良声,读 niáng,本义为少女,引申为妇女、母亲。《规范字表》以"孃"为异体字。

【提示】"娘"与"孃"不是等义异体字。

酿(釀) niàng

"釀"是形声字,从酉,襄声,本义为制酒,引申为酒、逐渐形成等。《规范字表》采用俗字简作"酿",音符改为良。

niao

鸟(鳥) niǎo

"鳥"是象形字,甲骨文作🐦,金文作🐦,小篆作🐦,象鸟形,义为飞禽,有羽毛和翅膀,一般能飞。《规范字表》简作"鸟",据草书楷化。

【提示】"鸟(鳥)"可作类推简化偏旁使用,如:鸭(鴨)、莺(鶯)、枭(梟)。

袅(裊)[嫋嬝褭] niǎo

"嫋"是形声字,从女,弱声,纤弱细长的样子。又作"嬝",音符改为袅。"褭"是表意字,从衣从马,本义为用丝带系马、装饰马,假借为摇曳、缭绕、细长柔美等。"袅"是形声字,从衣,鸟省声,本义为用丝带装饰马,假借为纤细。用于"袅娜(nuó)",义为草木柔软细长的样子,也指女子体态轻盈柔美的样子。《规范字表》参照"鸟(鳥)"把"裊"类推简作"袅",以"嫋、嬝、褭"为异体字。

【提示】①"袅、嫋、嬝、褭"不是等义异体字。②台湾用于"垂杨袅袅、炊烟袅袅、余音袅袅"作"袅"或"嫋";用于"袅娜"作"袅",也作"嫋"或"嬝"。

【构词】袅娜(袅娜/嫋娜)

nie

捏[揑] niē

"捏"是形声字,从手,涅(niè)省声,本义为用手按,引申为用拇指和其他手指夹、用力握、用手指把泥或面等弄成一定的形状、虚构假造等。变体作"揑"。《规范字表》以"揑"为异体字。

聂(聶) niè

"聶"是表意字,从三耳,本义为几个人在一起,附着耳朵小声说话,假借为姓。明代俗字(见《兵科抄出》)和《规范字表》简作"聂",用两个又作符号,代替下边两个重复的耳。

【提示】"聂(聶)"可作类推简化偏旁使用,如:镊(鑷)、颞(顳)、摄(攝)。

涅[湼] niè

"涅"是形声字,从水,呈(niè)声,本义为矿物名,古代用作黑色颜料,引申为黑色、染黑等。变体作"湼"。《规范字表》以"湼"为异体字。

啮(嚙)[齧𪘲] niè

"齧"是形声字,从齒,㓞(qià)声,义为咬。又作"𪘲",是形声字,从口,齧声。俗字作"嚙",是表意字,从口从齒,表示用口和牙齿来咬。《规范字表》把"嚙"类推简作"啮",以"齧""𪘲"为"啮"的异体字。

孽[孼] niè

"孽"是形声字,从子,薛声,本义为庶子,妾所生的儿子。古人认为妾生的不如正妻生的血脉正统,故引申为不孝、不忠、祸害、罪恶、邪恶等。变体作"孼"。《规范字表》以"孼"为异体字。

ning

宁(寧)[寍甯] níng

"寧"本作"寍",是表意字。甲骨文作⌂,从宀,宀指房屋,象房屋中有食具之形,人有吃的,有地方住,表示生活安定。金文作⌂,小篆作⌂,加心,表示心态安宁。读 níng,义为安定、安宁。"寧"的甲骨文作⌂,金文作⌂,小篆作⌂,本读 níng,义为安定、安宁。引申为回家问安,探问父母。又读 nìng,假借为副词,相当于"宁可、宁愿、难道"。变体作"寧"。"甯"是形声字,战国文字作⌂,小篆作⌂,从用,寧省声,本读 níng,义与"寧"同。又读 nìng,假借为姓、人名。《规范字表》把"寧"简作"宁",省略中间部件,以"寧""甯"为异体字。又规定"甯"用于姓氏人名时是规范字。

【提示】①"宁"与"寧、寍、甯"不是等义简繁字或异体字。又读 zhù,义为贮藏。"甯"另见 153 页"甯"字条。②"寧"简作"宁",为了避免与读 zhù 的"宁"混淆,把用于部件的读 zhù 的"宁"改为"丅"。

③"宁(寧)"可用作类推简化偏旁使用,如:泞(濘)、拧(擰)、咛(嚀)。

甯 nìng

①姓。②用于人名。③"宁(寧)"的异体字,见152页"宁"字条。

niu

纽(紐) niǔ

【提示】"纽扣"也作"钮扣",《异形词表》推荐的写法是前者。

nong

农(農)[辳] nóng

"農"是表意字,甲骨文作🈳,金文作🈳,从辰、双手、二木,有的从辰、田、二艸,辰指蚌镰,用来锄草和耕作的农具,田指农田,二木或二艸指杂草,表示持农具除草和耕种。《说文》籀文作🈳,小篆作🈳,字形稍变。本义为田间劳作,引申为农业、农民等。金文异体作🈳,《说文》古文作🈳,简省为"辳"。《规范字表》参考俗字把"農"简作"农",据草书楷化。《规范字表》以"辳"为异体字。

【提示】①"農"的后起义较多,与"辳"不是等义异体字。②"农(農)"可作类推简化偏旁使用,如:哝(噥)、浓(濃)、脓(膿)。

弄[挵衖] nòng

"弄"是表意字,金文作🈳 🈳,小篆作🈳,从王(玉)从廾(gǒng),廾为双手,象双手拿着玉件把玩之形,本读 nòng,义为用手把玩,引申为游戏、做某事等;又读 lòng,假借为胡同、巷子。用手把玩义又作"挵",增加意符手,变成形声字。"衖"是形声字,从行,共声,读 lòng,义为胡同、巷子。《规范字表》以"挵""衖"为异体字。

【提示】"弄、挵、衖"不是等义异体字。

【构词】摆弄(擺弄)|玩弄(玩弄)|舞文弄墨(舞文弄墨)

弄堂(弄堂/衖堂)|里弄(里弄/里衖)|大街小弄(大街小弄/大街小衖)

nü

衄[𧖫䘐] nǜ

"衄"是形声字,从血,丑声,本义为鼻子出血。又作"䘐",意符改为鼻。俗字作"𧖫"。引申为人体各部位的出血。《规范字表》以"𧖫""䘐"为异体字。

【提示】"衄""𧖫"与"䘐"不是等义异体字。

nuan

暖[煖烜暅] nuǎn

"煖"是形声字,从火,爰(yuán)声,本义为温暖,引申为使变温变暖。又作"烜",音符改为爰(ruǎn)。又作"暖",意符改为日。又作"暅",音符改为爰。《规范字表》以"煖、烜、瞚"为异体字。

nüe

疟（瘧）nüè

"瘧"是形声字，从疒，虐声，本读 nüè，义为疟疾，一种急性传染病；又读 yào，用于"疟子"，义为疟疾的俗称。《规范字表》采用俗字简作"疟"，省略音符的部件。

nuo

糯［稬穤］nuò

"稬"是形声字，从禾，耎（ruǎn）声，义为有黏性的稻子或米。又作"穤"，音符改为需。又作"糯"，意符改为米。《规范字表》以"稬""穤"为异体字。

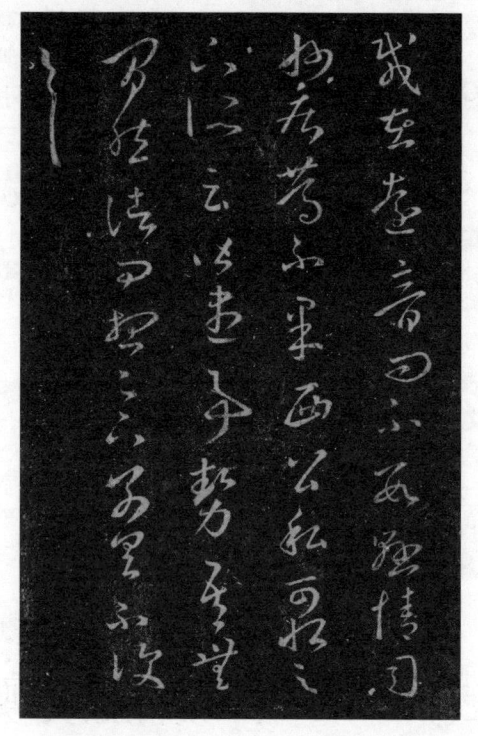

《十七帖》局部

P

pan

盘（盤）pán

"盤"是形声字，从皿，般声，本义为一种稍扁而浅的盛物器具，引申为形状或功能像盘子一样的东西、环绕、弯曲、来回反复地查问、清点、转着圈垒砌、量词（用于盘子盛的东西、形状像盘子的东西）等。《规范字表》采用俗字简作"盘"，省略音符的部件。

【提示】"盘曲、盘踞、盘根错节"也作"蟠曲、蟠据、蟠踞"、"蟠根错节"，《异形词表》推荐的写法是前者。

磐 pán

【提示】"磐石"也作"盘石""蟠石"，《异形词表》推荐的写法是前者。

蹒（蹣）pán

【提示】"蹒跚"也作"盘跚"，《异形词表》推荐的写法是前者。

pang

彷 ㊀ páng ㊁ fǎng

㊀ [彷徨]（-huáng）犹豫不决，不知往哪走才好：～歧路。

㊁ [彷彿]（-fú）同"仿佛"。

【提示】①"彷"在《规范字表》中不作"仿"的异体字，见53页"仿"字条。②"彷徨"也作"旁皇"，《异形词表》推荐的写法是前者。

pao

抛{拋}pāo

【提示】字的中间，规范字形是九（2画）；旧字形和台湾字形是九（3画）。

炮[礮砲]pào

"礮"是形声字，从石，駮声，读pào，本义为古代以机发石的兵器（也叫抛车），引申为抛车所发出的石头。俗字作"砲"，音符改为包。"炮"是形声字，从火，包声，本读páo，义为古代一种烹饪方法，即把小兽或鸟类用泥包裹后放在火上烧烤，引申为烧烤食物、制中药的一种方法（把生药放在热锅里炒，使焦黄爆裂）；又读pào，引申为宋元时期产生的火炮、炮仗（即爆竹）、现代重型远程射击武器等；又读bāo，引申为一种烹饪方法（用旺火急炒）、烘干。《规范字表》以"礮""砲"为异体字。

【提示】"炮"与"礮""砲"不是等义异体字。

疱[皰]pào

"皰"是形声字，从皮，包声，本义为面部所生的小疮，即粉刺，引申为皮肤上长的像水泡的小疙瘩。又作"疱"，意符改为疒。《规范字表》以"疱"为异体字。

【提示】台湾用于"面疱"多作"皰"。

pei

胚[肧] pēi

"肧"是形声字，从月（肉），不声，本义为在母体内发育初期的的幼体。俗字作"胚"，音符改为丕（pī）。引申为发育初期的生物体、事物的萌芽等。《规范字表》以"肧"为异体字。

【提示】"胚"的后起义较多，与"肧"不是等义异体字。

peng

碰[掽踫] pèng

"碰"是形声字，从石，並声，读 pèng，本义为两物相触撞，引申为人恰巧相遇、试探、触犯等。又作"掽"，意符改为手。"踫"是形声字，从足，並声，本读 pán，义为徒步涉水；又读 pèng，义与"碰"同。《规范字表》以"掽""踫"为异体字。

【提示】"碰""掽"与"踫"不是等义异体字。

pi

毗[毘] pí

"毗"是形声字，从田，比声，本义为田地或土地相连，引申为辅助。又作"毘"，由左右结构改为上下结构。《规范字表》以"毘"为异体字。

匹[疋] pǐ

"匹"是形声字，金文作𠥓，从石，乙声。金文异体作𠥓，在石内加有装饰性点画。（一说表意。金文象一匹布叠成数层之形。）小篆作𠥓，字形稍变。本义为布匹的长度单位。假借为单独的，由此引申为配偶、相配、比得上、量词（用于马、骡等）。俗字作"疋"，《规范字表》作为异体字。

【提示】①"疋"与"匹"不是等义异体字。又读 shū，义为足、脚。又读 yǎ，与"雅"同。②繁体文本和台湾用于"匹敌、匹配、匹夫有责、匹马单枪、马匹、一匹马"作"匹"；用于"疋练、疋头、一疋布"多作"疋"，也作"匹"。

辟（闢）pì

"辟"是表意字，甲骨文作𠂤，金文作𠂤，小篆作𨹟，从辛，象以刑具对屈膝而跪的人施刑之形。本读 bì，义为刑法，泛指法度。引申为避免（后作"避"）。又读 pì，义为开拓、开辟，后作"闢"。"闢"初为表意字，金文作𨳙，《说文》古文作𨳙，从门，象双手开门之形。小篆作𨵵，改成形声字，从門，辟声。读 pì，本义为开启门户。引申为打开、开拓、驳斥、透彻。《规范字表》把"闢"简作"辟"，用笔画较少的同音通用字代替。

【提示】"辟"与"闢"不是等义简繁字。

【构词】辟除（闢除）｜辟谷（闢榖）｜辟违（闢違）｜大辟（大闢）｜复辟（復辟）｜鞭辟入里（鞭辟入裡）

辟划（闢劃）｜辟建（闢建）｜辟田（闢田）｜辟邪（辟邪／闢邪）｜辟谣（辟謠／闢謠）｜精辟（精闢）｜开辟（開闢）｜垦辟（墾闢）｜透辟（透闢）｜鞭辟入里（鞭闢入裡）｜独辟蹊径（獨闢蹊徑）｜开天辟地（開天闢地）

piao

漂 piāo

【提示】"漂泊""漂流"也作"飘泊""飘流"，《异形词表》推荐的写法是前者。

飘（飄）[飃] piāo

"飘"是形声字，从風，票声，本义为旋风，引申为在空中随风移动、流浪、不踏实等。俗字作"飃"，左右偏旁互换位置。《规范字表》把"飄"类推简作"飘"，以"飃"为异体字。

【提示】"飘零"也作"漂零"，《异形词表》推荐的写法是前者。

pin

蘋（蘋）pín

又称四叶菜、田字草，多年生蕨类植物，可做猪饲料或供药用。

【提示】"蘋"又作"苹"的繁体字，见 157 页"苹"字条。

【构词】蘋繁（蘋蘩）｜蘋藻（蘋藻）｜风起于青蘋之末（風起於青蘋之末）

ping

苹（蘋）{蘋} píng

"苹"是形声字，从艸，平声，义为浮萍，一种水生草本植物。"蘋"是形声字，从艸，頻声，本读 pín，义为田字草，一种生在浅水中的蕨类植物；又读 píng，用于"蘋果（苹果）"，义为一种落叶乔木，也指这种树木的果实。《规范字表》采用俗字，把用于蘋果（苹果）义的"蘋"简作"苹"，音符改为平。又规定"蘋"读 pín 时用于水生植物，类推简作"蘋"，是规范字。

【提示】"蘋"与"苹"不是等义繁简字，另见 157 页"蘋"字条。

凭（憑）[凴] píng

"凭"是表意字，从几从任，几为几案，任有担承、依靠义，本义为倚靠在几案等物体上，引申为依靠、依靠的根据、介词（引入动作行为的凭借或依据）、连词（相当于"任凭""无论"）等。又作"凴"，是形声字，从几，馮声。"憑"是形声字，从心，馮声，本义为愤怒，假借为依凭，与"凭"同。《手头字》《规范字表》把"憑"简作"凭"，用笔画较少的同音通用字代替。《规范字表》以"凴"为异体字。

【提示】①"凭""凴"与"憑"不是等义异体字。"凭"与"憑"不是等义简繁字。②"凭空"也作"平空"，《异形词表》推荐的写法是前者。

【构词】凭据(憑據)｜凭栏(憑欄)｜凭证(憑證)｜任凭(任憑)｜听凭(聽憑)｜文凭(文憑)

瓶[缾] píng

"缾"是形声字，从缶，并声，义为一种口小、腹大、颈长的容器。古代多用来汲水，也可盛酒。又作"瓶"，意符改为瓦。《规范字表》以"缾"为异体字。

po

迫[廹] pò

"迫"是形声字，从辶（辵），白声，本读 pò，义为接近、靠近，引申为压迫、逼迫、急迫等；又读 pǎi，用于"迫击炮"，义为武器名，一种火炮。又作"廹"，意符改为辶。《规范字表》以"廹"为异体字。

pu

扑（撲） pū

"扑"是形声字，从手，卜声，本义为轻轻敲打，引申为打击。"撲"是形声字，从手，菐（pú）声，本义为击打，引申为攻打、直冲、趴伏等。这两个字早在汉代已有通用的例子（如《史记》）。《规范字表》把"撲"简作"扑"，用笔画较少的通用字代替。

【提示】"扑"与"撲"不是等义简繁字。

铺（鋪）[舖] pū

"鋪"是形声字，从金，甫声，本读 pū，义为铺首，古代建筑的门环的底座。假借为设置、安排，由此引申为铺开、摆开。又读 pù，引申为床铺、铺盖、店铺、古代的驿站（为传递官府文书而设的中途歇息的地方）等。俗字作"舖"，意符改为舍。《规范字表》把"鋪"类推简作"铺"，以"舖"为异体字。

仆（僕） pú

"仆"是形声字，从人，卜声，本读 pū，义为头部触地，引申为向前跌倒。"僕"是形声字，从人，菐（pú）声，本读 pú，义为奴隶的一个等级，引申为奴隶、奴仆、从事杂役的人、自己的谦称等。清代俗字（见清刊本《目连记弹词》）和《规范字表》把"僕"简作"仆"，用笔画较少的近音字代替。

【提示】"仆"与"僕"不是等义简繁字。

【构词】仆倒(仆倒)｜仆顿(仆頓)｜倒仆(倒仆)｜僵仆(僵仆)｜偃仆(偃仆)｜前仆后继(前仆後繼)｜仆从(僕從)｜仆姑(僕姑)｜仆固(僕固，古部落名，又是复姓，唐代有仆固怀恩)｜仆人(僕人)｜仆射(僕射，古代官名)｜公仆(公僕)｜奴仆(奴僕)｜女仆(女僕)｜风尘仆仆(風塵僕僕)

朴（樸） pǔ

"朴"是形声字，从木，卜声，

本读 pò，义为树皮，引申为树木名；又读 pō，用于"朴刀"，义为古代一种兵器，刀身狭长，刀柄较短；又读 piáo，假借为姓；又读 pǔ，义为朴实，与"樸"同。"樸"是形声字，从木，菐（pú）声，读 pǔ，本义为未经加工的木材，引申为未经加工修饰的。《手头字》《规范字表》把"樸"简作"朴"，用笔画较少的同音通用字代替。

【提示】"朴"与"樸"不是等义简繁字。

【构词】朴刀（朴刀）｜朴氏（朴氏）｜朴树（朴樹）｜朴硝（朴硝）｜朴正熙（朴正熙，人名）｜厚朴（厚朴，植物名）｜翼朴（翼朴，植物名）｜抱朴子（抱朴子，晋代葛洪的字号，也是书名）

朴实（樸實）｜朴素（樸素）｜诚朴（誠樸）｜纯朴（純樸）｜古朴（古樸）｜俭朴（儉樸）｜简朴（簡樸）｜质朴（質樸）｜拙朴（拙樸）

米芾书《苕溪诗帖》局部

Q

qi

栖[棲] qī

"棲"是形声字，从木，妻声，读 qī，本义为鸟类在树上或巢中歇息，引申为居住、停留等；又读 xī，用于"棲棲"，义为忙碌而心里不安定的样子。又作"栖"，音符改为西。《规范字表》以"棲"为异体字。

【构词】栖身（棲身）｜栖息（棲息）｜栖止（棲止）｜两栖（兩棲／兩栖）｜栖栖（棲棲／栖栖）｜栖栖惶惶（栖栖惶惶／棲棲惶惶）

凄[淒悽] qī

"凄"是形声字，从水，妻声，本义为云涌起的样子，引申为寒冷、冷清、悲伤（心情悲凉）。又作"淒"，意符改为氵（冰）。心情悲伤义又作"悽"，意符改为心。《规范字表》以"淒""悽"为异体字。

【提示】"凄、淒、悽"不是等义异体字。在繁体文本中，寒冷、冷清义一般不用"悽"，心情悲伤义一般不用"凄"或"淒"。

【构词】凄风（淒風）｜凄苦（淒苦）｜凄冷（淒冷）｜凄厉（淒厲）｜凄凉（淒涼）｜凄清（淒清）｜凄风苦雨（淒風苦雨）｜凄婉动人（淒婉動人）｜风雨凄凄（風雨淒淒）｜凄惨（悽慘）｜凄恻（悽惻）｜凄楚（悽楚）｜凄惶（悽惶）｜凄切（悽切）｜凄然（悽然）｜凄婉（悽婉）｜凄惘（悽惘）｜凄怨（悽怨）｜凄凄惨惨（悽悽慘慘）｜哀凄（哀悽）｜悲凄（悲悽）

戚[慼慽] qī

"戚"初为象形字，甲骨文作 ，象斧钺类长柄兵器形。金文作 ，变成形声字，从戈，尗（shū）声。小篆作 ，从戊，尗声。本义为斧钺类兵器，假借为忧愁、亲近、姓等。"慽"是形声字，从忄（心），戚声，义为忧愁。又作"慼"，由左右结构改为上下结构。《规范字表》以"慼""慽"为异体字。

【提示】"戚"与"慼""慽"不是等义异体字。

【构词】戚眷（戚眷）｜戚谊（戚誼）｜戚继光（戚繼光，明代人）｜亲戚（親戚）｜外戚（外戚）｜姻戚（姻戚）｜休戚与共（休戚與共）｜干戈戚扬（干戈戚揚）｜皇亲国戚（皇親國戚）

戚容（慼容）｜戚忧（慼憂）｜哀戚（哀慼）｜悲戚（悲慼）｜忧戚（憂慼）｜二三子何其戚也（二三子何其慼也）

期[朞] qī

"期"是形声字，从月，其声，本读 qī，义为确定的时间，引申为有限度的一段时间、约会、盼望、量词（用于分期的事物）等。又读 jī，古汉语中指一周年的时间。又作"朞"，用于周期义。《规范字表》以"朞"为异体字。

【提示】繁体文本和台湾用于"期年""期月"作"期"，也作"朞"。

齐（齊）qí

"齊"是表意字，甲骨文作𓎤𓎤𓎤，金文作𓎤𓎤，象众多的麦子一块儿吐穗之形，表示谷穗整齐。小篆作𠫑，字形稍变。本义为整齐一致，引申为达到一样的高度、没有差别、使一致、完备、副词（表示动作行为一致，相当于"一齐"），假借为姓。宋代俗字（见宋刊本《大唐三藏取经诗话》）和《国音常用字汇》《规范字表》简作"齐"，据草书楷化。

【提示】"齐（齊）"可作类推简化偏旁使用，如：挤（擠）、荠（薺）、剂（劑）。

衹 qí

①传说中的土地神，泛指神灵：神～。②大：～悔。

【提示】"衹"又作"只"的异体字，见265页"只"字条。

棋［棊碁］qí

"棊"是形声字，从木，其声，本义为一种文娱和体育用具，引申为棋子、下棋活动或运动等。又作"棋"，由上下结构改为左右结构。又作"碁"，意符改为石。《规范字表》以"棊""碁"为异体字。

旗［旂］qí

"旂"是形声字，从㫃（yǎn），斤声，本义为画有两条龙形图案的军旗，引申为旗帜。"旗"是形声字，从㫃，其声，本义为画有熊虎图案的军旗，引申为旗帜。《规范字表》以"旂"为异体字。

【提示】"旗"与"旂"不是等义异体字。

岂（豈）qǐ

"豈"是表意字，小篆作𧯴，由"壴"分化而来（一说是形声字，从豆，微省声），本读 kǎi，义为凯旋的乐曲，后作"凯(凱)"。又读 qǐ，假借为副词，表示反问、疑问、否定等。元代俗字（见元抄本《京本通俗小说》）和《手头字》《简体字表》《规范字表》简作"岂"，据草书楷化。

【提示】"岂（豈）"可作类推简化偏旁使用，如：凯（凱）、皑（皚）、闿（闓）。

启（啓）［啟启］qǐ

表意字。甲骨文作𣪘，从户从又，户即门，又即手，象以手推开门之形。甲骨文异体作𣪘，金文作𣪘，加装饰性符号口。有的甲骨文作𣪘，小篆作𣪘，把意符又省略，隶定为"启"。金文异体作𣪘，小篆作𣪘，把又讹为攵或攴，隶定为"啟"或"啓"。本义为把门打开，引申为开导、开始、陈述等。又作"启"。《简体字表》《规范字表》把"啓"简作"启"，采用笔画较少的古字。《规范字表》以"啟""启"为异体字。

【提示】繁体文本和台湾多作"啟",也作"啓",俗作"启"。

【构词】启齿（啟齒）｜启发（啟發）｜启封（啟封）｜开启（開啟）

气（氣）qì

"气"是象形字,甲骨文作 三,金文作 ⺕,象流动的气体形。金文异体作 ⺕,小篆作 ⺕,字形稍变。本义为云气。"氣"是形声字,从米,气声,本读 xì,义为把粮食赠送给别人,后作"饩（餼）"。又读 qì,假借为云气,由此引申为呼吸的气息、阴晴冷暖等自然现象、气味、气概、作风、表露在外的某种情绪、发怒、某种病象等。《手头字》《简体字表》《规范字表》把"氣"简作"气",采用笔画较少的本字。

【提示】①"气"与"氣"不是等义简繁字。②"气（氣）"可作类推简化偏旁使用,如：忾（愾）、饩（餼）。

弃［棄］qì

"棄"是表意字,甲骨文作 ⺕,小篆作 棄,象双手持其（簸箕）把死婴抛弃之形。甲骨文异体作 ⺕,金文作 ⺕,包山楚简作 ⺕,《说文》古文作 ⺕,是省体,隶定为"弃"。本义为抛弃、抛掉,引申为舍去。《规范字表》以"棄"为异体字。

【构词】弃婴（棄嬰）｜放弃（放棄）｜遗弃（遺棄）｜前功尽弃（前

功盡棄）

憩［憇］qì

"憩"是表意字,从舌从息,息指停止,表示人的舌头停止不动,故本义为住口,停止说话,引申为休息。俗字作"憇"。《规范字表》以"憇"为异体字。

qia

袷 qiā

①［袷袢］(-pàn) 维吾尔、塔吉克等民族常穿的对襟长袍。②"夹（夾）"的异体字,见91页"夹"字条。

qian

千（韆）qiān

"千"是形声字,甲骨文作 ⺕,金文作 ⺕,小篆作 ⺕,从一,人声,本义为数词,十个一百,引申为很多。"韆"是形声字,从革,遷声,用于"鞦韆",义为一种运动和游戏用具。原作"秋千",祈求千秋万代永远太平,因而得名。《规范字表》把"韆"简作"千",采用笔画较少的本字。

【提示】"千"与"韆"不是等义简繁字。

【构词】千斤（千斤）｜千里（千里）｜千秋（千秋）｜千万（千萬）｜千里眼（千里眼）｜千方百计（千方百計）｜千军万马（千軍萬馬）｜千虑一得（千慮一得）｜千山万水（千山萬水）｜千姿百态（千姿百態）｜感慨万千

（感慨萬千）｜成千上万（成千上萬）
秋千（鞦韆）

迁（遷）qiān

“遷”是形声字，从辶（辵），䙴（qiān）声，本义为向上升或向高处移动，引申为转移、改变、官职调动（或升或降）等。宋代俗字（见宋刊本《古列女传》）和《国音常用字汇》《手头字》《简体字表》《规范字表》简作“迁”，音符改为千。

【提示】“迁（遷）”可作类推简化偏旁使用，如：跹（躚）。

佥（僉）qiān

“僉”的金文作，小篆作，造字本意未详。用于副词，表示概括全体范围，相当于“全”“都”。汉代俗字把偏旁写作“佥”（见史游《急就章》“检”字），来源于草书。《规范字表》把独立的字也如此简化。

【提示】“佥（僉）”可作类推简化偏旁使用，如：剑（劍）、检（檢）、签（簽）。

牵（牽）qiān

“牽”是形声字，小篆作，从牛从冖，玄声，冖象牵牛的绳，本义为牵引、拉，引申为牵连、受牵累、挂念等。《规范字表》参考清代俗字简作“牵”，音符改为大。

铅（鉛）[鈆] qiān

“鉛”是形声字，小篆从金，㕣（yǎn）声，本读 qiān，义为一种金属元素，引申为石墨等制成的铅笔芯；又读 yán，用于“铅山”，义为地名，在江西。又作“鈆”。《规范字表》把“鉛”类推简作“铅”，以“鈆”为异体字。

签（簽籤）qiān

“簽”是形声字，从竹，僉声，义为署名或题写文字以作标识。“籤”是形声字，从竹，韱（xiān）声，本义为标识，引申为签署意见或题写姓名、竹签、某些小棍状或片状标志物、求神问卜的一种工具等。“籤”与“簽”音同义近，《规范字表》将二字合并，据“佥（僉）”类推简作“签”。

【提示】“簽”与“籤”不是等义繁体字。

【构词】签呈（簽呈）｜签到（簽到）｜签订（簽訂）｜签发（簽發）｜签名（簽名）｜签收（簽收）｜签署（簽署）｜签押（簽押）｜签约（簽約）｜签章（簽章）｜签证（簽證）｜签字（簽字）｜签合同（簽合同）｜签注意见（簽注意見）｜草签（草簽）｜代签（代簽）
标签（標籤／標簽）｜抽签（抽籤／抽簽）｜卦签（卦籤）｜灵签（靈籤）｜棉签（棉籤）｜求签（求籤／求簽）｜书签（書籤／書簽）｜题签（題籤）｜牙签（牙籤／牙簽）｜中签（中籤）｜竹签（竹籤）｜求签问卜（求籤問卜）

愆[諐] qiān

“愆”是形声字，从心，衍声，

本义为超过，引申为过失、罪过。又作"詧"，是形声字，从言，侃声。《规范字表》以"詧"为异体字。

乾㊀qián ㊁gān

㊀①八卦之一，代表天。②代表男性：～造｜～宅。③用于地名、年号、人名：～县（在陕西）｜～隆（清高宗年号）。④[乾坤]指天地，比喻江山、国家、局面等：俯仰乎～｜一举定～｜誓死保～｜扭转～。

㊁"干"的繁体字，见60页"干"字条。

"乾"用于地名、年号、人名（如现代作家萧乾）等不简化作"干"。

【构词】乾安（乾安，地名，在吉林）｜乾纲（乾綱）｜乾卦（乾卦）｜乾坤（乾坤）｜乾隆（乾隆，清代年号）｜乾务（乾務，地名，在广东）｜乾县（乾縣，地名，在陕西）｜乾宅（乾宅）

潜[潛]qián

"潛"是形声字，从水，朁(cǎn)声，本义为在水面以下游泳前进，引申为隐没在水中、隐藏起来不露出、秘密地行动等。俗字作"潜"。《规范字表》以"潜"为异体字。

qiang

羌[羌羗]qiāng

"羌"是形声字，甲骨文作 ， 金文作 ，小篆作 ，从人，羊省声，本义为我国少数民族名，古代以放牧

为主。俗字作"羌"或"羗"。《规范字表》以"羌""羗"为异体字。

【提示】规范字形7画，中间是一长撇；旧字形和台湾字形8画，左下的撇与上边的竖不相连。

枪（槍）[鎗]qiāng

"槍"是形声字，从木，倉声，本义为一种长柄、有尖头的兵器，引申为能发射子弹的武器、性能或形状像枪的器械等。"鎗"是形声字，从金，倉声，本义为钟声，假借为古代兵器，与"槍"同。《规范字表》把"槍"类推简作"枪"，以"鎗"为异体字。

【提示】"槍"又义为冲抵、碰撞，"鎗"又义为玉声，这两个字不是等义异体字。

强[彊強]qiáng

"彊"是形声字，从弓，畺（jiāng）声，读qiáng，本义为强劲的硬弓，引申为健壮、强大、刚毅、标准或程度高、优越、好、使强大有力、强制等。"強"是形声字，从虫，弘（hóng）声，本读qiáng，义为米里的小黑虫，假借为强壮等；又读qiǎng，引申为勉强、迫使；又读jiàng，引申为固执、不顺服。俗字作"强"，音符部件厶改为口。《规范字表》以"彊""強"为异体字。

【提示】"强""強"与"彊"不是等义异体字。

【构词】强迫（強迫）｜强壮（強壮）｜牵强（牽強）

墙(墙)[牆] qiáng

"牆"是形声字,从啬,爿(qiáng)声,啬指收获并囤积谷物,表示圈围、屏障,本义为用土或砖石堆砌成的屏障物。俗字作"墙",意符改为土。《规范字表》把"墙"类推简作"墙",以"牆"为异体字。

【提示】《异体字表》以"墙"为"牆"的异体字,《规范字表》改作繁体字。

【构词】墙壁(牆壁)|墙头(牆头)|城墙(城牆)

樯(樯)[艢] qiáng

"樯"是形声字,从木,牆(qiáng)省声,本义为船上挂风帆的桅杆。又作"艢",意符改为舟。《规范字表》把"樯"类推简作"樯",以"艢"为异体字。

襁[繦] qiǎng

"襁"是形声字,从衣,强声,用于"襁褓",义为背负婴儿用的宽背带和布兜。"繦"是形声字,从糸,强声,本义为丝节粗长,假借为"襁"。《规范字表》以"繦"为异体字。

【提示】"襁"与"繦"不是等义异体字。

qiao

跷(蹺)[蹻] qiāo

"蹻"是形声字,从足,乔声,义为把腿抬起来。又作"蹺",音符

改为尧。《规范字表》把"蹺"类推简作"跷",以"蹻"为异体字。

【提示】"蹻"又读 jué,义为草鞋,"蹻"引申为竖起肩头,这两个字不是等义异体字。

锹(鍬)[鐰] qiāo

"鍬"是形声字,从金,秋声,义为一种掘土、铲沙石等的工具。又作"鐰",由左右结构改为上下结构。《规范字表》把"鍬"类推简作"锹",以"鐰"为异体字。

乔(喬) qiáo

"喬"是表意字,金文作 ,小篆作 喬,从夭从高省,夭指曲折。本义为高而上曲,引申为高大、迁居、升官。假借为怪、丑恶,由此引申为假扮、装扮。清代俗字(见清刊本《金瓶梅奇书》)和《国音常用字汇》《手头字》《简体字表》《规范字表》简作"乔",据草书楷化。

【提示】"乔(喬)"可作类推简化偏旁使用,如:桥(橋)、骄(驕)、荞(蕎)。

荞(蕎)[荍] qiáo

"蕎"是形声字,从艸,乔声,本义为荞麦,一种草本植物,也指这种植物的籽实。"荍"是形声字,从艸,收声,本义为锦葵,假借为荞麦。《规范字表》把"蕎"类推简作"荞",以"荍"为异体字。

【提示】"蕎"与"荍"不是等义异体字。

憔[顦顇]qiáo

"顦"是形声字，从頁，焦声，用于"憔悴"，义为人瘦弱，面色不好看。后作"憔"，意符改为心。"顇"是形声字，从疒，焦声，本义为萎缩、缩小，引申为病。《规范字表》以"顦""顇"为异体字。

【提示】①"顦""憔"与"顇"不是等义异体字。②"憔悴"也作"蕉萃"，《异形词表》推荐的写法是前者。

壳(殻){殼}qiào

"殼"是形声字，从几，殸（què）声，后作"殻"，省去一个小横画。本读què，义为从上击下；又读qiào，义为某些物体的坚硬的外皮；又读ké，义为坚硬的外皮，用于口语。《国音常用字汇》《手头字》《规范字表》把"殻"简作"壳"，省略右边部件。

【提示】"壳（殻）"可作类推简化偏旁使用，如：悫（愨）。

峭[陗]qiào

"陗"是形声字，从阜，肖声，本义为山势险峻，引申为法律严峻、寒气急骤等。又作"峭"，意符改为山。《规范字表》以"陗"为异体字。

窍(竅)qiào

"竅"是形声字，从穴，敫（jiǎo）声，本义为孔洞，引申为耳、鼻、眼睛等器官、解决问题的途径、事情的关键等。《规范字表》采用俗字简作"窍"，音符改为巧。

qie

窃(竊)qiè

"竊"是形声字，小篆作 竊，从穴、廿、米，离（xiè）声，穴指洞穴，廿象洞口，本义为把米偷来藏在洞穴中，引申为偷盗、副词（相当于"暗地里""偷偷地"）、谦辞（表示私自、私下）等。元代俗字（见元抄本《京本通俗小说》）和《国音常用字汇》《手头字》《简体字表》《规范字表》简作"窃"，新造形声字，从穴，切声。

惬(愜)[慊]qiè

"慊"是形声字，从心，匧（qiè）声，本义为满意，心里满足，引申为恰当。又作"愜"，由上下结构改为左右结构。《规范字表》把"愜"类推简作"惬"，以"慊"为异体字。

qin

侵{侵}qīn

【提示】字的右上部中间的横画，规范字形右侧不出头，旧字形和台湾字形右侧出头。

亲(親)qīn

"親"是形声字，从见，亲声，本读qīn，义为情意至深、感情深厚、关系密切，引申为父母、有血缘或婚姻关系的、有血缘或婚姻关系的人、婚姻、新娘、亲吻（用嘴唇接触表示喜爱、亲热）等；又读qìng，用于"亲家",义为两家的儿女结婚而形成的亲戚关系。金代俗字(见《改并四声篇海》)和《手头字》《简体字表》《规范字表》简作"亲",省略意符。

【提示】"亲(親)"可作类推简化偏旁使用,如:榇(櫬)。

琴[琹] qín

初为象形字,小篆作𢆶,象琴柱和琴弦之形。又作形声字,战国文字作𢆶,《说文》古文作𢆶,从珡,金声,后改为从珡省,今声,隶定为"琴"。本义为古琴,一种弦乐器名,引申为某些乐器的统称。俗字作"琹",是表意字,从珡省,从木(表示琴体为木质)。《规范字表》以"琹"为异体字。

勤[懃] qín

"勤"是形声字,从力,堇声,本义为辛劳、辛苦,引申为劳苦的事、工作、做事尽力、次数多、经常等。"懃"是形声字,从心,勤声,本义为劳苦、勤劳,引申为做事尽力。《规范字表》以"懃"为异体字。

【提示】繁体文本和台湾用于"勤劳、勤勉、勤快、勤恳、勤务、辛勤、出勤"作"勤"。"殷勤"也作"慇懃"。

寝(寢)[寑] qǐn

甲骨文作𠂤,金文作𠂤,《说文》籀文作𠂤,是表意字,从宀从帚,有的加又,宀指房屋,帚即扫帚,又即手,表示人手持扫帚打扫房屋。后来变为形声。战国文字作𠂤,从宀、爿(qiáng),侵省声,隶定为"寑"。小篆作𠂤,从宀,侵声,隶定为"寝"。本义为居室或卧室,引申为躺卧着休息或睡觉、帝王的坟墓、停止、平息等。元代俗字(见元刊本《朝野新声太平乐府》)和《规范字表》把"寝"简作"寝",据草书楷化,《规范字表》以"寑"为异体字。

揿(搇)[撳] qìn

"搇"是形声字,从手,金声,义为用手按。又作"撳",音符改为欽。《规范字表》把"撳"类推简作"揿",以"搇"为异体字。

qing

庆(慶) qìng

"慶"是表意字,甲骨文作𢼸,金文作𢼸,从鹿从心,表示带着鹿皮前往祝贺。金文异体、战国文字作𢼸,小篆作𢼸,字形稍变。本义为祝贺、庆贺,引申为奖赏、吉祥、幸福、庆贺、值得庆贺的事或纪念日等。《规范字表》简作"庆",据草书楷化。

qiong

穷(窮) qióng

"窮"是形声字,从穴,躬声,本义为时间或空间达到终点、完结,引申为阻塞不通、不得志、不显贵、寻根究源、副词(彻底、极端、胡乱地)等。元代俗字(见元抄本《京本通俗小说》)和《国音常用字汇》《手头字》《简体字表》《规范字表》简作"穷",据草书楷化。

琼(瓊) qióng

"瓊"是形声字,从玉,夐(xiòng)声,本义为红色的玉,引申为美玉、精美的等。《国音常用字汇》《规范字表》简作"琼",音符改为京。

qiu

丘[坵]{邱} qiū

"丘"是象形字,甲骨文作 ⩗⩗⩗ ,象地面凸起的土山形。金文作 ⩗⩗ ,小篆作 ⩗ ,字形稍变。本义为因地势而自然形成的土山。引申为坟墓、废墟。假借为姓。"坵"是形声字,从土,丘声,本义为土山。"邱"是形声字,从邑,丘声,本义为地名用字,引申为丘陵、坟墓、姓。"邱"在《异体字表》中作"丘"的异体字,后改作规范字。《规范字表》以"坵"为异体字。

【提示】"丘"与"坵"不是等义异体字。这两个字都用于姓,不能混淆。

邱 qiū

姓。

【提示】"邱"在《异体字表》中作"丘"的异体字,后改作规范字。

秋(鞦)[秌龝] qiū

"龝"是形声字,从禾,龜(jiāo)声,本义为庄稼成熟。"秌"是省体,意符在右边,音符省作火。后作"秋",左右偏旁互换位置。引申为庄稼成熟的时节、四季中的第三季、一年的时间、某个时代等。"鞦"是形声字,从革,秋声,用于"鞦韆",一种运动和游戏的用具。本作"秋千"。《规范字表》把"鞦"简作"秋",采用笔画较少的本字。以"秌""龝"为异体字。

【提示】"秋"与"秌""龝"不是等义异体字。"秋"与"鞦"不是等义简繁字。

【构词】秋风(秋風)|秋毫(秋毫)|秋季(秋季)|秋天(秋天)|秋雨(秋雨)|秋高气爽(秋高氣爽)|麦秋(麥秋)|千秋(千秋)|深秋(深秋)|多事之秋(多事之秋)|老气横秋(老氣橫秋)|一日不见,如隔三秋(一日不見,如隔三秋)

秋千(鞦韆,游戏器具)

鳅(鰍)[鰌]{鱃} qiū

"鰌"是形声字,从鱼,酋声,义为鱼名。又作"鰍",音符改为秋。用于"泥鰌",与"泥鰍"同。《规范字表》把"鰍"类推简作"鳅",以"鱃"为异体字。

【提示】"鱃"在《异体字表》中作"鰍(鰍)"的异体字;《简化字总表》类推简作"鱃",作规范字;《规范字表》仍作异体字。

虬[蚪] qiú

"蚪"是形声字,从虫,丩(jiū)

声,义为传说中的有角龙,一说是无角龙。变体作"虬"。《规范字表》以"蚪"为异体字。

【提示】"虬"又用于姓,与"蚪"不是等义异体字。

球[毬] qiú

"毬"是形声字,从毛,求声,义为古代一种游戏用品,圆形,皮制,中间以毛充实,用脚踢或用杖击。"球"是形声字,从王(玉),求声,本义为美玉。假借为古代一种皮制的圆球形体育用具,由此引申为圆球形的物体、地球等。《规范字表》以"毬"为异体字。

【提示】"球"与"毬"不是等义异体字。

qu

区(區) qū

"區"是表意字,甲骨文作𠬝,侯马盟书作𠬝,小篆作𠬝,从匚(xǐ)从品,匚指掩藏,品象众多物品形。本义读 qū,把众多物品隐藏起来,泛指隐藏。引申为区域(一定的空间范围)、区分、行政区划单位。又读 ōu,假借为古代一种容器,由此引申为古代容量单位。又假借为姓。元代俗字(见元刊本《古今杂剧三十种》)用又作符号代替了其中的品,《手头字》《规范字表》进一步把又改为乂,简作"区"。

【提示】"区(區)"可作类推简化偏旁使用,如:沤(漚)、欧(歐)、

瓯(甌)。

曲(麯)[麴]{麯麴}

qū "曲"是表意字,甲骨文𠂎,金文作𠂎,战国文字作𠂎,《说文》古文作𠂎,小篆作𠂎,象弯曲之物形,本读 qū,义为弯曲。引申为不公正、不合理、弯曲之处。假借为姓。又读 qǔ,引申为一种韵文形式、歌的乐调。"麯"是形声字,从麥,声,读 qū,义为酒曲,用麦子、麸皮、大豆等制成,用来酿酒、制酱等。又作"麴"或"麯",音符改为匊(jū)。《规范字表》采用俗字把"麯"简作"曲",用笔画较少的同音字代替。以"麴"为异体字。又把"麴"类推简作"麹",作规范字,用于姓氏人名。

【提示】①"曲"与"麯""麴"不是等义异体字或简繁字。"麴"另见 170 页"麹"字条。②麯,规范字形是左右结构,旧字形和台湾字形是半包围结构。

【构词】曲尺(曲尺)|曲调(曲調)|曲解(曲解)|曲谱(曲譜)|曲线(曲線)|曲折(曲折)|歌曲(歌曲)|曲径通幽(曲徑通幽)|曲意逢迎(曲意逢迎)|河曲(河曲)|卷曲(卷曲)|扭曲(扭曲)|弯曲(彎曲)|戏曲(戲曲)|乐曲(樂曲)|作曲(作曲)|委曲求全(委曲求全)|是非曲直(是非曲直)|高歌一曲(高歌一曲)

曲霉(麯霉/麴霉)|大曲(大麯/大麴)|麸曲(麩麯/麩麴)|红曲(紅麯/紅麴)|酒曲(酒麯/酒麴)|麦曲(麥麯/麥麴)|酸曲(酸

麯／酸麯）｜大曲酒（大麯酒／大麴酒）｜特曲酒（特麯酒／特麴酒）

驱（驅）[駈敺] qū

"驅"是形声字，从馬，區声，本义为用鞭子打马前进，引申为驱逐、快跑等。又作"駈"，音符改为丘。又作"敺"，意符改为攴。《规范字表》把"驅"类推简作"驱"，以"駈""敺"为异体字。

麹（麴）qū

①姓。②"麴"又作"曲"的异体字，见169页"曲"字条。

【提示】简化字是左右结构，繁体字是半包围结构。

quan

权（權）quán

"權"是形声字，从木，藋（guàn）声，本义为古书上说的一种树木。假借为秤锤，由此引申为衡量、权力、权利、衡量利弊并随机应变、副词（表示暂且如此，相当于"权且"）等。又假借为姓。元代俗字（见元抄本《京本通俗小说》）和《国音常用字汇》《手头字》《简体字表》《规范字表》简作"权"，用又作符号代替音符藋。

劝（勸）quàn

"勸"是形声字，从力，藋（guàn）声，本义为勉励、鼓励，引申为受到鼓励而努力、讲道理使人听从等。元

代俗字（见元抄本《京本通俗小说》）和《国音常用字汇》《简体字表》《规范字表》简作"劝"，用又作符号代替音符藋。

券[劵] ㊀ quàn ㊁ xuàn

㊀票据或用作凭证的纸片等：奖～｜入场～｜胜～在握。

㊁拱券，门、窗、桥梁等的弧形部分：打～。

【提示】《规范字表》沿袭《异体字表》误收异体字"劵"。"劵"读juàn，同"倦"，义为疲劳，与"券"音义不同，不是异体关系，编者建议删去。

que

却[卻刼] què

"卻"是形声字，小篆作䣛，从卩，佮（jué）声，俗字作"却"。本义为节制，引申为使后退、推辞、去掉等，假借为连词（相当于"但是""可是"等）。俗字又作"刼"。《规范字表》以"卻""刼"为异体字。

【构词】冷却（冷卻）｜退却（退卻）｜忘却（忘卻）

悫（愨）{慤} què

"愨"是形声字，从心，殸（qiào）声，本义为谨慎，引申为诚实。俗字作"慤"，音符改为殻。《规范字表》把"愨"类推简作"悫"。

确(確) què

"確"是形声字，从石，隺（què）声，本义为坚固，引申为准确、真实等。"确"是形声字，从石，角声，本义为土地多石、坚硬而贫瘠，引申为坚硬、准确、合乎事实的、真实等。《规范字表》把"確"简作"确"，用笔画较少的同音通用字代替。

【提示】"确"与"確"不是等义简繁字。

榷[搉権] què

"搉"是形声字，从手，隺（què）声，本义为敲击，引申为研讨。"榷"是形声字，从木，隺声，本义为独木桥，假借为专营、专门经营买卖。又假借为研讨、商讨，与"搉"同。变体作"権"。《规范字表》以"搉""権"为异体字。

qun

裙[裠帬] qún

"帬"是形声字，从巾，君声，本义为裙子，下身衣服。引申为形状或作用像裙子一样的东西。又作"裙"或"裠"，意符改为衣。《规范字表》以"裠""帬"为异体字。

群[羣] qún

"羣"是形声字，从羊，君声，本义为兽类或畜类聚集在一起，引申为同类的人或物相聚、聚在一起的人或物、成群的、众多的、量词（用于成群的人、动物、各种事物）等。俗字作"群"，由上下结构改为左右结构。《规范字表》以"羣"为异体字。

R

ran

髯[髥] rán

"髯"是表意字，从彡(biāo)从冄，彡指须发，冄指胡须，本义为两颊上的胡须，引申为胡须。又作"髥"，冄改为冉。《规范字表》以"髯"为异体字。

冉[冄] rǎn

"冄"是表意字，金文作𠕓𠕌，小篆作𠕌，象毛下垂之形。又作"冉"。本义为毛柔软下垂的样子，引申为柔弱的样子，假借为人名。用于"冉冉"，义为副词，缓慢地、渐渐地。《规范字表》以"冄"为异体字。

rang

让(讓) ràng

"讓"是形声字，从言，襄声，本义为以言语相责备，引申为避让、不争、把利益或好处先给别人、索取一定代价而把东西给人、请人接受招待、允许、介词（相当于"被"）等。《手头字》把音符改作上，《规范字表》又把意符类推，简作"让"。

rao

扰(擾) rǎo

"擾"是形声字，小篆作𢬵，从手，夒(náo)声，后来音符讹为憂。本义为纷乱，引申为扰乱、侵扰、打扰等。《规范字表》采用俗字简作"扰"，音符改为尤。

绕(繞)[遶] rào

"繞"是形声字，从糸，堯声，本义为缠绕，引申为围着中心转动、通过迂回的路过去、问题或事情纠缠不清等。又作"遶"，意符改为辶(辵)。《规范字表》把"繞"类推简作"绕"，以"遶"为异体字。

re

热(熱) rè

"熱"是形声字，从灬(火)，埶(yì)声，本义为温度高，引申为加热、情意深的、十分羡慕或急切想得到、受欢迎的等。元代俗字（见元刊本《古今杂剧三十种》）和《国音常用字汇》《手头字》《简体字表》《规范字表》简作"热"，据草书楷化。

ren

认(認) rèn

"認"是形声字，从言，忍声，本义为辨识，引申为认为、承认（表示同意）、跟本来无关系的人建立某

韧（靭）[靱靭䩵]rèn

"靭"是形声字，从韋，刃声，本义为柔软而结实，不易折断。变体作"靱"。又作"靭"，意符改为革。变体作"䩵"。《规范字表》把"靭"类推简作"韧"，以"靱、靭、䩵"为异体字。

轫（軔）[靱]rèn

"軔"是形声字，从車，刃声，本义为阻碍、限制车轮滚动的木头。变体作"靱"。《规范字表》把"軔"类推简作"轫"，以"靱"为异体字。

饪（飪）[餁]rèn

"飪"是形声字，从食，壬声，本义为煮熟（食物），引申为做饭做菜。又作"餁"。《规范字表》把"飪"类推简作"饪"，以"餁"为异体字。

妊[姙]rèn

"妊"是形声字，从女，壬声，本义为怀孕。又作"姙"。《规范字表》以"姙"为异体字。

衽[衵]rèn

"衽"是形声字，从衣，壬声，本义为衣襟。又作"衵"。《规范字表》以"衵"为异体字。

rong

绒（絨）[羢毧]róng

"絨"是形声字，从糸，戎声，本义为细布，引申为毛织物、表面有一层绒毛的纺织品、柔软细小的毛或纤维等。"羢"是形声字，从羊，戎声，本义为细毛，引申为表层有细毛的纺织品。用于细毛义，又作"毧"，意符改为毛。《规范字表》把"絨"类推简作"绒"，以"羢""毧"为异体字。

【提示】"绒（絨）"与"羢""毧"不是等义异体字。

熔 róng

某些物质在高温作用下由固体变为液体：～化｜～炼｜～炉。

"熔"在《异体字表》中列有异体字"鎔"。《规范字表》删去了这组异体字。见173页"镕"字条。

镕（鎔）{熔}róng

①铸造器物的模型：方圆薄厚，随～制尔。②同"熔"，熔铸；熔化：～钱｜～金｜～银。③比喻陶冶（思想品质）：习礼仪，～气质。

"鎔"是形声字，从金，容声，本义为铸造金属器物的模型，引申为销熔，用高温使固体变为液体。"熔"是形声字，从火，容声，义为某些物质在高温作用下由固体变为液体。《异体字表》以"鎔"为"熔"的异体字。《规范字表》把"鎔"类推简作"镕"，改作规范字。

融[螎] róng

"融"是形声字，从鬲，虫声，本义为炊器中的蒸气升腾，引申为融化、融合、流通、融洽等。变体作"螎"，左右偏旁互换位置。《规范字表》以"螎"为异体字。

冗[宂]{宆} rǒng

"宂"又作"宆"，是表意字。小篆作冗，从宀从人，表示人闲在房屋下（或家里），无农事可做。俗字作"冗"，宀改为冖。本义为闲散，引申为多余、过剩、烦琐、繁忙等。《规范字表》以"宂"为异体字。

ru

蠕[蝡] rú

"蠕"是形声字，从虫，需声，义为像蚯蚓等虫类缓慢爬行。又作"蝡"，音符改为耎（ruǎn）。《规范字表》以"蝡"为异体字。

ruan

软（軟）[輭] ruǎn

"輭"是形声字，从車，耎（ruǎn）声，义为柔软。俗字作"軟"，音符改为欠。引申为柔和、温和、态度不强硬、容易受感动、性格懦弱、身体无力、能力弱、质量差等。《规范字表》把"軟"类推简作"软"，以"輭"为异体字。

【提示】"软"的后起义较多，与"輭"不是等义异体字。

rui

蕊[蕋蘂橤] ruǐ

"蕊"是形声字，从艸，惢（ruǐ）声，本义为草木果实累累的样子，引申为花蕊，种子植物的生殖器官。变体作"蕋"。俗字作"蘂"，在原字基础上增加意符木。又作"橤"，是形声字，从木，惢声。《规范字表》以"蕋、蘂、橤"为异体字。

睿[叡] ruì

"叡"是表意字，《说文》籀文作𠻘，从目，从𡿮省，𡿮指山谷。小篆作叡，又省土。《说文》古文作𡪕，是省体，隶定为"睿"。本义为目光深邃。引申为通达、明智。《规范字表》以"叡"为异体字。

【提示】"睿"和"叡"用于古代人名字号时稍有区别，如：唐睿宗、曹叡（魏明帝）、司马叡（晋元帝）、睿陵（五代汉刘知远陵、金阿骨打陵）。

ruo

挪{捼挼} ruó

"挼"是形声字，从手，委声，揉搓。又作"挱"，音符改为妥。俗字作"挪"，音符改为那。《异体字表》以"捼""挼"为异体字。《规范字表》删除了这组异体字。

【提示】①"挪"通常读 nuó，

义申为移动、转移等，音义与"捼""挼"不全同。②《异体字表》的处理是有依据的。《玉篇·手部》："挪，搓挪也。"《正字通·手部》："挪，俗捼字。"今天也可以不作为异体字。

箬[篛] ruò

"箬"是形声字，从竹，若声，本义为竹皮，引申为竹名。又作"篛"，音符改为弱。《规范字表》以"篛"为异体字。

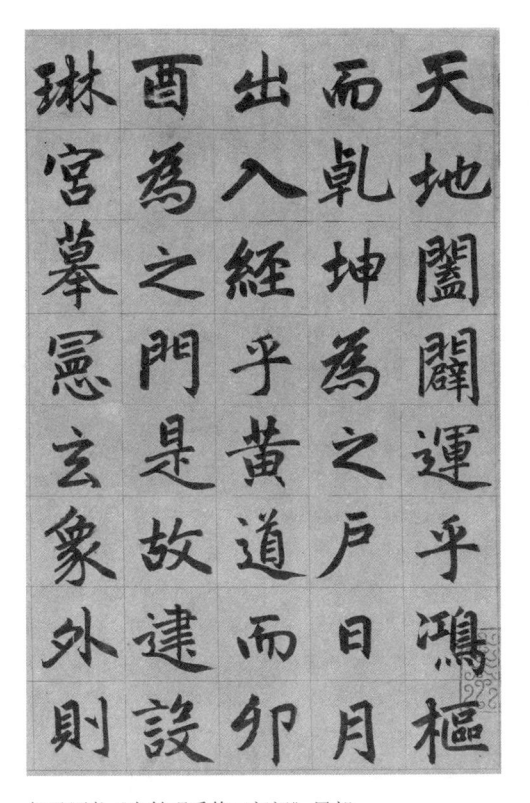

赵孟頫书《玄妙观重修三门记》局部

S

sa

洒(灑) sǎ

"洒"是形声字,从水,西声,本读 xǐ,义为洗涤,与"洗"同;又读 sǎ,是"灑"的俗字。"灑"是形声字,从水,麗声,读 sǎ,本义为使水分散地落在地面上,引申为分散落下、不拘束等。《国音常用字汇》《手头字》《规范字表》简作"洒",采用笔画较少的俗字。

【提示】"洒"与"灑"不是等义简繁字。

【构词】洒家(洒家,宋元时男子自称)|洒然(洒然)|洒洒时寒(洒洒時寒)

洒落(灑落)|洒扫(灑掃)|洒水(灑水)|洒脱(灑脫)|洒洒可听(灑灑可聽)|挥洒(揮灑)|喷洒(噴灑)|洋洋洒洒(洋洋灑灑)|潇洒(瀟洒/瀟灑)

飒(颯)[䬃] sà

"飒"是形声字,从風,立声,本义为拟声词,刮风的声音。用于"飒飒",义为拟声词,形容风声或雨声。用于"飒爽",形容豪迈而矫健的样子。变体作"䬃",左右偏旁互换位置。《规范字表》把"飒"类推简作"飒",以"䬃"为异体字。

sai

腮[顋] sāi

"顋"是形声字,从頁,思声,义为两颊的下半部。俗字作"腮",意符改为月(肉)。《规范字表》以"顋"为异体字。

san

伞(傘)[繖繖] sǎn

"繖"是形声字,从糸,散声,本义为古代的车盖,引申为雨伞、旱伞、形状像雨伞的东西。又作"傘",是象形字,象撑开的车盖(古代车上防止日晒和遮雨的篷)形。1931年陈光尧《简字论集》和《规范字表》参考草书把"傘"简作"伞",保留原字特征。以"繖"为异体字。

散[散] sǎn

"散"初为表意字,甲骨文作 𣏂,金文作 𣏃,从林从攴,表示芟除草木。金文异体作 𣏄,小篆作 𣏅,加音符月(讹为肉)变成形声字。本读 sàn,义为分散、分开。引申为四处分发、排遣。又读 sǎn,引申为松开、没有约束、零碎的、不集中的、屑状药物等。变体作"敓"。《规范字表》以"敓"为异体字。

sang

桑[槡] sāng

"桑"是象形字,甲骨文作🌿🌿,象枝繁叶茂的桑树形,中为树干,上为枝叶,下为树根。战国文字作𣘃,小篆作桑,字形稍变。本义为桑树,一种落叶乔木。引申为桑叶、种桑养蚕的农事。又作"槡",《规范字表》作为异体字。

丧(喪) sàng

"喪"是形声字,甲骨文作𠷔,金文作𠷔,从口(或众口),桑声,口(或众口)指痛哭。小篆作喪,字形稍变。本读 sāng,义为死亡,人失去生命,引申为与死人有关的事、情绪低落等;又读 sàng,引申为丢掉、失去。南北朝时期俗字(见北魏《元飏妻王夫人墓志》)和《手头字》《简体字表》《规范字表》简作"丧",据草书楷化。

sao

扫(掃) sǎo

"掃"是表意字,从手从帚,帚指扫帚,表示手持扫帚除去尘土、垃圾等。本读 sǎo,义为扫除、除去污垢,引申为清除、消灭、左右快速地移动等;又读 sào,用于"扫帚""扫把"等。清代俗字(见清刊本《目连记弹词》)和《规范字表》简作"扫",省略原字右侧下边的部件。

se

涩(澀)[澁濇] sè

"濇"是形声字,从水,啬声,本义为不光滑、不滑润,引申为像明矾或不熟的柿子那样使舌头感到麻木干燥的味道、言语迟钝、文句不流畅等。又作"澀",音符改为歰(sè)。俗字作"澁"。《规范字表》把"澀"简作"涩",省略音符的重复部件,以"澁""濇"为异体字。

啬(嗇) sè

"嗇"是表意字,甲骨文作𠷌𠷍,金文作𠷎,小篆作嗇,从來从㐭,來即麦子,㐭即粮仓。本义为把麦子等谷物贮藏于粮仓中。引申为收获庄稼、节省、节俭、吝啬(过分爱惜钱财,当用而不用)。《规范字表》参考俗字简作"啬",据草书楷化。

【提示】"啬(嗇)"可作类推简化偏旁使用,如:墙(墻)、樯(檣)、蔷(薔)。

sha

杀(殺){殺} shā

"殺"又作"殺",是表意字。甲骨文作𠂉,从戈,上象人披散的头发形,表示以戈割头。金文作𠂉,《说文》古文作𠂉,从攴,攴指击,表示击杀。小篆作殺,从殳,殳与攴同。

本义为杀死、弄死，引申为削弱、减少、搏斗、战斗、药物等刺激皮肤使感觉疼痛等。汉代俗字（见《银雀山汉墓竹简》）和《手头字》《简体字表》《规范字表》简作"杀"，省略部件。

【提示】"杀（殺）"可作类推简化偏旁使用，如：铩（鎩）。

【构词】杀害（杀害/殺害）｜残杀（殘杀/殘殺）｜杀价（杀價/殺價）

鲨（鯊）shā

【提示】"鲨鱼"也作"沙鱼"，《异形词表》推荐的写法是前者。

厦[廈]shà

"廈"是形声字，从广（yǎn），夏声，本读shà，义为高大的屋子；又读xià，引申为地名用字。用于"厦门"，义为地名，在福建。俗字作"厦"，意符改为厂（hǎn）。《规范字表》以"廈"为异体字。

shai

晒（曬）shài

"曬"是形声字，从日，麗声，本义为在阳光下晒干，引申为阳光照射、在阳光下取暖等。明代俗字（见《正字通》）和《手头字》《简体字表》《规范字表》简作"晒"，音符改为西。

【构词】晒图（晒圖/曬圖）｜晾晒（晾晒/晾曬）｜冲晒照片（冲晒照片/沖曬照片）｜雨淋日晒（雨淋日晒/雨淋日曬）

shan

删[刪]shān

"刪"是表意字，小篆作𠛁，从刀从册，册象穿编在一起的竹简或木札，指用以记事的书简，表示书简上的字删改时要用刀削去，本义为删除、去掉，引申为截取。变体作"删"。《规范字表》以"刪"为异体字。

【构词】删除（刪除/删除）｜删改（刪改/删改）｜删繁就简（刪繁就簡/删繁就簡）

姗[姍]shān

"姍"是形声字，小篆作𡣜，从女，删省声，本义为讥讽、诽谤，假借为美好的样子。用于"姗姗"，形容走路缓慢从容的样子。变体作"姗"。《规范字表》以"姍"为异体字。

【构词】姗姗来迟（姍姍來遲/姗姗來遲）

珊[珊]shān

"珊"是形声字，小篆作𤨭，从玉，删省声，用于"珊瑚"，义为海洋中珊瑚虫（一种腔肠动物）分泌的石灰质的聚合体，可作装饰品。变体作"珊"。《规范字表》以"珊"为异体字。

膻[羶羴]shān

"膻"是形声字，从月（肉），亶声，本义为羊肉的臊气，引申为羊身上的臊味。又作"羶"，意符改为羊。又作"羴"，是表意字，从三羊，表示群羊的臊味。《规范字表》以"膻""羴"为异体字。

【构词】膻气（羶氣）｜膻味（羶味）

陕（陝）shǎn

"陕"是形声字，小篆作陝，从阜，夹（shǎn）声，义为古地名，在今河南，现为陕西（地名，在我国西北部）的简称。《规范字表》采用汉代俗字简作"陕"。

膳［饍］shàn

"膳"是形声字，从月（肉），善声，本义为置备食物，引申为饭食（多指精美的饭食）。又作"饍"，意符改为食。《规范字表》以"饍"为异体字。

鳝（鱔）［鱓］shàn

"鱓"是形声字，从鱼，單声，义为鱼名，即鳝鱼，也叫黄鳝。又作"鱔"，音符改为善。《规范字表》把"鱔"类推简作"鳝"，以"鱓"为异体字。

伤（傷）shāng

"傷"是形声字，小篆作傷，从人从㐄，昜（yáng）声，㐄为锐利之物，本义为人身所受到的创伤，引申为损害、受伤、精神方面受伤而悲痛、忧愁、诋毁、妨碍、因饮食过度而感到厌烦等。元代俗字（见元抄本《京本通俗小说》）和《规范字表》简作"伤"，据草书楷化。

shao

筲［䈰］shāo

"䈰"是形声字，从竹，捎声，本义为竹丝做成的刷锅用具，即饭帚，也叫炊帚，又义为古代盛饭的竹器。"筲"是形声字，从竹，肖声，义为古代盛饭食或淘米、洗菜的竹器。《规范字表》以"䈰"为异体字。

【提示】"筲"与"䈰"不是等义异体字。

艄 shāo

【提示】"艄公"也作"梢公"，《异形词表》推荐的写法是前者。

she

舌｛舌｝shé

"舌"又作"舌"，是象形字。甲骨文作𠯑，金文作𠮷，象舌头自口中向外伸出之形，有的两旁加有小点，代表唾沫。古陶文作舌，小篆作舌，字形稍变。本义为舌头。

【提示】字的起笔，规范字形是撇，旧字形和台湾字形是横。用于合体字部件同此，如"括""适"。

蛇［虵］shé

"蛇"是形声字，从虫，它声，义为一种爬行动物。变体作"虵"。《规范字表》以"虵"为异体字。

舍(捨) shě

"舍"是形声字,金文作 ⚹⚹,小篆作 ⚹,从口,余声(或余省声),本读 shě,义为口头发布命令。引申为发出、舍弃、释放、施予、给予。又读 shè,义为房屋。引申为客馆、止息、量词(古代用于行军的距离)、饲养家畜的圈等。"捨"是形声字,从手,舍声。读 shě,本义为舍弃、放下,引申为施予、给予。《国音常用字汇》《规范字表》把"捨"简作"舍",采用笔画较少的本字。

【提示】"舍"与"捨"不是等义简繁字。

【构词】房舍(房舍)|寒舍(寒舍)|宿舍(宿舍)|田舍(田舍)|屋舍(屋舍)|猪舍(豬舍)|舍弟(舍弟)|舍间(舍間)|舍监(舍監)|舍利(舍利)|舍妹(舍妹)|舍人(舍人)|舍下(舍下)|舍侄(舍侄)|打家劫舍(打家劫舍)|退避三舍(退避三舍)

舍得(舍得/捨得)|舍饭(舍飯/捨飯)|舍救(捨救,明代人)|舍命(舍命/捨命)|舍弃(舍棄/捨棄)|舍身(舍身/捨身)|舍药(舍藥/捨藥)|舍粥(舍粥/捨粥)|舍不得(舍不得/捨不得)|舍本逐末(舍本逐末/捨本逐末)|舍己救人(舍己救人/捨己救人)|舍近求远(舍近求遠/捨近求遠)|舍生取义(舍生取義)|割舍(割舍/割捨)|取舍(取舍/取捨)|施舍(施舍/施捨)|四舍五入(四舍五入/四捨五入)|恋恋不舍(戀戀不舍/戀戀不捨)

射[躲] shè

"射"是表意字,甲骨文作 ⚹,金文作 ⚹,石鼓文作 ⚹,象张弓搭箭即将射出之形。小篆作 ⚹,把弓讹为身。本读 shè,义为开弓射箭。引申为光线照射、影射(言语有所指,用言语伤害人)、用枪炮射击、用压力或动力送出、放出电波等。又读 yè,用于"仆射",义为古代官名,唐宋时相当于宰相。小篆异体作 ⚹,从身从矢,隶定为"躲"。《规范字表》以"躲"为异体字。

【提示】"射"的后起义较多,与"躲"不是等义异体字。

慑(懾)[慴]{詟䜭}

shè "懾"是形声字,从心,聶声,本义为胆怯、恐惧,引申为威慑、使屈服。"慴"是形声字,从心,習声,义为恐惧。"詟"是形声字,从言,龖(dá)省声,读 zhé,义为惧怕。《异体字表》以"慴""詟"为"懾"的异体字。《规范字表》把"懾"类推简作"慑";以"慴"为异体字;把"詟"类推简作"䜭",改作规范字。

【提示】"慑(懾)"与"慴"不是等义异体字。

【构词】慑服(懾服)|震慑(震懾)

shen

申 shēn

【提示】"申雪"（表白或洗清冤屈）也作"伸雪"，《异形词表》推荐的写法是前者。

深[滨] shēn

"深"是形声字，石鼓文作𣸯，小篆作𣸯，从水，罙（shēn）声，音符后作罙。本义为水名，今称潇水，湘水支流。假借为从水面到水底的距离大，由此引申为从上到下或从外到内的距离大、从上到下或从外到内的距离、玄妙、精微、深刻、（感情）深厚、（关系）密切、（颜色）浓、（时间）长久、副词（表示程度上超过一般标准，相当于"很""十分"）等。又作"滨"，《规范字表》作为异体字。

【提示】"深"的后起义较多，与"滨"不是等义异体字。

沈（瀋）shěn

"沈"是形声字，从水，冘（yín）声，本读 chén，义为沉没，引申为雨后山岭上凹处的积水。俗字作"沉"，后词义分化（见 22 页"沉"字条）。又读 shěn，假借为古国名、姓等。"瀋"是形声字，从水，審声，本读 shěn，义为汁液，假借为地名用字。用于"瀋阳（沈阳）"，义为地名，在辽宁。《规范字表》把"瀋"简作"沈"，用笔画较少的同音通用字代替。

【提示】①"沈"与"瀋"不是等义简繁字。②繁体文本和台湾用于"墨沈未干、沈阳（地名，在辽宁）、沈吉铁路"作"瀋"；用于姓作"沈"；用于"沈没、沈沦、沈寂、沈默、沈重、沈浸、沈思、沈吟、沈醉、下沈、浮沈、深沈、击沈、暮气沈沈"同"沉"。③沈/沉　这两个字古代都可以写作"沈"。后为了区别，姓氏义读 shěn，写作"沈"；沉没等义读 chén，写作"沉"。

【构词】沈括（沈括，人名）｜沈腰潘鬓（沈腰潘鬢）

沈阳（瀋陽，地名）｜辽沈铁路（遼瀋鐵路）｜墨沈未干（墨瀋未乾）

审（審）shěn

"審"是表意字，从宀从番，宀有包覆义，番有辨别义，表示于包覆之下而分别之。本义为详知，深入了解，引申为详尽、周密、清楚明白、考察、审问等。《规范字表》采用俗字简作"审"，新造形声字，从宀，申声。

【提示】"审（審）"可作类推简化偏旁使用，如：婶（嬸）、谂（諗）。

慎[昚] shèn

"昚"是表意字，金文作𣅀，古玺文作𣅀，《说文》古文作𣅀，从火从日，义为小心谨慎。小篆作𤋮，变成形声字，从心，真声，隶定为"慎"。本义为小心谨慎。引申为副词，相当于千万、务必、无论如何。《规范字表》以"昚"为异体字。

sheng

升[昇陞] shēng

"升"是象形字，甲骨文作 ，金文作 ，字形与"斗"略同，因升小于斗，故加小点以示区别。小篆作 ，字形稍变。本义为量粮食的器具，引申为容量单位，假借为由下向上或由低向高移动、登上、提高等。"昇"是形声字，从日，升声，本义为太阳升起，泛指升起。"陞"是形声字，从阜、土，升声，本义为上升、向上，引申为提高。《规范字表》以"昇""陞"为异体字。又规定"昇"用于姓氏人名时是规范字，"陞"用于姓氏人名、地名时是规范字。

【提示】"升、昇、陞"不是等义异体字。另见182页"昇"字条，182页"陞"字条。

【构词】升斗（升斗）｜升级（升級）｜升水（升水）｜升堂（升堂）｜升天（升天）｜升学（升學）｜公升（公升）｜毫升（毫升）｜直升机（直升機）｜升华（升華／昇華）｜升平（升平／昇平）｜升腾（升騰／昇騰）｜升天（升天／昇天）｜升平乐（昇平樂）｜升平之世（昇平之世）｜高升（高昇／高陞）｜晋升（晉升／晉陞）｜上升（上升／上昇）｜歌舞升平（歌舞昇平）｜步步高升（步步高升／步步高陞）｜旭日东升（旭日東升／旭日東昇）｜升官（升官／陞官）｜升降（升降／陞降）｜升旗（升旗／陞旗）｜

升迁（升遷／陞遷）｜升官图（升官圖／陞官圖）｜提升（提升／提陞）

声（聲）shēng

"聲"是形声字，从耳，殸（qìng）声，本义为乐音，引申为声音、发出声音、名誉、声母、声调等。宋代俗字（见宋刊本《古列女传》）和《国音常用字汇》《手头字》《简体字表》《规范字表》简作"声"，选取左上边的部件。

昇 shēng

①用于地名：～州（古州名，唐代开始设置，故址在今南京）。②姓：～元中（宋代人）。③用于人名：毕～（宋代人，活字版印刷术的发明者。宋代又有毕升，是另一个人）。④"升"的异体字，见182页"升"字条。

【构词】洪昇（洪昇，清代戏曲作家）｜龙昇（龍昇，夏国年号，407年匈奴族酋长赫连勃勃称大夏天王、大单于，国号为夏，431年被吐谷浑所灭）｜赵昇（趙昇，南宋人，著有《朝野类要》）

陞 shēng

①用于人名。②"升"的异体字，见182页"升"字条。

圣（聖）shèng

"聖"是形声字，从耳，呈声，本义为听觉灵敏，引申为通达事理、精通某种学问或技艺并有极高成就的人、品格高尚并智慧超群的人、帝王、最崇高的、神圣的等。元代俗字（见元刊本《古今杂剧三十种》）和《国音常用字汇》《手头字》《简体字表》《规范字表》把"聖"简作"圣"，据草书楷化。

【提示】①"圣"又读 kū，用于方言，义同"掘"，与"聖"不是等义简繁字。②"圣（聖）"可作类推简化偏旁使用，如：柽（樫）、蛏（蟶）。

胜（勝）shèng

"勝"是形声字，从力，朕声，本义为能够承担或承受，引申为尽、胜利、击败（别人）、超过、美好的（景物、境界）等。《规范字表》把"勝"简作"胜"，新造形声字，从月，生声。

【提示】①"胜"与"勝"不是等义简繁字。②另有一个与简化字同形的"胜"，是形声字，从月（肉），生声，本读 xīng，义为生肉或生肉的气味，与"腥"同；又读 shēng，义为一种有机化合物，是"肽（tài）"的旧称。

剩［賸］shèng

"賸"是形声字，从贝，朕（zhèn）声，本义为增加，引申为多余、余下等。"剩"是形声字，从刀，乘声，本义为多余、余下，引申为多。《规范字表》以"賸"为异体字。

【提示】"剩"与"賸"不是等义异体字。

shi

尸［屍］shī

"尸"是象形字，甲骨文作?，金文作?，象箕踞（屈膝而蹲踞）的人形。小篆作⺂，字形稍变。本义为蹲踞。引申为古代作为死者的代表而接受祭祀的活人，一般由死者的晚辈或臣子担任，由此引申为主持、执掌、空占职位或拿着薪水不做事。又引申为尸体，后作"屍"。"屍"是表意字，从尸从死，尸象人形，指人，义为人死后的尸体。《规范字表》以"屍"为异体字。

【提示】"尸"与"屍"不是等义异体字。

【构词】尸臣（尸臣）｜尸祝（尸祝）｜尸子（尸子，人名；书名）｜尸位素餐（尸位素餐）｜三尸暴跳（三尸暴跳）｜行尸走肉（行尸走肉／行屍走肉）

尸骨（屍骨）｜尸骸（屍骸）｜尸首（屍首）｜尸体（屍體）｜陈尸（陳屍）｜僵尸（僵屍）｜收尸（收屍）｜死尸（死屍）｜验尸（驗屍）｜借尸还魂（借屍還魂／藉屍還魂）｜马革裹尸（馬革裹屍）

师（師）shī

"師"是表意字，金文作𠂤，石鼓文作師，小篆作師，从帀（zā）从𠂤（duī），帀指环绕、严密，𠂤象侧视的山阜形，指重叠、堆聚。本义为众多。假借为军队的编制单位，由此引申为军队、古代官名、某些传授知识或技术的人、掌握某种专门知识或技艺的人、学习的榜样、效法、学习等。唐代敦煌变文写本和《简体字表》《规范字表》简作"师",据草书楷化。

【提示】"师(師)"可作类推简化偏旁使用,如:狮(獅)、螄(螄)、筛(篩)。

虱[蝨] shī

"蝨"是形声字,从蚰(kūn),卂(xùn)声,义为虱子,一种寄生在人或牲畜身上的昆虫。省体作"虱"。《规范字表》以"蝨"为异体字。

【提示】繁体文本和台湾用于"虱子、虱官、扪虱而言"作"蝨",俗字作"虱";用于"虱目鱼"作"虱"。

湿(濕)[溼] shī

"溼"是表意字,甲骨文作 ,从水从㡭(jué),㡭同绝,为断丝,表示丝受潮而朽烂。金文作 ,石鼓文作 ,小篆作 ,加土。本义为低下潮湿,引申为沾上水的、含水分多的。"濕"是表意字,战国文字作 ,小篆作 ,从水从㬎(xiǎn),㬎指在阳光下晾晒丝线。本读 shī,义为丝浸水而潮湿,需要晾晒。引申为沾上水的、含水分多的,与"溼"同。又读 tà,义为古水名,在今山东。元代俗字把"濕"写作"湿"(见元刊本《古今杂剧三十种》),来源于草书。《规范字表》进一步简作"湿",以"溼"为异体字。

【提示】①"濕"又读 tà,古水名,与"溼"不是等义异体字。②台湾多

作"溼",也作"濕"。

【构词】湿润(溼潤/濕潤) | 湿淋淋(溼淋淋/濕淋淋) | 浸湿(浸溼/浸濕)

什 shí

【提示】"什锦"也作"十锦",《异形词表》推荐的写法是前者。

时(時)[旹] shí

"旹"是形声字,甲骨文作 ,金文作 ,《说文》古文作 ,从日,㞢(zhī)声。石鼓文作 ,战国文字作 ,小篆作 ,音符改为寺,隶定为"時"。本义为季节、时令。引申为时间、某一段时间、时机、时尚,副词(表示间断性地重复发生、按时)等。汉代俗字(见《敦煌汉简》)和《国音常用字汇》《手头字》《简体字表》《规范字表》把"時"简作"时",据草书楷化。《规范字表》以"旹"为异体字。

【提示】"时(時)"可作类推简化偏旁使用,如:坿(塒)、鲥(鰣)、莳(蒔)。

实(實)[寔] shí

"實"是表意字,从宀从貫,宀指房屋,貫指古代穿钱币的绳子、钱币,表示室内放满财物。本义为富足、富裕,引申为充满、果实、财富、事实、真实、真诚、副词(表示确实,相当于"的确")等。"寔"是形声字,从宀,是声,本义为止,假借为"實"。元代俗字(见元抄本《京本通俗小说》)

和《手头字》《简体字表》《规范字表》把"實"简作"实",据草书楷化。《规范字表》以"寔"为异体字。

【提示】"實"与"寔"不是等义异体字。

食 shí

【提示】"日食""月食"也作"日蚀""月蚀",《异形词表》推荐的写法是前者。

势（勢）shì

"勢"是形声字,从力,執（yì）声,本义为巨大的力量,引申为权势、权力、事物力量表现出来的趋向、自然界所表现出的现象或形势、政治或军事等社会活动所显现出的样子或情势、样子、姿态等,假借为睾丸,男子和某些雄性动物生殖器的一部分。宋代俗字（见宋刊本《古列女传》）和《手头字》《简体字表》《规范字表》简作"势",据草书楷化。

【提示】"架势""姿势"也作"架式""姿式",《异形词表》推荐的写法是前者。

侍 shì

【提示】"服侍"也作"服事",《异形词表》推荐的写法是前者。

视（視）[眎眡] shì

"眎"是形声字,甲骨文作𥄚,《说文》古文作𥅭,从目,示声,与"視"同。"眡"是形声字,金文作𥄃,古文异体作𥅥,从目,氐（zhī）声,与"視"同。"視"是形声字,小篆作𧠺,从见,示声。本义为看,引申为观察、考察、看待、对待、治理等。《规范字表》把"視"类推简作"视",以"眎""眡"为异体字。

柿[柹] shì

"柿"是形声字,从木,市声,义为一种落叶乔木,也指这种树木的果实。俗字作"柹"。《规范字表》以"柹"为异体字。

【提示】"柹"又读 fèi,义为砍木头削下来的木片,与"柿"不是等义异体字。

是[昰] shì

"是"是形声字,金文作𣆞𣆞,石鼓文作𣆞,从早,止声。《说文》籀文作𣆞,小篆作昰,字形有讹变。本义为代词,表示指示,相当于"这""这个"。（一说表意。从日从正,表示以日为正。本义为正、直。）引申为对、正确、订正、表示判断等。又作"昰"。《规范字表》以"昰"为异体字。

【提示】"是"的后起义较多,与"昰"不是等义异体字。"昰"又读 xià,与"夏"同。

适（適）shì

"適"是形声字,楚系简帛作𨟻,小篆作𨗅,从辵,啻（chì）声,后来音符改为商（dī）。读 shì,本义为去往、到,引申为女子出嫁、符合、切合、舒服、副词（恰巧、恰好）等。

"适"又作"逗",是形声字。小篆作𠴳,从辵,昏(guā)声。本读kuò,义为迅速,多用于古代人名。《规范字表》采用俗字把"適"简作"适",用舌作符号代替音符啇,与读kuò的"适"字同形。

【提示】①"适"与"適"不是等义简繁字。②《简化字总表》规定:"古人南宫适、洪适的适(古字罕用)读kuò(括)。此适字本作逗,为了避免混淆,可恢复本字逗。"

【构词】适当(適當)|适度(適度)|适合(適合)|适量(適量)|适口(適口)|适时(適時)|适宜(適宜)|适应(適應)|适用(適用)|适中(適中)|适可而止(適可而止)|合适(合適)|胡适(胡適,现代人名)|舒适(舒適)|闲适(閒適)|削足适履(削足適履)

洪适(洪適,南宋时人)|南宫适(南宮适,春秋时人)

谥(諡)[諡] shì

"諡"是形声字,从言,益声。本读yì,义为笑的样子;又读shì,义为古代帝王、贵族、大臣等死后依其一生的事迹给予的称号。变体作"謚"。《规范字表》把"謚"类推简作"谥",以"諡"为异体字。

【提示】①《异体字表》以"諡"为"謚"的异体字,《规范字表》改作"谥"的繁体字。②用于"谥号",繁体文本和台湾多作"諡號"。

shou

寿(壽) shòu

"壽"是形声字,金文作𠷎,小篆作𦼮,从老省,𠷎或𠷎(chóu)声,本义为长寿(活得长久),引申为年岁、生命、生日(一般指老年人的)、为死者装殓用的等。敦煌汉简中已有与今简化字接近的字形。唐代俗字(见敦煌变文写本)和《国音常用字汇》《手头字》《简体字表》《规范字表》简作"寿",据草书楷化。

【提示】"寿(壽)"可作类推简化偏旁使用,如:涛(濤)、铸(鑄)、筹(籌)。

兽(獸) shòu

"獸"是表意字,甲骨文作𩺊,金文作𩺊,小篆作𤜵,从嘼从犬,嘼为打猎工具,犬指猎狗,有的字形加装饰性符号口。本义为狩猎,与"狩"同。引申为野兽、野蛮、下流等。宋代俗字把左上角的两口改为两点(见宋刊本《古列女传》),《规范字表》进一步把部件犬省略,简作"兽"。

shu

书(書) shū

"書"是形声字,金文作𦘠𦘠,小篆作𦘠,从聿,者声,聿为笔。本义为书写、记载,引申为装订成册的著作、文字、字体、书法、书信、文件等。汉代俗字(见《居延汉简》)

和《规范字表》简作"书",据草书楷化。

倏[儵儵] shū

"倏"是形声字,从犬,攸声,本义为奔走(一说为犬快跑的样子),引申为极快地、忽然。俗字作"倐"。"儵"是形声字,从黑,攸声,本义为青黑色的布帛,引申为黑色,假借为极快地、忽然,与"倏"同。《规范字表》以"倐""儵"为异体字。

【提示】"倏""倐"与"儵"不是等义异体字。

疏[疎] shū

"疏"是表意字,小篆作疏,从㐬(liú)从疋,㐬指水大,疋指足、行走,本义为开通,清除阻塞使通畅。引申为分散、物体之间距离远或空隙大、关系不亲近、不熟悉、空虚、粗心大意等。俗字作"疎",㐬改为束,左右部件互换位置。《规范字表》以"疎"为异体字。

【提示】"疏"与"疎"不是等义异体字。用于"奏疏、疏证、注疏"等不能作"疎"。

属(屬) shǔ

"屬"是形声字,小篆作屬,从尾,蜀声,本读 zhǔ,义为动物接尾交配。引申为连接、连续、聚集、(意念)集中到一点;又读 shǔ,引申为同一家族的、类别、隶属、归于等。汉代俗字(见《桐柏庙碑》)和《手头字》《简体字表》《规范字表》简作"属",据草书楷化。

【提示】"属(屬)"可作类推简化偏旁使用,如:嘱(囑)、瞩(矚)。

薯[藷] shǔ

"薯"是形声字,从艸,署声,用于"薯蓣",义为一种草本植物,块根可以吃,也可入药,俗称山药,引申为甘薯、马铃薯等作物。"藷"是形声字,从艸,諸声,本读 zhū,用于"藷蔗",即甘蔗;又读 shǔ,用于"藷藇",即薯蓣。《规范字表》以"藷"为异体字。

【提示】"薯"与"藷"不是等义异体字。

术{朮}(術) shù

"术"又作"朮",是象形字。甲骨文作朮,小篆作朮,象一种植物形。本义读 zhú,菊科术类植物的泛称,有白术、苍术。"術"是形声字,战国文字作術,小篆作術,从行,朮(术)声,行指道路。读 shù,本义为街道,城中的道路。引申为途径、办法、策略、技艺、学说、主张等。《规范字表》把"術"简作"术",省略意符。

【提示】"术(朮)"与"術"不是等义简繁字。

【构词】白术(白朮)|苍术(蒼朮)|赤术(赤朮)|金兀术(金兀朮,人名)

术士(術士)|术语(術語)|技术(技術)|美术(美術)|权术(權術)|手术(手術)|武术(武術)

|学术（學術）|医术（醫術）|战术（戰術）|不学无术（不學無術）

树（樹）shù

"樹"是形声字，从木，尌（shù）声，本义为种植，引申为建立、树木（木本植物的总称）等。《规范字表》采用俗字简作"树"，用又作符号代替中间的部件。

竖（竪）[豎] shù

"豎"是形声字，从臤（qiān），豆声，臤有牢固义，本义为直立、使直立，引申为从上到下的、从前到后的。俗字作"竪"，表意，从臤从立，表示稳稳地直立。《规范字表》把"竪"类推简作"竖"，以"豎"为异体字。

【提示】繁体文本和台湾多作"豎"，俗字作"竪"。

庶[庻] shù

"庶"是形声字，甲骨文作 ⿱⿸, 金文作 ⿸, 从火, 石声。金文异体作 ⿸, 小篆作庶, 字形稍变。本读 shù, 义为把食物放在水中, 用火加热使熟（后作"煮"）。假借为众多, 由此引申为百姓、平民、旧时非正妻所生的儿子。又读 zhē, 假借为遮挡、遮盖, 与"遮"同。变体作"庻"。《规范字表》以"庻"为异体字。

漱[潄] shù

"漱"是形声字，从水，欶（shuò）声，本义为含水清洗口腔，引申为冲刷。又作"潄"，部件欠改为攵或攴（pū）。《规范字表》以"潄"为异体字。

shuai

帅（帥）shuài

"帥"是表意字，金文作 ⿰, ⿰, 战国文字作帥，从尋从巾（有的为两个巾），尋象伸展两臂测量长约八尺的器物之形。小篆作帥，字形稍变。本义为大佩巾。假借为率领，由此引申为率先、军队中的最高指挥官、英俊、潇洒等。元代俗字已有跟今简化字接近的字形（见元刊本《古今杂剧三十种》）。《简体字表》《规范字表》简作"帅"，据草书楷化。

shuang

双（雙）shuāng

"雙"是表意字，楚系简帛作 ⿰, 小篆作 雙, 从又, 从二隹, 又指手, 隹指鸟, 表示手中捉着两只鸟, 隶定为"雙"。本义为两个、一对。引申为成对的、偶数的、加倍的、量词（用于成对的东西）。唐代俗字（见敦煌写本）和《国音常用字汇》《手头字》《简体字表》《规范字表》简作"双"，用两个相同的又作符号，表示一对、成双。

【提示】"双（雙）"可作类推简化偏旁使用，如：扱（攥）。

si

丝（絲）sī

"絲"是象形字，甲骨文作 ♯，金文作♯♯，小篆作 ♯♯，象并排的两束丝形。本义为蚕丝，引申为丝织品、像丝一样的东西、弦乐器、细微、极少等。《规范字表》简作"丝"，据草书楷化。

厮[廝] sī

"廝"是形声字，从广（yǎn），斯声，广指房屋，本义为古代主要在家里干粗活的男性奴隶或仆役，引申为对男子的蔑称，假借为副词，相当于"互相"。俗字作"厮"，意符改为厂（hǎn）。《规范字表》以"廝"为异体字。

似[佀] sì

"似"是形声字，从人，以声，本读 sì，义为像、如同，引申为仿佛、好像、副词（表示委婉的推断，相当于"似乎"）等，假借为介词（引入比较的对象，表示超过，相当于"于"）；又读 shì，用于"似的"，义为助词，用于比喻或表示委婉语气。又作"佀"。《规范字表》以"佀"为异体字。

祀[禩] sì

"祀"是形声字，从示，巳声，本义为祭祀，引申为年（用于殷代）。又作"禩"，音符改为異。《规范字表》以"禩"为异体字。

饲（飼）[飤] sì

"飤"是表意字，从人从食，表示喂养，给人吃。后作"飼"，是形声字，从食，司声，引申为给牲畜供食、饲料（喂养牲畜的食物）等。《规范字表》把"飼"类推简作"饲"，以"飤"为异体字。

俟[竢] sì

"俟"是形声字，从人，矣声，本读 sì，义为大，假借为等待；又读 qí，用于"万俟"，是复姓。"竢"是形声字，从立，矣声，读 sì，义为等待。《规范字表》以"竢"为异体字。

【提示】"俟"与"竢"不是等义异体字。

song

忪 sōng

【提示】"惺忪"也作"惺松"，《异形词表》推荐的写法是前者。

松（鬆）sōng

"松"是形声字，从木，公声，义为一种常绿乔木。"鬆"是形声字，从髟，松声，本义为头发散乱的样子，引申为不紧密、放开、使松散、不严格、不紧张、结构不坚实、经济宽裕、用鱼虾或瘦肉等做成的绒状或碎末状的食品等。清代俗字（见清刊本《目连记弹词》）和《规范字表》把"鬆"简作"松"，用笔画较少的同音字代替。

【提示】"松"与"鬆"不是等义

简繁字。

【构词】松柏（松柏）｜松鼠（松鼠）｜松树（松樹）｜松涛（松濤）｜松香（松香）｜松针（松針）｜松花江（松花江）｜松鹤延年（松鶴延年）｜苍松（蒼松）｜青松（青松）｜可的松（可的松，药名）｜马拉松（馬拉松）｜马尾松（馬尾松）

松绑（鬆綁）｜松弛（鬆弛）｜松脆（鬆脆）｜松动（鬆動）｜松紧（鬆緊）｜松劲（鬆勁）｜松开（鬆開）｜松软（鬆軟）｜松散（鬆散）｜松手（鬆手）｜松懈（鬆懈）｜松口气（鬆口氣）｜松腰带（鬆腰帶）｜放松（放鬆）｜宽松（寬鬆）｜蓬松（蓬鬆）｜轻松（輕鬆）｜肉松（肉鬆）｜疏松（疏鬆）｜鱼松（魚鬆）｜内紧外松（内緊外鬆）

sou

搜[蒐] sōu

"搜"是形声字，从手，叟（sǒu）声，本义为聚集，引申为寻找、寻求、搜查等。"蒐"是表意字，从艸从鬼，本义为一种草，色如人血，即茜草，假借为春天打猎，由此引申为聚集、寻求。《规范字表》以"蒐"为异体字；又规定"蒐"用于草名、春季打猎义时是规范字。

【提示】①"蒐"与"搜"不是等义异体字，另见190页"蒐"字条。②台湾用于"搜索、搜集、搜罗"作"搜"，也作"蒐"。

蒐 sōu

①草名，即茜草：其阳多玉，其阴多～。②春季打猎：春～。③"搜"的异体字，见190页"搜"字条。

叟{叟} sǒu

表意字。甲骨文作🖐，小篆作🖐，从又（手），象手持火把在宀下（房屋内）搜索之形，隶定为"叜"，后作"叟"。本义为搜索，后作"搜"。假借为年老的男人。

【提示】字的上部，规范字形7画，旧字形和台湾字形8画，用于合体字部件同此，如"搜、嫂、瘦"。

嗽[嗾] sòu

"嗽"是形声字，从口，欶（shuò）声，本义为用嘴吮吸，引申为咳嗽。变体作"嗾"。《规范字表》以"嗾"为异体字。

su

苏（蘇囌）[蕱甦] sū

"蘇"是形声字，从艸，穌（sū）声，本义为紫苏，一种草本植物，假借为死而复活、姓等。又作"蕱"，左右偏旁互换位置。"囌"是形声字，从口，蘇声，用于"噜囌（噜苏）"，义为言语繁复、拖沓；烦琐、麻烦（也作"啰唆"或"啰嗦"。用于方言）。"甦"是表意字，从更从生，义为死而复活。《手头字》《简体字表》《规范字表》采用俗字,把"蘇"简作"苏",据草书楷化。《规范字表》又把"噅"简作"苏",用笔画较少的同音字代替;以"蘓""甦"为异体字;又规定"甦"用于姓氏人名时是规范字。

【提示】"蘇""蘓"与"甦"不是等义异体字,"蘇"与"噅"不是等义繁体字。"甦"另见191页"甦"字条。

【构词】苏打(蘇打)|苏丹(蘇丹,国名)|苏联(蘇聯,旧国名)|苏区(蘇區)|苏轼(蘇軾,宋代人名)|苏绣(蘇繡)|苏州(蘇州,地名,在江苏)|白苏(白蘇,植物名)|江苏(江蘇,地名,在我国东南部)|流苏(流蘇)|紫苏(紫蘇,植物名)|来苏水(來蘇水)

噜苏(噜嚛)

苏生(甦生/蘇生)|苏醒(甦醒/蘇醒)|复苏(復甦/復蘇)|死而复苏(死而復甦/死而復蘇)

甦 sū

①用于人名。②"苏"的异体字,见190页"苏"字条。

诉(訴)[愬] sù

"訴"是形声字,战国文字作𧧼,小篆作𧪜,从言,庠(chì)省声,音符变为斥。本义为叙述,以言语相告。引申为倾吐自己的冤苦、控诉、告状等。用于叙述义,又作"愬",是形声字,从心,朔声。《规范字表》把"訴"类推简作"诉",以"愬"为异体字。

【提示】"愬"又读 sè,义为惊恐的样子,与"诉"不是等义异体字。

肃(肅) sù

"肅"是表意字,金文作𦘒𦘒,小篆作𦘒,从聿(聿,niè)在𣶒上,聿指手持巾擦拭,𣶒同淵(渊),即水渊,以在深渊边拭物表示临事谨慎。本义为恭敬、慎重,引申为庄重、严肃、清除、萎缩等。隋代俗字已有跟今简化字接近的字形(见《隋宫人房氏墓志》)。《规范字表》简作"肃",据草书楷化。

【提示】"肃(肅)"可作类推简化偏旁使用,如:啸(嘯)、萧(蕭)、潇(瀟)。

宿[宿] sù

"宿"是表意字,甲骨文作𠈚,金文作𠈚,从宀,宀指房屋,象人在屋内卧于竹席上之形,表示止息。小篆作𠈚,字形稍变,后作"宿"。本读 sù,义为住宿,夜晚睡觉。引申为住宿的处所、隔夜的、旧有的、年迈的、富有经验的。假借为姓。又读 xiǔ,引申为从天黑到天亮的时间,相当于"夜"。又读 xiù,引申为星宿,古代指某些星的集合体。《规范字表》以"宿"为异体字。

溯[遡泝] sù

"遡"是形声字,从辶(辵),朔(shuò)声,本义为逆着水流的方向走,引申为向前或向上推求、回想。又作"泝"或"溯",意符改为氵(水),

《规范字表》以"沴""遡"为异体字。

sui

虽（雖）suī

"雖"是形声字，从虫，唯声，本义为一种爬行动物，形似蜥蜴而体大，假借为连词，表示转折或让步，相当于"虽然""即使"等。元代俗字（见元刊本《朝野新声太平乐府》）和《国音常用字汇》《手头字》《简体字表》《规范字表》简作"虽"，省略右侧部件。

随（隨）suí

"隨"是形声字，从辶（辵），隋声，本义为跟随、跟从，引申为顺从、听任、介词（相当于"任凭""顺便"）等。晋代俗字（见王羲之《佛遗教经》）和《国音常用字汇》《手头字》《规范字表》简作"随"，省略部件工。

岁（歲）[崴]suì

"歲"是形声字，甲骨文作 𢁅，金文作 𢆯，从步，戉声。小篆作 歲，音符讹为戌。本义为周天运行的岁星，即木星。古人依据木星在天空的位置来纪年，故引申为年。又引申为时光、年龄、量词（用于人或动物的年龄）、年成（一年的农业收成）。南北朝时俗字作"崴"，上边的止改为山。《国音常用字汇》《简体字表》《规范字表》参照俗字，把"歲"简作"岁"。《规范字表》以"崴"为异体字。

【提示】"岁（歲）"可作类推简化偏旁使用，如：秽（穢）、哕（噦）、刿（劌）。

sun

孙（孫）sūn

"孫"是表意字，从子从系，系有连绵不绝义，子之子为孫，世代相延，故本义为儿子的儿子，引申为和孙子同辈的亲属、孙子以后的各代、再生或孳生的（植物）等。汉代俗字（见史游《急就章》）和《简体字表》《规范字表》简作"孙"，新造表意字，从子从小。

【提示】"孙（孫）"可作类推简化偏旁使用，如：逊（遜）、狲（猻）、荪（蓀）。

飧[飱]sūn

"飧"是表意字，从食从夕，夕指夜晚，本义为晚饭，引申为熟食、用水泡饭等。变体作"飱"。《规范字表》以"飱"为异体字。

【提示】"飧"又读cān，同"餐"，与"飧"不是等义异体字。

笋[筍]sǔn

"筍"是形声字，从竹，旬声，本义为竹子的嫩芽，引申为形状像竹笋的东西、幼小的、鲜嫩的等。又作"笋"，音符改为尹。《规范字表》以"筍"为异体字。

【提示】①"筍"又读xùn，竹轿，与"笋"不是等义异体字。②繁体文本和台湾多作"筍"。

【构词】冬笋（冬筍）｜芦笋（蘆筍）｜竹笋（竹筍）｜雨后春笋（雨後春筍）

suo

挲[挱] suō

"挲"是形声字，从手，沙声，读 suō，又读 sā，用于"摩挲"，义为用手上下抚摩，即用手轻轻按着并一下一下地移动。又作"挱"，由上下结构改为左右结构。《规范字表》以"挱"为异体字。

蓑[簑] suō

"蓑"是形声字，从艸，衰声，义为蓑衣，用草或棕毛制成的雨衣。又作"簑"，意符改为竹。《规范字表》以"簑"为异体字。

【构词】蓑笠（簑笠）｜蓑衣（簑衣）

琐（瑣）[璅] suǒ

"瑣"是形声字，从玉，貨（suǒ）声，本义为拟声词，玉器碰击时发出的细碎声音，引申为细碎、细小。俗字作"璅"。《规范字表》以"璅"为异体字。《规范字表》把"瑣"类推简作"琐"。

锁（鎖）[鎻] suǒ

"鎖"是形声字，从金，貨（suǒ）声，本义为在可启闭的器物（门、箱子、抽屉等）的开合处安置的金属装置，要用钥匙才能打开，引申为用锁把门或箱子等关闭住、关闭、合拢、形状像锁的东西、链子、一种缝纫方法（针脚细密，线斜交或钩连，用于衣物边缘或扣眼上）等。俗字作"鎻"。《规范字表》把"鎖"类推简作"锁"，以"鎻"为异体字。

T

ta

它[牠] tā

"它"是象形字，甲骨文作 ⟨图⟩，象有头、身、尾的蛇形。金文作 ⟨图⟩，郭店楚简作 ⟨图⟩，小篆作 ⟨图⟩，字形稍变。本义为一种爬行动物（后作"蛇"）。假借为代词，指代人以外的动物、植物或事物，表示别的、另外的等。"牠"的造字本义未详，读 tuó，义为牛无角；又读 tā，义为代词，与"它"同。《规范字表》以"牠"为异体字。

【提示】①"它"与"牠"不是等义异体字。②台湾用于无生物第三人称代词作"它"，如"它山之石"；用于人以外的动物第三人称代词作"牠"，如"牠们"。

塌 tā

【提示】"死心塌地"也作"死心踏地"，《异形词表》推荐的写法是前者。

踏 tā

【提示】"踏实"也作"塌实"，《异形词表》推荐的写法是前者。

塔[墖] tǎ

"塔"是形声字，从土，荅声，本义为佛教的一种尖顶的多层建筑物，引申为塔形的建筑物。又作"墖"。《规范字表》以"墖"为异体字。

拓[搨] tà

"拓"是形声字，从手，石声，本读 zhí，义为拾取；又读 tuò，引申为扩展、开辟；又读 tà，义与"搨"同。"搨"是形声字，从手，𦱤(tà)声，本读 dá，义为打、捆；又读 tà，义为摹，在碑石、铜器等器物上蒙上一层薄纸，拍打后使凹凸分明，再涂上墨，显出文字、图像或花纹。《规范字表》以"搨"为异体字。

【提示】"拓"与"搨"不是等义异体字。

【构词】拓印(拓印)｜拓本(拓本)｜拓荒(拓荒)｜拓宽(拓寬)｜拓展(拓展)｜开拓(開拓)

沓 tà

【提示】"疲沓"也作"疲塌"，《异形词表》推荐的写法是前者。

tai

台(臺檯颱) tái

"台"是形声字，金文作 ⟨图⟩，小篆作 ⟨图⟩，从口，㠯(yǐ)声。本读 yí，义为喜悦，后作"怡"。又读 tái，义为星宿名。引申为敬辞，用于称对方或跟对方有关的行为。假借为高而平的建筑物。又读 tāi，用于地名。"台州"为地名，在浙江。"天台"为地名，又是山名，均在浙江。"臺"是形声字，战国文字作🔲，小篆作🔲，从至，从高省，之声。本读 tái，义为很高的、上端平整的四方形土堆，用来瞭望。引申为高而平的建筑物、某些用作座子的器物、公共场所中高出地面便于讲话或表演的设备、像桌子一样的器物。假借为古代官署名，由此引申为现代某些单位或机构名。元代俗字（见元抄本《朝野新声太平乐府》）和《手头字》《简体字表》《规范字表》把"臺"简作"台"，用笔画较少的同音字代替。《规范字表》又把"檯""颱"合并简作"台"。

【提示】①"台"与"臺、檯、颱"不是等义简繁字。②繁体文本和台湾用于敬语"兄台、台甫、台启、台鉴"等多作"台"，也作"臺"。

【构词】台鼎（台鼎）｜台甫（台甫）｜台吉（台吉）｜台鉴（台鑒）｜台启（台啟/台啓）｜台州（台州，地名）｜台静农（台靜農/臺靜農，人名）｜三台（三台，星名，也指三公）｜兄台（兄台）｜天台（天台，地名）｜天台山（天台山）｜天台宗（天台宗）｜祝英台（祝英台，人名）

台板（臺板）｜台胞（臺胞）｜台币（臺幣）｜台风（臺風，演员在舞台表演中的风格和特色）｜台基（臺基）｜台阶（臺階）｜台湾（臺灣，地名）｜窗台（窗臺）｜灯台（燈臺）｜电台（電臺）｜高台（高臺）｜锅台（鍋臺）｜讲台（講臺）｜井台（井臺）｜蜡台（蠟臺）｜楼台（樓臺）｜磨台（磨臺）｜平台（平臺）｜塔台（塔臺）｜亭台（亭臺）｜舞台（舞臺）｜对台戏（對臺戲）｜亭台楼阁（亭臺樓閣）｜一台机器（一臺機器）｜债台高筑（債臺高築）｜电视台（電視臺）｜工作台（工作臺）｜瞭望台（瞭望臺）｜气象台（氣象臺）｜主席台（主席臺）｜近水楼台（近水樓臺）

台布（檯布）｜台秤（檯秤）｜台灯（檯燈）｜台历（檯曆）｜台球（檯球）｜柜台（櫃檯）｜球台（球檯）｜操纵台（操縱檯）｜梳妆台（梳粧檯/梳粧臺）｜收银台（收銀檯）｜写字台（寫字檯/寫字臺）

台风（颱風，一种极强烈的风暴）｜台风眼（颱風眼）

态（態）tài

"態"是形声字，从心，能声，本义为心有所思而表现于外，引申为姿容、态度、形状、样子等。《规范字表》采用俗字简作"态"，音符改为太。

tan

坛（壇罎）[罈墰]tán

"壇"是形声字，从土，亶（dǎn）声，本义为祭祀用的土台，引申为用土堆成的台（上边种花草），某些会道门拜神集会的场所或组织，文艺界、体育界或其中的某个专业团体，发表言论的场所等。"罎"是形声字，从土，曇声，本义为坛子，一种肚大口小的陶器。又作"罐"，意符改为缶。又作"罈"，是形声字，从缶，覃声。《国音常用字汇》《手头字》《简体字表》《规范字表》把"壇"简作"坛"，用云作符号代替音符亶。《规范字表》把

"罎"也简作"坛",用笔画较少的同音字代替。以"罈""壜"为异体字。

【提示】"壇"与"壜、罈、罎"不是等义异体字,"壇"与"罎"不是等义繁体字。

【构词】坛经(壇經)|坛主(壇主)|地坛(地壇)|花坛(花壇)|祭坛(祭壇)|讲坛(講壇)|论坛(論壇)|球坛(球壇)|神坛(神壇)|诗坛(詩壇)|体坛(體壇)|天坛(天壇)|文坛(文壇)|艺坛(藝壇)|影坛(影壇)|登坛拜将(登壇拜將)|坛子(罎子/罈子)|菜坛(菜罎/菜罈)|醋坛(醋罎/醋罈)|酒坛(酒罎/酒罈)|一坛醋(一罎醋/一罈醋)|泡菜坛(泡菜罎/泡菜罈)|坛坛罐罐(罎罎罐罐/罈罈罐罐)

袒[襢] tǎn

"袒"是形声字,从衣,旦声,本读 zhàn,义为衣缝裂开,后作"绽"。又读 tǎn,义为脱掉上衣,裸露出身体的一部分,引申为偏护、有意保护错误的思想行为。又作"襢",音符改为亶(dǎn)。《规范字表》以"襢"为异体字。

叹(嘆)[歎] tàn

"歎"是形声字,从欠,難(难)省声,本义为吟诵,假借为叹气(因内心不快而呼出长气并发出声音),与"嘆"同。"嘆"是形声字,从口,歎省声,本义为叹气,引申为因赞美而发出声音。《手头字》《规范字表》把"嘆"简作"叹",用又作符号代替音符。《规范字表》以"歎"为异体字。

【提示】"叹(嘆)"与"歎"不是等义异体字。

炭{炭} tàn

【提示】字的下部,规范字形是灰,旧字形和台湾字形是厂、火。

tang

蹚[蹧]{趟} tāng

①从浅水中走过去:～水。②用犁等翻地除草:～地。③踩踏;探路:大洋马一纵一纵地～起漫天尘土|～路。

"趟"是形声字,从走,尚声,本读 tāng,义为从草丛里、雪地上、浅水中等走过去,引申为用犁翻地、除去杂草并给禾苗培土等;又读 tàng,引申为量词(用于运动、来往的次数、运行的车辆、成行的东西)、行走的行列等。"蹚"是形声字,从足,堂声,读 tāng,本义为行为不端正的样子,假借为从浅水中走过、翻地等。"蹧"是形声字,从足,尚声,本读 chǎng,义为蹲或坐;又读 tāng,义与"趟"同。《异体字表》以"蹚""蹧"为"趟"的异体字。《规范字表》把"蹚"改作规范字,以"蹧"为异体字;又规定"趟"取消 tāng 音,不再用于蹚水、蹚地等义。

【提示】"蹚"与"蹧"不是等义异体字。

糖[餹] táng

"糖"是形声字,从米,唐声,本义为饴糖,用麦芽制成,引申为食用糖、糖果、有机化合物的一类等。用于饴糖、食用糖、糖果义,又作"餹",意符改为食。《规范字表》以"餹"为异体字。

【提示】"糖"与"餹"不是等义异体字。

趟{跿} tàng

①行进中的队列;步伐:赶不上~儿。②量词。a. 遍;次:到处闲行百余~|看亲戚一~|火车每天有两~。b. 行;条:地上有两~脚印|中间只隔一~街。

"跿"是"趾"的讹字。《异体字表》以"跿、蹚、踭"为"趟"的异体字。《规范字表》把"蹚"改作规范字,以"踭"为异体字,未收"跿"。见196页"蹚"字条。

tao

绦(縧)[條絛] tāo

"絛"是形声字,从糸,攸声,用丝线编成的带子。又作"縧"或"絛",音符改为条或舀。《规范字表》把"縧"类推简作"绦",以"條""絛"为异体字。

【提示】"絛"又义为物品的函套,与"縧、条"不是等义异体字。

【构词】绦带(縧帶/條帶)|绦虫(縧蟲/條蟲)

掏[搯] tāo

"搯"是形声字,从手,舀声,本义为探取,把手伸进去取,引申为挖取、挖。又作"掏",音符改为匋(táo)。《规范字表》以"搯"为异体字。

teng

誊(謄) téng

"謄"是形声字,从言,朕声,义为抄录、抄写。《规范字表》简作"誊",省略原字部件。

藤[籐] téng

"藤"是形声字,从艹,滕(téng)声,本义为某些蔓生植物,引申为某些植物的匍匐茎或攀缘茎。"籐"是形声字,从竹,滕声,本义为竹制的器具,假借为某些蔓生植物。《规范字表》以"籐"为异体字。

【提示】"藤"与"籐"不是等义异体字。

ti

啼[嗁] tí

"嗁"是形声字,从口,虒(sī)声,本义为出声地哭,引申为(某些鸟、兽)叫。俗字作"啼",音符改为帝。《规范字表》以"嗁"为异体字。

蹄[蹏] tí

"蹏"是形声字,从足,虒(sī)声,

本义为马、驴、牛、羊、猪等脚趾端的表皮变形物，由较硬的角质层所组成，引申为马、驴、牛、羊、猪等的脚，驴等用脚踢。又作"蹄"，音符改为帝。《规范字表》以"蹏"为异体字。

体（體）tǐ

"體"是形声字，从骨，豊声，本读 tǐ，义为身体，包括身体的各部分，引申为身体的一部分、事物的本身或全部、事物的形状或形态、事物的规格或形式、作品的体裁、文字的书写形式、亲身实践或经历、设身处地为人着想等；又读 tī，用于"体己"，义为亲近的，也指家庭成员个人积蓄的钱财。元代俗字（见元抄本《京本通俗小说》）和《国音常用字汇》《手头字》《简体字表》《规范字表》简作"体"，新造表意字，从人从本，表示身体为人之本。

【提示】"体"又读 bèn，义为粗劣，同"笨"，如"体夫（古代指抬棺材的壮汉）"，与"體"不是等义简繁字。

剃[鬀薙]tì

"剃"是形声字，从刀，弟声，本义为刮去头发、胡须等。又作"鬀"，意符改为髟。"薙"是形声字，从艸，雉声，本义为除草，假借为刮去头发、胡须等。《规范字表》以"鬀""薙"为异体字。

【提示】"剃""鬀"与"薙"不是等义异体字。

tiao

条（條）tiáo

"條"是形声字，从木，攸声，本义为树木细长的小枝，引申为形状狭长的东西、分项目的、层次、量词（用于细长的东西、分项的事物）等。元代俗字（见元刊本《古今杂剧三十种》）和《国音常用字汇》《手头字》《简体字表》《规范字表》简作"条"，省略左边的部件。

【提示】"条（條）"可作类推简化偏旁使用，如：涤（滌）、绦（縧）、鲦（鰷）。

眺[覜]tiào

"眺"是形声字，从目，兆声，义为向远处看。又作"覜"，意符改为见。《规范字表》以"覜"为异体字。

粜（糶）tiào

"糶"是表意字，小篆作糶，从出从糴（dí），糴指谷类粮食，义为卖出粮食。唐代俗字（见《干禄字书》）和《简体字表》《规范字表》简作"粜"，从出从米，新造表意字。

tie

铁（鐵）tiě

"鐵"是形声字，从金，䥫（zhì）声，本义为一种金属元素，质地坚硬。引申为刀枪等武器、强硬、坚强、强暴、精锐、确凿、坚定不移等。元代俗字（见元刊本《古今杂剧三十种》）和《国音常用字汇》《手头字》《简体字表》简作"铁"，音符改为失，《规范字表》进一步把意符类推简作"铁"。

ting

厅（廳）tīng

"廳"是形声字，从广（yǎn），聽声，本义为旧时官府办公的地方，引申为政府办事机构或部门、用于宴会或招待客人的大房间等。元代俗字（见元刊本《古今杂剧三十种》）和《规范字表》简作"厅"，新造形声字，从厂（hǎn），丁声。

听（聽）tīng

"聽"的甲骨文作筶、𠂤，金文作𠂤，是表意字，从耳从口，表示用口说话，用耳来听。金文异体作𦕢，小篆作𦕢，变成形声字，从耳、𢛳（dé）、壬（tǐng）声，𢛳指得到、听到。本义为用耳朵接收声音，引申为听从、任凭、允许、裁断、治理等。"听"是形声字，小篆作𠯗，从口，斤声，读 yǐn，义为笑的样子。元代俗字（见元抄本《京本通俗小说》）把"聽"简作"听"，新造形声字，从口，厅声。"听"后来讹变为"听"，与读 yǐn 的"听"同形。《国音常用字汇》《手头字》《简体字表》《规范字表》依据俗字，把"聽"简作"听"。

【提示】"听"与"聽"不是等义简繁字。

铤（鋌）tǐng

【提示】"铤而走险"也作"挺而走险"，《异形词表》推荐的写法是前者。

tong

仝 tóng

①姓。②用于人名。③"同"的异体字，见199页"同"字条。

同[仝衕] ㈠ tóng ㈡ tòng

"同"是表意字，甲骨文作𠔼，金文作𠔼𠔼，从口，上象四人抬东西的用具形，表示以口令来协调行动。小篆作𠔼，字形稍变。本义为共同做事。引申为聚集、相同、共同、一起、介词（引进与动作有关的对象、比较的对象，相当于"跟"）、连词（表示并列，相当于"和"）等。"仝"是形声字，从人，工声，读 tóng，本义为一起（做事），引申为相同、共同等，假借为姓。"衕"是形声字,从行，同声，读 tòng，用于"衕衕"，义为巷子，小街道。今作"胡同"。《规范字表》以"仝""衕"为异体字。又规定"仝"用于姓氏人名时是规范字。

【提示】"同、仝、衕"不是等义异体字。"仝"另见199页"仝"字条。

【构词】同类（同類）| 同样（同樣）| 大同小异（大同小異）| 陪同（陪同）

胡同（衚衕）

彤 tóng

【提示】"红彤彤"也作"红通通",《异形词表》推荐的写法是前者。

筒[筩] tǒng

"筒"是形声字,从竹,同声,本读dòng,义为洞箫,管乐器名;又读tǒng,义为粗大的竹管,引申为较粗的管状器物、衣服鞋袜的管状部分等。"筩"是形声字,从竹,甬(yǒng)声,读tǒng,本义为粗竹管,引申为较粗的管状器物。《规范字表》以"筩"为异体字。

【提示】"筒"与"筩"不是等义异体字。

tou

偷[媮] tōu

"媮"是形声字,从女,俞声,本义为轻薄,不庄重,引申为苟且、怠惰。后作"偷",意符改为人。假借为偷窃,趁人不备拿走别人的东西据为己有,由此引申为偷窃东西的人、副词(趁人不备暗地里做某事)、抽出(时间)等。《规范字表》以"媮"为异体字。

【提示】"媮"又读yú,快意、舒畅(同"愉"),与"偷"不是等义异体字。

头(頭) tóu

"頭"是形声字,从頁,豆声,本读tóu,义为脑袋,引申为人的头发或头发样式、物体的顶端或末梢、事物的起点或终点、物品的剩余部分、首领、处于首位的、次序在前的、量词(用于某些家畜和植物)等;又读tou,假借为后缀,附在某些成分的后边,构成新词。汉代草书字形与今简化字接近(见《居延汉简》)。《手头字》《简体字表》《规范字表》简作"头",据草书楷化。

tu

秃{秃} tū

初为形声字,小篆作秃,从人,秀省声,隶定为"秃",人讹为儿。又作"秃",人改为几。本义为人没有头发。引申为鸟兽的头或尾没有毛、树木没有枝叶、山上没有树木、物体尖端磨损或失去尖端等。

【提示】字的下部,规范字形是几,旧字形和台湾字形是儿。

图(圖) tú

"圖"是表意字,从啚(bǐ)从囗,啚为鄙的本字,指边疆,囗指围绕,本义为绘画地图,引申为地图、图形、图画、画图、描绘、构想、谋划、谋取、谋略、计划等。清代俗字已有跟今简化字接近的字形(见清刊本《岭南逸史》)。《规范字表》简作"图",据草书楷化。

涂(塗) tú

"涂"是形声字,从水,余声,本义为古水名,在今云南,假借为道路(与

"途"同）、涂抹（与"塗"同）、姓等。"塗"是形声字，从土，涂声，本义为泥，引申为海滩、道路（与"途"同）、涂饰、乱写乱画、抹或抹掉等，假借为姓。《规范字表》把"塗"简作"涂"，用笔画较少的同音通用字代替。

【提示】①"涂"与"塗"不是等义简繁字。②用于古水名作"涂"，不作"塗"。③"涂"和"塗"分别用于不同的姓，后来混淆。如：塗谦（元代人）、涂谦（明代人）。

【构词】涂水（涂水，水名）｜涂先生（涂先生）｜涂月（涂月，阴历十二月的别称）

涂掉（塗掉）｜涂改（塗改）｜涂画（塗畫）｜涂料（塗料）｜涂抹（塗抹）｜涂漆（塗漆）｜涂染（塗染）｜涂色（塗色）｜涂炭（塗炭）｜涂田（塗田）｜涂写（塗寫）｜涂鸦（塗鴉）｜涂脂抹粉（塗脂抹粉）｜糊涂（糊塗）｜泥涂（泥塗）｜滩涂（灘塗）｜肝脑涂地（肝腦塗地）｜生灵涂炭（生靈塗炭）｜一败涂地（一敗塗地）

兔[兎兔] tù

"兔"是象形字，甲骨文作𢍰，金文作𢍰，象站立或蹲着的兔子形，长耳，短尾，有的画出长目，有的画出豁唇。石鼓文作𢍰，小篆作𢍰，字形稍变。本义为兔子，一种哺乳动物。古代传说月宫里有桂树和白兔，故引申为月亮。变体作"兎""兔"。《规范字表》以"兎""兔"为异体字。

【提示】"兔"在《异体字表》中是"兔"的异体字，《规范字表》改作规范字。

tuan

团（團糰）tuán

"團"是形声字，从囗，專声，本义为圆形的，引申为把东西揉搓成圆球形、某些呈圆球形的东西、聚合、组织而成的集体、军队的编制单位（比师小，比营大）、青少年的政治组织、量词（用于某些团形的东西、某些抽象事物）等。"糰"是形声字，从米，團声，义为米或面粉做成的球形食品。《规范字表》采用俗字把"團"简作"团"，以才作符号代替音符專。又把"糰"简作"团"，用笔画较少的同音字代替。

【提示】"團"与"糰"不是等义繁体字。

【构词】团拜（團拜）｜团队（團隊）｜团伙（團夥）｜团结（團結）｜团聚（團聚）｜团体（團體）｜团形（團形）｜团员（團員）｜团圆（團圓）｜团长（團長）｜财团（財團）｜集团（集團）｜剧团（劇團）｜入团（入團）｜社团（社團）｜线团（線團）｜疑团（疑團）｜圆团（圓團）｜云团（雲團）｜纸团（紙團）｜一团乱麻（一團亂麻）｜代表团（代表團）｜访问团（訪問團）｜共青团（共青團）｜原子团（原子團）｜乱成一团（亂成一團）

饭团（飯糰）｜粉团（粉糰）｜麻团（麻糰）｜肉团（肉糰）｜汤团（湯糰）｜菜团子（菜糰子）｜饭团子（飯糰子）

tui

颓（頹）[穨] tuí

"穨"是形声字，从秃，贵声，本义为头发脱落，引申为坍塌、衰败、萎靡不振等。俗字作"頹"，是表意字，从页从秃，页为头，表示头上没有头发。《规范字表》把"頹"类推简作"颓"，以"穨"为异体字。

腿[骽] tuǐ

"骽"是形声字，从骨，妥声，本义为大腿，人和动物连接躯干的部分，用来支持身体和行走，引申为附着于器物下部，起支撑作用的像腿一样的部件。俗字作"腿"，是形声字，从月（肉），退声。《规范字表》以"骽"为异体字。

【提示】"骽"又义为胯骨，与"腿"不是等义异体字。

tun

臀[臋] tún

"臋"是形声字，从肉，殿声，义为臀部，人体后面两股的上端（或动物后肢的上端）和腰的连接部分，俗称屁股。又作"臀"。《规范字表》以"臋"为异体字。

tuo

托[託] tuō

"托"是形声字，从手，毛（tuō）声，本义为以手掌向上承受（物体），引申为某些物件下面起支撑作用的部分、陪衬、依附、凭借、请人代办、借故推诿等。"託"是形声字，从言，乇声，本义为寄托，引申为推托、依赖等。《规范字表》以"託"为异体字。

【提示】"托"与"託"不是等义异体字。

【构词】托板（托板）｜托钵（托鉢/托缽）｜托福（托福）｜托举（托舉）｜托盘（托盤）｜托起（托起）｜托运(托運)｜托尔斯泰（托爾斯泰，人名，俄国文学家）｜托塔天王（托塔天王）｜茶托（茶托）｜衬托（襯托）｜烘托（烘托）｜依托（依托）｜摩托车（摩托車）｜和盘托出（和盤托出）｜烘云托月（烘雲托月）

托办（託辦）｜托病（託病）｜托词（託詞）｜托辞（託辭）｜托付（託付）｜托故（託故）｜托管（託管）｜托梦（託夢）｜托人（託人）｜托身（託身）｜托生（託生）｜托言（託言）｜托养（託養）｜托儿所（託兒所）｜托人讲情（託人講情）｜拜托（拜託）｜寄托（寄託）｜请托（請託）｜委托（委託）｜信托（信託）｜嘱托（囑託）

拖[拕] tuō

"拕"是形声字，从手，它声，本义为拉、牵引，引申为在身体后面垂着、延迟时间等。俗字作"拖"，音符改为也(yí)。《规范字表》以"拕"为异体字。

驮（馱）[駄] tuó

"馱"是形声字，从马，大声，本读 tuó，义为用背部承载人或物，引申为承载；又读 duò，用于"驮子"，义为牲畜背上驮的货物。变体作"駄"。《规范字表》把"駄"类推简作"驮"，以"馱"为异体字。

驼（駝）[駞] tuó

"駝"是形声字，从马，它声，用于"骆驼"，义为一种哺乳动物，身体高大，背上有驼峰，耐饥渴，适于负重物在沙漠中远行，引申为脊背弯曲。俗字作"駞"。《规范字表》把"駝"类推简作"驼"，以"駞"为异体字。

椭（橢）tuǒ

"橢"是形声字，从木，隋声，本义为古代车中一种长圆形的容器，引申为长圆形。《规范字表》简作"椭"，省略部件工。

【构词】椭球（橢球）｜椭圆（橢圓）

W

wa

洼(窪) wā

"洼"是形声字，从水，圭声，本义为深水池，引申为淤积、低凹、低凹的地方等。"窪"是形声字，从穴，水，圭声，本义为水坑，引申为凹陷、低凹等。《规范字表》把"窪"简作"洼"，用笔画较少的同音通用字代替。

【提示】①"洼"与"窪"不是等义简繁字。②台湾用于"洼地、低洼、下洼"多作"窪"，也作"洼"。

【构词】洼地(窪地)｜低洼(低窪)｜水洼(水窪)

蛙[鼃] wā

"鼃"是形声字，从黽(měng)，圭声，义为一种两栖动物。俗字作"蛙"，意符改为虫。《规范字表》以"鼃"为异体字。

瓦{瓦} wǎ

"瓦"是象形字，战国文字作⿰，小篆作⿱，象两片瓦相互扣合之形。本读 wǎ，义为房顶所覆盖的片状建筑材料，用泥土烧制而成。引申为泥土烧制成的(器物)；又读 wà，引申为把瓦铺或覆盖在房顶上。瓦刀，用于铺瓦、砌砖等的工具。

【提示】规范字形4画，旧字形和台湾字形5画。用于合体字部件同此，如"瓮""瓶"。

袜(襪)[韈韤] wà

"韈"是形声字，从韦，蔑声，义为袜子，穿在脚上具有保护作用的纺织品。又作"襪"或"韤"，意符改为衣或革。又作"袜"，音符改为末。《国音常用字汇》《手头字》《简体字表》《规范字表》把"襪"简作"袜"，采用笔画较少的同义字。《规范字表》以"韈""韤"为异体字。

【提示】"袜"又读 mò，抹胸、兜肚，与"襪、韈、韤"不是等义异体字或简繁字。

【构词】长筒袜(長筒襪)｜尼龙袜(尼龍襪)

wan

玩[翫] wán

"玩"是形声字，从玉，元声，本义为捧着玉器等玩弄，引申为欣赏、供欣赏的东西、玩耍、轻忽(用不严肃的态度对待)、体会、游戏等。"翫"是形声字，从習，元声，本义为忽视，引申为戏耍、欣赏、供欣赏的东西等，与"玩"同。《规范字表》以"翫"为异体字。

【提示】"玩"与"翫"不是等义异体字。

【构词】玩具(玩具)｜玩乐(玩樂)｜玩弄(玩弄)｜玩笑(玩笑)｜游玩(遊玩)

玩赏(翫賞)｜玩忽职守(翫忽

職守）｜把玩（把翫）｜古玩（古翫）｜赏玩（賞翫）｜珍玩（珍翫）

挽[輓] wǎn

"挽"是形声字，从手，免声，本义为拉、牵引（车辆等），引申为留住、扭转局面（使情况变好或恢复原样）、哀悼死者、向上卷起（衣服）等。"輓"是形声字，从车，免声，本义为拉车，引申为拉丧车送葬、哀悼死者等。《规范字表》以"輓"为异体字。

【提示】"挽"与"輓"不是等义异体字。

【构词】挽回（挽回）｜挽救（挽救）｜挽留（挽留）｜挽手（挽手）｜挽袖子（挽袖子）｜手挽手（手挽手）｜力挽狂澜（力挽狂瀾）

挽词（輓詞）｜挽车（輓車）｜挽辞（輓辭）｜挽歌（輓歌）｜挽具（輓具）｜挽篮（輓籃）｜挽联（輓聯）

梡 wǎn

①［橡梡］橡（即栎树）的果实外壳，是一种重要的植物鞣料。②"碗"的异体字，见205页"碗"字条。

碗[盌埦梡] wǎn

"盌"是形声字，从皿，夗（wǎn）声，义为一种盛饮食的器具，引申为像碗的东西。又作"埦"，意符改为瓦。俗字作"梡"，是形声字，从木，宛声。又作"碗"，意符改为石。《规范字表》以"盌、埦、梡"为异体字。又规定"梡"用于科技术语如"橡梡"时是规范字。

【提示】"梡"与"碗、盌、埦"不是等义异体字，另见205页"梡"字条。

万（萬） wàn

"萬"是象形字，甲骨文作 ，金文作 ，象蝎类虫形。小篆作 ，字形稍变。读wàn，本义为类似蝎子的节肢动物，后作"蠆（虿）"。假借为数词，由此引申为数量极多、副词（相当于"绝对""务必"）等。"万"的甲骨文作 ，金文作 ，造字本意未详，一说是"亥"的分化字。战国文字作 ，读wàn，用于数词，与"萬"同。又读mò，用于"万俟（qí）"，复姓。《国音常用字汇》《手头字》《简体字表》《规范字表》把"萬"简作"万"，采用笔画较少的同义字。

【提示】①"万"与"萬"不是等义简繁字。②"万（萬）"可作类推简化偏旁使用，如：迈（邁）、趸（躉）、厉（厲）。

【构词】万里（萬里）｜万能（萬能）｜万千（萬千）｜万全（萬全）｜万物（萬物）｜万一（萬一）｜万不得已（萬不得已）｜万水千山（萬水千山）｜万无一失（萬無一失）｜万众一心（萬衆一心/萬眾一心）｜千万（千萬）｜挂一漏万（挂一漏萬）

万俟（万俟，姓）

wang

亡[亾] wáng

"亾"是表意字，甲骨文作 ，

金文作㇄，从刀，并在刀刃部位加一短竖。金文异体作㇄，小篆作㇄，字形稍变。后作"亡"。本读 máng，义为锋芒，后作"鋩(铓)"。又读 wáng，义为逃跑，引申为遗失、失去、灭亡、死去、死去的。又读 wú，引申为不存在、没有(与"无"同)。《规范字表》以"兦"为异体字。

网（網）wǎng

"网"是象形字，甲骨文作㓁㒳，《说文》籀文作㓁，小篆作㒳，象渔网形，中间有绳索编织的网孔。小篆异体作䋄，是形声字，从网、糸，亡声，隶定为"網"。本义为捕鱼、鸟、兽等的网，引申为捕野兽或鸟的猎网、形状像网的东西、用网捕捉、搜罗招致、像网一样的组织或系统等。《国音常用字汇》《规范字表》把"網"简作"网"，采用笔画较少的本字。

罔［㒺］wǎng

"㒺"是形声字，战国文字作㒺，小篆作㒺，从网，亡声。又作"罔"。本义为打渔、打猎用的网，后作"網(网)"。假借为没有，由此引申为蒙蔽、欺骗、副词(表示否定或禁止，相当于"不""不要")等。《规范字表》以"㒺"为异体字。

往［徃］wǎng

"往"是形声字，甲骨文作㞷，金文作㞷，从止，王声，止为脚趾。金文异体作徃，《说文》古文作㣟，小篆作徃，把意符改为辵或彳，辵和彳指行走。本义为去，到某地方去。引申为从前、过去的、介词(向某处去)等。俗字作"徃"。《规范字表》以"徃"为异体字。

望［朢］{𦣠} wàng

"朢"是表意字，甲骨文作㐭，金文作㐭，《说文》古文作㐭，象人站在土堆上张大眼睛向前方或后方远眺之形。金文异体作㐭，小篆作朢，加意符月，表示眺望高空的月亮，隶定为"朢"，讹作"朢"或"望"。金文异体又作㐭，小篆异体作望，变成形声字，目改为音符亡，隶定为"望"，讹作"望"。本义为向高处或远处看，引申为看望、问候、盼望、希望、所仰望的人、名声、望子(店铺门前悬挂的标志)、介词(引入动作行为的方向、对象)等。《规范字表》以"朢"为异体字。

【提示】异体字"朢"的下部，《规范字表》沿袭《异体字表》作"朢"，下部是壬(中间横长)，编者建议改为壬(中间横短)。

wei

微｛微｝wēi

【提示】字的中间横画下边，规范字形是几，旧字形和台湾字形是儿。用于合体字部件同此，如"薇"。

韦（韋）wéi

"韋"是表意字，甲骨文作㐭㐭，

金文作⾜，中间象城邑形，四周或上下象足迹，表示环绕着城邑巡逻。金文异体作⾜，小篆作⾜，字形稍变。本义为保卫，后作"衛（卫）"。一说本义为守城，后作"圍（围）"。假借为违背、背离，后作"違（违）"。又假借为熟皮（去了毛经过熟制的皮子），由此引申为皮绳。又假借为姓。《规范字表》简作"韦"，据草书楷化。

【提示】"韦（韋）"可作类推简化偏旁使用，如：伟（偉）、违（違）、苇（葦）。

为（爲）{為} wéi

"爲"又作"為"，是表意字，甲骨文作⾜，象人以手牵象之形，表示役使大象劳作。金文作⾜，战国文字作⾜，小篆作爲，字形稍变。本读wéi，义为做。引申为充当、变成、是、治理、介词（引入动作行为的施事者）等。又读wèi，引申为介词，引入行为的受益者、对象、原因或目的。变体作"為"。汉代俗字作为，来源于草书。《简体字表》《规范字表》进一步楷化简作"为"。

【提示】①"为（爲）"可作类推简化偏旁使用，如：伪（偽）、沩（溈）、妫（嬀）。②繁体规范字形为"爲"，台湾常用字形为"為"。用于合体字部件同此，如"伪、沩、妫"。

维（維）wéi

【提示】"恭维、思维"也作"恭惟、思惟"，《异形词表》推荐的写法是前者。

诿（諉）wěi

【提示】"诿过""推诿"也作"委过""推委"，《异形词表》推荐的写法是前者。

卫（衛）wèi

"衛"是形声字，从行，韋声，本义为巡行守卫、保护，引申为军队的驻地（后多用于地名）、担任守护职责的人等。《规范字表》采用俗字简作"卫"，选取音符韋的上部改造而成。

喂[餵餧]wèi

"餧"是形声字，从食，委声，本读něi，义为饥饿；又读wèi，义为喂养（牛马等）。喂养义后作"餵"，音符改为畏。又作"喂"，意符改为口。引申为把食物送到口里，假借为叹词，用于打招呼、提醒对方。《规范字表》以"餧""餵"为异体字。

【提示】①"喂、餵、餧"不是等义异体字。②台湾用于"喂食、喂饭、喂养、喂马、喂小孩儿"、打招呼（如"喂！请等一下"）、打电话时引起对方注意（如"喂！张公馆吗"）作"喂"，用于喂养义也作"餵"或"餧"。

猬[蝟]wèi

"蝟"是形声字，从虫，胃声，本义为毛刺，引申为刺猬，一种哺乳动物，身上生有短而密的硬刺。又作"猬"，意符改为犬。《规范字表》以"蝟"为异体字。

【构词】刺猬（刺蝟）

wen

蚊[蟁蚉] wén

"蟁"是形声字，从蚰（kūn），民声，义为一种昆虫。又作"蚉"，音符改为文。俗字作"蚊"，是形声字，从虫，文声。《规范字表》以"蟁""蚉"为异体字。

吻[脗] wěn

"吻"是形声字，从口，勿声，本义为嘴唇，引申为动物的嘴、用嘴唇触碰人或物以表示喜爱。又作"脗"，意符增加月（肉）。《规范字表》以"脗"为异体字。

稳（穩）wěn

"穩"是形声字，从禾，隱省声，本义为踩践谷粒以脱去外壳。假借为安定而不动摇，由此引申为（言语、举止）沉着而有分寸、妥帖、有把握等。元代俗字（见元抄本《京本通俗小说》）和《手头字》《规范字表》简作"稳"，据草书楷化。

weng

瓮[甕罋] wèng

"瓮"是形声字，从瓦，公声，义为一种口小腹大的盛东西的陶器。又作"甕"，音符改为雍。又作"罋"，意符改为缶。《规范字表》以"甕""罋"为异体字。

【提示】台湾多作"甕"，也作"罋"或"瓮"。

【构词】酒瓮（酒甕）｜水瓮（水甕）｜请君入瓮（請君入甕）

wo

卧｛臥｝wò

"臥"是表意字，从人从臣，臣指伏服，俗字作"卧"，人讹为卜。本义为人伏身休息，引申为趴伏、躺下、睡觉、睡觉用的、卧铺（火车或长途汽车上供旅客睡觉的铺位）等。

【提示】繁体文本和台湾多作"臥"，俗字作"卧"。

【构词】卧倒（臥倒）｜卧室（臥室）｜仰卧（仰臥）

wu

乌（烏）wū

"烏"是象形字，金文作 ，小篆作 ，象乌鸦形，羽毛纯黑，与"鳥"相比，不见眼睛。本读 wū，义为乌鸦，鸟名。引申为黑色、太阳（古代传说太阳中有三只脚的乌鸦）。假借为代词（表示疑问，相当于"何""哪里"，多用于反问）。又读 wù，用于"乌拉"，义为东北地区冬天穿的一种鞋，用革制成，里边垫有乌拉草，保暖性能好。用于"乌拉草"，义为一种草本植物，产于东北地区。《规范字表》参照"鸟（鳥）"把"烏"简作"乌"，据草书楷化。

【提示】"乌（烏）"可作类推简化偏旁使用，如：呜（嗚）、坞（塢）、邬（鄔）。

污[汙汚] wū

"汙"是形声字，从水，于声，变体作"污"或"汚"。本义为淤积不流动的脏水，引申为不洁净、不廉洁、使不洁净、侮辱等。《规范字表》以"汙""汚"为异体字。

【提示】①"污"在《异体字表》中是"汙"的异体字，《规范字表》改作规范字。②台湾多作"汙"，也作"污"或"汚"。

【构词】污蔑（汙衊）| 污浊（汙濁）| 贪污（貪汙）

无（無）wú

"無"是表意字，甲骨文作𣓀𣓀，金文作𣓀𣓀，象人双手持舞具而跳舞之形。小篆作𣓀，字形稍变。本读wú，义为舞蹈，后作"舞"。假借为没有，由此引申为副词，表示否定，相当于"不"。又读mó，用于"南（nā）无"，义为佛教用语，敬礼，表示对佛的恭敬和皈依。《说文》奇字作无，隶定为"无"。《国音常用字汇》《简体字表》《规范字表》简作"无"，采用笔画较少的异体字。

【提示】①"无（無）"可作类推简化偏旁使用，如：抚（撫）、芜（蕪）、庑（廡）。②繁体文本和台湾用于"无形、无比、无关、无聊、有无、虚无、无妄之灾、可有可无"作"無"，用于"无妄（《周易》篇名）""徐无鬼（《庄子》篇名）"多作"无"。

毋 wú

【提示】"毋宁""毋庸"也作"无宁""无庸"，《异形词表》推荐的写法是前者。

吴｛吳｝wú

"吳"是表意字，甲骨文作𠀁，金文作𠀁，小篆作𠀁，从矢从口，矢象侧着头的人形，口指大声说话。俗作"吴"。本义为人摇头晃脑地大声说话，假借为古国名、姓。

【提示】规范字形是"吴"，旧字形和台湾字形是"吳"。用于合体字部件同此，如"误""娱"。

午 wǔ

【提示】"端午"也作"端五"，《异形词表》推荐的写法是前者。

忤[牾] wǔ

"牾"是形声字，从午，吾声，义为违逆、违背、不顺从。又作"忤"，是形声字，从心，午声。《规范字表》以"牾"为异体字。

【提示】"忤"与"牾"不是等义异体字，其后起义不尽相同。

务（務）wù

"務"是形声字，从力，孜（wù）声，本义为专力从事、致力于（某事），引申为从事或致力的事情、事务、追求、谋求等，假借为副词，表示强烈的愿望，相当于"必须""务必"。元代俗字（见元刊本《全相三国志平话》）和《规范字表》简作"务"，省略左边的部件。

坞（塢）[隖] wù

"隖"是形声字，从阜，烏声，义为村落外围用于防御的小堡垒。"塢"是形声字，从土，烏声，本义与"隖"同，引申为四周高中间低凹的山地或建筑、水边建筑的用来泊船或修造船只的地方等。《规范字表》把"塢"类推简作"坞"，以"隖"为异体字。

【提示】"坞"与"隖"不是等义异体字。

雾（霧）wù

"霧"是形声字，从雨，務（wù）声，本义为雾气，当气温下降时，接近地面的空中像云烟一样弥漫的小水滴和小冰晶。引申为像雾气一样的东西。元代俗字（见元刊本《古今杂剧三十种》）和《规范字表》简作"雾"，仿照"务（務）"，省略左下边的部件。

X

xī

牺（犧）xī

"犧"是形声字，从牛，羲声，义为供宗庙祭祀用的纯色的牛、羊、猪等。用于"犧（牺）牲"，义为古代供祭祀用的纯色的牛、羊、猪等，引申为为正义事业舍弃生命、为某种目的舍弃或损害一定的利益等。1936年陈光尧《常用简字表》和《规范字表》简作"牺"，音符改为西。

息 xī

【提示】"息肉"也作"瘜肉"，《异形词表》推荐的写法是前者。

晰［晳］｛皙｝xī

"晰"是形声字，从日，析声，义为清楚、明白。又作"晳"，由左右结构改为上下结构。"皙"是形声字，从白，析声，本义为人的皮肤洁白，引申为白色、清楚、明白。《异体字表》以"晳""皙"为异体字。《规范字表》把"晳"改作规范字。

稀 xī

【提示】"稀罕、稀奇、稀少、稀世、稀有"也作"希罕、希奇、希少、希世、希有"，《异形词表》推荐的写法是前者。

皙 xī

皮肤洁白：白～。"皙"在《异体字表》中是"晰"的异体字，《规范字表》改作规范字。见211页"晰"字条。

溪［谿］xī

"溪"是形声字，从水，奚（xī）声，本义为山间的流水，引申为小河沟。"谿"是形声字，从谷，奚声，本义为山谷，引申为山间的流水，假借为空虚。《规范字表》以"谿"为异体字，又规定"谿"用于姓氏人名时是规范字。

【提示】①"谿"与"溪"不是等义异体字，另见212页"谿"字条。②繁体文本和台湾用于"溪水、溪涧、清溪、山溪、小溪"多作"溪"，也作"谿"；用于"溪谷、溪壑、兰溪"作"谿"。"五溪蛮、溪堂词（书名）、溪蛮丛笑（书名）"作"溪"。"玉谿生"为唐代诗人李商隐的字号。

熙［煕熙］xī

"熙"是形声字，小篆作煕，从火，巸（yí）声，本义为用火烤干、晒干，引申为曝晒、光明、温暖、和乐等。用于"熙熙攘攘"，义为人来人往，非常热闹。俗字作"煕"或"熙"。《规范字表》以"煕""熙"为异体字。

嘻［譆］xī

"譆"是形声字，从言，喜声，

义为叹词，表示悲痛、惊惧或赞叹等。"嘻"是形声字，从口，喜声，本义为叹词，表示赞叹或感叹。假借为嬉笑，由此引申为笑的样子或声音。《规范字表》以"譆"为异体字。

【提示】"嘻"与"譆"不是等义异体字。

膝[厀] xī

"厀"是形声字，从卩，桼（qī）声，卩指骨节，膝盖，大腿和小腿相连关节的前部。又作"膝"，意符改为月（肉）。《规范字表》以"厀"为异体字。

谿 xī

①山间低凹狭长的地带：～谷。②姓。③用于人名。④"溪"的异体字，见211页"溪"字条。

釐 ㊀xī ㊁lí

㊀①同"禧"，福；吉祥：祝～｜有～。②用于人名。
㊁"厘"的异体字，见121页"厘"字条。

习（習） xí

"習"是形声字，甲骨文作𦏡，江陵楚简作𦏊，古玺文作𦏋，从羽，日声，羽指鸟的两翅。战国文字作𦏌，小篆作習，音符日讹为白。本义为鸟反复练习飞翔，引申为练习、学习、因多次接触而熟悉、习惯、经常等。《规范字表》采用俗字简作"习"，选取左上边的一个部件。

席[蓆] xí

"席"是形声字，金文作庶，从巾，石省声。《说文》古文作𠨘，把意符改成象席形。小篆作席，承袭金文增繁。本义为席子，供坐卧用的垫子，用苇篾、竹篾、蒲草等编制而成。引申为座位、座次、成桌的饭菜。"蓆"是形声字，从艸，席声，本义为草多，引申为席子。《规范字表》以"蓆"为异体字。

【提示】"席"与"蓆"不是等义异体字。

【构词】席卷（席卷）｜席位（席位）｜席梦思（席夢思，外来语，西式弹簧床）｜席地而坐（席地而坐）｜出席（出席）｜酒席（酒席）｜缺席（缺席）｜宴席（宴席）｜主席（主席）｜一席话（一席話）｜一席之地（一席之地）｜座无虚席（座無虛席）

席户（蓆户）｜席棚（蓆棚）｜草席（草蓆）｜割席（割蓆/割席）｜炕席（炕蓆）｜枕席（枕蓆/枕席）｜竹席（竹蓆）

戏（戲）[戱] xì

"戲"是形声字，从戈，䖒（xī）声，本义为偏师，古代军队中军的侧翼，引申为角斗、比赛、赌博、游戏、耍弄、开玩笑、戏剧、杂技等。又作"戱"，音符改为虚。《国音常用字汇》《手头字》《简体字表》《规范字表》把"戲"简作"戏"，用又作符号代替音符䖒。《规范字表》以"戱"为异体字。

【构词】戏弄（戲弄）｜调戏（調戲）｜逢场作戏（逢場作戲）

系（係繫）xì

"系"是表意字，甲骨文作𢓛，金文作𢓛，《说文》籀文作𢓛，象手持成束的丝形。小篆作𢓛，字形有简省。读 xì，本义为联属、接续。引申为继承、继续、系统（同类事物按一定关系组成的整体）、拴东西的带子、按学科划分的高等院校的教学行政单位。"係"是形声字，从人，系声。读 xì，本义为捆绑，引申为拴东西的带子、连结、继续、表示判断（相当于"是"）等。"繫"是形声字，从糸，毄(jī)声。本义读 xì，粗劣的丝絮。引申为拴绑、拘禁、结合或联系、挂念、拴东西的带子、把捆好的人或东西向上或向下送等。又读 jì，引申为打结、扣住。这三个字有时通用。《手头字》《规范字表》把"繫"简作"系"，用笔画较少的同音通用字代替。《规范字表》又把"係"简作"系"。

【提示】①"系"与"係""繫"不是等义简繁字。②系/係/繫 三字在古文中音同义通，但习惯用法有区别：'世系'不用"係"或"繫"。《周易》"繫辞"不用"系"或"係"。"系"和"係"用于不同的姓，汉字简化后不再区分。

【构词】系别（系別）｜系列（系列）｜系统（系統）｜菜系（菜系）｜嫡系（嫡系）｜父系（父系）｜母系（母系）｜派系（派系）｜谱系（譜系）｜山系（山系）｜世系（世系）｜水系（水系）｜体系（體系）｜星系（星系）｜语系（語系）｜院系（院系）｜支系（支系）｜直系（直系）｜族系（族系）｜参考系（參考系）｜太阳系（太陽系）｜中文系（中文系）｜侏罗系（侏羅系）｜坐标系（坐標系）｜系词（係詞）｜系数（係數）｜系指（係指）｜系山东人（係山東人）｜干系（干係）｜关系（關繫/關係）｜实系（實係）｜心系（心係）｜确系实情（確係實情）｜感慨系之（感慨係之）｜成败所系（成敗所係）｜系绊（繫絆）｜系辞（繫辭，《周易》篇名）｜系缚（繫縛）｜系挂（繫掛）｜系怀（繫懷）｜系累（繫累）｜系恋（繫戀）｜系马（繫馬）｜系年（繫年）｜系念（繫念）｜系起（繫起）｜系上（繫上）｜系绳（繫繩）｜系狱（繫獄）｜系扎（繫紮）｜系住（繫住）｜系领带（繫領帶）｜系纽扣（繫紐扣/繫紐釦）｜系头绳（繫頭繩）｜系鞋带（繫鞋帶）｜系衣扣（繫衣扣/繫衣釦）｜系风捕影（繫風捕影）｜羁系（羈繫）｜拘系（拘繫）｜联系（聯繫）｜牵系（牽繫）｜囚系（囚繫）｜拴系（拴繫）｜维系（維繫/維係）｜悬系（懸繫）｜以人系诗（以人繫詩）｜魂牵梦系（魂牽夢繫）

阅（閲）xì

"閲"是表意字，从鬥从兒，鬥指斗，兒指男子、兄弟，义为家族内部兄弟之间起纷争。俗字作"閲"。《规范字表》据俗字类推简作"阅"。

xiā

虾（蝦）xiā

"蝦"是形声字，从虫，叚(jiǎ)声，

本读 xiā，义为一种节肢动物；又读 há，用于"蝦蟆"，义为两栖动物青蛙和蟾蜍的统称（现作"蛤蟆"）。《简体字表》《规范字表》简作"虾"，音符改为下。

【构词】对虾（對蝦）｜虾兵蟹将（蝦兵蟹將）｜虾蟆（蝦蟆）

狭（狹）[陿] xiá

"陿"是形声字，从阜、匚，夾声，义为狭隘，不宽阔。又作"狹"，意符改为犬。《规范字表》把"狹"类推简作"狭"，以"陿"为"狭"的异体字。

【提示】"狭（狹）"与"陿"不是等义异体字。

【构词】狭长（狹長）｜狭路相逢（狹路相逢）｜狭窄（狹窄）

叚 ⊖ xiá ⊜ jiǎ

⊖ 姓。
⊜ "假"的异体字，见 92 页"假"字条。

吓（嚇） xià

"嚇"是形声字，从口，赫声，本读 hè，义为口中发出怒叱的声音，表示拒绝，引申为用威胁的话或行为要挟、叹词（表示不满意）等；又读 xià，引申为害怕、使人害怕。《国音常用字汇》《规范字表》简作"吓"，音符改为下。

【提示】"吓"又读 hà，语气词（相当于"啊""呀"），与"嚇"不是等义简繁字。

xiān

仙[僊] xiān

"僊"是表意字，从人从䙴（qiān），䙴指升高。本义为长生不老，升天而去。引申为生活在天上的神仙、长生不死的人，具有某种特殊才能的非凡的人。又作"仙"，从人从山，义为在深山里修炼得道的神仙。《规范字表》以"僊"为异体字。

【提示】"仙"与"僊"不是等义异体字。"仙"又读 xiǎn，少，与"鲜"同；"僊"又读 qiān，迁移，与"迁"同。

纤（纖縴） ⊖ xiān ⊜ qiàn

"纖"是形声字，从糸，韱（xiān）声，读 xiān，义为细微、细小。用于"纖維（纤维）"，义为天然或人工合成的细丝状物质。"縴"是表意字，从糸从牵，糸指绳索，牵指牵引，本读 qiàn，义为牵引牛马等牲口的绳子，引申为拉船前进的绳子。《规范字表》把"纖""縴"两字合并简作"纤"，意符类推简化，音符改为千。

【提示】"纖"与"縴"不是等义繁体字。

【构词】纤度（纖度）｜纤毫（纖毫）｜纤芥（纖芥）｜纤毛（纖毛）｜纤巧（纖巧）｜纤弱（纖弱）｜纤微（纖微）｜纤维（纖維）｜纤细（纖細）｜纤小（纖小）｜纤尘不染（纖塵不

染）｜光纤（光纖）｜人造纤（人造纖）｜纤夫（縴夫）｜纤歌（縴歌）｜纤户（縴户）｜纤绳（縴繩）｜纤手（縴手）｜拉纤（拉縴）

籼[秈] xiān

"籼"是形声字，从禾，山声，义为水稻的一种，米粒细长，黏性小。又作"秈"，意符改为米。《规范字表》以"秈"为"籼"的异体字。

【构词】籼稻（秈稻）｜籼米（秈米）

鲜（鮮）[鱻尠尟] xiān

"鲜"是形声字，金文作𩵋，小篆作鮮，从鱼，羴（shān）省声。本读 xiān，义为鱼名。引申为活鱼、鱼虾、刚宰杀的鸟兽、刚收获的果蔬、没有变质的、未经腌制的或干制的、滋味可口、明亮艳丽、新奇等。又读 xiǎn，引申为数量少。"鱻"是表意字，金文作𩵋𩵋，小篆作鱻，从三鱼，本读 xiān，义为新鲜；又读 xiǎn，引申为少。"尠"是表意字，从是从少，是指确实，表示实在少，读 xiǎn，义为数量少。俗作"尟"，是表意字，从甚从少。《规范字表》把"鲜"类推简作"鲜"，以"鱻、尠、尟"为异体字。

【提示】"鲜"与"鱻""尠（尟）"不是等义异体字。

【构词】鲜花（鮮花）｜鲜美（鮮美）｜鲜艳（鮮豔）｜海鲜（海鮮）｜屡见不鲜（屢見不鮮）｜数见不鲜（數見不鮮）

闲（閑）[閒] xián

"閒"是表意字，从月在門中，双扇的大门夜晚关闭后，仍能从中间的门缝透过月光，表示有空隙，故本读 jiàn，义为间隙，引申为隔阂；又读 jiān，引申为中间、量词（用于房屋）等；又读 xián，引申为空闲（时间的空隙）、安闲、安静、搁置而不使用、与正事无关而不紧要的等。"閑"是表意字，从木在門中，读 xián，本义为门前的木栅栏，引申为范围（多指道德规范），假借为空闲、安闲、安静等。元代俗字（见元刊本《古今杂剧三十种》）和《简体字表》《规范字表》把"閑"简作"闲"，据草书楷化（也是类推简化）。《规范字表》以"閒"为异体字。

【提示】①"闲"与"閒"不是等义异体字。"閒"通"间（間）"，用于书名《淮南鸿烈閒诂》（《淮南子》注）、《墨子閒诂》（孙诒让）、《应閒》（张衡）不宜改为"闲"。②繁体文本和台湾多作"閒"，也作"閑"。

【构词】闲步（閒步）｜闲房（閒房）｜闲话（閒話）｜闲居（閒居）｜闲聊（閒聊）｜闲暇（閒暇）｜闲雅（閒雅）｜闲情逸致（閒情逸致）｜闲杂人等（閒雜人等）｜安闲（安閒）｜等闲（等閒）｜农闲（農閒）｜清闲（清閒）｜游手好闲（游手好閒）

弦[絃] xián

"弦"是形声字，从弓，玄声，本义为弓弦，系在弓上的绳状物，用来弹射发箭，引申为乐器上的弦、半圆的月亮、钟表内的发条等。"絃"是形声字，从糸，玄声，本义为乐器上能发声的丝线，引申为弦乐器。《规范字表》以"絃"为异体字。

【提示】①"弦"与"絃"不是等义异体字。②繁体文本和台湾用于"弓弦、琴弦、三弦、断弦、续弦、弦歌、弦月、弦乐器、弦上箭、弦外之音、扣人心弦"作"弦"，也作"絃"。

咸（鹹）xián

"咸"是表意字，甲骨文作𢦏，金文作𢦏，从戌从口，戌为斧类兵器，口指罪人或囚犯。金文异体作𢦏，《诅楚文》作𢦏，小篆作𢦏，字形稍变。本义为杀戮、灭绝。引申为副词，表示范围，相当于"全""都"。"鹹"是形声字，小篆作𪋿，从卤，咸声，像盐的味道。《规范字表》把"鹹"简作"咸"，用笔画较少的同音字代替。

【提示】"咸"与"鹹"不是等义简繁字。

【构词】咸备（咸備）｜咸丰（咸豐，清代年号）｜咸亨（咸亨，唐代年号）｜咸宁（咸寧，地名，在湖北）｜咸同（咸同）｜咸阳（咸陽，地名，在陕西）｜咸受其益（咸受其益）｜老少咸宜（老少咸宜）｜天下咸服（天下咸服）

咸菜（鹹菜）｜咸淡（鹹淡）｜咸蛋（鹹蛋）｜咸苦（鹹苦）｜咸肉（鹹肉）｜咸水（鹹水）｜咸味（鹹味）｜咸盐（鹹鹽）｜咸鱼（鹹魚）｜咸津津（鹹津津）｜咸水妹（鹹水妹，方言，旧指接待外国嫖客的妓女）｜咸水鱼（鹹水魚）

｜苦咸（苦鹹）｜辣咸（辣鹹）｜酸咸（酸鹹）

涎［次］xián

"次"是表意字，从水从欠，欠指人张口的动作，本义为流口水，后作"涎"。"涎"是形声字，从水，延声，本义为想吃而流口水，引申为口水、唾液。《规范字表》以"次"为异体字。

娴（嫻）［嫺］xián

"嫺"是形声字，从女，閒声，本义为文雅、雅静，假借为熟习、熟练。又作"嫻"，音符改为閑。《规范字表》把"嫺"类推简作"娴"，以"嫻"为异体字。

【构词】娴静（嫻靜）｜娴熟（嫻熟）｜娴雅（嫻雅）｜娴于辞令（嫺於辭令）

衔（銜）［啣衘］xián

"銜"是表意字，从金从行，本义为马嚼子，勒在马口里的铁具，可控制马的行止。引申为用嘴含着或叼着、怀藏在心里、相连接、官阶、等级或称号等。讹作"衘"。用于马嚼子、用嘴含着或叼着、怀藏在心里等，又作"啣"，是形声字，从口，卸声。《规范字表》把"銜"类推简作"衔"，以"啣""衘"为异体字。

【提示】①"衔"与"啣""衘"不是等义异体字。②"銜"又读 yù，是"御"的俗字。

【构词】衔恨（銜恨／啣恨）｜衔环（銜環／啣環）｜衔接（銜接／

唧接）｜衔枚（銜枚／唧枚）｜衔命（銜命／唧命）｜衔泥（銜泥／唧泥）｜衔冤（銜冤／唧冤）｜衔石填海（銜石填海／唧石填海）｜官衔（官銜）｜军衔（軍銜）｜领衔（領銜）｜授衔（授銜）｜头衔（頭銜）

痫（癇）xián

"癇"是形声字，从疒，閒声，义为癫痫，病名，又称羊痫风、羊角风。《规范字表》参考"闲（閑）[閒]"把"癇"类推简作"痫"。

鹇（鷳）xián

"鷳"是形声字，从鸟（鳥），閒声，义为白鹇，鸟名。《规范字表》参考"闲（閑）[閒]"把"鷳"类推简作"鹇"。

显（顯）xiǎn

"顯"表意字，金文作⿱，小篆作⿱，从頁（页）从日从絲（丝），頁指人，表示人在阳光下观察纤细的丝线。本义为显明、明显，引申为显露、显贵、显赫等。宋代俗字（见宋刊本《古列女传》）作"顕"，来源于草书。元代俗字（见元刊本《古今杂剧三十种》）作"显"，又把右边的部件頁省略。《规范字表》进一步简作"显"。

县（縣）xiàn

"縣"是表意字，金文作⿱，象把砍下来的人头挂在树上之形，表示悬首示众。小篆作⿱，字形稍变。本读 xuán，义为悬挂，后作"懸（悬）"。

又读 xiàn，假借为行政区划单位，历代所辖范围大小不同。明代俗字（见《兵科抄出》）和《手头字》《规范字表》简作"县"，选取左边的部件改造而成。

线（綫）[線]{缐}xiàn

"綫"是形声字，从糸，戔声，本义为丝、棉、麻等搓成的细长的东西，引申为细长像线一样的东西、道路、事物发展过程的脉络、边缘交界的地方、量词（表示极少或微弱）等。又作"線"，音符改为泉。《规范字表》把"綫"类推简作"线"，以"線"为异体字。又把"線"类推简作"缐"，作规范字，用于姓氏人名。

【提示】①"線"与"綫"不是等义异体字，另见 218 页"缐"字条。②台湾多作"線"，也作"綫"。

【构词】线段（線段）｜线路（線路）｜线圈（線圈）｜线索（線索）｜线条（線條）｜导线（導線）｜电线（電線）｜干线（幹線）｜航线（航線）｜路线（路線）｜射线（射線）｜沿线（沿線）｜针线（針線）｜支线（支線）｜专线（專線）｜斑马线（斑馬線）｜穿针引线（穿針引線）

宪（憲）xiàn

"憲"是形声字，金文作⿱⿱，从目，害省声。小篆作⿱，加意符心。本义为聪敏而明智。假借为规范，由此引申为法令、效法。《规范字表》采用俗字简作"宪"，新造形声字，从宀，先声。

羡{羨} xiàn

"羡"是表意字,小篆作羡,从羊从次,羊指羊肉,次与"涎"同,指流口水,表示看见美味的羊肉而流口水,想吃到嘴里。俗字作"羡",次讹为次。本义为贪馋美味,引申为因喜爱而希望得到、超出、剩余等。

【提示】繁体文本和台湾多作"羨","羡"是俗字。

【构词】羡慕(羨慕)|艳羡(豔羨)

缐(線) xiàn

①姓。②用于人名。③"线(綫)"的异体字,见217页"线"字条。

献(獻) xiàn

"獻"初为表意字,甲骨文作㪿,从犬从鬲,鬲指盛祭品的炊器。金文作㪿,小篆作獻,变成形声字,从犬,鬳(yàn)声,本义为供作祭品的犬,引申为奉献祭品、进献(恭敬而郑重地送给)、表演或表现出来给人看等。宋代俗字(见宋刊本《古列女传》)和《国音常用字汇》《手头字》《规范字表》简作"献",音符改为南。

【提示】"献(獻)"可作类推简化偏旁使用,如:谳(讞)。

xiāng

乡(鄉) xiāng

"鄉"是表意字,由"卿"分化而来。甲骨文作㪿,金文作㪿,象二人相向而坐、对着皀(即簋,盛满食物的食器)进食之形。金文异体作㪿,小篆作㪿,字形稍变。本义为相聚饮酒,后作"饗(飨)"。又读 xiàng,引申为趋向、朝向,后作"嚮(向)"。假借为从前、方才,后作"曏(向)"。又读 xiāng,引申为居民聚居的村落、家乡、行政区划单位。《规范字表》采用俗字简作"乡",选取左边的部件。

【提示】"乡(鄉)"可作类推简化偏旁使用,如:芗(薌)、飨(饗)。

厢[廂] xiāng

"廂"是形声字,从广(yǎn),相声,广指房屋,本义为正房前面左右两侧的房屋,引申为像房子隔间的地方、城的附近地区、旁边、方面等。俗字作"厢",意符广改为厂(hǎn)。《规范字表》以"廂"为异体字。

【提示】"车厢"也作"车箱",《异形词表》推荐的写法是前者。(注意:古汉语中的"车箱",一般不宜改为"车厢"。)

【构词】厢房(廂房)|车厢(車廂)|城厢(城廂)

享[亯] xiǎng

"亯"是象形字,甲骨文作㪿㪿,金文作㪿㪿,《说文》古文作㪿,小篆作㪿,象宗庙之形,是祭祀的处所,以此表示祖先和神灵接受进献的食物等。小篆异体作㪿,字形分化为"享"。本义为鬼神享用祭品,泛指享用。引申为受用、用食物招待人。《规范字表》以"亯"为异体字。

响（響）xiǎng

"響"是形声字，从音，鄉声，本义为发出声音后所得到的回声，引申为声音、发出声音、声音洪亮等。明代俗字（见明刊本《清平山堂话本》）和《国音常用字汇》《手头字》《规范字表》简作"响"，新造形声字，从口，向声。

飨（饗）xiǎng

"饗"是形声字，从食，鄉声，本义为用酒食款待人，泛指满足人的需要。《规范字表》简作"飨"，并把上下结构改为左右结构。

饷（餉）[餽]xiǎng

"餉"是形声字，从食，向声，本义为送食物给人，引申为赠送、发给军队的军粮或俸禄、旧时军警的薪金等。用于送食物给人、赠送、发给军队的军粮或俸禄等义，又作"餽"，音符改为襄。《规范字表》把"餉"类推简作"饷"，以"餽"为"餉"的异体字。

【提示】"餉"与"餽"不是等义异体字。

【构词】饷银（餉銀）｜发饷（發餉）｜军饷（軍餉）

嚮 xiǎng

通"响（響）"。①回声，泛指声音：若形之于影，声之于～｜泉～｜謦然～然。②发出响声：裙上环珮，叮叮当当的～。

【提示】"嚮"在《规范字表》中仅作"向"繁体字，编者建议也作规范字。另见219页"向"字条。

向（嚮）[曏]xiàng

"向"是象形字，甲骨文作，金文作，小篆作向，象房屋墙上开有窗口之形。本义为朝北的窗户，引申为朝着、方向、趋向、方才、从前、袒护一方、介词（引入动作的方向或对象）等。"曏"是形声字，从日，鄉声，本义为从前、方才。假借为介词，与"向"同。"嚮"是后起形声字，从向，鄉声，读xiàng，义为趋向、朝向、窗户、从前等，与"向""曏"同；又读xiǎng，义为声音、发出声音，与"响（響）"同。《规范字表》把"嚮"简作"向"，采用笔画较少的本字。以"曏"为异体字。

【提示】①"向"与"嚮""曏"不是等义简繁字或异体字。②"嚮"，另见219页。

【构词】向来（向來/嚮來/曏來）｜向前（向前）｜向上（向上）｜向秀（向秀，晋代人）｜向阳（向陽）｜向东走（向東走）｜向日葵（向日葵）｜向心力（向心力）｜向壁虚构（向壁虛構）｜导向（導向）｜定向（定向）｜动向（動向）｜方向（方向/方嚮）｜风向（風向/風嚮）｜航向（航向）｜面向（面向/面嚮）｜内向（內向）｜偏向（偏向/偏嚮）｜倾向（傾向）｜趋向（趨向/趨嚮）｜去向（去向）｜外向（外向）｜意向（意向）｜志向（志向/志嚮）｜走向（走向）｜向来如此（向來如此）｜所向无敌（所向無敵）｜欣欣向荣（欣欣向榮）｜

晕头转向（暈頭轉向）｜人心所向（人心所向）

向导（嚮導）｜向慕（嚮慕）｜向使（嚮使／曏使）｜向日（嚮日／曏日）｜向晚（嚮晚）｜向往（嚮往）｜向晓（嚮曉）｜向者（嚮者）｜向不过问（嚮不過問）｜心向往之（心嚮往之）｜向负盛名（向負盛名／嚮負盛名）｜向无先例（嚮無先例）

相 ㊀ xiàng ㊁ xiāng

㊀①察看：～面｜～马｜～机而作。②样子；面容：品～｜面～｜照～。③辅助；辅佐：～夫教子｜吉人天～。④官名：宰～｜首～｜外～。⑤旧指司仪礼赞或接待宾客的人：傧～。⑥姓。⑦［相里］姓。

㊁①看：～亲｜～中。②副词。a. 表示双方交互：～视而笑｜～亲～爱｜针锋～对。b. 表示一方加给另一方：～告｜好言～劝｜以身～许。③姓。

【提示】①"相貌"也作"像貌"，《异形词表》推荐的写法是前者。②相／像／象 见220页"象"字条。

象 xiàng

①哺乳动物，长鼻圆筒形，多有一对长大的门牙突出唇外：大～｜～牙。②外表；形状：表～｜景～｜万～更新。

"象"是象形字，甲骨文作 ，金文作 ，象长鼻巨齿的大象形。金文异体作 ，小篆作 ，字形稍变。本义为大象，是陆地上现存最大的哺乳动物。引申为象牙、以象牙为装饰的。假借为形象、样子，由此引申为相貌、类似、摹仿、效法、象征等。

【提示】①象，规范字形11画，旧字形和台湾字形12画。用于合体字部件同此，如"像""橡"。②像／象／相 这三个字音同义近，容易混淆。区分的要点有：a. 表示如同的意思，用于"好像""像……一样"，用"像"，不用"象"。b. 用于"想象"（想出不在眼前的事物的具体形象、设想），用"象"，也可用"像"。c. 用于"照相、相片、相册"不写"像"。

【构词】象棋（象棋）｜象形（象形）｜象征（象徵）｜星象（星象）｜表象（表象）｜抽象（抽象）｜对象（對象）｜幻象（幻象）｜假象（假象）｜景象（景象）｜气象（氣象）｜天象（天象）｜万象更新（萬象更新）｜险象环生（險象環生）｜现象（現象）｜形象（形象）｜印象（印象）｜包罗万象（包羅萬象）｜盲人摸象（盲人摸象）｜想象（想象／想像）

像 xiàng

①相似：他长得～父亲｜这花有点儿～牡丹。②比照人物制成的形象：画～｜雕～｜肖～。③比如；比方：我喜欢各种文体活动，～唱歌、跳舞、游泳等。④副词。好像；似乎：～要刮风了｜他脸色很不好，病情～是加重了。

"像"是形声字，从人，象声，本义为相似，引申为比照人物制成的图画或雕塑、法式、如同、副词（相当于"似乎""好像"）等。

【提示】①《简化字总表》将"像"简作"象",并加注:"在象和像意义可能混淆时,像仍用像。"《规范字表》把"像"改作规范字。②"录像"也作"录象""录相","图像""影像"也作"图象""影象",《异形词表》推荐的写法是前者。③象/像/相 见220页"象"字条。

【构词】想象(想象/想像)|像片(像片)|像章(像章)|雕像(雕像)|佛像(佛像)|好像(好像)|画像(畫像)|录像(錄像)|偶像(偶像)|摄像(攝像)|塑像(塑像)|图像(圖像)|肖像(肖像)|遗像(遺像)|音像(音像)|影像(影像)

xiao

枭(梟) xiāo

"梟"是表意字,小篆作 ,从鳥省,从木,古人认为枭食母,是不孝鸟,故把它杀死悬挂在树上。本义为一种凶猛的鸟,引申为强悍、勇猛、首领、旧时违犯禁令贩运食盐的人等。《规范字表》仿照"鸟(鳥)",把"梟"类推简作"枭"。

宵 xiāo

【提示】"夜宵"也作"夜消",《异形词表》推荐的写法是前者。

潇(瀟) xiāo

【提示】"潇洒"也作"萧洒",《异形词表》推荐的写法是前者。

淆[殽] xiáo

"殽"是形声字,从殳,肴声,义为混杂、混乱。又作"淆",意符改为水。《规范字表》以"殽"为异体字。

【提示】"殽"又读 yáo,义为山名,如"殽山、殽陵、殽函",与"淆"不是等义异体字。

笑[咲] xiào

"笑"是形声字,从竹,夭声,本义为因喜悦而显出快乐的表情,有时发出快乐的声音。由此引申为嘲笑、讥讽。"咲"是形声字,从口,关(ǎo)省声,与"笑"同。《规范字表》以"咲"为异体字。

效[傚効] xiào

"效"是形声字,从攵或攴,交声,本义为模仿、效法,引申为献出(力量或生命)、效果、功用等。用于模仿义,又作"傚",是形声字,从人,效声;用于献出义,又作"効",意符改为力。《规范字表》以"傚""効"为异体字。

【提示】"效"与"傚""効"不是等义异体字。

xie

蝎[蠍] xiē

"蝎"是形声字,从虫,曷声,本读 hé,义为一种树木中的蛀虫;又读 xiē,假借为蝎子(一种节肢动物）。"蠍"是形声字，从虫，歇声，读 xiē，义为蝎子。《规范字表》以"蠍"为异体字。

【提示】①"蝎"与"蠍"不是等义异体字。②台湾用于"蝎子、毒蝎、蛇蝎心肠"作"蠍"，用于"蝎虎""蝎蝎螫螫"作"蝎"。

【构词】蝎毒（蠍毒）｜蝎子（蠍子）｜毒蝎（毒蠍）｜蛇蝎心肠（蛇蠍心腸）

协（協）xié

"協"是表意字，从劦（xié）从十，劦指合力，十为最大的个位数，表示众多，本义为众人合作，共同出力，引申为协助、和谐等。明代俗字（见《兵科抄出》）和《简体字表》《规范字表》简作"协"，用符号两点代替右边的两个重复部件力。

邪[衺]xié

"邪"是形声字，从邑，牙声，本读 yá，用于"琅邪"，义为古郡名；又读 xié，假借为不正，由此引申为不正当、不正派、不正常、鬼怪带来的灾祸（迷信）、引起疾病的环境因素（中医）等；又读 yé，假借为助词，用于句末，表示疑问或反问的语气，与"耶"同。用于"莫邪"，义为古代宝剑名。"衺"是形声字，从衣，牙声，义为不正，与"邪"同。《规范字表》以"衺"为异体字。

【提示】"邪"与"衺"不是等义异体字。

胁（脅）[脇]xié

"脅"是形声字，从月（肉），劦（xié）声，本义为人的腋下至腰上的部分。两胁可夹持，故引申为挟制、逼迫、收敛等。又作"脇"，由上下结构改为左右结构。《规范字表》依据异体字，参考"协（協）"，把"脅"简作"胁"，用符号两点代替上边的两个重复部件力，并改为左右结构。以"脇"为异体字。

携[攜攜攜攜]xié

"攜"是形声字，从手，雟（xī）声，本义为用手提，引申为随身带着、拉着（手）。俗字作"攜、攜、攜、携"，音符略有变化或简省。《规范字表》以"攜、攜、攜、攜"为异体字。

鞋[鞵]xié

"鞵"是形声字，从革，奚声，义为鞋，穿在脚上，走路时着地的用品。俗字作"鞋"，音符改为圭。《规范字表》以"鞵"为异体字。

写（寫）xiě

"寫"是形声字，从宀，舄（xì）声，本读 xiè，义为放置（物品），引申为倾泻、倾诉、消除等（后作"泻"）。用于"写意"，义为舒适、适意。又读 xiě，假借为描摹、绘画，由此引申为模仿、抄写、书写、写作、描写等。汉代草书（见《居延汉简》）、清代俗字（见清刊本《目连记弹词》）字形与今简化字接近。《规范字表》简作

"写"，据草书楷化。

【提示】"写（寫）"可作类推简化偏旁使用，如：泻（瀉）。

泄[洩] xiè

"泄"是形声字，从水，世声，本义为古水名，引申为液体或气体等排出、漏出、透露、尽量发出（欲望或不满情绪）、失去（劲头、信心）等。又作"洩"，音符改为曳。《规范字表》以"洩"为异体字。

【提示】"泄"又义为侮狎、轻慢，又用于姓，与"洩"不是等义异体字。

绁（紲）[絏] xiè

"紲"是形声字，从糸，世声，义为拴、系、捆绑。"絏"是形声字，从糸，曳声，义与"紲"同。《规范字表》以"絏"为"紲"的异体字。《规范字表》把"紲"类推简作"绁"。

【提示】"绁（紲）"与"絏"不是等义异体字，其后起义不尽相同。

卸 xiè

【提示】字的左部，规范字形 7 画，旧字形和台湾字形 6 画。用作合体字部件时同此，如"唧、御、禦"。

亵（褻） xiè

"褻"是形声字，从衣，執（yì）声，本义为家居时穿的便服，引申为内衣、亲近、轻慢、淫秽等。清代俗字（见清刊本《目连记弹词》）、《规范字表》简作"亵"，音符改为执。

燮[爕] xiè

"燮"是表意字，从又、言、炎，又即手，表示动作，本义为调和、谐和。俗字作"爕"，部件又讹为火。《规范字表》以"爕"为异体字。

蟹[蠏] xiè

"蠏"是形声字，从虫，解声，义为螃蟹，一种节肢动物。俗字作"蟹"，由左右结构改为上下结构。《规范字表》以"蠏"为异体字。

xin

䜣（訢） ㊀xīn ㊁xī ㊂yín

㊀①姓。②用于人名。③"欣"的异体字，见223页"欣"字条。
㊁同"熹"。
㊂[䜣䜣]恭敬、谨慎的样子。

欣[訢]｛䜣｝ xīn

"欣"是形声字，从欠，斤声，欠指人张口，本义为喜悦、快乐。"訢"是形声字，从言，斤声，义与"欣"同。《规范字表》以"訢"为异体字。又把"訢"类推简作"䜣"，作规范字，用于姓氏人名。

【提示】"訢"与"欣"不是等义异体字，另见223页"䜣"字条。

衅（釁） xìn

"釁"是形声字，小篆作釁，从酉从爨（cuàn）省，分声，酉为酒，指牲血，爨为灶，指器物。本义为把牲血涂在器物的缝隙上以祭祀，引申为缝隙、嫌隙、争端、涂抹等。用于涂抹牲血义等，又作"衅"，是表意字，从血从半，半指分开。《国音常用字汇》《简体字表》《规范字表》把"釁"简作"衅"，用笔画较少的同音通用字代替。

xing

兴（興）xīng

"興"是表意字，甲骨文作𰀀，金文作𰀀，象四只手共同举起或抬起一个器物之形。金文异体作𰀀，侯马盟书作𰀀，小篆作𰀀，字形稍变。本读 xīng，义为起、起来，引申为兴起、发生、创办、发动、昌盛、流行、准许等；又读 xìng，引申为对事物心爱的情趣。唐代俗字（见敦煌变文写本《李陵变文》）和《规范字表》简作"兴"，据草书楷化。

省 xǐng

【提示】"发人深省"也作"发人深醒"，《异形词表》推荐的写法是前者。

幸［倖］xìng

"幸"又作"㚔"，是象形字。甲骨文作𰀀，象手梏形。金文作𰀀，小篆作𰀀，字形稍变。本读 niè，义为古代一种像手铐的刑具。引申为拘捕，与"執（执）"同。"幸"又作"㐬"，是表意字。小篆作𰀀，从夭从屰，夭指灾祸，屰指逆反，表示与灾祸相反。本义为幸运地免去灾祸。假借为侥幸，意外得到好处或免除灾祸，由此引申为称心如意、因称心如意而高兴、希望、宠幸、帝王到达某地等。"倖"是形声字，从人，幸声，本义为侥幸，引申为宠幸。《规范字表》以"倖"为异体字。

【提示】"幸"与"倖"不是等义异体字。

【构词】幸得（幸得）｜幸而（幸而）｜幸福（幸福）｜幸亏（幸虧）｜幸甚（幸甚）｜幸事（幸事）｜幸运（幸運）｜幸灾乐祸（幸災樂禍）｜不幸（不幸）｜庆幸（慶幸）｜荣幸（榮幸）｜三生有幸（三生有幸）

幸臣（幸臣／倖臣）｜幸存（幸存／倖存）｜幸免（幸免／倖免）｜幸免于难（幸免於難／倖免於難）｜宠幸（寵幸／寵倖）｜侥幸（僥倖）｜临幸（臨幸／臨倖）

xiong

凶［兇］xiōng

"凶"是表意字，甲骨文作𰀀，楚帛书作𰀀，小篆作𰀀，从凵从乂，凵象陷坑，乂表示掉入陷坑发生危险。本义为不幸、不吉利，引申为死丧等不幸的事、年成不好、凶恶、厉害、杀人或伤害人的行为、行凶作恶的人等。"兇"是形声字，甲骨文作𰀀，从卩，古玺文作𰀀，小篆作𰀀，从儿（rén），凶声，儿即人。本义为恐惧，引申为凶恶。《规范字表》以"兇"

为异体字。

【提示】"凶"与"兇"不是等义异体字。

【构词】凶地（凶地）｜凶服（凶服）｜凶耗（凶耗）｜凶年（凶年）｜凶神（凶神）｜凶事（凶事）｜凶岁（凶歲）｜凶信（凶信）｜凶讯（凶訊）｜凶宅（凶宅）｜凶兆（凶兆）｜凶杀案（凶殺案）｜凶多吉少（凶多吉少）｜帮凶（幫兇）｜吉凶（吉凶）｜行凶（行凶）凶暴（凶暴／兇暴）｜凶残（凶殘／兇殘）｜凶恶（凶惡／兇惡）｜凶犯（凶犯／兇犯）｜凶悍（凶悍／兇悍）｜凶狠（兇狠）｜凶横（凶橫／兇橫）｜凶猛（凶猛／兇猛）｜凶器（凶器／兇器）｜凶手（凶手／兇手）｜凶徒（凶徒／兇徒）｜凶险（凶險／兇險）｜帮凶（幫兇）｜逞凶（逞兇）｜行凶（行兇）｜元凶（元凶／元兇）｜穷凶极恶（窮凶極惡／窮兇極惡）

汹[洶] xiōng

"洶"是形声字，从水，匈声，水波猛烈向上翻腾。又作"汹"，音符改为凶。《规范字表》以"洶"为异体字。

胸[胷] xiōng

"胷"是形声字，从月（肉），匈声，本义为胸部，引申为内心。又作"胸"，由上下结构改为左右结构。《规范字表》以"胷"为异体字。

xiu

修[脩] xiū

"修"是形声字，从彡，攸声，本义为修饰，使完好或完美，引申为修理、整治、兴建、削或剪、撰写、学习、长（cháng）、美好等。"脩"是形声字，从月（肉），攸声，本义为干肉，假借为修饰等。《规范字表》以"脩"为异体字，又规定用于干肉义如"束脩"时是规范字。

【提示】①字的右上部，规范字形是夂（3画），旧字形和台湾字形是攵（4画）。②"脩"与"修"不是等义异体字，另见225页"脩"字条。

【构词】修辞（修辭）｜修订（修訂）｜修好（修好）｜修剪（修剪）｜修建（修建）｜修理（修理）｜修女（修女）｜修身（修身）｜修士（修士）｜修饰（修飾）｜修行（修行）｜修养（修養）｜修正（修正）｜修竹（修竹）｜修筑（修築）｜修道院（修道院）｜修身养性（修身養性）｜进修（進修）｜自修（自修）

脩金（脩金）｜脯脩（脯脩）｜束脩（束脩）

脩 xiū

①条形肉干：束～（一捆条形肉干，古代弟子送给老师的见面礼，后指给老师的酬金）。②"修"的异体字，见225页"修"字条。

绣（綉）[繡] xiù

"繡"是形声字，从糸，肅声，本义为刺绣和绘画设色，五彩俱备，引申为刺绣（用彩色的丝线在织物上缀出花纹图案等）、华美、华丽等。刺绣义又作"綉"，音符改为秀。《规范字表》把"綉"类推简作"绣"，以"繡"为异体字。

【提示】"绣（綉）"与"繡"不是等义异体字。

【构词】绣花（繡花）｜绣像（繡像）｜刺绣（刺繡）｜锦绣（錦繡）

锈（銹）[鏽] xiù

"鏽"是形声字，从金，肅声，本义为铜、铁等金属表面因受潮被氧化而形成的物质，引申为生锈、附着在物体表面像锈的东西等。俗字作"銹"，音符改为秀。《规范字表》把"銹"类推简作"锈"，以"鏽"为异体字。

【构词】锈斑（鏽斑）｜锈蚀（鏽蚀）｜生锈（生鏽）｜铁锈（鐵鏽）

xu

须（須鬚）xū

"須"初为象形字，甲骨文作 𩒀，金文作 𩒨，象人脸上生有胡须之形。小篆改为表意字，从頁从彡，頁指人头，彡象胡须形。本义为胡须，引申为动植物体上长的像胡须的东西，假借为须要、应当。"鬚"是形声字，从髟，须声，本义为胡须，引申为像胡须的东西。《规范字表》把"須"类推简作"须"，把"鬚"也简作"须"，采用笔画较少的本字。

【提示】"须（須）"后起义较多，与"鬚"不是等义异体字。

【构词】须女（須女，星座名）｜须是（須是）｜须要（須要）｜须臾（須臾）｜须知（須知）｜必须（必須）｜何须（何須）｜亟须（亟須）｜尢须（無須）｜终须（終須）｜莫须有（莫須有）

须发（須髮／鬚髮）｜须根（須根／鬚根）｜须眉（須眉／鬚眉）｜须髯（須髯／鬚髯）｜触须（觸須／觸鬚）｜胡须（胡須／鬍鬚）｜虎须（虎須／虎鬚）｜卷须（卷須／卷鬚／捲鬚）｜剃须刀（剃須刀／剃鬚刀）｜溜须拍马（溜鬚拍馬）｜玉米须子（玉米鬚子）

虚[虛] xū

"虚"又作"虛"，是形声字。古玺文作 𤴙，小篆作 虛，从丘，虍（hū）声，后来意符丘讹为业。本义为高大的土丘。引申为废墟（后作"墟"），由此引申为空虚、心虚（因心里惭愧或没有把握而胆怯）、不真实、谦虚、体质弱、副词（表示动作行为没有功效，相当于"徒然"）等。

【提示】字的右下部，规范字形5画，旧字形和台湾字形6画。用于合体字部件同此，如"墟、嘘、魖"。

序 xù

【提示】"序文""序言"也作"叙文""叙言"，《异形词表》推荐的写法是前者。

叙[敘敍] xù

"敘"是形声字，从攴，余声，攴表示动作行为，本义为排列次序，引申为次序、次第、评议等级或次第、记述、叙说、交谈、一种文体等。变体作"敍"，俗字作"叙"。《规范字表》以"敍""敘"为异体字。

恤[賉卹邮] xù

"恤"是形声字，从心，血声，本义为忧虑、顾虑，引申为顾念、怜悯、救济等。又作"賉"，意符改为贝。又作"卹"，意符改为卩，变体作"邮"。《规范字表》以"賉、卹、邮"为异体字。

【提示】繁体文本和台湾用于"抚恤、体恤、怜恤、恤贫、恤金、抚恤金"作"恤"，也作"卹"。

勖[勗] xù

"勖"是形声字，从力，冒声，义为勤勉。俗字作"勗"，结构稍变。《规范字表》以"勗"为异体字。

婿[壻] xù

"壻"是形声字，从士，胥声，本义为丈夫，引申为女儿的丈夫。又作"婿"，意符改为女。《规范字表》以"壻"为异体字。

xuan

萱[蕿蔒蘐薲] xuān

"蕿"是形声字，从艸，憲声，本义为萱草，一种多年生草本植物，可供观赏。又作"萱、蔒、蘐、薲"，音符改为宣、爰、諼、煖。《规范字表》以"蕿、蔒、蘐、薲"为异体字。

喧[誼] xuān

"喧"是形声字，从口，宣声，义为喧哗，声音大而嘈杂。又作"誼"，意符改为言。《规范字表》以"誼"为异体字。

悬（懸） xuán

"懸"是形声字，从心，縣声，本义为吊挂，引申为下垂、悬空、无所依据、没结果、挂念、公布、距离远、差别大、危险等。《规范字表》参考"县（縣）"类推简作"悬"。

璇[璿] xuán

"璿"是形声字，从玉，睿（ruì）声，义为美玉。又作"璇"，音符改为旋。《规范字表》以"璿"为异体字。

【提示】"璇"又义为星名，北斗第二星，与"璿"不是等义异体字。

选（選） xuǎn

"選"是形声字，从辶（辵），巽（xùn）声，本义为遣送、放逐。假借为选择，由此引申为被选中了的（人或物）、选编成册的作品、选举（用投票或其他方式推举）等。《国音常用字汇》《手头字》《简体字表》《规范字表》简作"选"，音符改为先。

旋（鏇）xuàn

"旋"是表意字，甲骨文作🈳，金文作🈳，从队从足或止。小篆作🈳，从队从疋。队为旌旗飞扬的样子，足、止、疋都指人的脚，表示随着令旗的指挥而行动。本读 xuán，义为旋转、转动，引申为归来、圈子。又读 xuàn，引申为旋转的、回旋的、转着圈儿地削。假借为温酒的器具。"鏇"是形声字，从金，旋声，读 xuàn，本义为圆炉。假借为温酒的器具、用车床或刀具转着圈儿地削。《规范字表》把"鏇"简作"旋"，用笔画较少的同音通用字代替。

【提示】"旋"与"鏇"不是等义简繁字。

【构词】旋风（旋風）｜旋即（旋即）｜旋律（旋律）｜旋涡（旋渦／漩渦）｜旋转（旋轉）｜旋踵（旋踵）｜旋吃旋做（旋吃旋做）｜旋用旋买（旋用旋買）｜回旋（回旋）｜凯旋（凱旋）｜螺旋（螺旋）｜盘旋（盤旋）｜斡旋（斡旋）｜周旋（周旋）｜天旋地转（天旋地轉）

旋床（鏇牀）｜旋粉（鏇粉，即粉皮）｜旋工（鏇工）｜旋压（鏇壓）｜旋子（鏇子，温酒器皿）｜旋锅儿（鏇鍋兒，温酒的锅）｜旋零件（鏇零件）｜酒旋（酒鏇）｜酒旋子（酒鏇子）

楦[楥]xuàn

"楥"是形声字，从木，爰声，义为鞋楦。又作"楦"，音符改为宣。《规范字表》以"楥"为异体字。

【提示】"楦"与"楥"不是等义异体字，其后起义不尽相同。

xue

靴[鞾]xuē

"鞾"是形声字，从革，華声，本义为骑马等穿的长筒皮鞋，引申为各种有长筒的鞋。又作"靴"，音符改为化。《规范字表》以"鞾"为异体字。

xun

勋（勛）[勳]xūn

"勛"是形声字，从力，員声，义为大的特殊的功劳。又作"勳"，音符改为熏。《规范字表》把"勛"类推简作"勋"，以"勳"为异体字。

埙（塤）[壎]xūn

"壎"是形声字，从土，熏声，本义为古代陶质吹奏乐器。又作"塤"，音符改为員。《规范字表》把"塤"类推简作"埙"，以"壎"为异体字。

【提示】"塤"又用于姓，与"壎"不是等义异体字。

熏[燻]{薰}xūn

"熏"是表意字，金文作🈳，象烟囱冒烟之形。金文异体作🈳，小篆作🈳，下加火，表示烟火向上蹿出。（一说从火，上象囊中盛有香料形，表示焚烧香草使产生香气。）本读 xūn，义为烟火熏灼，引申为烟气等使物体变色或沾染上气味、温暖、（烟气、气味等）刺激、因长时间接触而受到影响等；又读 xùn，引申为（煤气等有毒气体）使人中毒甚至窒息，如"煤气熏着了"。烟火熏灼义又作"燻"，是形声字，从火，熏声。"薰"是形声字，从艸，熏声，本义为一种香草，引申为花草的香气。假借为烟火熏灼，与"熏"同。《异体字表》以"燻""薰"为异体字。《规范字表》把"薰"改作规范字。

【提示】"熏、燻、薰"不是等义异体字。

【构词】熏风（熏風）｜熏沐（熏沐）｜熏染（熏染）｜熏陶（熏陶）｜熏习（熏習）

熏鸡（熏雞／燻雞）｜熏肉（熏肉／燻肉）｜熏鱼（熏魚／燻魚）｜熏制（熏製／燻製）｜烟熏火燎（煙熏火燎／煙燻火燎）｜气味熏人（氣味熏人／氣味燻人）

薰 xūn

①薰草，即蕙草，香草名，比喻好人：风来艾蒿气如～｜～莸不同器。②花草的香气：陌上草～｜奇草芬花，能逆风闻～。

"薰"在《异体字表》中是"熏"的异体字，《规范字表》改作规范字。见 228 页"熏"字条。

寻（尋）[尋] xún

初为表意字，甲骨文作 ，金文作 ，象伸展两臂测量长约八尺的器物之形。小篆作 ，变成形声字，从工、口、又、寸，彡声，工、口指器物，又、寸都指手。隶定为"尋"，省略了音符。本义为古代长度单位（即伸开双臂测量的长度，合古代八尺），引申为探究、寻找。也作"尋"。北魏《奚康生造象碑》字形与今简化字接近。《规范字表》据此简作"寻"，省略中间部件。《规范字表》以"尋"为异体字。

【提示】"寻（尋）"可作类推简化偏旁使用，如：浔（潯）、鲟（鱘）、荨（蕁）。

巡[巛] xún

"巡"是形声字，从辶（辵），巛（chuān，同"川"）声，本义为巡视，往来查看，引申为量词，用于给在座的所有人斟酒，相当于"遍"。又作"巛"，意符改为攴。《规范字表》以"巛"为异体字。

徇[狥] xùn

"徇"是形声字，从彳，旬声，本义为巡行示众，引申为依从、曲从，假借为为了达到某种目的而牺牲生命（与"殉"同）。又作"狥"，意符改为犬。《规范字表》以"狥"为异体字。

Y

yɑ

丫[椏枒]{桠} yā

"丫"是象形字，象树枝或草上端的丫杈形，本读 yā，义为草木分枝的地方，引申为物体上端或前端分叉的部分。因丫环（旧时在富贵人家受人役使的女孩子）或女孩子头上多梳两髻，呈丫形，故又引申为女孩子。草木分枝义又作"椏"，是形声字，从木，亞声。"枒"是形声字，从木，牙声，本读 yē，义为一种树（与"椰"同）；又读 yā，用于"杈枒"，义为树枝纵横杂出的样子。《规范字表》以"椏""枒"为异体字，又把"椏"类推简作"桠"，作规范字，用于姓氏人名、地名和科技术语，如"五桠果科"。

【提示】"丫"与"椏""枒"不是等义异体字。"椏"另见 230 页"桠"字条。

【构词】丫杈（丫杈／椏杈／枒杈）|树丫（樹丫／樹椏／樹枒）|丫鬟／丫环（丫鬟／丫環）|丫头（丫頭）
　　苛椏素（苛椏素）|五桠果科（五椏果科）

压（壓）yā

"壓"是形声字，从土，厭声，本读 yā，义为崩塌，引申为从上向下施加重力、迫近、超过、压制（用强力制服）、抑制（使稳定或平静）、使下降或减缩、搁置不动、压力等；又读 yà，用于"压根儿"，义为副词，根本、从来（多用于否定式，用于方言）。《手头字》《简体字表》《规范字表》采用俗字简作"压"，保留原字特征，省略部件。

押 yā

【提示】"押韵"也作"压韵"，《异形词表》推荐的写法是前者。

鸦（鴉）[鵶] yā

"鴉"是形声字，从鳥，牙声，义为乌鸦，鸟名。又作"鵶"，音符改为亞。《规范字表》把"鴉"类推简作"鸦"，以"鵶"为"鴉"的异体字。

【提示】"鸦片"也作"雅片"，《异形词表》推荐的写法是前者。

桠（椏）yā

①[五桠果] 常绿乔木，根和皮可供药用。②用于地名：～溪镇（在江苏）。③"椏"又作"丫"的异体字，见 230 页"丫"字条。

牙 yá

【提示】"月牙"也作"月芽"，现推荐用前者。

亚（亞）yà

"亞"是象形字，甲骨文作亞，

金文作🔲，象古代聚族而居的大型建筑平面图形。金文异体作🔲，石鼓文作🔲，小篆作亞，字形稍变。本义为殷代居室建筑。殷代居室建筑多曲隅，故引申为曲阿，与"阿（ē）"同。殷代亚形居室建筑便于合族共处，长幼分列，故引申为次、次一等的、较差。假借为亚洲（世界最大的洲，位于东半球的东北部）的简称。唐代裴休的草书字形与今简化字接近。《规范字表》简作"亚"，据草书楷化。

【提示】"亚（亞）"可作类推简化偏旁使用，如：哑（啞）、恶（惡）、氩（氬）。

yan

胭[臙] yān

"胭"是形声字，从月（肉），因声，本义为咽头，与"咽"同。假借为胭脂，一种红色颜料，多作化妆用品，也作国画颜料。"臙"是形声字，从月（肉），燕声，本义为胭脂，与"胭"同。《规范字表》以"臙"为异体字。

【提示】"胭"与"臙"不是等义异体字。

烟[煙菸] yān

"烟"是形声字，从火，因声，读 yān，本义为烟气，物质燃烧时产生的含有微小颗粒的气体，引申为像烟的气体、烟气凝结成的物质、烟草（一种草本植物）、烟草制品、鸦片（一种毒品）等。又作"煙"，音符改为垔。"菸"是形声字，从艸，於声，本读 yū，义为枯萎；又读 yān，义为烟草，叶子可制烟丝、卷烟。《规范字表》以"煙""菸"为异体字。

【提示】①"烟""煙"与"菸"不是等义异体字。②繁体文本和台湾用于"烟草、烟囱、烟花、烟火、烟丝、烟台（地名，在山东）、烟突、烟土、烟雾、烟雨、烟消云散、炊烟、抽烟、烽烟、戒烟、禁烟、狼烟、人烟、吸烟、香烟、硝烟、油烟、云烟、渺无人烟、七窍生烟"多作"煙"。用于烟草义有时作"菸"。台湾用于"烟碱酸"作"菸"。

腌[醃] yān

"腌"是形声字，从月（肉），奄声，本读 yān，义为把肉、蛋、菜等放在盐水中浸渍；又读 ā，义为弄脏（用于方言）。用于"腌臜"，义为脏，不干净，引申为别扭、不顺心、使人难堪等。用于腌渍义，又作"醃"，意符改为酉。《规范字表》以"醃"为异体字。

【提示】"腌"与"醃"不是等义异体字。

【构词】腌菜（醃菜）| 腌肉（醃肉）| 腌鱼（醃魚）

严（嚴） yán

"嚴"是形声字，金文作🔲🔲，《说文》古文作🔲，小篆作🔲，从吅（xuān），厰（yín）声，本义为督教的命令紧急，引申为严密、紧密、认真、不放松、厉害、庄重、父亲等。《规范字表》参考明代俗字简作"严"。

【提示】"严（嚴）"可作类推简化偏旁使用，如：俨（儼）、酽（釅）。

岩[巖巌嵒] yán

"嵒"是表意字，甲骨文作🖼，战国文字作🖼，小篆作🖼，从山从品，品象山崖连绵之形，本义为山崖，假借为地名。"巖"是形声字，小篆作🖼，从山，嚴声，本义为崖岸，山或岩壁陡立的侧面。引申为岩石突起而形成的山峰、岩石、洞穴、险峻、险要等。变体作"巌"，由上下结构改为左右结构。俗字作"岩"，是表意字，从山从石。《规范字表》以"巖、巌、嵒"为异体字。

【提示】"岩"与"巖、巌、嵒"不是等义异体字。用于山崖和岩洞义，一般写"巖"；用于岩石义，一般写"岩"。

【构词】岩层（岩層）｜岩床（岩牀）｜岩浆（岩漿）｜岩石（岩石）｜石灰岩（石灰岩）｜融岩（融岩）｜花岗岩（花崗岩）｜火成岩（火成岩）

岩洞（巖洞）｜岩居（巖居）｜岩墙（巖牆）｜岩穴（巖穴）｜巉岩（巉巖）｜山岩（山巖）｜千岩万壑（千巖萬壑）｜七星岩（七星巖，山崖，在广东肇庆；岩洞，在广西桂林）

沿{沿} yán

【提示】字的右上部，规范字形是几，旧字形和台湾字形是儿。

盐（鹽） yán

"鹽"是形声字，小篆作🖼，从卤，監声，本义为用碱质泥土煮制而成的结晶体，引申为食盐。《规范字表》参考俗字简作"盐"，改换上边的部件。

檐[簷] yán

"檐"是形声字，从木，詹声，本义为屋顶向外伸出的边沿部分，引申为某些物体上形状或作用像檐的边缘部分。又作"簷"，意符改为竹。《规范字表》以"簷"为异体字。

【提示】台湾用于"屋檐、飞檐、帽檐"多作"簷"，也作"檐"。

鼹[鼴] yǎn

"鼹"是形声字，从鼠，晏声，义为鼹鼠，一种哺乳动物。又作"鼴"，音符改为匽（yǎn）。《规范字表》以"鼴"为异体字。

厌（厭） yàn

"厭"是形声字，从厂（hǎn），猒（yàn）声，本义为压迫，后作"压（壓）"。假借为满足，由此引申为因过多而失去兴趣、憎恶、嫌弃等。清代俗字（见清刊本《岭南逸史》）把偏旁"厭"简作"厌"，省略原字部件；1936年陈光尧《常用简字表》《规范字表》进一步把独立的"厭"同样简化。

【提示】"厌（厭）"可作类推简化偏旁使用，如：恹（懨）、餍（饜）、魇（魘）。

咽[嚥] yàn

"咽"是形声字，从口，因声，

本读 yān，义为咽头，呼吸道和消化道的共同通路；又读 yàn，引申为使嘴里的食物等通过咽头进入食管里去、憋住、忍住等；又读 yè，假借为声音受阻而低沉。哽咽，不能痛快出声地哭。用于"呜咽"，义为低声哭泣。用于吞咽义，又作"嚥"，音符改为燕。《规范字表》以"嚥"为异体字。

【提示】"咽"与"嚥"不是等义异体字。

【构词】咽喉（咽喉）｜咽塞（咽塞）｜咽头（咽頭）｜哀咽（哀咽）｜悲咽（悲咽）｜鼻咽（鼻咽）｜感咽（感咽）｜哽咽（哽咽）｜呜咽（嗚咽）｜幽咽（幽咽）

咽气（嚥氣／咽氣）｜咽唾沫（嚥唾沫／咽唾沫）｜吞咽（吞嚥／吞咽）｜狼吞虎咽（狼吞虎嚥／狼吞虎咽）｜细嚼慢咽（細嚼慢嚥／細嚼慢咽）

彦 {彥} yàn

"彦"又作"彥"，是形声字。金文作𢒉，从文、弓、厂（hǎn）声。小篆作彦，把弓讹变为彡。弓指武，故义为能文能武、有才有德的人。

【提示】字的左上部，规范字形是产，旧字形和台湾字形是产。用于合体字部件同此，如"颜"。

艳（艷）{艶}[豔豓]

yàn"豔"是形声字，从豐，盍（hé）声，豐指丰满，本义为容貌美好、丰满，引申为色彩鲜明、漂亮、文辞华美、有关男女之间情爱方面的、羡慕等。变体作"豓"。又作"艷"，

是表意字，从豐从色，色指美丽有姿色。又作"艶"，豐讹变为豊。《异体字表》以"豔""豓"为"艷"的异体字。《规范字表》把"艷"类推简作"艳"，以"豔""豓"为异体字。

宴[醼讌]{讌} yàn

"宴"是形声字，从宀，晏声，宀指房屋，本义为生活安乐、安逸，引申为设酒席招待客人、吃酒席行乐、酒席等。"醼"是形声字，从酉，燕声，义为设酒宴招待客人。"讌"是形声字，从言，燕声，本义为相聚叙谈，引申为宴饮、宴会。《异体字表》以"醼""讌"为异体字。《简化字总表》把"讌"类推简作"䜩"，作规范字。《规范字表》仍以"醼""讌"为异体字，未收"䜩"。

【提示】"宴、醼、讌"不是等义异体字。

验（驗）[騐] yàn

"驗"是形声字，从馬，僉声，本义为马名。假借为考察、检验，由此引申为证据、有效、预期的结果等。又作"騐"，音符改为念。《规范字表》把"驗"类推简作"验"，以"騐"为异体字。

雁[鴈] yàn

"雁"是形声字，楚系简帛作雁，小篆作雁，从隹、人、厂（hǎn）声，隹指鸟，人指鸟群飞时排成人字形。本义为鸿雁，一种候鸟。"鴈"是形声字，小篆作鴈，从鳥，雁省声。

本义为鹅,引申为鸿雁。《规范字表》以"鴈"为异体字。

【提示】"雁"与"鴈"不是等义异体字。

焰[燄] yàn

"燄"是形声字,从炎,臽声,本义为火苗燃烧的样子,引申为火苗、火光等。"焰"是形声字,从火,臽声,本义与"燄"同,引申为威风、气势。《规范字表》以"燄"为异体字。

【提示】①"焰"与"燄"不是等义异体字。②台湾用于"焰火、火焰、气焰逼人"作"焰"。"焰"多指火苗,"燄"指火初燃时发出的微小光热(如"无若火始燄燄"),二字词义稍有不同。

燕[鷰] yàn

"燕"是象形字,甲骨文作𩾄,象张着口、展翅欲飞的燕子形。小篆作䕭,字形稍变。本读 yàn,义为燕子,鸟名。假借为设宴、宴饮(与"宴"同)。又读 yān,假借为古国名,在今河北北部、辽宁西部一带,由此引申为河北北部一带、姓。"鷰"是形声字,从鳥,燕省声,义为鸟名。《规范字表》以"鷰"为异体字。

【提示】"燕"与"鷰"不是等义异体字。

赝(贋)[贗] yàn

"贗"是形声字,从貝,雁声,义为假的、伪造的。又作"贋",音符改为鴈。《规范字表》把"贗"类

推简作"赝",以"贋"为异体字。

【构词】赝本(贋本/贗本) | 赝币(贋幣/贗幣) | 赝品(贋品/贗品)

谳(讞)yàn

《简化字总表》把"讞"类推简作"谳",作规范字。《规范字表》以"谳"为"宴"的异体字。见 233 页"宴"字条。

yang

扬(揚)[敭颺]{飏} yáng

"揚"初为表意字,金文作𢒉、𢆉,象双手向上捧起玉环或玉串进行颂扬之形。金文异体作𢒈,小篆作𢒉,变成形声字,从手,昜声。本义为向上举,引申为往上升、往上撒、(精神、情绪)高涨、传播、显扬、容貌美丽等。"敭"是形声字,《说文》古文作𢾫,从攴(攵),昜声。"颺"是形声字,小篆作𩙿,从風,昜声,本义为随风飞扬,引申为往上撒、传播,与"揚"同。《规范字表》把"揚"类推简作"扬",以"敭""颺"为异体字。又把"颺"类推简作"飏",作为规范字,用于姓氏人名。

【提示】①"扬、敭、颺"不是等义异体字。"颺"另见 235 页"飏"字条。②"扬琴"也作"洋琴",《异形词表》推荐的写法是前者。③繁体文本和台湾用于"扬鞭、扬波、扬帆、扬起、扬弃、扬水、扬州(地名,在江苏)、扬眉吐气、扬名天下、昂扬、

表扬、称扬、发扬、宣扬、赞扬、张扬、耀武扬威、趾高气扬"作"扬";用于"发扬、飞扬、飘扬、轻扬、远扬"作"颺",也作"颺"。

阳（陽）yáng

"陽"是形声字，从阜，昜声，本义为山的南面，引申为水的北面、向阳明亮的地方、太阳、温暖、外露的、凸出的、男性生殖器、带正电的等。元代俗字（见元抄本《京本通俗小说》）和《手头字》《简体字表》《规范字表》简作"阳"，新造表意字，从阜从日，阜为山，日指有阳光的南面。

飏（颺）yáng

①用于人名。②"颺"又作"扬"的异体字，见234页"扬"字条。

养（養）yǎng

"養"是形声字，从食，羊声，本义为饲养、喂（动物），引申为培植（花草）、供养、养活、生育、扶植、维护、纵容、品德或学识等方面的良好积累、使身心得到休息和滋补等。元代俗字（见元抄本《京本通俗小说》）和《规范字表》简作"养"，据草书楷化。

痒（癢）yǎng

"痒"是形声字，从疒，羊声，本读 yáng，义为痈疮；又读 yǎng，假借为"癢"，义为皮肤发痒。"癢"是形声字，从疒，養声，读 yǎng，本义为皮肤或黏膜受到轻微刺激时引起的想抓挠的感觉，引申为受到外界因素吸引而心中产生想做某事的强烈欲望。《国音常用字汇》《手头字》《简体字表》《规范字表》把"癢"简作"痒"，用笔画较少的同音通用字代替。

【提示】"痒"与"癢"不是等义简繁字。

样（樣）yàng

"樣"是形声字，从木，羕声，本读 xiàng，义为橡树的果实，后作"橡"；又读 yàng，假借为法式、物体形状、人的相貌或神情、供人模仿的东西、量词（用于事物的种类）等。1936 年陈光尧《常用简字表》和《规范字表》简作"样"，音符改为羊。

【提示】"样"又读 yáng，义为槌，与"樣"不是等义简繁字。

yao

幺 yāo

"幺"是象形字，甲骨文作 𢆶，金文作 𢆶，象丝束形。战国文字作 𢆶，小篆作 𢆶，字形稍变。本义为成束的丝，后作"糸"。丝较细微，故引申为细小、幼小、排行最末（用于方言）、数字"一"等。

【提示】①台湾以"么"为正字，以"幺"为俗字异体，如"么妹（幺妹）、么篇（幺篇）、么麽小丑（幺麽小丑）"。②"么"另读 me，见 139 页"么"字条。

夭[殀] yāo

"夭"是表意字，甲骨文作㣆，金文作㣆，象人弯曲两臂之形。小篆作㣆，字形稍变。本义为弯曲。（一说象人奔跑时两臂前后摆动的样子。本义为奔跑，后作"走"。）假借为夭折（人未成年而死亡）、（草木）茂盛等。"殀"是形声字，从歹（歺，è），夭声，义为夭折。《规范字表》以"殀"为异体字。

【提示】"夭"与"殀"不是等义异体字。

【构词】夭娜（夭娜）｜夭柔（夭柔）｜夭绍（夭紹）｜桃之夭夭（桃之夭夭）

夭逝（夭逝/殀逝）｜夭寿（夭壽/殀壽）｜夭折（夭折/殀折）｜早夭（早夭/早殀）

尧（堯）yáo

"堯"是表意字，甲骨文作㣆，从兀，兀指高，上有二土。小篆作㣆，增为三土。本义为极高的样子，假借为传说中的上古帝王名。明代金闻韶草书字形与今简化字接近。《规范字表》简作"尧"，据草书楷化。

【提示】"尧（堯）"可作类推简化偏旁使用，如：浇（澆）、翘（翹）、荛（蕘）。

肴[餚] yáo

"肴"是形声字，小篆作㣆，从肉，爻声，义为鱼、肉等荤菜。又作"餚"，是形声字，从食，肴声。《规范字表》以"餚"为异体字。

【提示】"肴"又假借为"爻""淆"，与"餚"不是等义异体字。

窑[窰窑]{窯} yáo

"窯"是形声字，古玺文作㣆，小篆作㣆，从宀或穴，羔声，本义为烧制陶瓷器、砖瓦等的建筑物，引申为古代名窑出产的陶瓷器、窑洞、煤窑（采用土法生产的煤矿）、妓院等。又作"窑"，是表意字，从穴从缶，缶指器皿。（一说是形声字，从穴，缶声。）义为烧制陶瓷器或砖瓦的窑。又作"窰"，音符改为䍃（yóu）。《规范字表》以"窯""窰"为异体字。

【提示】①异体字"窯"在《规范字表》采用旧字形作"窯"，编者建议改为规范字形。②台湾用于"窑洞""煤窑"多作"窯"。

【构词】窑洞（窯洞）｜煤窑（煤窯）｜瓦窑（瓦窯）｜砖窑（磚窯）

咬[齩] yǎo

"齩"是形声字，从齿，交声，读yǎo，义为上下牙相对用力夹住。"咬"是形声字，从口，交声，本读jiāo，义为鸟叫声；又读yǎo，引申为用牙咬、用钳子或齿轮等夹住或卡住、（狗）叫、紧跟不放、受责难或受审讯时诬陷他人、正确念或唱出（字的读音）、腐蚀（器物）等。《规范字表》以"齩"为异体字。

【提示】"咬"与"齩"不是等义异体字。

药（藥）{葯} yào

"藥"是形声字，从艸，樂声，本读 yào，义为药草，能够治病的草本植物，引申为防治疾病或病虫害的物质、用药治疗、用毒药杀死、某些有化学作用的物质等；又读 shuò，用于"灼藥"，义为很热的样子。"葯"是形声字，从艸，約声，读 yào，本义为一种草本植物，假借为药草。《国音常用字汇》《手头字》《简体字表》把"藥"简作"葯"，用笔画较少的同音通用字代替。《规范字表》进一步把糸类推简作"药"。

【提示】"葯"与"藥"不是等义繁体字。

钥（鑰）{鈅} yào

"鈅"是形声字，从金，月声，读 yuè，义为古代一种兵器。"鑰"是形声字，从金，龠声，本读 yuè，义为门闩上的铁柱，引申为锁、钥匙等；又读 yào，用于"钥匙"，义为开锁用的东西，有的锁要用钥匙才能锁上。《规范字表》把"鑰"简作"钥"，新造形声字。

【提示】①"鈅"与"鑰"不是等义繁体字。②用于古代兵器的"鈅"不简化作"钥"。

耀[燿] yào

"燿"是形声字，从火，翟（dí）声，义为光线强烈地照射。又作"耀"，意符改为光。引申为光芒、显示、使荣耀、光荣等。《规范字表》以"燿"

为异体字。

【提示】"耀"与"燿"不是等义异体字。

ye

爷（爺）yé

"爺"是形声字，从父，耶声，本义为父亲，引申为对长辈或年长男子的尊称、对有地位的男子或神灵的尊称、祖父或跟祖父同辈的男性亲友等。清代俗字（见清刊本《目连记弹词》）和《规范字表》简作"爷"，音符改为 卩（jié）。

野[埜壄]{壄} yě

"埜"是表意字，从林从土，本义为郊外。又作"壄"，加音符予，变成形声字。也作"壄"，音符予讹为矛。后作"野"，是形声字，从里，予声，引申为一定的区域或范围、不当政的地位、非官方的、民间的、非正式的、粗鲁、不文明、随心所欲而不受约束的、（动、植物）非人工饲养或培植的等。《规范字表》以"埜""壄"为异体字。

【提示】"野"与"埜""壄"不是等义异体字。

业（業）yè

"業"是象形字，金文作 𣍟，小篆作 𣍟，象悬挂钟鼓的木架形，本义为古代乐器架上装饰用的大版。引申为书册的版、学业、行业、事业、财产。假借为副词，相当于"已经"。

《规范字表》采用俗字简作"业",选取上边的部件。

【提示】"业(業)"可作类推简化偏旁使用,如:邺(鄴)。

叶(葉)yè

"葉"是形声字,从艸,枽(yè)声,读yè,本义为树叶,引申为像叶子的薄片、书页(后作"页")、较长的历史阶段等。"叶"是表意字,从口从十,十是最大的个位数,指众多,表示众口一致,读xié,义为和洽、相合,与"协"同。《规范字表》简作"叶",用笔画较少的近音字代替。

【提示】①"叶"与"葉"不是等义简繁字。②"百叶窗"也作"百页窗",《异形词表》推荐的写法是前者。

【构词】叶柄(葉柄)|叶子(葉子)|叶公好龙(葉公好龍)|叶落归根(葉落歸根)|叶落知秋(葉落知秋)|茶叶(茶葉)|肺叶(肺葉)|落叶(落葉)|绿叶(綠葉)|树叶(樹葉)|枝叶(枝葉)|百叶窗(百葉窗)|粗枝大叶(粗枝大葉)|金枝玉叶(金枝玉葉)|二十世纪中叶(二十世紀中葉)

叶韵(叶韻,同"协韵")

页(頁)yè

"頁"是象形字,甲骨文作𩑋,金文作𩑋,象特别突出长着毛发的头部的人形。小篆作頁,字形稍变。本读xié,义为人的头部,与"首"同。又读yè,假借为书籍或报刊等的篇或张,由此引申为量词(用于书籍、报刊等用纸的一张或一张纸的一面)。汉代草书字形与今简化字接近(见《居延汉简》和史游《急就章》)。清代俗字据草书楷化把偏旁"頁"简作"页"(见清刊本《目连记弹词》),《规范字表》进一步把独立的字同样简化。

【提示】"页(頁)"可作类推简化偏旁使用,如:顶(頂)、嚣(囂)、颟(䫉)。

夜[亱]yè

"夜"是形声字,金文作𡖊𡖊,小篆作夜,从夕,亦声或亦省声,夕指月亮。义为夜晚,从天黑到天亮的一段时间。俗字作"亱"。《规范字表》以"亱"为异体字。

晔(曄)yè

明亮;有光彩:光~|光荣~流离。

"曄"在《异体字表》中是"燁"的异体字,《规范字表》类推简作"晔",改作规范字。见238页"烨"字条。

烨(燁)[爗]{曄晔}

yè "曄"是形声字,从日,華声,本义为阳光灿烂的样子,引申为光彩很盛的样子。又作"爗",增加意符火。"燁"是形声字,从火,華声,本义为火很旺盛的样子。《异体字表》以"爗""曄"为"燁"的异体字。《规范字表》把"燁"类推简作"烨",以"爗"为异体字。又把"曄"类推简作"晔",作规范字。

【提示】"爗"与"燁"不是等义

异体字。

yi

医（醫）yī

"醫"是形声字，古玺文作醫，小篆作醫，从酉，殹（yì）声，酉指可用来治病的酒。本义为医生，给人治病的人。引申为治疗、医术、医学、治理等。"医"是表意字，战国文字作医，小篆作医，从矢在匚中，匚指器具，矢指箭矢，读 yì，义为盛弓弩、箭矢的器具。元代俗字（见元抄本《京本通俗小说》）和《国音常用字汇》《手头字》《简体字表》《规范字表》简作"医"，选取左上角的部件，与义为盛箭器具的"医"混同。

【提示】"医"与"醫"不是等义简繁字。

咿[呀]yī

"咿"是形声字，从口，伊声，本义为拟声词。用于"咿呀"，义为拟声词，幼儿学语声、划桨声等。省体作"呀"，音符改为尹。《规范字表》以"呀"为异体字。

【提示】"呀"又读 xī，用于"唸呀"，义为呻吟，与"咿"不是等义异体字。

移[迻]yí

"迻"是形声字，从辶（辵），多声，义为迁徙。"移"是形声字，从禾，多声，本义为禾苗柔弱随风起伏的样子。假借为迁徙，由此引申为移动、改变、变化等。《规范字表》以"迻"为异体字。

【提示】"移"与"迻"不是等义异体字。

以[㠯叺]yǐ

"㠯"是象形字，甲骨文作 𠂤、金文作 𠃴，象古人用于耕地的一种原始农具形（一说象人以手提携一物之形，后简省）。石鼓文作 㠯，小篆作 㠯，字形稍变。后作 㠯，隶定为"以"。本义为古代一种农具，后作"耜"。引申为用、使用。假借为介词（引入动作行为使用的工具或手段、动作行为依据的方式、相关的原因、空间或时间的位置，相当于"用、按照、因为"等）、连词（表示并列或目的，相当于"而""以便"）等。"叺"是形声字，从口，人声，本读 shēn，义为呻吟；又读 yǐ，与"以"同。《规范字表》以"㠯""叺"为异体字。

【提示】"以"的后起义较多，与"㠯""叺"不是等义异体字。

亿（億）yì

"億"是形声字，从人，意声，本义为满，引申为数词，十万，后指一万万。1936年陈光尧《常用简字表》和《规范字表》简作"亿"，音符改为乙。

义（義）yì

"義"是形声字，甲骨文作義，金文作義、義，小篆作義，从羊，我声，本义为威仪，后作"儀（仪）"。引申为仁义（人所表现的美善）、正义（公正而合乎道理）、合乎正义或公益的、意义、情谊、因抚养或拜认而成为亲属关系的、人工制造的等。宋元时期俗字简作"义"，用笔画较少的同音字代替。为跟原字相区别，又添一点作"义"（见元抄本《京本通俗小说》）。《国音常用字汇》《简体字表》《规范字表》采用了后一种写法。

【提示】"义（義）"可作类推简化偏旁使用，如：议（議）、仪（儀）、蚁（蟻）。

艺（藝）yì

"藝"初作"埶"，是表意字。甲骨文作𠷎，象人伸出两手捧持禾苗或种植禾苗之形。金文作𡎅，小篆作𡎅，字形加土，表示在土地上种植。后变成形声字，从埶、艸，云声。本义为种植，引申为技能、艺术。假借为标准，由此引申为法度、极限等。《规范字表》采用俗字把"藝"简作"艺"，新造形声字，从艸，乙声。

【提示】"艺（藝）"可作类推简化偏旁使用，如：呓（囈）。

忆（憶）yì

"憶"是形声字，从心，意声。本义为思念、回想，引申为记住、记得。1936年陈光尧《常用简字表》和《规范字表》简作"忆"，音符改为乙。

异［異］yì

"異"是表意字，甲骨文作𢍰，金文作𢍰𢍰，象人双手捧一物戴于头顶之形。小篆作𢍰，字形稍变。本义为戴在头上，后作"戴"。假借为分开，由此引申为有区别、不同、奇异、惊奇、另外的等。"异"是形声字，小篆作𢍰，从廾（收），目（以）声，音符后改作已，讹为巳。本义为举、任用，假借为不同。《规范字表》以"異"为异体字。

【构词】异常（異常）｜异体（異體）｜异同（異同）｜变异（變異）｜差异（差異）

逸 yì

【提示】"骄奢淫逸"也作"骄奢淫佚"，《异形词表》推荐的写法是前者。

意 yì

【提示】"玩意儿"也作"玩艺儿"，《异形词表》推荐的写法是前者。

翳［瞖］yì

"瞖"是形声字，从目，殹声，义为眼病，即白内障，俗名白翳。"翳"是形声字，从羽，殹声，本义为用羽毛制成的车盖，引申为遮蔽，假借为眼病，与"瞖"同。《规范字表》以"瞖"为异体字。

【提示】"翳"与"瞖"不是等义异体字。

yin

因[囙] yīn

"因"是表意字，甲骨文作🅐，金文作🅑，郭店楚简作🅒🅓，象人在衣中之形。金文异体作🅔，小篆作🅕，字形稍变。本义为内衣，后作"裀"。（一说是象形字，象人卧于草席之上。本义为坐卧时垫在身下的草席，后作"茵"。）引申为凭借、依据、沿袭、原因、介词（引入动作行为的依据、相关的原因，相当于"因为""由于"）、连词（表示原因，相当于"因为"）等。俗字作"囙"。《规范字表》以"囙"为异体字。

【提示】"因"的后起义较多，与"囙"不是等义异体字。

阴（陰）[隂] yīn

"陰"是形声字，从阜，侌(yīn)声，本义为山的北面，引申为水的南面、太阳照不到的一面或物体的背面、阳光被云遮住（天色较暗）、月亮、凹进去的、不显露在外边的、不光明正大、与死人或妖魔鬼怪有关的、生殖器（有时特指女性的）、带负电的等。变体作"隂"。元代俗字（见元抄本《京本通俗小说》）和《国音常用字汇》《简体字表》《规范字表》简作"阴"，新造表意字，从阜，从月，阜为山，月指无阳光的北面。《规范字表》以"隂"为异体字。

【提示】"阴（陰）"可作类推简化偏旁使用，如：荫（蔭）

荫（蔭）[廕] yīn

"蔭"是形声字，从艸，陰声，本读 yīn，义为树阴；又读 yìn，引申为树木遮盖阳光、阳光照射不到的、遮蔽、庇护、先世有功而得到封赏等。"廕"是形声字，从广（yǎn），陰声，读 yìn，义为庇护，先世有功而得到封赏。《规范字表》把"蔭"类推简作"荫"，以"廕"为异体字。

【提示】"荫（蔭）"与"廕"不是等义异体字。

【构词】荫蔽（蔭蔽）｜荫凉（蔭凉）｜柳荫（柳蔭）｜绿荫（綠蔭）｜树荫（樹蔭）｜遮荫（遮蔭）｜林荫道（林蔭道）｜绿柳成荫（綠柳成蔭）｜地窖里太荫（地窖裏太蔭）

荫庇（蔭庇／廕庇）｜荫监（蔭監／廕監）｜荫生（蔭生／廕生）｜庇荫（庇蔭／庇廕）｜父荫（父蔭／父廕）｜余荫（餘蔭／餘廕）｜祖荫（祖蔭／祖廕）｜远托大荫（遠託大蔭／遠託大廕）

姻[婣] yīn

"姻"是形声字，从女，因声，本义为婚姻关系中男方的父亲，引申为嫁娶、婚姻（男女结婚的事）、婚姻关系等。又作"婣"，音符改为𡩋(yuān)。《规范字表》以"婣"为异体字。

殷[慇] yīn

"殷"是表意字，甲骨文作🅐，金文作🅑，象手持一物准备刺向另一人的腹部之形，表示人腹有疾病，手持药石予以治疗。金文异体作𦣝，从攴。小篆作𣪠，变为从殳。本读yīn，义为忧痛，后作"慇"。假借为古地名、朝代名、姓。又假借为盛大，由此引申为众多、富足、（感情）深厚。又读yān，假借为暗红色。"慇"是形声字，从心，殷声。读yīn，义为忧痛。《规范字表》以"慇"为异体字。

【提示】"殷"与"慇"不是等义异体字。

【构词】殷富（殷富）｜殷切（殷切）｜殷商（殷商，朝代名）｜殷实（殷實）｜殷望（殷望）｜殷墟（殷墟）｜殷鉴不远（殷鑒不遠）

殷勤（殷勤／慇懃）｜殷忧（慇憂）｜忧心殷殷（憂心慇慇）

堙[陻] yīn

"堙"是形声字，从土，垔（yīn）声，本义为堵塞，引申为泯灭、埋没，假借为人工堆积的小土山，用以攻城。又作"陻"，意符改为阜。《规范字表》以"陻"为异体字。

喑[瘖] yīn

"瘖"是形声字，从疒，音声，本义为失语病，哑。"喑"是形声字，从口，音声，本义为小儿啼哭不止，假借为言，缄默不语。《规范字表》以"瘖"为异体字。

【提示】"喑"与"瘖"不是等义异体字。

吟[唫] yín

"吟"是形声字，从口，今声，本义为呻吟、叹息，引申为啼叫、吟唱（声调抑扬有节奏地诵读诗文）、古代诗歌的一种体裁等。又作"唫"，音符改为金。《规范字表》以"唫"为异体字。

淫[滛婬]{滛} yín

"淫"是形声字，从水，㸒（yín）声，本义为被水浸渍，引申为雨量过度、过多或过甚、放纵、在男女关系方面不正当、迷惑等。讹作"滛"。"婬"是形声字，从女，㸒声，义为男女关系不正当。《规范字表》以"滛""婬"为异体字。

【提示】①异体字"滛"，《规范字表》采用旧字形作"滛"，编者建议改为规范字形。②"淫""滛"与"婬"不是等义异体字。③繁体文本和台湾用于"淫奔、淫荡、淫秽、淫乱、荒淫、奸淫、卖淫、手淫"作"淫"，也作"婬"。④"淫雨"也作"霪雨"，《异形词表》推荐的写法是前者。

饮（飲）[歓] yǐn

"歓"是表意字，甲骨文作𠙸𣲙，金文作𣲻𠙸，象人俯首吐舌，捧着酒樽就饮之形。小篆作𣲼，字形稍变。后作"飲"。本读yǐn，义为喝，引申为喝酒、可以喝的东西、心里含或忍着、没（mò）入等；又读yìn，引申为给人或牲畜水喝。《规范字表》把"飲"类推简作"饮"，以"歓"为异体字。

隐(隱) yǐn

"隱"是形声字,从阜,㥯(yǐn)声,本义为遮蔽、藏匿,引申为隐瞒、藏而不露的、潜伏的、不明显、深奥、精微、隐秘的事等。战国时期俗字(见《睡虎地秦墓竹简》)和《国音常用字汇》《手头字》《简体字表》《规范字表》简作"隐",据草书楷化。

【提示】"隐(隱)"可作类推简化偏旁使用,如:瘾(癮)。

印{印} yìn

"印"是表意字,甲骨文作𩰬,金文作𩰭,象以手用力按着一个人使跪伏之形。金文异体作𩰮,小篆作𩰯,字形稍变。本义为按压,后作"抑"。盖印章需要用力向下按,故引申为印章。又引申为留下痕迹、痕迹、印刷、验证、符合等。

【提示】字的左侧,规范字形3画,旧字形和台湾字形4画。

ying

应(應) yīng

"應"是形声字,金文作𩰰,小篆作𩰱,从心,雁(yīng)声。本读yīng,义为应当、应该,引申为允许、承诺、答应(出声回答),假借为姓;又读yìng,引申为做出反响、接受、顺应、适合、对付、应付、证实等。唐代俗字(见唐怀素《千字文》手迹)

和《手头字》《简体字表》《规范字表》简作"应",据草书楷化。

莺(鶯)[鸎] yīng

"鶯"是形声字,从鸟,熒省声,本义为羽毛有文采的样子,引申为鸟名。又作"鸎",音符改为賏(yīng)。《规范字表》把"鶯"类推简作"莺",以"鸎"为异体字。

罂(罌)[甖] yīng

"罌"是形声字,从缶,賏(yīng)声,本义为瓶类容器,形体较大,腹大口小。又作"甖",意符改为瓦。《规范字表》以"甖"为异体字。

【提示】"罌"又用于"罌(罂)粟",植物名,与"甖"不是等义异体字。

盈 yíng

【提示】"盈余"也作"赢余",《异形词表》推荐的写法是前者。

颖(穎)[頴] yǐng

"穎"是形声字,从禾,顷声,本义为禾穗的末端,引申为某些植物的带芒的谷穗、某些小而细长的物体的尖端、才智出众等。用于"新颖",义为新奇别致,不同于一般。俗字作"頴"。《规范字表》把"穎"类推简作"颖",以"頴"为异体字。

映[暎] yìng

"映"是形声字,从日,央声,

本义为照耀，引申为因光线照射而显出物体形象、放映电影或播放电视节目等。照耀义又作"暎"，音符改为英。《规范字表》以"暎"为异体字。

【提示】"映"与"暎"不是等义异体字。

yong

佣（傭）yōng

"傭"是形声字，从人，庸声，本读chōng，义为均等；又读yōng，义为被人雇用、仆人、工钱等。"佣"是形声字，从人，用声，读yòng，义为佣金，买卖成交后付给中间人的酬金。《规范字表》采用俗字，以佣金的"佣"代替"傭"，二字合而为一。

【提示】"佣"与"傭"不是等义简繁字。

【构词】佣耕（傭耕）｜佣金（傭金）｜佣钱（傭錢）｜佣人（傭人／傭人）｜佣兵（傭兵）｜佣工（傭工）｜帮佣（幫傭）｜雇佣（雇傭）｜家佣（家傭）｜女佣（女傭）

拥（擁）yōng

"擁"是形声字，从手，雍声，本义为抱，引申为围绕、拥挤、护卫、拥护、领有等。《规范字表》采用俗字简作"拥"，音符改为用。

痈（癰）yōng

"癰"是形声字，从疒，雝声，义为皮肤和皮下组织的化脓性炎症。《规范字表》采用俗字简作"痈"，音符改为用。

雍［雝］yōng

"雝"是形声字，从隹，邕声，本义为水鸟名，假借为和谐。后简省作"雍"，假借为姓。用于"雍容"，义为容貌、举止文雅大方。《规范字表》以"雝"为异体字。

【提示】"雍"与"雝"不是等义异体字。

咏［詠］yǒng

"詠"是形声字，从言，永声，本义为依照一定的腔调抑扬顿挫地缓慢诵读，引申为吟诵、用诗词的形式描述或抒发等。又作"咏"，意符改为口。《规范字表》以"詠"为异体字。

涌［湧］yǒng

"涌"是形声字，从水，甬声，本义为水向上冒，引申为云气、人群等像水涌一样冒出来。又作"湧"，音符改为勇。《规范字表》以"湧"为异体字。

【提示】"涌"又义为古水名（在今湖北），与"湧"不是等义异体字。

【构词】涌动（湧動）｜涌进（湧進）｜涌入（湧入）｜涌现（湧現）｜风起云涌（風起雲湧）

恿［慂恩］yǒng

"恿"是形声字，从心，甬声，本义为勇敢，与"勇"同，假借为"慫"。"慂"是形声字，从心，涌声，本义为劝说、鼓励。俗字作"恩"，音符改为臾。《规范字表》以"慐""恖"为异体字。

【提示】"恵"与"慐""恖"不是等义异体字。

【构词】怂恿（慫恿/慫慂）

踊（踴）yǒng

"踊"是形声字，从足，甬声，义为跳跃。又作"踴"，音符改为勇。《国音常用字汇》《规范字表》把"踴"简作"踊"，采用笔画较少的本字。

you

优（優）yōu

"優"是形声字，从人，憂（yōu）声，本义为古代乐舞杂戏或戏曲演员。假借为丰裕、富足。由此引申为(感情)深厚、优良、非常好、厚待等。1936年陈光尧《常用简字表》和《规范字表》简作"优"，音符改为尤。

【提示】"优"又义为五谷精白，与"優"不是等义简繁字。

忧（憂）yōu

"憂"是形声字，小篆作 𢝊，从夊，惪（yōu）声，本义为缓慢、从容地行走。假借为忧愁，由此引申为发愁、担心、使人发愁或担心的事等。《规范字表》简作"忧"，新造形声字，从心，尤声。

【提示】"忧"又读 yòu，义为心动，与"憂"不是等义简繁字。

悠 yōu

【提示】"转悠"也作"转游"，《异形词表》推荐的写法是前者。

邮（郵）yóu

"郵"是表意字，从邑从垂，邑指人群聚居区，垂指边陲、边界，本义为驿站，朝廷与边境（或地方）之间传递文书的人在路上的停宿处，引申为传递文书的人、传递、有关邮寄事务的、邮票等。"邮"是形声字，从邑，由声，义为古亭名、古乡名，均在今陕西。《规范字表》把"郵"简作"邮"，用笔画较少的同音字代替。

【提示】"邮"与"郵"不是等义简繁字。用于古亭名、古乡名，转换成繁体字时不作"郵"。

犹（猶）yóu

"猶"是形声字，从犬，酋声，本义为兽名，猿类动物，假借为如同、副词（表示情况尚未改变，相当于"还""依然"）等。用于"犹（猶）豫"，义为迟疑不决，拿不定主意。元代俗字（见元抄本《京本通俗小说》）和《国音常用字汇》《手头字》《简体字表》《规范字表》简作"犹"，音符改为尤。

【提示】"犹（猶）"可作类推简化偏旁使用，如：莸（蕕）。

游［遊］yóu

"遊"是形声字，从辶（辵），斿（liú）声，读 yóu，本义为悠闲地行走，引申为到各处闲逛、不固定的、经常移动的等。"游"是形声字,从水,斿声,本读yóu,义为水流,引申为河流的一段、在水中行进、流动、虚浮不实、漫游、玩乐、与人交往、外出求学或求官等;又读liú,假借为古代旌旗上垂挂的飘带类装饰物(与"斿"同)。《规范字表》以"遊"为异体字。

【提示】①"游"与"遊"不是等义异体字。②用于在水中的活动,古代汉语中一般作"游",不作"遊"。

【构词】游船(游船)｜游动(游動)｜游魂(游魂)｜游离(游離)｜游轮(游輪)｜游民(游民)｜游水(游水)｜游泳(游泳)｜游鱼(游魚)｜浮游(浮游)｜漂游(漂游)｜上游(上游)｜下游(下游)｜信天游(信天游)｜优游不迫(優游不迫)｜力争上游(力争上游)｜在水中游(在水中游)｜游标(遊標)｜游春(遊春)｜游击(游擊/遊擊)｜游记(遊記)｜游客(遊客)｜游览(遊覽)｜游离(遊離)｜游牧(遊牧)｜游说(遊說/遊説)｜游艇(遊艇)｜游玩(遊玩)｜游戏(遊戲)｜游侠(遊俠)｜游行(遊行)｜游学(游學/遊學)｜游移(遊移)｜游子(遊子)｜游标尺(遊標尺)｜游击队(遊擊隊)｜游乐场(遊樂場)｜游刃有余(遊刃有餘)｜游山玩水(遊山玩水)｜游手好闲(遊手好閒)｜春游(春遊)｜导游(導遊)｜交游(交遊)｜郊游(郊遊)｜旅游(旅遊)｜漫游(漫遊)｜梦游(夢遊)｜神游(神遊)｜远游(遠遊)｜逍遥游(逍遥遊,《庄子》篇名)

yu

于{於}yú

"于"又作"亐""亏"(与"虧"的简化字不同)。甲骨文作亐,金文作亐,《说文》古文作亏,小篆作亏,造字本意未详。用为介词,引入时间、处所或动作行为的对象等,相当于"在""向"。"於"是变体,金文异体作,《说文》古文作,本读wū,义为乌鸦,与"乌"同。假借为叹词,表示赞叹语气。又读yú,假借为介词(与"于"同,相当于"在"),也用于地名。又读yū,用于人名。"於"在《异体字表》中是"于"的异体字,《规范字表》改作规范字。

【提示】①"于""於"作为介词时,在古籍中常通用。有的书多用"于"(如《诗经》正文只有6个"於",其余都用"于"。另外还有《周易》《尚书》),有的书多用"於"(如《论语》有7个"于",188个"於"),有的书"于"和"於"并用(如《左传》),后来往往混用。现规定一律用"于"。②用于传统注音反切上字的"於"不宜改为"于"。

【构词】于飞(于飛)｜于思(于思)｜于阗(于闐,古国名。旧地名,即今于田)｜于役(于役)｜单于(單于,匈奴君主的称号;复姓)｜鲜于(鲜于,复姓)｜叔于田(叔于田,《诗经》篇名)｜之子于归(之子于歸)｜于是(於是)｜于事无补(於事無補)｜寓教于乐(寓教於樂)

余(餘){馀} yú

"余"是象形字,甲骨文作↑ ↑,金文作↑,象以木柱子支撑屋顶的房舍形,与"舍"同。金文异体作🏠,小篆作余,字形稍变。本义为原始的地上住宅,假借为代词(用于第一人称,相当于"我""我的")、富余(与"餘"同)等。"餘"是形声字,从食,余声,本义为宽裕、丰足,引申为剩下、多出来、某种事情或情况以外或以后的时间、数词(表示整数之外的零数),假借为姓。《简化字总表》把"餘"简作"余",用笔画较少的同音字代替,并规定:当两个字意义可能混淆时仍用"餘",类推简作"馀"。《规范字表》仅把"餘"简作"余",未收"馀"。

【提示】①"余"与"餘"不是等义简繁字。②编者建议依据《简化字总表》增补类推简化字"馀"。③余/餘/馀 a. 古代表示剩余、多余义时一般用"餘",有时也用"余"。b. 姓、人名、地名、书名中的"餘"一般应简作"馀",不简作"余"。c. "余"和"餘(馀)"都用于姓,但"余"姓常见,"馀(馀)"姓少见。d. 古音韵"余纽"不用"餘"。

【构词】余行(余行,我的军队或队伍,用于第一人称代词)|余丘(余丘,复姓,汉代有余丘炳)|余吾(余吾,古地名,在今山西)|余月(余月,农历四月的别称)|余嘉锡(余嘉錫,现代目录学家)|余吾水(余吾水)|余吾镇(余吾鎮)|余年无多/馀年无多(余年无多/馀年无多)|余致力革命凡四十年(余致力革命凡四十年,用于第一人称代词)

余地(餘地)|余毒(餘毒)|余额(餘額)|余杭(餘杭,地名,在浙江)|余力(餘力)|余年(餘年)|余生(餘生)|余暇(餘暇)|余兴(餘興)|余姚(餘姚,地名,在浙江)|余音绕梁(餘音繞梁)|残余(殘餘)|多余(多餘)|扶余(扶餘,地名,在吉林)|节余(節餘)|其余(其餘)|剩余(剩餘)|业余(業餘)|盈余(盈餘)|不遗余力(不遺餘力)|三十余人(三十餘人)|四百余斤(四百餘斤)|死有余辜(死有餘辜)|兴奋之余(興奮之餘)|游刃有余(遊刃有餘)

鱼(魚) yú

"魚"是象形字,甲骨文作🐟,金文作🐟 🐟,小篆作魚,象鱼形,本义为生活在水中的脊椎动物,引申为某些体型像鱼的水生动物。汉代俗字(见《武威汉简》)和《规范字表》简作"鱼",据草书楷化。

【提示】"鱼(魚)"可作类推简化偏旁使用,如:鲍(鮑)、渔(漁)、鲨(鯊)。

於 ㊀ yú ㊁ yū ㊂ wū

㊀①介词。同"于":会诸侯~涂山|己所不欲,勿施~人。②用于古地名:~陵(在今山东)|~潜(在今浙江)。

㊁姓。

（三）①叹词，表示赞美：～！慎其身修。②［於菟］(-tú)老虎的别称。

"於"在《异体字表》中是"于"的异体字，《规范字表》改作规范字。见246页"于"字条。

【提示】①於陵：古地名，在今山东。於潜：旧县名，在今浙江。②繁体文本和台湾用于"关于、由于、过于、生于某地、於乎、於戏、於菟"作"於"。

馀（餘）yú

①同"余"。②姓：～祭（春秋时吴国人）。

【提示】馀／餘／余 见247页"余"字条。

渔（漁）yú

【提示】"渔具""渔网"也作"鱼具""鱼网"，《异形词表》推荐的写法是前者。

隅 yú

【提示】"负隅顽抗"也作"负嵎顽抗"，《异形词表》推荐的写法是前者。

逾［踰］yú

"逾"是形声字，从辶（辵），俞声，本义为越过、超过，引申为副词，相当于"更加"。用于越过义，又作"踰"，意符改为足。《规范字表》以"踰"为异体字。

【提示】"逾"与"踰"不是等义异体字。

与（與）yǔ

"与"是表意字，战国文字作𠀚，由"牙"分化。小篆作𠀎，字形稍变。本义未详，假借为给予，与"與"同。"與"是形声字，金文作𦥯，《说文》古文作𠔕，小篆作𦥑，从舁（或省为廾），与声，舁指共同抬起。本读yǔ，义为赐予、给予，引申为交往、赞助、等待、介词（相当于"跟"）、连词（相当于"和"）等；又读yù，引申为参加；又读yú，假借为助词，表示疑问或反问的语气，与"欤（歟）"同。近代俗字和《国音常用字汇》《手头字》《简体字表》《规范字表》把"與"简作"与"，用笔画较少的同音通用字代替。

【提示】①"与"与"與"不是等义简繁字。②"与（與）"可作类推简化偏旁使用，如：屿（嶼）、欤（歟）。③"与会、与闻、参与"也作"预会、预闻、参预"，《异形词表》推荐的写法是前者。

予 yǔ

【提示】"赐予""寄予"也作"赐与""寄与"，《异形词表》推荐的写法是前者。

吁（籲）yù

"吁"是形声字，从口，于声，本读xū，义为叹词，表示惊异，引申为叹息、叹气。用于"吁吁"，义为拟声词，较粗重的呼吸声。又读

yù，引申为应答声；又读 yū，义为叹词，让牲口停止行进的吆喝声。"籲"是形声字，从頁，籥（yuè）声，頁指头，代表人，读 yù，义为呼喊。《规范字表》把"籲"简作"吁"，用笔画较少的同音字代替。

【提示】①"吁"与"籲"不是等义简繁字。②"喘吁吁"也作"喘嘘嘘"，《异形词表》推荐的写法是前者。

【构词】吁嗟（吁嗟）｜喘吁（喘吁）｜长吁短叹（長吁短歎）｜气喘吁吁（氣喘吁吁）

吁请（籲請）｜吁求（籲求）｜吁诉（籲訴）｜吁天（籲天）｜呼吁（呼籲）

驭（馭）yù

【提示】"驾驭""驭手"也作"驾御""御手"，《异形词表》推荐的写法是前者。

郁（鬱）[鬱欝] yù

"鬱"的甲骨文作🈳，金文作🈳，从林、大、勹，造字本意未详。小篆作鬱，字形增繁。义为草木茂盛，引申为浓盛或繁多，假借为忧愁、烦闷。变体作鬱或欝。"郁"是形声字，从邑，有声。用于"郁夷"，义为古地名，在今陕西陇县西。假借为香气、香气浓烈、浓盛或繁多等。用于"郁郁"，义为香气浓烈，也形容富有文采的样子。《规范字表》把"鬱"简作"郁"，用笔画较少的同音通用字代替。以"鬱""欝"为异体字。

【提示】"郁"与"鬱、鬱、欝"不是等义简繁字或异体字。

【构词】郁馥（郁馥）｜郁烈（郁烈）｜郁郁（郁郁，有文采的样子）｜郁达夫（郁達夫，人名，现代小说家）｜郁离子（郁離子，书名）｜郁郁菲菲（郁郁菲菲）｜馥郁（馥郁）｜浓郁（濃郁，形容香气浓厚）｜文采郁郁（文采郁郁）

郁积（鬱積）｜郁结（鬱結）｜郁金（郁金/鬱金，植物名）｜郁累（鬱累，门神之一）｜郁林（鬱林，旧地名，即今玉林）｜郁闷（鬱悶）｜郁热（鬱熱）｜郁郁（鬱鬱，沉闷；草木茂盛）｜郁沉沉（鬱沈沈）｜郁孤台（鬱孤臺，古地名，在今江西）｜郁金香（郁金香/鬱金香，植物名）｜郁郁不乐（鬱鬱不樂）｜郁郁苍苍（鬱鬱蒼蒼）｜郁郁葱葱（鬱鬱蔥蔥）｜苍郁（蒼鬱）｜沉郁（沈鬱）｜葱郁（蔥鬱）｜达郁（達鬱，《吕氏春秋》篇名）｜浓郁（濃鬱，形容枝叶茂盛）｜抑郁（抑鬱）｜阴郁（陰鬱）｜忧郁（憂鬱）｜抑郁症（抑鬱症）

预（預）yù

【提示】"预备""干预"也作"豫备""干与"，《异形词表》推荐的写法是前者。

欲[慾] yù

"欲"是形声字，从欠，谷声，本义为欲望、贪欲，引申为想要、希望、需要、副词（表示动作就要开始，相当于"将""将要"）等。用于欲望义又作"慾",是形声字,从心,欲声。《规范字表》以"慾"为异体字。

【提示】"慾"仅用于名词,与"欲"不是等义异体字。

【构词】欲罢不能(欲罷不能)｜欲擒故纵(欲擒故縱)｜欲言又止(欲言又止)｜欲速则不达(欲速則不達)｜人欲(人欲)｜贪欲(貪欲)｜畅所欲言(暢所欲言)｜为所欲为(爲所欲爲)｜摇摇欲坠(搖搖欲墜)｜随心所欲(隨心所欲)｜山雨欲来风满楼(山雨欲來風滿樓)｜欲海(欲海/慾海)｜欲火(欲火/慾火)｜欲念(欲念/慾念)｜欲望(欲望/慾望)｜禁欲(禁欲/禁慾)｜情欲(情欲/情慾)｜食欲(食欲/食慾)｜性欲(性欲/性慾)｜纵欲(縱欲/縱慾)｜求知欲(求知欲/求知慾)｜七情六欲(七情六欲/七情六慾)

御（禦）yù

"御"是表意字,甲骨文作 𢓕，金文作 𢓌，象人持马鞭之形,异体加彳或辵,彳指道路,辵指行走。小篆作 𢓌，字形稍变。本义为驾驭车马。引申为治理、与帝王有关的事物、抵挡等。"禦"的甲骨文作 𥛠，金文作 𥛞，是表意字,象人跪拜祈祷之形,异体加示代表神主。小篆作禦,改成形声字,从示,御声。本义为祭祀,假借为抵挡。《规范字表》把"禦"简作"御",用笔画较少的同音通用字代替。

【提示】"御"与"禦"不是等义简繁字。

【构词】御笔(御筆)｜御赐(御賜)｜御驾(御駕)｜御览(御覽)｜御史(御史,古代官名)｜御医(御醫)｜御用(御用)｜御旨(御旨)｜御花园(御花園)｜御林军(御林軍)｜御人之术(御人之術)｜驾御(駕御)｜御敌(禦敵)｜御寒(禦寒)｜御侮(禦侮)｜抵御(抵禦)｜防御(防禦)｜列御寇(列禦寇,《庄子》篇名)

寓[㝢]yù

"寓"是形声字,从宀,禺声,宀指房屋,本义为寄居、居住,引申为居住的地方、寄托等。用于"寓言",义为有所寄托的话,后指一种文体,内容往往用假托的故事或自然物的拟人手法来说明道理,多带有讽刺或劝诫的意味。又作"㝢",意符改为广。《规范字表》以"㝢"为异体字。

【提示】"寓"后起义较多,与"㝢"不是等义异体字。

愈[瘉癒]yù

"瘉"是形声字,从疒,俞声,本义为病情好转。又作"癒",音符改为愈。"愈"是形声字,从心,俞声,本义与"瘉"同,引申为胜过、副词(相当于"更加""越发",叠用相当于"越……越……")等。《规范字表》以"瘉""癒"为异体字。

【提示】"愈"与"瘉""癒"不是等义异体字。

【构词】愈发(愈發)｜愈加(愈加)｜愈甚(愈甚)｜愈益(愈益)｜愈挫愈奋(愈挫愈奮)｜愈战愈勇(愈

战愈勇）

愈合（瘉合/癒合）｜病愈（病瘉/病癒）｜痊愈（痊瘉/痊癒）｜治愈（治瘉/治癒）

誉（譽）yù

"譽"是形声字，从言，與声，本义为称颂、赞美，引申为美名、好名声。《简体字表》和《规范字表》采用俗字简作"誉"，据草书楷化。

yuan

冤[寃寬]yuān

"冤"是表意字，从兔从冖，冖有覆盖义，兔屈缩在冖下不能自由活动或奔跑，本义为不能舒展，引申为屈枉（受到不公平的待遇，被加上不应有的罪名）、仇恨、上当、欺骗等。变体作"寃""寬"。《规范字表》以"寃""寬"为异体字。

渊（淵）yuān

初作"開"，是表意字。甲骨文作𣶒，战国文字作𣶒，《说文》古文作𣶒，小篆作𣶒，象潭内有水之形。又作"淵"，甲骨文异体作𣶒，金文作𣶒，石鼓文作𣶒，小篆作𣶒，在潭外加水，隶定为"淵"。本义为潭水（一说本义为旋涡，回旋的水），引申为深水潭、人或物聚集的地方、（水）深、深厚等。宋代俗字（见宋刊本《古列女传》）和《手头字》《规范字表》把"淵"简作"渊"，据草书楷化。

园（園）yuán

"園"是形声字，从囗，袁声，本义为种植果木、蔬菜的地方，引申为供人休息、游览、娱乐的地方。元代俗字（见元抄本《京本通俗小说》）和《国音常用字汇》《手头字》《简体字表》《规范字表》简作"园"，音符改为元。

原 yuán

【提示】"原来、原煤、原原本本"也作"元来、元煤、元元本本、源源本本"，《异形词表》推荐的写法是前者。

缘（緣）yuán

【提示】"缘故""缘由"也作"原故""原由"，《异形词表》推荐的写法是前者。

猿[蝯猨]yuán

"蝯"是形声字，从虫，爰（yuán）声，义为一种哺乳动物，外形像猴子而较大，没有尾巴。又作"猨"，意符改为犬。又作"猿"，音符改为袁。《规范字表》以"蝯""猨"为异体字。

远（遠）yuǎn

"遠"是形声字，从辵（辶），袁声，本义为空间距离大，引申为远方、时间长久、关系疏远、不接近、差别大等。元代俗字（见元抄本《京本通俗小说》）和《国音常用字汇》《手头字》

《简体字表》《规范字表》简作"远"，音符改为元。

愿（願）yuàn

"愿"是形声字，从心，原声，义为谨慎。"願"是形声字，从頁，原声，本义为大脑袋，假借为愿望、心愿，由此引申为乐意、希望、愿心（对神、佛有所祈求时所许下的酬谢）等。清代俗字（见太平天国文书）和《规范字表》把"願"简作"愿"，用笔画较少的同音字代替。

【提示】"愿"与"願"不是等义简繁字。

【构词】愿朴（愿樸）｜愿谨不好外交（愿謹不好外交）｜诚愿（誠愿）｜乡愿（鄉愿）

愿望（願望）｜愿意（願意）｜还愿（還願）｜请愿（請願）｜心愿（心願）｜志愿（志願）｜祝愿（祝願）｜事与愿违（事與願違）｜心甘情愿（心甘情願）

yue

岳[嶽]yuè

"岳"是表意字，《说文》古文作𡴥，从山从丘，丘指山丘，义为高大的山。"嶽"是形声字，从山，獄声，本义为我国五大名山（即东岳泰山、西岳华山、南岳衡山、北岳恒山、中岳嵩山）的总称，引申为高大的山、山的最高峰、妻的父母等。《规范字表》以"嶽"为异体字。

【提示】"岳"与"嶽"不是等义异体字。二字分别用于不同的姓。

【构词】岳池（岳池，地名，在四川）｜岳飞（岳飛，宋代人名）｜岳父（岳父）｜岳母（岳母）｜岳翁（岳翁）｜岳阳（岳陽，地名，在湖南）｜岳丈（岳丈）｜岳家军（岳家軍）｜岳阳楼（岳陽樓）

岳麓（岳麓／嶽麓）｜岳峙（岳峙／嶽峙）｜岳麓山（嶽麓山，山名，在湖南）｜岳麓书院（嶽麓書院）｜东岳（東岳／東嶽）｜河岳（河岳／河嶽）｜山岳（山岳／山嶽）｜五岳（五岳／五嶽）｜嵩岳寺（嵩嶽寺）

跃（躍）yuè

"躍"是形声字，从足，翟声，本读 tì，用于"躍躍"，义为迅速跳跃的样子；又读 yuè，引申为迅疾、跳跃等。《规范字表》采用俗字简作"跃"，音符改为夭。

粤{粵}yuè

【提示】字的上部中间，规范字形是米，旧字形和台湾字形是釆。

yun

云（雲）yún

"云"是象形字，甲骨文作𠄎，金文作𠃉，《说文》古文作𠃊𠃊，象云气形（一说象卷云之形）。本义为云气，漂浮在空中的由细微水珠或冰晶聚集形成的物体，后作"雲"。假借为说、助词（用于句首、句中或句末，表示语气）等。"雲"是形声字，金文异体作🈶️，小篆作雲，从雨，云声，本义为云气，引申为形状像云的、高、多等，假借为云南（地名，在我国西南部）的简称。《规范字表》把"雲"简作"云"，采用笔画较少的本字。

【提示】①"云"与"雲"不是等义简繁字。②"云（雲）"可作类推简化偏旁使用，如：芸（蕓）、昙（曇）、叆（靉）。

【构词】云尔（雲爾）｜云云（雲云）｜云谁之思（雲誰之思）｜人云亦云（人云亦云）｜不知所云（不知所云）｜子曰诗云（子曰詩云）

云彩（雲彩）｜云朵（雲朵）｜云海（雲海）｜云鬓（雲鬢）｜云集（雲集）｜云母（雲母）｜云南（雲南，地名，在我国西南地区）｜云雀（雲雀，鸟名）｜云梯（雲梯）｜云雾（雲霧）｜云霄（雲霄）｜云烟（雲煙）｜云雨（雲雨）｜云游（雲遊）｜白云（白雲）｜风云（風雲）｜乌云（烏雲）｜行云（行雲）｜烟云（煙雲）｜疑云（疑雲）｜连云港（連雲港，地名，在江苏）｜腾云驾雾（騰雲駕霧）｜壮志凌云（壯志淩雲）

芸（蕓）yún

"芸"是形声字，从艸，云声，义为芸香，一种草本植物。用于"芸芸"，义为众多的样子。"蕓"是形声字，从艸，雲声，义为油菜，一种草本植物。《规范字表》把"蕓"类推简作"芸"，与芸香的"芸"同形。

【提示】①"芸"与"蕓"不是等义简繁字。②"芸豆"也作"云豆"，《异形词表》推荐的写法是前者。

【构词】芸编（蕓編）｜芸草（蕓草）｜芸豆（蕓豆）｜芸阁（蕓閣）｜芸蒿（蕓蒿）｜芸辉（蕓輝）｜芸台（蕓臺）｜芸香（芸香）｜芸芸众生（芸芸眾生／芸芸眾生）

芸薹（蕓薹，油菜）

运（運）yùn

"運"是形声字，从辶（辵），軍声，本义为移动、转动，引申为搬运、运用、命运等。《规范字表》采用俗字简作"运"，音符改为云。

酝（醖）yùn

"醖"是形声字，从酉，昷（wēn）声，本义为酿酒，引申为酒。用于"酝酿（醖釀）"，指造酒的发酵过程，比喻事前的准备、考虑等。《规范字表》采用俗字简作"酝"，音符改为云。

韵［韻］yùn

"韻"是形声字，从音，員声，本义为声音和谐，引申为和谐悦耳的声音、字音中声母和声调以外的部分（诗词中句末押韵的字）、气质、风度等。又作"韵"，音符改为匀。《规范字表》以"韻"为异体字。

【构词】韵母（韻母）｜韵味（韻味）｜韵致（韻致）｜声韵（聲韻）

Z

zā

帀[帀] zā

"帀"的甲骨文作ᛨ,金文作ᛨ,战国文字作ᛨ,造字本意未详,读shī,用于"师(師)",义为军队。小篆作帀,是表意字,象反屮(之),即颠倒的之字,之指去往,反之则表示循环往复,读zā,本义为环绕,引申为量词,周。俗字作"匝"。《规范字表》以"帀"为异体字。

杂(雜)[襍] zá

"雜"是形声字,小篆作襍,从衣,集声,本义为以各种颜色搭配制作衣服,引申为搀杂、交错、聚集、多种多样的、不纯的、纷乱、正项或正式的以外的等。又作"襍"。汉代俗字把意符衣改为九。1936年陈光尧《常用简字表》和《规范字表》进一步把部件隹省略,简作"杂"。《规范字表》以"襍"为异体字。

【提示】"杂"又读 duǒ,是"朵"的俗字,与"雜(襍)"不是等义简繁字。

zai

灾[災烖菑] zāi

"災"初为表意字,甲骨文作≋,象洪水泛滥成灾之形。甲骨文异体作ᛋ,加音符才,变成形声字。《说文》籀文作災,是表意字,从巛(zāi)从火,巛指河水受阻而泛滥,火指失火。本义为水灾或火灾,泛指水火造成的自然灾害或人为的祸害,引申为疾病、死亡、损伤、不幸的遭遇等祸事。"灾"是表意字,甲骨文作ᛋ,楚帛书作ᛋ,小篆作灾,从宀从火,宀指房屋,表示屋中失火。本义为火灾,泛指灾害。甲骨文异体作ᛋ,《说文》古文作烖,是形声字,从火,才声。小篆异体作烖,把音符改为戈(戋,zāi),隶定为"烖"。"菑"是形声字,从艸,甾声,本读 zī,义为初耕一年的田;又读 zāi,与"烖"同。《规范字表》以"災、烖、菑"为异体字。

【提示】"菑"与"灾""烖"不是等义异体字。

【构词】灾害(災害)|灾区(災區)|天灾(天災)

再[再再] zài

"再"的造字本意未详,甲骨文作ᛨ,由"冓"简省分化。金文作ᛨ,小篆作再,字形有变。义为两次、第二次。引申为副词(表示动作的重复或连续、表示假设或让步关系)。又作"再"或"再"。《规范字表》以"再""再"为异体字。

zan

簪[簮] zān

"簪"的甲骨文作ᛨ,是表意字,

象一个女人头发上插簪之形。小篆作 兂，为简体，隶定为"兂"。小篆异体作 簪，是形声字，从竹，朁（cǎn）声。本义为别住发髻或把冠固定在头发上的用具，引申为插戴在头发上。俗字作"簪"。《规范字表》以"簪"为异体字。

咱[喒咱偺俹] zán

"咱"是表意字，从口从自，表示以口称呼自己，本义为代词，说话人称自己（相当于"我"），引申为代词，总称说话人和听话人双方，相当于"我们"。俗字作"喒"或"偺"，都是形声字，从口或人，昝声，讹作"咱"或"俹"。《规范字表》以"喒、偺、咱、俹"为异体字。

【提示】"咱"与"喒""偺"不是等义异体字。"喒"又读 ǒu，与"呕"同；"俹"又读 jiù，义为毁谤。

暂（暫）[蹔] zàn

"暫"是形声字，从日，斬声，本义为时间短，引申为副词，相当于"突然、忽然、暂时"。"蹔"是形声字，从足，斬声，本义为疾进，引申为副词，与"暫"同。《规范字表》把"暫"类推简作"暂"，以"蹔"为异体字。

【提示】"暂"与"蹔"不是等义异体字。

赞（贊）[賛讚] zàn

"贊"是表意字，小篆作 贊，从贝从兟（shēn），贝指礼物，兟指一人引导另一人前行，本义为进献财物

以求谒见，引申为辅助行礼的人、辅助、称颂、旧时一种以称颂人或物为主的文体等。变体作"賛"。"讚"是形声字，从言，贊声，本义为称颂、赞美。《规范字表》把"贊"类推简作"赞"，以"賛""讚"为异体字。

【提示】"赞（贊）"与"讚"不是等义异体字。

【构词】赞成（贊成/讚成）｜赞府（贊府）｜赞礼（贊禮）｜赞普（贊普）｜赞叹（贊歎）｜赞同（贊同）｜赞文（贊文，一种文体）｜赞襄（贊襄）｜赞助（贊助）｜参赞（參贊）｜礼赞（禮贊）｜襄赞（襄贊）｜翼赞（翼贊）

赞歌（讚歌）｜赞美（讚美）｜赞赏（讚賞）｜赞颂（讚頌）｜赞许（讚許）｜赞扬（讚揚）｜赞誉（讚譽）｜赞不绝口（讚不絕口）｜褒赞（褒讚）｜称赞（稱讚）｜夸赞（誇讚）

zang

赃（贓）zāng

"贓"是形声字，从贝，藏声，义为贪污受贿或盗窃所得的财物。明代俗字（见《搜神后记·朱弼》）和《国音常用字汇》作"賍"，音符改为庄。《规范字表》进一步把意符类推，简作"赃"。

脏（臟髒） ㊀ zàng ㊁ zāng

"臟"是形声字，从月（肉），藏声，本读 zàng，义为内脏、胸膛内器官的总称。"髒"是形声字，从骨，葬声，读 zǎng，用于"骯（kǎng）髒"，

义为刚直倔强的样子；又读 zāng，义为不清洁。用于"骯（āng）髒"，义为不清洁。1936年陈光尧《常用简字表》和《规范字表》把"臟"简作"脏"，音符改为庄；把"髒"也简作"脏"，用笔画较少的近音字代替。

【提示】"臟"与"髒"不是等义繁体字。

【构词】脏腑（臟腑）| 脏器（臟器）| 肝脏（肝臟）| 肾脏（腎臟）| 内脏（内臟）| 心脏（心臟）| 五脏六腑（五臟六腑）

脏臭（髒臭）| 脏话（髒話）| 脏乱（髒亂）| 脏水（髒水）| 脏东西（髒東西）| 肮脏（骯髒）| 衣服脏了（衣服髒了）

葬[葬塟] zàng

"葬"是表意字，甲骨文作🔲，象把人的尸体放在床上之形，准备下葬。（甲骨文异体作🔲🔲，加声符爿，变成形声字。）小篆作🔲，从死，从茻，茻为草丛，象人死后被埋在草丛中。本义为掩埋尸体。引申为用火葬、水葬等方式处理尸体。变体作"葬"，下边的艹讹变为大。又作"塟"，下边的艹改为土，表示土葬。《规范字表》以"葬""塟"为异体字。

zao

糟[蹧] zāo

"糟"是形声字，从米，曹声，本义为带有渣滓的酒，引申为酿酒剩下的渣滓、用酒或酒渣腌制食物、朽烂、（事情或情况）不好、损坏、破坏等。"蹧"是形声字，从足，曹声，本义为坏，不好。用于"蹧踏"，义为作践、不爱惜，也作"糟蹋""糟踏"。《规范字表》以"蹧"为异体字。

【提示】"糟"与"蹧"不是等义异体字。

凿(鑿) záo

"鑿"的甲骨文作🔲，是表意字，从又，象手持锤子敲击凿具之形。小篆作🔲，变成形声字，从金，𥽥（zuò）省声。本义为用某种工具在木材上打孔使穿透，引申为在木材、土石等上面打孔的工具、挖掘或挖通、卯眼（器物上用凸凹方式相接处的凹进部分）、明确、真实等。清代俗字与今简化字接近（见清刊本《岭南逸史》）。1936年陈光尧《常用简字表》和《规范字表》简作"凿"，选取原字左上边部件改造而成。

枣(棗) zǎo

"棗"是表意字，从二朿（cì）上下相叠，朿为刺，指带刺的树木，二朿相叠表示高大，本义为枣树，一种落叶乔木，引申为这种树木的果实。清代俗字（见清刊本《目连记弹词》）和《简体字表》《规范字表》简作"枣"，用两点作符号代替下边重复的部件。

蚤{蚤} zǎo

"蚤"又作"蚤"，是形声字。小篆作🔲，从虫，叉（zǎo）声，本义为跳蚤，一种昆虫。假借为早晨（与"早"同）。

【提示】规范字形是"蚤"，上部简省为叉；旧字形和台湾字形是"蚤"，左上部多一点。用于合体字部件同此，如"搔""骚"。

皂[皁] zào

"皁"又作"皂"，由"草"分化而来，本义为栎树的果实，假借为黑色、差役、肥皂（一种洗涤去污的用品）等。《规范字表》以"皁"为异体字。

【提示】"皂"的后起义较多，与"皁"不是等义异体字。

灶（竈）zào

"竈"是形声字，金文作𪔅，石鼓文作𪔅，小篆作𪔅𪔅，从宀或穴，其余部分为音符。本义为灶台，生火炊煮饮食的设备。引申为灶神（灶王爷）、厨房。金代俗字（见《五音集韵》）和《国音常用字汇》《手头字》《简体字表》《规范字表》简作"灶"，新造表意字，从火从土，表示由泥土和石头砌成。

唣[啅] zào

"啅"是形声字，从口，阜声，用于"啰啅（唣）"，义为吵闹。变体作"唣"，音符改为皂。《规范字表》以"啅"为异体字。

噪[譟] zào

"譟"是表意字，从言从喿，喿指鸟喧叫，义为许多人吵嚷喧哗。"噪"是表意字，从口从喿，本义为众鸟在树上鸣叫，引申为虫类喧叫、声音嘈杂、人声喧哗吵闹、（名声）传扬等。《规范字表》以"譟"为异体字。

【提示】"噪"与"譟"不是等义异体字。

zhā

扎[紥紮] zhā

"扎"是形声字，从手，乙（yà）声，本读 zhá，义为拔；又读 zhā，义为刺，由此引申为钻（进去）、驻扎（军队在某地住下）等；又读 zā，引申为捆绑、缠束、量词（用于缠成捆的东西）等。"紮"是形声字，从糸，札声，读 zhā，本义为缠束，引申为驻扎。俗字作"紥"，音符改为扎。《规范字表》以"紮""紥"为异体字。

【提示】"扎"与"紮""紥"不是等义异体字。

【构词】扎刺（扎刺）｜扎根（扎根）｜扎乎（扎乎，即"咋呼"）｜扎花（扎花）｜扎破（扎破）｜扎伤（扎傷）｜扎绳（扎繩）｜扎手（扎手）｜扎眼（扎眼）｜扎针（扎針）｜扎猛子（扎猛子）｜扎耳朵眼儿（扎耳朵眼兒）｜挣扎（掙扎）｜扎紧（紮緊）｜扎牢（紮牢）｜扎实（扎實/紮實）｜扎束（紮束）｜扎营（紮營）｜扎寨（紮寨）｜扎住（紮住）｜扎辫子（紮辮子）｜包扎（包紮）｜驻扎（駐紮）｜稳扎稳打（穩紮穩打）｜一扎鲜花（一紮鮮花）

吒 ㊀ zhā ㊁ zhà

㊀①用于神话中的人名,如"哪吒、金吒、木吒"。②用于地名:～祖村(在广西)。

㊁"咤"的异体字,见258页"咤"字条。

札[剳劄] zhá

"札"是形声字,从木,乙(yà)声,读zhá,本义为古代用于书写的小而薄的木片,引申为信件、札子(旧时的一种公文)等。用于"札记",义为旧时读书记下的要点和心得。"剳"是形声字,从刀,苔声,本读dá,义为钩、镰刀;又读zhá,用于"剳子",与"札子"同。"劄"是形声字,从刀,荅声,本读zhā,义为针刺;又读zhá,用于"劄子""劄记",与札子""札记"同。《规范字表》以"剳""劄"为异体字。又规定"劄"用于科技术语,如中医学的"目劄"时是规范字。

【提示】"札"与"剳""劄"不是等义异体字。"劄"另见258页"劄"字条。

闸(閘)[牐] zhá

"閘"是形声字,从門,甲声,本读yā,义为开门或关门;又读zhá,引申为堤坝上可随时开启或关闭的用来控制水流的建筑物、用水闸把水截堵住、截止、机器上的制动器、电路上的开关等。"牐"是形声字,从片,臿(chā)声,本义为旧时城门的悬门,引申为以门控制通道的设施,与"閘"同。《规范字表》把"閘"类推简作"闸",以"牐"为异体字。

【提示】"閘"与"牐"不是等义异体字。

劄 zhá

①[目劄]中医指儿童眨眼的病。②"札"的异体字,见258页"札"字条。

栅[柵] zhà

"栅"是表意字,从木从册(冊),册指竹简或木札编连在一起的简册,本读zhà,义为用木条等做成的栅栏,形状像简册或篱笆,引申为用铁条等做成的栅栏状阻挡物;又读shān,用于"栅极",义为多极电子管中靠近阴极的一个电极,通常用细金属丝绕成栅栏状,故名。变体作"柵"。《规范字表》以"柵"为异体字。

咤[吒] zhà

"咤"是形声字,从口,乇(zhè)声,本读zhà,义为发怒时对人大声叫嚷,引申为吃东西时嘴里发出咀嚼声;又读zhā,用于佛教神话中的人名。"吒"是形声字,从口,宅声,读zhà,与"咤"同。《规范字表》以"吒"为异体字,又规定"吒"读zhā用于姓氏人名时是规范字。

【提示】"吒"与"咤"不是等义异体字,另见258页"吒"字条。

榨[搾] zhà

"榨"是形声字,从木,窄声,

本义为挤压出物体中汁液的器具,引申为挤压出物体中的汁液。压榨,压取物体中的汁液,比喻剥削或搜刮。挤压物体中的汁液义,也作"搾",意符改为手。《规范字表》以"搾"为异体字。

【提示】"榨"与"搾"不是等义异体字。

zhai

斋(齋)[亝] zhāi

"齋"是形声字,从示,齊省声,本义为斋戒,祭祀前沐浴、戒欲,使身心洁净,以示虔诚,引申为信仰佛教或道教的人所吃的素食、施舍饭食给僧人或道人、整洁的房屋、书房或店堂的名称等。俗字作"亝"。金代俗字(见《篇海》)和《国音常用字汇》《手头字》《简体字表》《规范字表》简作"斋",据草书楷化。《规范字表》以"亝"为异体字。

【提示】"亝"又读 qí,同"齊",与"齋"不是等义异体字。

寨[砦] zhài

"寨"是形声字,从木,塞省声,本义为用于防守的木栅栏,引申为旧时军队驻扎的地方、旧时强盗聚集的地方、四周有栅栏或围墙的村庄等。防守用的栅栏义,又作"砦",是形声字,从石,此声。《规范字表》以"砦"为异体字。

【提示】①"寨"与"砦"不是等义异体字。②"砦"用于人名时,

不改为"寨"。

zhan

沾[霑] zhān

"沾"是形声字,从水,占声,本义为古水名,发源于山西,流入河南,引申为浸湿、浸润、沾染(因接触而被附着上)、稍微碰上或挨上、因有关系而得到(益处)等。"霑"是形声字,从雨,沾声,本义为雨水浸湿、浸润,引申为沾染。《规范字表》以"霑"为异体字。

【提示】①"沾"与"霑"不是等义异体字。②繁体文本和台湾用于"沾溉、沾光、沾润、沾濡、沾思、沾污、沾醉、沾亲带故、泪沾襟、既沾既足、泣下沾衣"作"沾",也作"霑";用于"沾沾、沾沾自喜"不作"霑"。

毡(氈)[氊] zhān

"氈"是形声字,从毛,亶声,义为毡子,用兽毛等压制成的像呢子的片状物。又作"氊"。宋代俗字(见王禹偁《和庐州通判李学士见寄》)和《国音常用字汇》《手头字》《简体字表》《规范字表》把"氈"简作"毡",音符改为占。《规范字表》以"氊"为异体字。

粘{黏} zhān

"粘"是形声字,从米,占声,本读 zhān,义为粘连,黏性物附着在另一物体上或者互相连接。引申为粘贴,用黏性物质使纸张或其他东西

附着在另一物体上。又读 nián，引申为具有黏性，能使物体粘合，与"黏"同。假借为姓。"黏"是形声字，从黍，占声，本义为用黍米煮成糊，使两个物体相胶合或连接，引申为像糨糊、胶水等有黏性的。《异体字表》以"黏"为"粘"的异体字，《规范字表》删去了这组异体字。

【提示】"粘"与"黏"过去通用，现在的主要区别在于："粘"除用于姓时读 nián 外，一般读 zhān，用于动词，基本意思是粘贴；"黏"一般读 nián，用于形容词，基本意思是像糨糊或胶水所具有的能使物体粘合的性质。

【构词】粘连（粘連）｜粘贴（粘貼）｜粘标语（粘標語）｜粘信封（粘信封）

盏（盞）[琖醆] zhǎn

"盏"是形声字，从皿，戋声，本义为小而浅的酒杯，引申为量词（多用于灯）。小酒杯义又作"琖""醆"，意符改为玉或酉。《规范字表》把"盏"类推简作"盏"，以"琖""醆"为异体字。

【提示】"盏（盞）"与"琖""醆"不是等义异体字。

崭（嶄）[嶃] zhǎn

"崭"是形声字，从山，斩声，本义为山高峻的样子，假借为副词（表示程度深，相当于"很""非常"）。变体作"嶃"，由上下结构改为左右结构。《规范字表》把"崭"类推简

作"崭"，以"嶃"为异体字。

【提示】"崭新"也作"斩新"，《异形词表》推荐的写法是前者。

辗（輾） zhǎn

【提示】"辗转"也作"展转"，《异形词表》推荐的写法是前者。

占[佔] zhàn

"占"是表意字，甲骨文作占，战国文字作占，小篆作占，从卜从口，卜象龟甲上的兆纹形，口指询问或解说。本读 zhān，义为占卜，卜问或解说卜兆，推测吉凶。引申为察看、推测、验证。又读 zhàn，假借为占据、据有等。"佔"是形声字，从人，占声，本义为久立（与"站"同），引申为用强力取得或据有、处于某种地位或形势等。《规范字表》以"佔"为异体字。

【提示】"占"与"佔"不是等义异体字。

【构词】占卜（占卜）｜占卦（占卦）｜占候（占候）｜占籍（占籍）｜占梦（占夢）｜占验（占驗）｜占星术（占星術）｜口占（口占）｜星占（星占）｜占据（佔據）｜占领（佔領）｜占先（佔先）｜占花魁（佔花魁）｜占便宜（佔便宜）｜占上风（佔上風）｜占山为王（佔山爲王）｜占为己有（佔爲己有/佔為己有）｜霸占（霸佔）｜独占（獨佔）｜强占（強佔）｜抢占（搶佔）｜侵占（侵佔）｜鹊巢鸠占（鵲巢鳩佔）

战（戰）zhàn

"戰"是形声字，从戈，單声，本义为战斗、战争，引申为进行战斗或战争、斗争、竞争、发抖等。明代俗字（见《兵科抄出》）和《国音常用字汇》《手头字》《简体字表》《规范字表》简作"战"，音符改为占。

【提示】"战栗"也作"颤栗"，《异形词表》推荐的写法是前者。

zhang

獐［麞］zhāng

"麞"是形声字，从鹿，章声，本义为獐子，一种哺乳动物，形体似鹿而无角。又作"獐"，意符改为犬。《规范字表》以"麞"为异体字。

账（賬）zhàng

【提示】"账本"也作"帐本"，《异形词表》推荐的写法是前者。

zhao

招 zhāo

【提示】"花招"也作"花着"，《异形词表》推荐的写法是前者。

赵（趙）zhào

"趙"是形声字，从走，肖声，本义为快步行走，假借为古国名、姓等。清代俗字（见清刊本《目连记弹词》）和《规范字表》简作"赵"，用符号乂代替音符肖。

棹［櫂］zhào

"櫂"是形声字，从木，翟声，义为船桨。又作"棹"，音符改为卓。《规范字表》以"櫂"为异体字。

【提示】"棹"与"櫂"不是等义异体字，其后起义不尽相同。

照［炤］zhào

"照"是形声字，从灬（火），昭声，本义为（光线）照耀、照射，引申为日光、对着镜子等把人或物的形象反映出来、拍摄（相片）、察看、知道、对比、凭证、看护、介词（相当于"按着、对着"）等。又作"炤"，音符改为召。《规范字表》以"炤"为异体字。

【提示】"炤"又读 zhāo，同"昭"，与"照"不是等义异体字。

zhe

折（摺）zhé

"折"是表意字，甲骨文作 ，金文作 ，小篆作 ，从斤从断木，斤指刀斧，表示用刀斧砍断树木。小篆异体作 ，把断木讹为手。本读 zhé，义为折断。引申为判决诉讼案件、挫败、夭折（早死）、损失、弯曲、回转、折叠、折子（折叠的写有奏章等内容的小册子）、元代杂剧的一个段落、折合、折扣等。又读 shé，引申为断、亏损、损耗。又读 zhē，引申为翻转、倒腾（倒过来又倒过去）。"摺"是形声字，小篆作 ，从手，習声，本义为毁坏。假借为折叠，由此引申为折子、元代杂剧的一个段落等。《简化字总表》把"摺"简作"折"，用笔画较少的同音通用字代替，并规定："在折和摺意义可能混淆时，摺仍用摺。"《规范字表》仅把"摺"作为"折"的繁体字。

【提示】"折"与"摺"不是等义简繁字。

【构词】折半（折半）｜折北（折北）｜折本（折本）｜折断（折斷）｜折返（折返）｜折服（折服）｜折耗（折耗）｜折合（折合）｜折回（折回）｜折价（折價）｜折旧（折舊）｜折扣（折扣）｜折射（折射）｜折算（折算）｜折腾（折騰）｜折腰（折腰）｜折中（折中）｜折衷（折衷）｜折跟头（折跟頭）｜折杨柳（折楊柳）｜折子戏（折子戲）｜折戟沉沙（折戟沈沙）｜波折（波折）｜挫折（挫折）｜打折（打折）｜骨折（骨折）｜七折（七折）｜曲折（曲折）｜心折（心折）｜夭折（夭折）｜转折（轉折）｜一折戏（一折戲）｜第三折（第三折，用于元杂剧段落）｜百折不挠（百折不撓）｜不折不扣（不折不扣）｜将功折罪（將功折罪）｜树枝折了（樹枝折了）｜损兵折将（損兵折將）｜桌子腿撞折了（桌子腿撞折了）｜折边（摺邊）｜折尺（摺尺）｜折叠（折疊／摺疊）｜折扇（摺扇）｜折线（摺線）｜折纸（摺紙）｜折手帕（摺手帕）｜存折（存摺）｜奏折（奏摺）

哲[喆]{悊嚞} zhé

"哲"初作"悊"，是形声字，金文作悊，小篆作悊，从心，折声。小篆异体作悊，把意符改为口，表示言语富有智慧。本义为明智，有智慧。引申为有智慧的人、贤明的人等。《说文》古文作嚞，从三吉，隶定为"嚞"，后来省作"喆"。本义与"哲"同，又用于人名。《规范字表》以"喆"为异体字，又规定"喆"用于姓氏人名时是规范字。

【提示】"喆"与"哲"不是等义异体字，另见262页"喆"字条。

辄（輒）[輙] zhé

"輒"是形声字，从車，耴（zhé）声，本义为古代车箱左右两边的板，假借为副词，表示在某种情况下行为总是如此（相当于"总"），又表示后一个行为紧跟着前一个行为发生（相当于"就"）。俗字作"輙"，音符讹为取。《规范字表》把"輒"类推简作"辄"，以"輙"为异体字。

喆 zhé

①用于人名。②"哲"的异体字，见262页"哲"字条。

詟（讋） zhé

恐惧；使惧怕：～服｜北～群夷。
"讋"在《异体字表》中是"慴（慹）"的异体字，《规范字表》类推简作"詟"，改作规范字。见180页"慴"字条。

谪（謫）[讁] zhé

"謫"是形声字，小篆作謫，从言，啻（chì）声，本义为谴责、责备，引申为古代官吏因获罪被降职外放到边远地区。又作"謫",音符改为"適"。《规范字表》把"謫"类推简作"谪",以"謫"为异体字。

这（這）zhè

"這"是形声字,从辶(辵),言声,本读 yàn,义为迎接;又读 zhè,假借为代词,指较近的人、事物、地方或时间等。清代俗字(见清刊本《目连记弹词》)和《国音常用字汇》《手头字》《简体字表》《规范字表》简作"这",以文作符号代替音符言。

浙 [淛] zhè

"浙"是形声字,从水,折声,本义为浙江,古水名,即今钱塘江及其上流的总称。引申为浙江省的简称,在我国东部沿海。又作"淛",音符改为制。《规范字表》以"淛"为异体字。

zhen

针（針）[鍼] zhēn

"鍼"是形声字,从金,咸声,本义为缝制衣物等用的细长工具,引申为用针缝制、像针一样细长的东西、医疗上注射液体药物用的针形器具、注射用的液体药物等。俗字作"針",音符改为十。《规范字表》把"針"类推简作"针",以"鍼"为异体字。

【提示】"针（針）"与"鍼"不是等义异体字。

【构词】针对（針對）| 针尖（針尖）| 针头（針頭）| 针线（針線）| 针锋相对（針鋒相對）| 针砭（針砭/鍼砭）| 针灸（針灸/鍼灸）

侦（偵）[遉] zhēn

"偵"是形声字,从人,贞声,本义为占卜,向神灵卜问(与"贞"同),引申为暗中察看或调查。又作"遉",意符改为辶(辵)。《规范字表》把"偵"类推简作"侦",以"遉"为"偵"的异体字。

珍 [珎] zhēn

"珍"是形声字,从玉,㐱（zhěn）声,本义为珠玉等宝物,引申为精美的食品、难得的人才、宝贵而罕见的、价值高的、重视等。俗字作"珎"。《规范字表》以"珎"为异体字。

砧 [碪] zhēn

"砧"是形声字,从石,占声,本义为捣衣石,引申为捶砸东西时垫在下面的器物。又作"碪",音符改为甚。《规范字表》以"碪"为异体字。

【提示】"碪"又读 kàn,义为山崖下边,与"砧"不是等义异体字。

鸩（鴆）[酖] zhèn

"鴆"是形声字,从鳥,冘（yín）声,本义为传说中的一种毒鸟,羽毛有剧毒,用来泡酒可以把人毒死,引申为毒酒、用毒酒害人等。"酖"是形声字,从酉,冘声,本读 dān,义为嗜酒,以酒为乐;又读 zhèn,假借为"鴆",

《规范字表》把"鸩"类推简作"鸩",以"酖"为异体字。

【提示】"鸩(鸩)"与"酖"不是等义异体字,前者多指有毒的鸟,如"鸩媒""鸩羽";后者多指有毒的酒,如"酖酒(鸩酒)""酖毒(鸩毒)"。

zheng

争{爭} zhēng

"爭"是表意字,甲骨文作 ,金文作 ,小篆作 ,象两只手夺取一物之形,本义表示争夺。引申为竞争、争执或争辩等,假借为代词,表示疑问,相当于"怎""怎么"。俗字作"争"。

【提示】规范字形是"争",旧字形和台湾字形是"爭"。用于合体字部件同此,如"挣、静、筝"。

征(徵) zhēng

"征"是形声字,甲骨文作 ,金文作 ,小篆作 ,从彳,正声。读 zhēng,本义为(军队)远行,引申为讨伐、夺取、赋税等。"徵"是表意字,小篆作 ,从壬,从微省,壬指呈,表示将微者举荐于朝廷。本读 zhēng,义为征召,引申为征求、征收、赋税、证验、征兆、疾病症状、证明等;又读 zhǐ,义为我国古代五声音阶的第四音级,相当于简谱的"5"。《规范字表》把"徵"简作"征",用笔画较少的同音通用字代替。又规定"徵"读 zhǐ 时用于"宫商角徵羽",是规范字。

【提示】①"徵"与"征"不是等义繁简字,另见 265 页"徵"字条。②征(徵)/证/症 见 265 页"证"字条。

【构词】征巢(征巢,宋代人)|征程(征程)|征伐(征伐)|征服(征服)|征和(征和,汉代年号)|征袍(征袍)|征讨(征討)|征途(征途)|征战(征戰)|长征(長征)|出征(出征)|胤征(胤征,《尚书》篇名)|远征(遠征)|南征北战(南征北戰)

征兵(徵兵)|征崇(徵崇,三国时吴国人)|征地(徵地)|征订(徵訂)|征稿(徵稿)|征候(徵候)|征婚(徵婚)|征集(徵集)|征收(徵收)|征税(徵稅)|征象(徵象)|征役(徵役)|征引(徵引)|征召(徵召)|征兆(徵兆)|特征(特徵)|亡征(亡徵,《韩非子》篇名)|魏征(魏徵,唐代人)|象征(象徵)|横征暴敛(橫徵暴歛)|旁征博引(旁徵博引)|应征入伍(應徵入伍)|综合征(綜合徵)|信而有征(信而有徵)

症(癥) zhēng

"癥"是形声字,从疒,徵声,读 zhēng,义为腹内结块的病。用于"癥結(症结)",义为腹内结块的病,引申为事情的疑难处或不得解决的问题的关键。"症"是形声字,从疒,正声,读 zhèng,本义为病症、征候,疾病的症状或情况,引申为疾病。《规范字表》把"癥"简作"症",用笔画较少的近音字代替。

【提示】①"症"与"癥"不是等义简繁字。②症/征(徵)/证见265页"证"字条。

【构词】症候(症候)｜症状(症狀)｜癌症(癌症)｜病症(病症)｜急症(急症)｜绝症(絕症)｜热症(熱症)｜重症(重症)｜对症下药(對症下藥)｜并发症(併發症)｜健忘症(健忘症)｜不治之症(不治之症)｜症瘤(癥瘤)｜症瘕(癥瘕)｜症结(癥結)

徵 ㊀zhēng ㊁zhǐ

㊀用于古代人名：魏～（唐代政治家）｜文～明（明代书画家和文学家）。

㊁古代五音之一：宫商角～羽。

【提示】"徵"又作"征"的繁体字，见264页"征"字条。

证(證){証} zhèng

"證"是形声字，从言，登声，本义为告发，引申为证实（证明其确实）、验证（检验证实）、凭证（有证明作用的东西）等。"证"是形声字，从言，正声，义为直言进谏。唐代俗字（见敦煌变文写本）和《国音常用字汇》《手头字》把"證"简作"证"，用笔画较少的同音字代替；《规范字表》进一步把意符类推简作"证"。

【提示】①"證"简与"证"不是等义繁体字。②繁体文本和台湾用于"证件、证据、证券、证人、保证、凭证、签证、通行证"作"證"；用于"证明""证实"作"證"，也作"証"。

郑(鄭) zhèng

"鄭"是形声字，从邑，奠声，本义为古国名，旧地在今河南新郑一带，引申为姓。清代俗字（见清刊本《岭南逸史》）和《规范字表》简作"郑"，据草书楷化。

【提示】"郑(鄭)"可作类推简化偏旁使用，如：掷(擲)、踯(躑)。

zhi

只 ㊀zhī(隻){隻} ㊁zhǐ(祇)[祇秖]

"隻"是表意字，甲骨文作 、金文作 ，小篆作 ，象捕鸟在手中之形。本读zhī，义为擒获，后作"獲（获）"。引申为单独的、少量的、单独量词（用于飞禽走兽、昆虫、某些器物）等。"只"是表意字，小篆作 ，从口，象气下引之形。本读zhī，义为助词，表示跌宕、感叹等语气；又读zhǐ，假借为副词，与"衹"同。"祇"是形声字，从示，氏声。本读qí，义为地神，泛指神灵；又读zhǐ，假借为副词，限于某范围，表示除此之外没有别的，相当于"只有"。又作"秖"，意符改为禾。"戠"是表意字，从戈从音，读zhī，义为标志、记号，是"識（识）"的本字，常用作形声字的音符。《国音常用字汇》《规范字表》把"隻"简作"只"，用笔画较少的同音字代替。《规范字表》规定"祇"用于"地祇"（地神）时读qí，是规范字；读zhǐ

时是"只"的繁体字。又把"秖"作为异体字；又把"只（祇）"作为简化偏旁使用，如：识（識）、帜（幟）、职（職）。

【提示】①"只、隻、衹、祇、秖"不是等义简繁字或异体字。"衹"另见 161 页"衹"字条。②"秖"在《异体字表》中是"祇"的异体字，《简化字总表》改作"只"的繁体字。③作副词时，多作"只""祇"，也作"衹"。

【构词】只身（隻身）｜只眼（隻眼）｜只影（隻影）｜只手遮天（隻手遮天）｜只字不提（隻字不提）｜船只（船隻）｜两只手（兩隻手）｜一只鸟（一隻鳥）｜一只鞋（一隻鞋）｜三只兔子（三隻兔子）｜片言只字（片言隻字）｜形单影只（形單影隻）｜只得（只得）｜只顾（只顧）｜只管（只管）｜只好（只好／祇好）｜只今（只今）｜只怕（只怕）｜只是（只是／祇是）｜只消（只消）｜只要（只要／祇要）｜只因（只因）｜只有（只有／祇有）｜只不过（只不過／祇不過）｜只此一家（只此一家）｜只顾自己（只顧自己）｜只说不练（只説不練）｜只以成恶（只以成惡）｜只有一人（只有一人）｜只可意会不可言传（只可意會不可言傳）｜不只（不只）

卮[巵] zhī

小篆作卮，造字本意未详。隶定为"卮"，义为古代一种食器或酒器。变体作"巵"。《规范字表》以"巵"为异体字。

【提示】"卮"在《异体字表》中是"巵"的异体字，《规范字表》改作规范字。

芝 zhī

【提示】"芝麻"也作"脂麻"，《异形词表》推荐的写法是前者。

肢 zhī

【提示】"肢解"也作"支解""枝解"，《异形词表》推荐的写法是前者。

栀[梔] zhī

"栀"是形声字，从木，卮声，义为树木名。变体作"梔"。《规范字表》以"梔"为异体字。

【提示】"栀"在《异体字表》中是"梔"的异体字，《规范字表》改作规范字。

执（執）zhí

"執"是表意字，甲骨文作&#xfffd;，金文作&#xfffd;，从"幸（幸）"，象人两手被桎（古代的木制手铐）铐住之形。金文异体作&#xfffd;，小篆作&#xfffd;，字形稍变。本义为拘捕、捉拿罪人，引申为握持（握或拿着）、掌管、捉捕、坚持、实施、凭据等。宋代俗字（见宋刊本《列女传》）和《国音常用字汇》《手头字》《简体字表》《规范字表》简作"执"，据草书楷化。

【提示】"执（執）"可作类推简化偏旁使用，如：垫（墊）、挚（摯）、贽（贄）。

侄 [姪 妷] zhí

"姪"是形声字,从女,至声,本义为女子对兄弟之子女的称呼,引申为哥哥或弟弟的儿子、同辈亲友的儿子等。"侄"是形声字,从人,至声,本义为招致,与"致"同。假借为姑称兄弟的子女。用于侄子义又作"妷",音符改为失。《规范字表》以"姪""妷"为异体字。

【提示】"侄"与"姪""妷"不是等义异体字。

【构词】侄女(姪女)|侄子(姪子)|贤侄(賢姪)

跖 [蹠] zhí

"跖"是形声字,从足,石声,本义为脚掌、脚底,引申为踏、踩、跳跃等。"蹠"是形声字,从足,庶声,本义为跳跃,引申为践踏、脚掌等。《规范字表》以"蹠"为异体字。

【提示】①"跖"又用于人名,与"蹠"不是等义异体字。"蹠"又读 zhuó,与"跅"同义。②台湾用于"跖行、食其跖、盗跖(古代人名)、跖犬吠尧"作"跖",用于"鸭跖"多作"蹠"。

址 [阯] zhǐ

"阯"是形声字,从阜,止声,义为地基。"址"是形声字,从土,止声,本义与"阯"同,引申为基础、根本、地点、位置等。《规范字表》以"阯"为异体字。

【提示】"址"与"阯"不是等义异体字。

纸(紙)[帋] zhǐ

"紙"是形声字,从糸,氏声,本义为漂洗蚕茧时附着在筐上的方形絮渣(是原始的纸),引申为用破布、树皮、麻头、植物纤维等制成的片状物(可用于写字、绘画、印刷、包装等)、量词(用于书信、文件的张数)等。又作"帋",是形声字,从巾,氏声。《规范字表》把"紙"类推简作"纸",以"帋"为异体字。

志 [誌] zhì

"志"是表意字,金文作 ,小篆作 ,从心从之,之指去往,表示心意所向。本义为意念,引申为志向、立志于(做某事)。假借为记住,由此引申为记录、标记、记载的文字等。"誌"是形声字,从言,志声。本义为记住,引申为记录、记事的书刊或文章等。《规范字表》以"誌"为异体字。

【提示】①"志"与"誌"不是等义异体字。②"标志"也作"标识",《异形词表》推荐的写法是前者。

【构词】志气(志氣)|志趣(志趣)|志士(志士)|志向(志向)|志愿(志願)|志大才疏(志大才疏)|志同道合(志同道合)|斗志(鬥志)|立志(立志)|励志(勵志)|神志(神志)|同志(同志)|县志(縣志)|意志(意志)|壮志(壯志)|众志成城(衆志成城/眾志成城)|地方志(地方志)|经籍志(經

籍志,图书目录）|三国志（三國志,书名）|聊斋志异（聊齋志異,书名）|读书杂志（讀書雜志,书名）|专心致志（專心致志）

志哀（誌哀）|志悼（誌悼）|志怪（誌怪）|志庆（誌慶）|志喜（誌喜）|志怪小说（誌怪小說）|碑志（碑誌）|标志（標誌）|地志（地誌）|墓志（墓誌）|日志（日誌）|杂志（雜誌）|墓志铭（墓誌銘）|永志不忘（永誌不忘）

帙［袠袟］zhì

"帙"是形声字,从巾,失声,义为书、画的封套,用布帛制成。又作"袠",意符改为衣。变体作"袟"。《规范字表》以"袠""袟"为异体字。

【提示】"袟"又义为剑套,与"帙""袠"不是等义异体字。

制（製）zhì

"制"是表意字,甲骨文作 ,金文作 ,从刀从木；金文异体作 ,增手形,表示以刀断木；小篆作 ,把木变为末。本义为砍伐树木或修剪树枝,引申为裁制、制造、拟订、规定、用强力约束、法度、制度、式样等,假借为姓。"製"是形声字,从衣,制声,本义为裁剪制作衣服,引申为制造、式样、撰写、作品等。《规范字表》把"製"简作"制",采用笔画较少的本字。

【提示】"制"与"製"不是等义简繁字。

【构词】制裁（制裁）|制定（制定）|制订（制訂）|制动（制動）|制度（制度）|制伏（制伏）|制服（制服）|制衡（制衡）|制钱（制錢,名词）|制胜（制勝）|制约（制約）|制诏（制詔）|制止（制止）|制空权（制空權）|编制（編制,名词）|抵制（抵制）|法制（法制）|公制（公制）|管制（管制）|节制（節制）|克制（克制）|控制（控制）|牵制（牽制）|强制（強制）|体制（體制）|限制（限制）|形制（形制）|学制（學制）|压制（壓制）|抑制（抑制）|英制（英制）|专制（專制）|股份制（股份制）|因地制宜（因地制宜）

制版（製版）|制革（製革）|制冷（製冷）|制片（製片）|制品（製品）|制钱（製錢,动词）|制图（製圖）|制药（製藥）|制造（製造）|制作（製作）|编制（編製,动词）|缝制（縫製）|复制（複製）|绘制（繪製）|监制（監製）|炼制（煉製）|精制（精製）|调制（調製）|研制（研製）|印制（印製）|自制（自製）|粗制滥造（粗製濫造）|如法炮制（如法炮製）

质（質）zhì

"质"是形声字,从贝,所(zhì)声,本义为典当,以财物或人作抵押。引申为留作保证的财物或人、箭靶、事物的实体、本质（事物的根本特性）、质地（材料的结构性质）、质量（事物的优劣程度）、质朴（朴实、单纯）等。东汉《北海相景君铭》作"貭",清代俗字（见清刊本《目连记弹词》）和《手头字》《简体字表》《规范字表》进一步把贝类推简化,作"质"。

致{致}（緻）zhì

"致"又作"致"，是形声字。甲骨文作𦥔，金文作𦥑，从人，至声；小篆作𦥯，把意符改为攵；隶定字形把攵讹为夂或支。本义为送到，引申为到达、使到来、（力量、意志等）集中、细密、向对方表示（礼节、情意等）、情趣等。"緻"是形声字，从糸，致声，义为细密。《规范字表》把"緻"简作"致"，用笔画较少的同音通用字代替。

【提示】①"致"与"緻"不是等义简繁字。②"致"的右偏旁，规范字形是攵（4画），旧字形和台湾字形是夂（3画）。用于合体字部件同此，如"緻"。

【构词】致癌（致癌）｜致残（致殘）｜致辞（致辭）｜致电（致電）｜致富（致富）｜致贺（致賀）｜致敬（致敬）｜致力（致力）｜致命（致命）｜致使（致使）｜致死（致死）｜致谢（致謝）｜致意（致意）｜致用（致用）｜别致（別致）｜大致（大致）｜极致（極致）｜景致（景致）｜情致（情致）｜兴致（興致）｜雅致（雅致）｜以致（以致）｜招致（招致）｜学以致用（學以致用）｜专心致志（專心致志）｜工巧有致（工巧有致）｜毫无二致（毫無二致）｜淋漓尽致（淋漓盡致）｜闲情逸致（閒情逸致）｜言行一致（言行一致）｜致密（緻密）｜工致（工緻）｜精致（精緻）｜细致（細緻）

置[寘]zhì

"置"是形声字，从罒（网），直声，本义为释放、赦免罪人，引申为放到一边、废弃、安放、设立、备办、购买等。"寘"是形声字，从宀，真声，本义为安放，引申为废弃。《规范字表》以"寘"为异体字。

【提示】"置"与"寘"不是等义异体字。

稚[穉稺]zhì

"穉"是形声字，从禾，犀（xī）声，本义为幼小的禾苗，引申为幼小、孩童等。变体作"稺"。又作"稚"，音符改为佳。《规范字表》以"穉""稺"为异体字。

zhong

中 zhōng

【提示】"折中"也作"折衷"，《异形词表》推荐的写法是前者。

钟（鐘鍾）{锺}zhōng

"鐘"是形声字，从金，童声，本义为一种打击乐器，引申为计时的器具、钟点（特定的时刻）等。"鍾"是形声字，从金，重声，本义为古代一种酒器，引申为酒杯或茶杯（后作"盅"）、古代一种量器、古代容量单位（合六斛四斗）、积聚、（情感）集中、专注等；假借为打击乐器，与"鐘"同。《国音常用字汇》《简体字表》把"鐘"简作"钟"，《规范字表》进一步把意符类推简作"钟"。《规范字表》把"锺"也简作"钟",用笔画较少的同音通用字代替。又把"錘"类推简作"锤",用于姓氏人名。

【提示】"鐘"与"錘"不是等义繁体字。这两个字在古代本是不同的姓,有时混淆,汉字简化后更难以区分。用于古书中的姓、人名的"錘"可依据习惯简作"锤"或"钟"。

【构词】钟摆(鐘擺)｜钟表(鐘錶)｜钟点(鐘點)｜钟鼎(鐘鼎)｜钟鼓(鐘鼓)｜钟楼(鐘樓)｜钟吕(鐘呂)｜钟山(鐘山,地名,在江西)｜钟声(鐘聲)｜钟乳石(鐘乳石)｜钟律通考(鐘律通考,书名)｜钟鸣漏尽(鐘鳴漏盡)｜编钟(編鐘)｜警钟(警鐘)｜鸣钟(鳴鐘)｜闹钟(鬧鐘)｜时钟(時鐘)｜座钟(座鐘)｜暮鼓晨钟(暮鼓晨鐘)

钟爱(鐘愛)｜钟会(鐘會,三国时人名)｜钟馗(鐘馗,传说中神名)｜钟离(鐘離,复姓,汉代有鐘離昧)｜钟情(鐘情)｜钟嵘(鐘嶸,南朝梁时人名)｜钟山(鐘山,地名,在南京)｜钟子期(鐘子期,春秋时人名)｜千钟(千鐘)｜一见钟情(一見鐘情)｜老态龙钟(老態龍鐘)｜情有独钟(情有獨鐘)

钱锺书(錢鍾書,现代文学家)

衷 zhōng

【提示】"热衷""无动于衷"也作"热中""无动于中",《异形词表》推荐的写法是前者。

锤(錘) zhōng

①姓。②人名。

【提示】"錘"又作"钟"的繁体字,见269页"钟"字条。

肿(腫) zhǒng

"腫"是形声字,从月(肉),重声,本义为痈疮,引申为皮肤、黏膜或肌肉等组织因发炎、化脓等病变而胀起。《规范字表》采用俗字简作"肿",音符改为中。

种(種) zhǒng

"種"是形声字,从禾,重声,本读 chóng,义为禾类种植早,成熟晚;又读 zhòng,种植、栽种,引申为移植、接种等;又读 zhǒng,引申为植物的种子(植物果实中能长成新植物的部分)、生物传代繁殖的物质、事物的类别、量词(用于人和其他事物)、人的胆量和骨气(用于口语)等,假借为姓。"种"是形声字,从禾,中声,本读 chóng,义为幼小,假借为姓。《规范字表》采用俗字把"種"简作"种",音符改为中,与读 chóng 的"种"字同形。

【提示】①"种"与"種"不是等义简繁字。这两个字在古代是不同的姓,现已难以区分。②繁体文本和台湾用于"种类、种禽、种树、种田、种植、种子、种族、种牛痘、各种、工种、麦种、品种、人种、物种、语种、杂种、栽种"作"種";用于姓一般作"种",读 chóng,如"种暠"(汉代人)、"种师道"(宋代人)。

冢[塚] zhǒng

"冢"是形声字,金文作 <!-- glyph -->,侯

马盟书作🗌，小篆作🗌，从勹，豖（chù）声，本义为高大的坟墓，泛指坟墓。引申为山顶、高大等。用于坟墓义，又作"塚"，是形声字，从土，冢声。《规范字表》以"塚"为异体字。

【提示】"冢"与"塚"不是等义异体字。

众（衆）[眾] zhòng

"眾"是表意字，甲骨文作🗌，金文作🗌，从日，下有三人，表示多人在太阳下劳作。战国文字作🗌，小篆作🗌，字形有变，日讹为目（或🗌）。又作"衆"，🗌讹为血。本义为许多人，引申为多。元代俗字（见元刊本《古今杂剧三十种》）和《简体字表》《规范字表》把"衆"简作"众"，新造表意字，以三人表示众人。《规范字表》以"眾"为异体字。

【构词】众多（衆多/眾多）｜众叛亲离（衆叛親離/眾叛親離）｜观众（觀衆/觀眾）｜群众（群衆/群眾）

zhou

周[週] zhōu

"周"是表意字，甲骨文作🗌，象界画分明的农田形，田中长满了庄稼，表示周代先祖世居之地。金文作🗌，小篆作🗌，增口。本义为古部落名，引申为姓、朝代名。假借为周密，由此引申为完备、救济、周到、普遍、全面、环绕、圈子等。"週"是形声字，从辶（辵），周声，本义为环绕，引申为周围、周期、一星期（七天）、全等。《规范字表》以"週"为异体字。

【提示】①"周"与"週"不是等义异体字。②繁体文本和台湾用于周期、星期义多作"週"。

【构词】周边（周邊）｜周长（周長）｜周到（周到）｜周济（周濟）｜周密（周密）｜周年（周年）｜周全（周全）｜周身（周身）｜周岁（周歲）｜周围（周圍）｜周详（周詳）｜周游（周游）｜周遭（周遭）｜周折（周折）｜周知（周知）｜周转（周轉）｜周期表（周期表）｜周期律（周期律）｜周而复始（周而復始）｜四周（四周）｜圆周（圓周）｜牙周炎（牙周炎）｜众所周知（衆所周知/眾所周知）｜考虑不周（考慮不周）｜绕场一周（繞場一周）

周报（週報）｜周刊（週刊）｜周末（週末）｜周年（週年）｜周期（周期/週期）｜周日（週日）｜周岁（週歲）｜周五（週五）｜每周（每週）｜上周（上週）｜双周（雙週）｜值周（值週）｜电影周（電影週）

帚[箒] zhǒu

"帚"是象形字，象形。甲骨文作🗌，金文作🗌，象扫帚形。小篆作🗌，字形稍变。义为扫帚、笤帚。俗字作"箒"，是形声字，从竹，帚声。《规范字表》以"箒"为异体字。

咒[呪] zhòu

"呪"是表意字，从口从兄，兄为兄长，表示年长者在神前祷告。本义为祷告，引申为说希望对方不顺利的话、僧或道驱妖避邪的口诀或密语、誓言、发誓的话等。变体作"咒"，由左右结构改为上下结构。《规范字表》以"呪"为异体字。

胄{冑}zhòu

"胄"是形声字，甲骨文作𩊄，下象头盔形，由声。金文作𩊄，战国文字作𩊄，加意符目，表示戴着头盔，露出眼睛。小篆作𩊄，字形稍变。本义为古代作战时戴的头盔，有保护作用。"胄"是形声字，小篆作𩊄，从肉，由声，义为古代帝王或贵族的后代子孙。

【提示】①用于头盔义的"胄"与用于后代子孙的"胄"字形来源不同，规范字形已混淆。②繁体文本和台湾用于"甲胄"作"冑"，用于"胄裔"作"胄"。

昼（晝）zhòu

"晝"是形声字，甲骨文作𦘕，金文作𦘕，《说文》籀文作𦘕，从日，聿声。小篆作晝，字形稍变。义为白天，即从日出到日落的一段时间。元代俗字（见元抄本《京本通俗小说》）和《简体字表》《规范字表》简作"昼"，据草书楷化。

zhu

朱（硃）zhū

"朱"是表意字，甲骨文作𣎵、𣎳，金文𣎵、𣎳，小篆作朱，从木，用点

或横等符号指示靠近根部的部位，本义为露出地面的树根或树桩，后作"株"。假借为大红色、朱砂（一种矿物，大红色，可做颜料或药材）、姓等。用于"朱砂"，后也作"硃砂"。"硃"是形声字，从石，朱声，义为朱砂。《规范字表》简作"朱"，采用笔画较少的本字。

【提示】"朱"与"硃"不是等义简繁字。

【构词】朱红（朱紅）｜朱门（朱門）｜朱漆（朱漆）｜朱雀（朱雀）｜朱墨（朱墨）｜朱鸟（朱鳥）｜朱文（朱文，阳文）｜朱颜（朱顏）｜朱仙镇（朱僊鎮，地名，在河南）｜傅粉施朱（傅粉施朱）

朱笔（朱筆／硃筆）｜朱卷（朱卷／硃卷）｜朱批（朱批／硃批）｜朱砂（朱砂／硃砂）｜朱谕（朱諭／硃諭）

猪［豬］zhū

"豬"是形声字，从豕，者声，义为一种哺乳动物，通常指家猪，是常见家畜。又作"猪"，意符改为犬。《规范字表》以"豬"为异体字。

【提示】以"猪"作音符构成的是形声字字一般读zhū：潴、橥。

烛（燭）zhú

"燭"是形声字，从火，蜀声，本义为火炬，引申为蜡烛、照亮、明察、量词（电灯发光的强度单位）等。元代俗字（见元抄本《京本通俗小说》）和《国音常用字汇》《手头字》《简体

字表》《规范字表》简作"烛",音符省略一部分。

【提示】"烛"又读 chóng,旱热之气,与"燭"不是等义简繁字。

讠(詝) zhǔ

"詝"是形声字,从言,宁(zhù)声,义为有智慧。《规范字表》参考"伫(佇)"的处理方法,类推简作"讠"。

煮[煑] zhǔ

"煑"是形声字,从火,者声,义为把食物等放入盛水的器皿中,在火上烧。又作"煮",意符变形为灬。《规范字表》以"煑"为异体字。

伫[佇竚] zhù

"佇"是形声字,从人,宁(zhù)声,义为长时间站立。变体作"伫",音符改为宀(zhù)。又作"竚",意符改为立。《规范字表》以"佇""竚"为异体字。

【提示】"伫"在《异体字表》中是"佇"的异体字,《规范字表》改作规范字。

苎(苧) zhù

"苧"是形声字,从艸,宁(zhù)声,义为苎麻,一种草本植物。《规范字表》参考"伫(佇)"的处理方法,类推简作"苎"。

纻(紵) zhù

"紵"是形声字,从糸,宁(zhù)声,义为用苎麻织成的粗布。《规范字表》参考"伫(佇)"的处理方法,类推简作"纻"。

贮(貯) zhù

"貯"是形声字,从贝,宁(zhù)声,义为储藏、积存。《规范字表》参考"伫(佇)"的处理方法,类推简作"贮"。

注[註] zhù

"注"是形声字,从水,主声,本义为集中灌入,引申为倾泻而下、聚集、(精神、力量)集中、用来赌博的财物、注释(用文字解释词句)、注释的文字、记载等。"註"是形声字,从言,主声,本义为注释,引申为注释的文字。《规范字表》以"註"为异体字。

【提示】①"注"与"註"不是等义异体字。②繁体文本和台湾用于注解义,古代多作"注",近现代多作"註"。

【构词】注定(注定/註定)|注脚(注脚/註脚)|注解(注解/註解)|注明(注明/註明)|注目(注目)|注入(注入)|注射(注射)|注视(注視)|注释(注釋/註釋)|注疏(注疏/註疏)|注意(注意)|注音(注音)|注重(注重)|备注(备注/備註)|标注(標注)|赌注(賭注)|附注(附注/附註)|关注(關注)|夹注(夹注/夾註)|笺注(笺注/笺註)|浇注(浇注)|批注(批注)|专注(專注)|转注(轉注)|孤注一掷(孤注一擲)|命中

注定（命中注定）｜大雨如注（大雨如注）｜全神贯注（全神貫注）｜双行小注（雙行小注／雙行小註）｜血流如注（血流如注）

注册（註冊）｜注批（註批）｜注销（註銷）

筑（築）zhù

"筑"是表意字，从竹从巩，巩指抱持，本义为以双手弹奏的一种古代弦乐器，假借为贵阳（地名，在贵州）的别称、建造（与"築"同）等。"築"是形声字，从木，筑声，本义为用杵捣土使坚实，引申为捣土用的木杵、建造等。《规范字表》把"築"简作"筑"，用笔画较少的同音通用字代替。

【提示】"筑"与"築"不是等义简繁字。

【构词】击筑（擊筑）｜筑（筑，地名，贵州贵阳的别称）｜筑巢（築巢）｜筑城（築城）｜筑造（築造）｜版筑（版築）｜构筑（構築）｜建筑（建築）｜修筑（修築）｜债台高筑（債臺高築）

箸[筯]zhù

"箸"是形声字，从竹，者声，义为筷子。又作"筯"，音符改为助。

【提示】"箸"又义为明显、附着等，与"筯"不是等义异体字。

zhuan

专（專）[耑]zhuān

"專"是表意字，甲骨文作 ，金文作 ，从又从叀（zhuān），又指手，叀即纺砖，古代收丝用的器具。小篆作 ，把又讹为寸。本义为以手旋转纺砖，把线缠绕整齐。引申为不杂乱纷繁、专一（集中在某事或某方面的）、独自占有、独断专行、精通、副词（相当于"专门""只"）等。"耑"是表意字，甲骨文作 ，金文作 ，小篆作 ，象上有枝叶、下有根须的植物形，表示青草由根部萌生，本读 duān，义为植物刚刚长出新的枝条或嫩芽，引申为开端、顶端（是"端"的本字）；又读 zhuān，假借为把精力等集中在一件事情上。西晋索靖、东晋王献之、唐代怀素的草书字形与今简化字接近。清代俗字（见清刊本《目连记弹词》）和《规范字表》把"專"简作"专"，据草书楷化。《规范字表》以"耑"为"專"的异体字，又规定"耑"用于姓氏人名时读 duān，是规范字。

【提示】①"耑"与"專"不是等义异体字，另见45页"耑"字条。②"专（專）"可作类推简化偏旁使用，如：传（傳）、砖（磚）、转（轉）。

【构词】专家（專家）｜专利（專利）｜专门（專門）｜专业（專業）｜师专（師專）

专此（耑此）｜专肃敬复（耑肅敬覆）

砖（磚）[甎塼]zhuān

"磚"是形声字，从石，專声，本义为用黏土等烧制成的长方形建筑材料，引申为形状像砖的东西。又作"塼"，意符改为土。又作"甎"，意符改为瓦。《规范字表》把"磚"类推简作"砖"，以"塼""甎"为异体字。

撰［譔］zhuàn

"譔"是形声字，从言，巽声，本义为专心教导，引申为写作。"撰"是形声字，从手，巽声，本义为具备，引申为持（拿着）、制造、写作等。《规范字表》以"譔"为异体字。

【提示】"撰"与"譔"不是等义异体字。

馔（饌）［籑］zhuàn

"籑"是形声字，从食，算声，义为安排食物。"饌"是形声字，从食，巽声，本义与"籑"同，引申为饭食、食物。《规范字表》以"籑"为"饌"的异体字。

【提示】"馔"与"籑"不是等义异体字。

zhuang

妆（妝）［粧］zhuāng

"妝"是形声字，从女，丬（qiáng）声，本义为妇女化妆、打扮，引申为旧时女子身上的装饰、嫁妆、演员化妆、演员的装饰等。"粧"是形声字，从米，庄声，本义为化妆，与"妆（妝）"同；引申为假装、装载等，与"装（裝）"同。元代俗字（见遁贤的草书）和《规范字表》简作"妆"，据草书楷化。《规范字表》以"粧"为异体字。

【提示】①"妆"与"粧"不是等义异体字。②"嫁妆"也作"嫁装"，《异形词表》推荐的写法是前者。③妆/装 见275页"装"字条。

庄（莊）zhuāng

"莊"是形声字，从艸，壯声，本义为草茂盛的样子，引申为盛大、大路、村落、旧时君主和贵族所占有的成片土地、规模较大的商店、庄家（某些牌戏或赌博中每一局的主持者）等，假借为（言语、举止等）庄重、严肃，不轻浮。唐代俗字（见《干禄字书》）和《国音常用字汇》《手头字》《简体字表》《规范字表》简作"庄"，新造表意字，从土从广（yǎn），土为土地，广指房屋，故表示农家村落。

桩（椿）zhuāng

"椿"是形声字，从木，春声，本义为木桩子，一部分或全部埋在土中的柱状物，引申为量词（用于事情、案件、交易等）。《规范字表》采用俗字简作"桩"，音符改为庄。

装（裝）zhuāng

"裝"是形声字，从衣，壯声，本义为行囊，包裹在一起的出行用具。引申为衣物、准备行装、装载、安装、修饰打扮、化妆时穿戴涂抹的东西、假装等。金代俗字（见《改并四声篇海》）和《规范字表》简作"装"，据草书楷化。

【提示】装/妆 两字都与"化"搭配，词义不同："化装"指修饰打扮使容貌改变形象，"化妆"指修饰打扮使容貌更加美丽。

壮(壯) zhuàng

"壯"是形声字,从士,爿(qiáng)声,本义为人体高大、强健,引申为强壮、雄壮、使壮大、加强等,假借为壮族(我国少数民族之一)的简称。晋代俗字(见东晋王羲之《黄庭经》)和《规范字表》简作"壮",据草书楷化。

状(狀) zhuàng

"狀"是形声字,从犬,爿(qiáng)声,本义为犬(狗)的形状,引申为形状、样子、礼貌、情况、陈述或描摹(情况)、文书、诉状、褒奖或委任的证书等。唐代俗字(见《干禄字书》)和《手头字》《规范字表》简作"状",据草书楷化。

zhui

赘(贅) zhuì

【提示】"累赘"也作"累坠",《异形词表》推荐的写法是前者。

zhun

准(準) zhǔn

"準"是形声字,小篆作 準,从水,隼(sǔn)声,本义为跟水平面平行,引申为古代测量平面的工具、标准、准确、正确、程度接近(可作某类事物看待)、副词(表示肯定的推测)等。"准"由"準"简省而来,是形声字,从冫,隹声,本义为标准,引申为旧时公文用语,表示许可、依照,又引申为程度接近(可作某类事物看待)。《规范字表》把"準"简作"准",用笔画较少的同音通用字代替。

【提示】①"准"与"準"不是等义简繁字。"准"是"準"的后起分化字,在汉字简化前多用于许可义。②繁体文本和台湾用于程度接近(可作某类事物看待)义,多作"準",有时也作"准"。

【构词】准此(準此)|准考(準考)|准入(準入)|准许(準許)|准予(準予)|准考证(準考證)|不准(不準)|恩准(恩準)|国准(國準,《管子》篇名)|获准(獲準)|批准(批準)|允准(允準)|准保(準保)|准备(準備)|准将(準將)|准确(準確)|准绳(準繩)|准时(準時)|准尉(準尉)|准星(準星)|准则(準則)|准科学(準科學)|准平原(準平原)|准噶尔盆地(準噶爾盆地,地名,在新疆)|准大陆性气候(準大陸性氣候)|标准(標準)|对准(對準)|核准(核準)|基准(基準)|精准(精準)|隆准(隆準)|瞄准(瞄準)|水准(水準)|平准书(平準書,《史记》篇名)|以此为准(以此爲準/以此為準)

zhuo

桌[槕] zhuō

"桌"是形声字,从木,卓省声,本义为桌子,引申为量词,用于酒宴、饭菜等。又作"槕",音符改为桌。《规范字表》以"槕"为异体字。

斫[斲斵斮] zhuó

"斫"是形声字，从斤，石声，本义为用刀、斧等砍削，引申为攻击。"斲"是形声字，从斤，䂂（dòu）声，本义为斧头类木工工具，引申为砍削、雕饰等。俗字作"斵"。"斮"是形声字，从斤，昔声，本义为斩断，引申为斩首、切、刜。《规范字表》以"斲、斵、斮"为"斫"的异体字。

【提示】"斫、斲（斵）、斮"不是等义异体字。

浊（濁） zhuó

"濁"是形声字，从水，蜀声，本义为水不清，引申为混乱、（声音）低沉而粗重、（空气）不洁净等。元代俗字（见元刊本《古今杂剧三十种》）和《规范字表》简作"浊"，音符省略一部分。

着{著} zhuó

【提示】①"衣着"也作"衣著"，《异形词表》推荐的写法是前者。②繁体文本和台湾用于"着力、着手、着陆、着花、着色、着急、着重、着迷、着凉、着眼、着想、着慌、着落、沉着、执着、穿着、衣着、着先鞭"作"著"，俗字作"着"。

zi

孜 zī

【提示】"孜孜"也作"孳孳"，《异形词表》推荐的写法是前者。

兹{茲} zī

【提示】字的上部，规范字形是两点一横，3画；旧字形和台湾字形是草字头，4画。

赀（貲） zī

①计算（价格或财物）：不可~计｜所费不~。②用于人名。③"貲"又作"资"的异体字，见277页"资"字条。

【构词】赀钱二十三（貲錢二十三）｜窃赀（竊貲）｜不赀之思（不貲之思）｜不可赀计（不可貲計）｜所费不赀（所費不貲）

资（資）[貲]{赀} zī

"資"是形声字，从贝，次声，本义为钱财的总称，引申为资本、凭据、用钱财帮助、提供、材料、人的素质、禀赋、身份、阅历等。"貲"是形声字，从贝，此声，本义为罚缴财物，引申为钱财、计量等。《规范字表》把"資"类推简作"资"，以"貲"为异体字。又把"貲"类推简作"赀"，作规范字，用于计算义、姓氏人名。

【提示】①"貲"与"資"与不是等义异体字，另见277页"赀"字条。②繁体文本和台湾用于"资本、资金、资产、资源、资政、资格、资质、资深、资讯、物资、投资、工资、赌资、资治通鉴（书名）"作"資"。

仔 zǐ

【提示】①"仔细"也作"子细"，《异

Z

姊[姉] zǐ

"姉"是形声字，从女，弟（zǐ）声，义为姐姐。又作"姉"，音符改为市。《规范字表》以"姉"为异体字。

眦[眥] zì

"眥"是形声字，从目，此声，义为眼眶。又作"眦"，由上下结构改为左右结构。《规范字表》以"眥"为异体字。

zong

棕[椶] zōng

"椶"是形声字，从木，叟（zōng）声，本义为棕榈，一种常绿乔木，引申为棕毛（棕榈树叶鞘的纤维）。后作"棕"，音符改为宗。《规范字表》以"椶"为异体字。

踪[蹤] zōng

"蹤"是形声字，从足，從声，本义为足迹，走过后留下的脚印，引申为行动后留下的痕迹。又作"踪"，音符改为宗。《规范字表》以"蹤"为异体字。

鬃[騣騌鬉] zōng

"騣"是形声字，从馬，叟（zōng）声，义为马、猪等颈上的长毛。俗字作"騌"，音符改为宗。"鬉"是形声字，从髟，宗声，本义为高高的发（fà）髻，引申为马、猪等颈上的长毛，与"騣""騌"同。"鬉"是形声字，从髟，叟声，本义为毛发蓬乱，引申为马鬣，与"騣"同。《规范字表》以"騣、騌、鬉"为异体字。

【提示】"鬃"与"騣、騌、鬉"不是等义异体字。

总（總） zǒng

"總"是形声字，从糸，悤（cōng）声，本义为把丝线等聚合并扎束起来，引申为系结、聚合、综括、统领、全部的、概括全部的、副词（表示情况很少例外，基本不变，相当于"一直""经常"；也表示不管怎么样，最终都会如此，相当于"一定""无论如何"）等。明代俗字（见《兵科抄出》）《规范字表》简作"总"，据草书减省。

偬[傯] zǒng

"傯"是形声字，从人，怱（cōng）声，用于"倥傯"，义为事务繁多、急迫，引申为困苦。俗字作"偬"，音符改为怱（cōng）。《规范字表》以"傯"为异体字。

粽[糉] zòng

"糉"是形声字，从米，叟（zōng）声，义为糉（粽）子，一种用糯米或黏米做成的食品。俗字作"粽"，音符改为宗。《规范字表》以"糉"为异体字。

zu

卒[卆] zú

"卒"是表意字,由"衣"分化而成。甲骨文作 ❏ ❏,象在衣上加交叉线之形,表示已缝制完毕。金文作❏,小篆作❏,从衣,上用一画作为标记。本读 zú,义为事情完结或终止,引申为死亡、副词(表示最终出现了某种结果,相当于"最终")。假借为古代差役穿的一种衣服,由此引申为差役、服役的士兵(古代主要指步兵)。又读 cù,假借为仓促、急迫,后作"猝"。变体作"卆"。《规范字表》以"卆"为异体字。

zuan

钻(鑽)[鑚] zuān

"鑽"是形声字,从金,贊声,本读 zuàn,义为用来穿孔、打眼的工具,引申为古代一种刑具(用于钻去髌骨)、金刚石等;又读 zuān,引申为用尖锐物在别的物体上穿孔或打眼、穿越、进入、投机钻营、深入研究等。变体作"鑚",音符改为赞。《规范字表》采用俗字简作"钻",意符类推简化,音符改为占。以"鑚"为异体字。

【提示】另有"鉆",是形声字,从金,占声,读 chān,本义为镊子,又指古代在车毂上加油,使车轮润滑、转动灵便的工具。类推简作"钻",与"鑽"的简化字同形。

zuǎn

纂[篹] zuǎn

"纂"是形声字,小篆作❏,从糸,算声,读 zuǎn,本义为赤红色的丝带。丝带是经编织而成,故引申为集中编排整理、编辑、妇女盘在头后边的发髻(用于方言)等。"篹"是形声字,从巳,算声,读 suǎn,义为古代的一种食器;又读 zuǎn,义与"纂"同。《规范字表》以"篹"为异体字。

【提示】"纂"与"篹"不是等义异体字。

zui

最[冣冣]{冣冣} zuì

"最"是表意字,战国文字作❏,小篆作❏,从冃,取声,冃即帽,帽子戴在头顶,表示突出。隶定后的字形,冃讹为曰。本义为战功最高。引申为副词,表示程度达到顶点,某种属性超过所有同类,相当于"极"。"冣"也作"冣",是形声字,小篆作❏,从冖,取声,本义为聚拢、聚集,又义为极,与"最"同。又作"冣"或"冣"。《规范字表》以"冣""冣"为异体字。

【提示】"最、冣、冣"不是等义异体字。

罪[辠] zuì

"辠"是表意字,诅楚文作❏,金文作❏,小篆作❏,从辛从自,辛为罪,自为鼻,表示因罪而遭劓刑(即削去鼻子)。义为作恶或犯法的行为。"罪"

是形声字，战国文字作𦉢，小篆作𦋐，从罒（网），非声。本义为捕鱼的网。假借为作恶或犯法的行为，由此引申为判定的刑罚、过失、谴责、痛苦等。《规范字表》以"辠"为异体字。

【提示】"罪"与"辠"不是等义异体字。

zun

樽［罇］zūn

"樽"是形声字，从木，尊声，义为盛酒器。又作"罇"，意符改为缶。《规范字表》以"罇"为异体字。

【提示】"樽"又义为林木茂盛的样子，与"罇"不是等义异体字。

zuo

佐 zuǒ

【提示】"佐证"也作"左证"，《异形词表》推荐的写法是前者。

座 zuò

【提示】"就座、入座、首座"也作"就坐、入坐、首坐"，《异形词表》推荐的写法是前者。

做 zuò

【提示】"小题大做"也作"小题大作"，《异形词表》推荐的写法是前者。

简化偏旁

【说明】①《简化字总表》第二表列有14个简化偏旁,其中"只"(戠)、"呙"(咼)属于通用字,已收入本字典正文,故这里只收12个简化偏旁。②在通用字范围,简化偏旁一般可以类推简化。

讠(言)

言字旁。多用于字的左边。据草书楷化(来源于汉代《居延汉简》等)。如:记(記)、语(語)、辩(辯)。

饣(食)

食字旁。多用于字的左边。据草书楷化(来源于汉代《居延汉简》、史游《急就章》等)。如:饭(飯)、饱(飽)、馍(饃)。

旸(昜)

杨字旁。多用于字的右边。据草书楷化(来源于汉代《居延汉简》、史游《急就章》等)。如:场(場)、肠(腸)、荡(蕩)。

【提示】有的字不能类推简化。如"陽"简作"阳","傷"简作"伤"。

纟(糸糹)

绞丝旁。多用于字的左边。据草书楷化(来源于汉代《居延汉简》等)。如:红(紅)、纱(紗)、辫(辮)。

収(臤)

坚字头。用于字的上部。据草书楷化(来源于西晋山涛、宋代米芾等书法)。如:坚(堅)、贤(賢)、肾(腎)。

艹(𤇾)

劳字头。用于字的上部。据草书楷化(来源于汉代《居延汉简》等)。如:劳(勞)、荣(榮)、营(營)。

㡿(臨)

览字头。用于字的上部。是"監(监)"的变体,据草书楷化(来源于东晋王献之、宋高宗赵构等书法)。如:鉴(鑒)、览(覽)、揽(攬)。

钅(金)

金字旁。多用于字的左边。据草书楷化(来源于汉代《居延汉简》等)。

如：钉（釘）、铜（銅）、锅（鍋）。

兴（興）

学字头。用于字的上部。据草书楷化（来源于东晋王羲之、南北朝智永等书法）。如：学（學）、觉（覺）、鲎（鱟）。

圣（睪）

择字旁。多用于字的右边。据草书楷化（来源于汉代史游《急就章》、北齐王慈书法等）。如：译（譯）、择（擇）、释（釋）。

圣（巠）

经字旁。"巠"是"經（经）"的本字。据草书楷化（来源于汉代《西狭颂》《居延汉简》等）。如：劲（勁）、轻（輕）、茎（莖）、痉（痙）。

亦（䜌）

弯字头。据草书楷化（来源于东晋王羲之、元代赵孟頫等书法）。如：弯（彎）、恋（戀）、蛮（蠻）。区分形近字：亦／亦。

【提示】"亦"与"亦"字形相近，音义不同。

新旧字形对照表

（字形后圆圈内的数字是字形的笔画数）

新字形	旧字形	新字形举例	新字形	旧字形	新字形举例
丷②	八②	兑卷曾	耒⑥	耒⑥	耕诛
艹③	艹④	花草	吕⑥	呂⑦	侣宫间
䒑③	䒑④	卉莽	攸⑥	攸⑦	修條
及③	及④	吸笈	杀⑥	殺⑦	刹殺
辶③	辶④	近速	争⑥	爭⑧	净筝
彐③	彐③	侵雪寻	次⑥	次⑦	盗羡
刃③	刄③	忍韧	产⑥	产⑥	彦产
丰④	丰④	蚌害峰	并⑥	并⑧	拼瓶屏
开④	开⑥	形研笄	羊⑥	羊⑦	差着
巨④	巨⑤	苣拒渠	艮⑥	艮⑦	郎朗
屯④	屯④	囤吨顿	羽⑥	羽⑥	翔翟翅
瓦④	瓦⑤	瓶瓷瓩	糸⑥	糸⑥	红细
反④	反④	板返	呈⑦	呈⑦	逞程
户④	戶④	肩扁扇	吴⑦	吳⑦	娱虞
礻④	示⑤	礼福	角⑦	角⑦	解觽
丑④	丑④	扭羞	奂⑦	奐⑨	换痪
术⑤	朮⑤	怵述術	免⑦	免⑧	挽冤
犮⑤	犮⑤	拔茇	肖⑦	肖⑧	敝弊蔽
业⑤	业⑥	並普虚	直⑦	直⑧	敢橄嚴
冉⑤	冉⑤	再篝遘	癸⑦	癸⑧	侯候
印⑤	印⑥	茚卯	非⑧	非⑧	排扉
令⑤	令⑤	冷苓领	青⑧	青⑧	菁清静
氐⑤	氐⑤	低邸底	者⑧	者⑨	诸都著
艮⑤	皀⑦	即既概	直⑧	直⑧	值置
			隶⑧	隶⑨	捷萋

新字形	旧字形	新字形举例	新字形	旧字形	新字形举例
咼⑧	咼⑨	渦窩過	真⑩	眞⑩	填颠
垂⑧	垂⑨	睡箠	致⑩	致⑨	緻
卑⑧	卑⑨	牌萆	䍃⑩	䍃⑩	摇遥
㑒⑧	㑒⑨	飯飽	衮⑩	衮⑪	滚磙
骨⑨	骨⑩	骭滑骼	黄⑪	黃⑫	廣横簧
卸⑨	卸⑧	御禦	異⑪	異⑫	冀戴
鬼⑨	鬼⑩	蒐槐魁	象⑪	象⑫	像橡
俞⑨	俞⑨	愉逾	奥⑫	奥⑬	澳襖
蚤⑨	蚤⑩	搔骚	爲⑫	為⑨	偽蔿
敖⑩	敖⑪	傲遨熬	鼠⑬	鼠⑮	鼩鼩
華⑩	華⑫	嘩鏵	龜⑰	龜⑱	圖穐

简化字类型简表

简化方式	例　字
简化原字某一部分	币（幣），鱼（魚），单（單），牵（牽），炼（煉）
省略原字某一部分	电（電），夺（奪），妇（婦），亩（畝），条（條），奋（奮），标（標），浊（濁），堕（墮）
省略大部分，保留原字特征部分	广（廣），飞（飛），乡（鄉），习（習），开（開），产（産），医（醫），声（聲）
保留原字轮廓	乌（烏），鸟（鳥），伞（傘），齐（齊），咼（咼），龟（龜），肃（肅），渊（淵）
用符号代替原字某一部分	八：办（辦），协（協） 乂：区（區），冈（岡），风（風），赵（趙） ㆍㆍ：枣（棗），谗（讒），搀（攙），馋（饞） 又：邓（鄧），劝（勸），对（對），戏（戲），观（觀），欢（歡），鸡（雞），艰（艱），难（難），仅（僅），汉（漢），叹（嘆），权（權），树（樹），凤（鳳），双（雙），轰（轟），聂（聶） 才：团（團） 夕：罗（羅） ᶺᶺ：兴（興），学（學），举（舉），誉（譽） 不：坏（壞），怀（懷），还（還），环（環） 云：会（會），动（動），坛（壇），层（層） 文：刘（劉），这（這） 舌：乱（亂），辞（辭），适（適），敌（敵）
用笔画少的同音字代替	卜（蔔），千（韆），丑（醜），出（齣），曲（麯），后（後），谷（穀），困（睏），面（麵），秋（鞦）
用笔画少的古字代替	无（無），云（雲），从（從），礼（禮），虫（蟲）
草书楷化	专（專），车（車），贝（貝），长（長），为（爲），书（書），东（東），乐（樂），农（農），买（買）
偏旁类推简化	记（記），辩（辯），饭（飯），饱（飽），红（紅），辫（辮），劳（勞），荣（榮），览（覽），鉴（鑒），钉（釘），铜（銅），学（學），觉（覺），员（員），财（財），驱（驅），驾（駕），轨（軌），库（庫），庞（龐），聋（聾）
新造形声字	辽（遼），华（華），迁（遷），讲（講），迟（遲），担（擔），拥（擁），护（護），园（園），沟（溝），胶（膠），递（遞），惊（驚）
新造表意字	队（隊），灭（滅），尘（塵），众（衆），阳（陽），孙（孫），体（體），灶（竈），籴（糴），宝（寶），笔（筆）
其他	丛（叢），义（義），卫（衛），击（擊），旧（舊），岁（歲），杂（雜），听（聽），备（備）

异体字类型简表

字际关系		例　字
音义相同	结构方式不同	岸[堓]，秋[秌]，翅[翄]，拿[舒]，概[槩]，鞍[鞌]，群[羣]，揪[揫]，够[夠]，稿[稾]，峰[峯]，略[畧]
	造字方式不同	帆[颿]，伞[傘繖]，床[牀]，灾[災]，泪[淚]，草[艸]，渺[淼]，琴[琹]，野[埜]，膻[羴]，鸡鷄[雞]
	意符不同	咏[詠]，唇[脣]，睹[覩]，歌[謌]，猫[貓]，瓶[缾]，遍[徧]，稗[粺]，榜[牓]，棰[箠]，膳[饍]，檐[簷]
	声符不同	柏[栢]，线[線]，碇[矴]，烟[煙]，胶[膠]，踩[跴]，捶[搥]，逎[遒]，酬[醻酧]，瞅[瞅䀹]
	意符、声符都不同	村[邨]，察[詧]，焊[釬]，糙[縒]，繁[緐]，蜂[蠭]，德[悳]，诉訴[愬]，麸麩[粰]，窗[牎牕]，创創[刱剏]
	简繁不同	丘[坵]，同[衕]，珐[琺]，蚊[螡]，篡[簒]，雇[僱]，桌[槕]，凳[櫈]，匆[怱忽]，岛島[嶹]
	笔画差异	凡[凢]，尔[尓]，朵[朶]，亘[亙]，污[汚]，册[冊]，冉[冄]，兔[兎]，冰[氷]，秃[禿]，插[挿]，厮[廝]，查[查]，兜[兠]，晋[晉]，乘[乗棄]，皋[皐臯]
音义不全同	以大包小	布[佈]，吃[喫]，志[誌]，豆[荳]，果[菓]，背[揹]，咽[嚥]，烟[菸]，腌[醃]，彩[綵]，采[採寀]，雕[凋彫]
	以小包大	乃[迺]，奔[犇]，和[龢]，厘[釐]，咤[吒]，修[脩]，哲[喆]，庵[菴]，碗[椀]，升[昇陞]，夹夾[裌]，苏蘇[甦]，克尅[尅]，馈[餽]，暗[唵闇]
	交叉	匹[疋]，扣[釦]，岳[嶽]，捍[扞]，粗[麤]，剩[賸]，逼[偪]，酬[詶]，霓[蜺]，厄[厃阨]，哄[鬨閧]，驳駁[駮]，骂罵[傌]，干[乾乹]

图书在版编目（ＣＩＰ）数据

繁体异体用法字典 / 魏励编著. －－ 杭州 ： 西泠印社出版社，2024.1（2024.12重印）
ISBN 978-7-5508-3920-5

Ⅰ.①繁… Ⅱ.①魏… Ⅲ.①简化汉字－字典②汉字－异体字－字典 Ⅳ.①H124-61

中国版本图书馆CIP数据核字(2022)第234023号

繁体异体用法字典

魏励　编著

责任编辑	陶铁其
责任出版	冯斌强
责任校对	应俏婷
装帧设计	王　欣
出版发行	西泠印社出版社
	（杭州市西湖文化广场32号5楼　邮政编码　310014）
电　　话	0571-87240395
经　　销	全国新华书店
制　　版	杭州如一图文制作有限公司
印　　刷	浙江海虹彩色印务有限公司
开　　本	787mm×1092mm　1/32
字　　数	310千
印　　张	10
印　　数	6001—11000
书　　号	ISBN 978-7-5508-3920-5
版　　次	2024年1月第1版　2024年12月第3次印刷
定　　价	49.00元

版权所有　翻印必究　印制差错　负责调换
西泠印社出版社发行部联系方式：（0571）87243079

致　谢

　　感谢青岛市人民政府、青岛市帆船运动管理中心，谢谢你们的信任，选择我成为"青岛号"的大使船员。

　　感谢青岛玫瑰联盟、艇好会；感谢中国杯帆船赛的晓昱女士，福日集团的曾显波先生、臧爱民女士、林志伟女士、陈晓红女士、高君先生、王宝祺先生、盛春宁女士。感谢大家在我航行前后对我和我的家庭的各种帮助与支持。

　　感谢克利伯环球帆船组委会官方摄影师布雷恩·卡林，以及克利伯中国籍船员明浩、王波、潘平、江泳涛；感谢旗鱼体育分享了他们拍摄的照片和视频。

　　感谢苏州八旗帆船俱乐部的陈望君先生为本书量身打造的小程序，让这本书的文字与视频功能相结合，使书中的内容真正鲜活起来。

　　最后，感谢我身边一直关心和爱护我的家人与朋友们，是你们让我更加懂得家与爱的珍贵。

　　谢谢大家！